石油化工职业技能培训系列教材

加油站操作员

（上册）

中国石化销售有限公司　编

中国石化出版社

内容提要

本教材分为上、下两册，涵盖中国石化加油站操作员职业技能等级标准对初级、中级、高级、技师和高级技师各级别专业知识与操作技能的要求。上册包括油品知识及质量管理，油品计量，营销与服务，财务，工艺与设备，健康、安全、环境，作业管理，培训指导等内容；下册包括加油站信息系统，便利店知识，便利店商品知识，便利店销售技巧和流程，便利店商品流转，便利店库存管理，便利店布局与陈列，便利店安全管理，便利店设备与清洁管理，品类管理，商品促销，运营督导等内容。适合加油站操作员全部职业等级的鉴定培训。

图书在版编目(CIP)数据

加油站操作员．上册/中国石化销售有限公司编．
—3版．—北京：中国石化出版社，2017.6(2022.7重印)
石油化工职业技能培训系列教材
ISBN 978-7-5114-4496-7

Ⅰ.①加…　Ⅱ.①中…　Ⅲ.①加油站-技术培训-教材　Ⅳ.①U491.8

中国版本图书馆CIP数据核字(2017)第138031号

中国石化出版社出版发行

地址:北京市东城区安定门外大街58号
邮编:100011　电话:(010)57512500
发行部电话:(010)57512575
http://www.sinopec-press.com
E-mail:press@sinopec.com
北京科信印刷有限公司印刷
全国各地新华书店经销

*

787×1092毫米16开本20.75印张516千字
2017年10月第3版　2022年7月第3次印刷
定价:80.00元

前言

自2015年以来，中国已进入成品油供过于求的时代，加油站零售行业竞争愈加激烈。中国石化销售企业正处于深化改革、转型发展、扩销增效和全面提升企业核心竞争力的关键时刻。为应对激烈的市场竞争，提升员工素质能力，贯彻落实习近平总书记在十九大报告中提出的“建设知识型、技能型、创新型劳动者大军，弘扬劳模精神和工匠精神，营造劳动光荣的社会风尚和精益求精的敬业风气”。进一步加强加油站操作员行业技能人才队伍建设，满足职业技能培训和鉴定的需要，在原《加油站操作员》(第二版)的基础上，由中国石化销售有限公司组织全面修订《加油站操作员》培训与鉴定教材。

本教材编写仍然依据中国石化加油站操作员职业技能等级标准，以近年来加油站行业发展的技术进步、技术创新、管理创新为导向，以掌握加油站、便利店操作技能为核心，以“实用、管用、够用、创新”为宗旨，结合加油站经营管理实际，以体现行业发展的新工艺、新设备、新材料、新标准、新规范为目标，突出实用性、通用性、前瞻性、可操作性，力求为加油站操作员职业技能培训鉴定提供高质量的教材。

本教材分为上、下两册，涵盖中国石化加油站操作员职业技能等级标准对初级、中级、高级、技师和高级技师各级别专业知识与操作技能的要求。在内容编写上不分级别，在编写顺序上遵循由浅入深、循序渐进、先基础理论知识后相关专业技能操作的编写原则。上册包括油品知识及质量管理，油品计量，营销与服务，财务，工艺与设备，健康、安全、环境，作业管理，培训指导等内容；下册包括加油站信息系统，便利店知识，便利店商品知识，便利店销售技巧和流程，便利店商品流转，便利店库存管理，便利店布局与陈列，便利店安全管理，便利店设备与清洁管理，品类管理，商品促销，运营督导等内容。

《加油站操作员》教材由中国石化销售有限公司负责组织编写并审定，主编肖铁岩(中国石化销售有限公司)，执行主编黄训洁(中国石化销售江西培训基地)，参加编写的人员有黄志阳、汪珺(中国石化销售有限公司)，武林(中国石化销售有限公司技术培训中心)，杜敏、尚涛(北京石油分公司)、杜志强、潘琳(山西石油分公司)，张闻峰、卢晖(上海石油分公司)，游培坤(安徽石油分公司），符春晖（湖南石油分公司），陈安谊、徐友、吴永红、刘孝超、杨建飞（中国石化销售江西培训基地）。本教材主审肖铁岩，参加审定的人员有陈莉、赵亮、刘昕、刘栋、杨敏（中国石化销售有限公司），刘国华（中国石化销售有限公司计量站），李岩（北京石油分公司），柳明科（山东石油分公司），夏江洪（四川石油分公司）。本教材的编写及审定工作得到了中国石化销售有限公司有关处室、中国石化销售计量管理站、中国石化销售有限公司技术培训中心、中国石化销售江西培训基地、北京石油分公司、山西石油分公司、山东石油分公司、上海石油分公司、安徽石油分公司、湖南石油分公司、江西石油分公司、四川石油分公司等单位的大力支持；中国石化出版社对教材的编写和出版给予了通力协助和配合，在此一并表示衷心的感谢。

加油站操作员行业近年来发展迅速，设备设施更新换代加快，便利店更是发展迅猛，造成本书编写难度加大，加之编写时间紧迫，疏漏不足之处在所难免，敬请各使用单位及个人对教材提出宝贵意见和建议，以便修订时补充更正。

目　　录

第1章　油品知识及质量管理

第2章 油品计量

第3章　营销与服务

第4章　财　　务

第5章 工艺与设备

第7章 作 业 管 理

第8章 培训指导

第1章　油品知识及质量管理

1.1　基础知识

石油是“工业的血液”，是国家重要的战略物资，是“非再生能源”（在短时期内不能形成），随着时间推移、消费量的不断增大，将会逐步变为稀缺资源。因此，珍爱资源，科学用油，节约每一滴油，是我们的责任和义务。

1.1.1　石油的定义

按用途不同，把原油、石油产品及其衍生物（化工产品）统称为石油；按化学组成不同，把含碳、氢化合物的复杂混合物称为石油。

1.1.2　原油的定义及形成原因

石油在未经加工炼制之前又叫做原油。

原油是由深埋在地下的有机物质、受到地下高温和高压作用，经过许多世纪的堆积和复杂的地球物理化学变化而形成的产物。迄今发现年龄最老的石油距今已有13亿年了、最年轻的也有5万年。

1.1.3　原油的物理性能

原油通常是一种流动或半流动状态的黏稠液体，颜色大部分是黑色，也有暗褐、暗绿等颜色，也有少数的原油呈桔红色，浅黄色，甚至还有无色的石油，据说这种油在紧急情况下可以直接加到汽车油箱中使用。原油除了有一定的颜色外，还有特殊的气味，原油的密度一般小于1g/cm^3，多数在0.80~0.98g/cm^3。

原油之所以在外观性质上有所差异，关键在于其化学组成不同。比如原油的颜色就与所含胶质和沥青的多少有关，含量多的颜色深，含量少的颜色浅。而原油的特殊气味又与其中的硫化物、氮化物含量有关，含量高，气味发臭，含量低，气味小。

1.1.4　石油的化学组成

石油是由多种元素组成的，概括起来主要是碳、氢、硫、氧、氮五种。一般石油中的碳含量为83%~87%，氢含量为11%~14%，两者合计达96%~99%；硫、氧、氮的含量合计约占1%~4%。

除了上述5种元素外，石油中还存在着许多微量的金属元素和非金属元素，但是含量很少。

以上各种元素并不是以单质的形式存在于石油中，而是以化合物的形式存在于石油中。组成石油的化合物主要有烃类化合物和非烃类化合物。

1.1.4.1　石油的烃类组成

（1）烃的定义。由碳和氢组成的化合物叫碳氢化合物，简称烃。

（2）石油中的烃类主要有三种，它们是：烷烃、环烷烃、芳香烃和不饱和烃。原油中并不含有人们所熟悉的烯烃，石油产品中的烯烃是在催化裂化工艺炼制过程中生产的。

① 烷烃。烷烃是石油中的主要成分之一。石油中的烷烃有正构烷烃，也有异构烷烃。

在常温常压下，$C_1 \sim C_4$（即分子中含有1～4个碳原子）的烷烃为气体，$C_5 \sim C_{16}$的正构烷烃为液体，是液体燃料的主要组分；C_{17}以上的正构烷烃为固态，大都存在于柴油和润滑油馏分中，当温度降低时就从石油中析出而形成蜡。除甲烷和乙烷是无色无味的气体外，其他易挥发的低分子烷烃都具有汽油味。碳数多的高分子烷烃无气味，挥发性很小。烷烃是非极性化合物，几乎不溶于水，但易溶于有机溶剂。

烷烃在常温常压下化学性质很稳定，很难被空气所氧化，与强酸、强碱、强氧化剂和强还原剂都不起作用或反应很慢。在高温下，烷烃能在空气或氧气中燃烧而生成CO_2和水，并放出大量的热能。如果空气不足，则燃烧不完全，生成CO及黑色的游离碳。由于烷烃在常温常压下化学性质不活泼，因而安定性好，在储存过程中不易氧化变质。正构烷烃在汽油机中燃烧性能不好，但异构烷烃的燃烧性能却很好。在柴油机中正构烷烃的燃烧性能很好。

烷烃含量的多少对油品性能有一定的关系。汽油中含正构烷烃较多时，汽油的抗爆性不强，燃烧时易产生爆震；柴油中含正构烷烃较多时，燃烧性能好，柴油机工作平稳；煤油中含烷烃较多时，由于烷烃中氢的相对含量最多，碳氢比最小，所以燃烧比较完全，火焰稳定，烟点高，灯芯不易结焦，但照明度低；润滑油中含烷烃较多时，黏温性能好；含过多正构烷烃的油品，凝点偏高，低温流动性变差。

② 环烷烃。环烷烃是环状的饱和烃，也是石油的主要成分之一，一般在石油中的含量仅次于烷烃而居第二位。由于环烷烃是饱和烃，与烷烃相类似，在常温常压下性能比较稳定，在储存过程中不易氧化变质。

在汽油中，环烷烃的抗爆性能较正构烷烃好，而比异构烷烃差，且随侧链的增长，辛烷值降低。在柴油中，环烷烃燃烧性能不如正构烷烃，且随环数的增加，燃烧性能变差，随侧链的增长，燃烧性能变好。环烷烃对煤油的影响与烷烃类似。

③ 芳香烃。芳香烃在石油中的含量一般很少，在常温常压下为液态或固态，其主要代表物质是苯，芳香烃的蒸气对人体有毒害。芳香烃是一种比较稳定的化合物，一般情况下不易被氧化。在一定条件下，带侧链芳香烃上的侧链会被氧化成有机酸，带侧链的多环和稠环芳香烃很容易被氧化而生成胶状物质，这是油品氧化变质的重要原因之一。在高温下，芳香烃能在空气中燃烧。

芳香烃的辛烷值一般较高，因而是汽油的良好组分。但由于芳香烃吸水性强，燃烧时生成积炭的倾向性也较大，故其在汽油中的含量受到一定限制。芳香烃由于碳氢比大，故不易燃烧完全，容易冒黑烟，但它的照明度大，所以成为煤油的主要组分。在柴油中，由于芳香烃的自燃点较高，燃烧性能较差，所以柴油中不应含有过多的芳香烃。在润滑油中，少环长链的芳香烃不但黏温性能好，而且抗氧化能力强，故成为润滑油的理想组分。

④ 不饱和烃。烃分子中碳原子之间具有双键或三键的烃类为不饱和烃。分子中含有双键的是烯烃，含有三键的是炔烃。原油中虽不含烯烃，但石油在加工过程中，会生成烯烃和二烯烃，因而石油产品中含有不同数量的不饱和烃。

在常温常压下，小于C_5的烯烃是气体，C_5以上的烯烃是液体，碳数多的烯烃是固体。与烷烃相类似，虽分子中碳数增多，烯烃的沸点和密度增大，但密度都小于$1g/cm^3$。烯烃难溶于水，易溶于有机溶剂。

不饱和烃类分子中的双键不稳定，很容易发生加成、氧化和聚合等各种反应。分子中具有两个双键的二烯烃更容易发生上述反应。因而含不饱和烃的油品在常温储存时容易氧化变质，生成高分子黏稠物如胶质等，在储存管理中应特别注意采取必要的预防措施。

1.1.4.2 石油中的非烃组成

石油中除含有各种烃类外，还含有各种非烃化合物，主要是硫和含硫化合物、含氧化合物、含氮化合物、胶质和沥青质。

（1）硫和硫化物。硫是原油的重要组成元素之一，不同产地的原油中硫的含量是不同的，从万分之几到百分之十几。

硫在原油中很少以单质硫的形式存在，大多数是以有机硫化物的形式出现，根据它们对金属的腐蚀性不同，可以分为活性硫化物和非活性硫化物两种。

活性硫化物在常温下易与金属作用，是具有强烈腐蚀性的酸性硫化物，主要是硫化氢和硫醇。

硫化氢是无色的有毒气体，其水溶液呈酸性，能强烈腐蚀金属。

硫醇在石油中含量不多，但具有强烈的特殊臭味，当其浓度为 $2.2\times10^{-12}g/m^3$ 时，人们就可以闻到，因而可作为臭味剂，加在民用天然气中，当天然气泄漏时，人们会及时发现。硫醇不溶于水，呈弱酸性，能和铁直接作用，生成硫醇亚铁，从而腐蚀金属设备。硫醇受热能分解生成烯烃和硫化氢，硫化氢则更加剧了油品的腐蚀作用。硫化物能直接与金属作用而腐蚀设备，因此在炼制中要尽可能多地从油品中除去。

非活性硫化物的化学性质稳定，不直接腐蚀金属，但燃烧后生成二氧化硫和三氧化硫，它们不仅能造成大气污染，还能形成酸雨，而且遇水后生成的亚硫酸和硫酸，可以间接腐蚀金属。

硫化物是石油中的有害物质，它们给石油加工和产品质量带来不少危害，主要有以下几方面：

① 在储存中会生成胶质而不利于油品使用，在石油加工中会使催化剂中毒。

② 有臭味，污染空气，对人体有害。

③ 对设备管线有腐蚀性。

（2）含氧化合物。石油中的氧含量很少，一般小于1%。石油中的含氧化合物主要是石油酸，它易溶于油，不溶于水，对金属产生腐蚀作用，所以在石油加工中也应尽可能多地除去。

（3）含氮化合物。含氮化合物在石油中的含量也很少，但对石油加工和产品使用都有一定的影响。含氮化合物能使催化剂中毒。在油品储运中，由于光、温度和空气中氧的作用，含氮化合物很容易氧化生成胶质，导致油品颜色变深，气味变臭，影响油品的正常使用。

（4）胶质和沥青质。石油中的非烃化合物，有很大一部分是胶质和沥青质。

胶质是一种很黏稠的液体或半固体状态的胶状物，其颜色为深黄色至棕色，胶质具有很强的着色能力，在无色汽油中加入0.005%的胶质，汽油就变成草黄色，因此，油品的颜色主要来自胶质，油品的颜色深浅往往反映了胶质含量的多少。油品中的胶质在燃烧时易形成炭渣，受热、甚至常温下可被氧化生成沥青质。

沥青质是一种深褐色、黑色的无定形固体，石油中的沥青质全部集中在渣油中。胶质、沥青质对油品性质影响很大。汽油中如含有胶质，容易堵塞进气管，生成积炭，改变压缩比；灯用煤油中如含有胶质，容易堵塞灯芯，影响灯芯吸油量，并使灯芯结焦；柴油中如含有胶质，使用中容易导致滤清器堵塞，喷油器喷孔被黏结或堵死，影响正常供油，且燃烧时因易生成积炭造成磨损增大；润滑油中如含有胶质，会使黏度指数降低，在氧化过程中生成油泥，造成机器零件磨损和细小输油管路堵塞。因此，石油中的胶质、沥青质在精制过程中必须除去。

总之，石油中的非烃类化合物虽然含量不多，但对石油产品质量都会产生很大的影响，所以在油品精制中应尽可能除去。

1.1.5 石油的用途

石油是重要的能源之一，从石油中提炼出来的各种液体燃料，能为飞机、轮船、火车、拖拉机、汽车等各种机器设备提供原动力。石油不仅为人类提供了各种宝贵的液体燃料，而且还可以提供多种多样的润滑油产品以及制造润滑脂的原料。没有这些润滑剂，目前大多数机器设备即使有了燃料（或其他动力）也不能正常运转。此外，为了适应工业生产中各种专用设备、特殊工艺、技术的要求，以石油中的某一适当馏分为基础油，制造出各种具有特殊使用性能和用途的石油产品，它们有的完全不是用于润滑，如变压器油、防锈油等，有的虽兼有润滑作用，但已不是居首要地位，且其润滑特点也与一般润滑油在机器摩擦副中的工作条件显著不同，如金属加工切削油、金属压力加工用油等，此外，从石油中还可以提炼出照明用的灯用煤油、各种专用的溶剂油、做化工原料的石蜡、地蜡，以及做建筑材料用的石油沥青等产品。因此，就石油产品及其副产品来说，已形成一个庞大的产品体系，并且日益广泛地应用于国民经济中的各个行业。

当然，石油在国民经济中的作用还不仅于此，随着近代有机合成工业和国民经济的各种需求紧密结合，石油工业与化学工业的综合发展随之兴起。化工原料、洗涤剂、合成橡胶、塑料、合成纤维、医药、农药、土壤改良剂等，石油的科研和生产就这样逐渐扩展到为提高人民物质生活提供原料这一新的、广阔的领域。

1.1.6 石油产品的定义及分类

1.1.6.1 石油产品的定义

原油经过加工并满足一定规格要求的石油叫做石油产品。

1.1.6.2 石油产品的分类

1986 年，ISO（国际标准化组织）发布了石油产品总分类标准，该分类标准的名称为《石油产品及润滑剂的分类方法和类别的确定》（ISO 8681—1986），把石油产品分为五大类，每类产品都有一个主要特征。用其英文名称的第一个字母表示该类产品所属的类别。

2014 年我国在 ISO 8681—1986《石油产品及润滑剂的分类方法和类别的确定》基础下起草了国家标准，并在 2014 年发布了新的石油产品及润滑剂总分类国家标准，定名为《石油产品及润滑剂的总分类》（GB/T 498—2014），将石油产品分成五类。见表 1-1。

表 1-1 ISO 8681—1986 与 GB/T 498—2014 对照

ISO 8681—1986		GB/T 498—2014	
类别	类别的含义	类别	类别的含义
F	燃料	F	燃料
S	溶剂和化工原料	S	溶剂和化工原料
L	润滑剂、工业润滑油和有关产品	L	润滑剂和有关产品
W	蜡	W	蜡
B	沥青	B	沥青

1.1.6.3 石油产品特性

（1）易流失、易蒸发。由于汽油、柴油等石油产品是液体，容易流动，在加油过程中易出现“溢、滴、漏”油现象，因此在加油前，要熟悉加油机操作规程，掌握加油动作要领，了解顾客盛油容器（油箱）的容积大小和是否渗漏等，在加油过程中要精力集中，避免出现“溢油”、“滴油”和“漏油”现象。

由于汽油、柴油是轻质石油产品，容易蒸发产生油蒸气，并且油蒸气比空气重，因此，在加油时如出现“溢油”、“滴油”和“漏油”现象，在加油现场易出现油气积聚，油气刺鼻等情况。

（2）易燃烧、易爆炸。石油产品主要由C、H、O、N、S等元素组成，其中含有大量C和H是油品易燃烧和易爆炸的内在原因，空气和火源是油品燃烧和爆炸的外部条件。

油品及其蒸气点火所需要的能量很小，如点爆汽油蒸气所需要的能量为0.1~0.2mJ（相当于1枚大头针从1m的高度自由落体所产生的能量），同时爆炸极限很窄，如车用汽油的爆炸极限为1.4%~7.6%，柴油为0.6%~6.5%，汽油、柴油的燃烧与爆炸所必备的条件比较容易达到。因此，在加油站预防油品燃烧、爆炸的主要措施有：尽量减少油气蒸发，杜绝一切火源。

（3）易产生静电积聚。石油产品在流动、振荡、搅拌、过滤、喷射等过程中会产生大量的静电，且纯净的石油产品自身的导电性能差，易形成静电积聚。因此，在加油过程中，不能直接向塑料容器加注油品，以免因静电积聚而产生电火花引燃（或引爆）油品。

（4）易热胀冷缩。当温度升高时，油品体积增大，温度降低时，体积减小。因此，在加油过程中，一定要了解顾客盛油容器的安全容量，不能加注得太满。

对于用油桶灌装油品时，应保持5%~7%的气体空间，防止因油品膨胀胀裂容器而引发事故。油桶灌装标准见表1-2。

表1-2 油桶灌装标准 单位：L

油品名称	200L桶		100L桶	30L桶
	夏秋	春冬	夏秋	春冬
汽油	135	140	68	21
轻柴油	155	160	80	24

（5）具有一定的毒性。油品及其蒸气具有一定的毒性，其毒性主要是通过皮肤接触、呼吸道、消化道等途径进入人体的，其危害程度则由加油现场的油气浓度、操作时间长短、作业人员是否采取防范措施等因素来决定。

1.2 汽　　油

汽油通常是由4~12个碳原子构成的烷烃、环烷烃、芳烃和烯烃及各种添加剂等组分组成的混合物。汽油是应用于汽油发动机中燃料的统称，如果按应用场合分，又可分为航空汽油与车用汽油两种。加油站销售的汽油一般为车用汽油。本书所提到的汽油，也专指车用汽油。

1.2.1 热力机械分类

通常把能将燃料燃烧后产生的热能转化为机械能的机械称为热力机械。热力机械分为内燃机和外燃机。内燃机按燃料不同分为汽油机、柴油机、液化气机、天然气机、煤气机、氢气机等；按工作行程不同分为四行程发动机和二行程发动机；按点火方式不同分为点燃式和压缩燃烧式；按曲轴转动速度不同分为高速发动机、中速发动机、低速发动机；按气缸排列方式不同分为直列式、卧式、W 型、星型等。

1.2.2 汽油机的工作原理及工作过程

汽油机是以汽油为燃料，在气缸外的化油器中与空气形成可燃性混合气（化油器式汽油机）或由喷嘴将汽油喷入进气道与空气形成可燃性混合气（电喷式汽油机），进入气缸后，由电火花点燃的发动机，所以又称为点燃式发动机。汽油机的工作过程，除摩托车是二行程（冲程）外，其他均为四行程的工作循环。四行程汽油机的工作过程为：

（1）进气行程。当活塞从上止点向下止点运动时，进气阀门打开，排气阀门关闭，缸内压力低于大气压力，可燃气体混合气在压力差的作用下，经进气阀被吸入气缸。

（2）压缩行程。活塞由下止点上行，进气阀门和排气阀门均关闭，混合气被压缩使气缸内气体的温度和压力升高，为混合气燃烧创造了良好的条件，但不能使混合气自行点燃。

（3）作功行程。压缩行程接近结束时，火花塞发出电火花点燃燃烧室中的可燃混合气，缸内压力、温度急剧上升，高温、高压气体推动活塞下行，并通过连杆使曲轴转动，对外作功。

（4）排气行程。活塞由下止点上行，排气阀门打开，进气阀门关闭，废气迅速排除，直至活塞再由上止点向下止点运动。

在四个行程中，压缩终了的压力对汽油机的经济性影响很大，压力的大小取决于汽油机的压缩比。在汽车发动机中，压缩比是一个非常重要的参数，它直接影响到发动机的动力性、经济性与排放。压缩比越大，压缩行程产生的压力越大，汽油机的功率和经济性越好。

1.2.3 汽油的质量要求

发动机与燃料是密不可分的，而各种发动机的工作原理和工作条件各不相同，所以它们对使用燃料的质量要求也不尽相同。车用汽油是汽油发动机中使用的专用燃料。汽油发动机是一种点燃式的发动机，它对所使用的燃料有以下六项要求。

1.2.3.1 汽油的蒸发性

在汽油表面所发生的由液态变成气态的现象为蒸发。蒸发性是车用汽油最重要的特性之一，它与汽油的储存、运输和在发动机中的使用都有密切的关系。

根据汽车发动机的工作原理我们知道，发动机的气缸所压缩和点燃的既不是汽油本身，也不单纯是汽油蒸气，而是油蒸气与空气的混合气体。被压缩的油气混合气经火花塞点燃后，膨胀做功。因此，就要求车用汽油要有较好的蒸发性。因为汽油的蒸发性越强，就越容易汽化，与空气混合就越均匀，这样就容易着火，燃烧速率快，燃烧较完全，使发动机易于启动，加速及时，减少磨损，降低油耗。反之，若汽油的蒸发性不好，汽油的汽化就不完全，混和气中会悬浮不少油滴使发动机工作不稳定，燃烧不完全，增加燃料油消耗，油滴还会因活塞环密封不严而附在汽缸壁上，破坏润滑油膜，甚至流入曲轴箱稀释机油，增大磨损。因此不能使用蒸发性不好的汽油。

但是，汽油的蒸发性也不是越强越好，因为蒸发性过强的汽油在炎热的夏天以及大气压力较低的高原和高山地区使用时，容易使发动机燃油供给系统发生气阻，造成供油中断。在储存和运输过程中，蒸发性过强的汽油的蒸发损耗也大，并且增加了火灾危险性及对大气的污染，还会使汽油的质量变差。因此，在对车用汽油蒸发性的要求上，强调了良好，而不是极好。评价汽油蒸发性好坏的指标是馏程和饱和蒸气压。

（1）馏程。是指油品在规定条件下蒸馏所得到的，以初馏点和终馏点表示其蒸发特性的温度范围。

（2）10%蒸发温度。其温度的高低，表示汽油中轻质成分的多少。温度越低表示汽油中的轻质成分越多，蒸发性越强，温度高表示轻质成分少，蒸发性差。它决定了发动机启动的难易程度。

（3）50%蒸发温度。它表示汽油的平均蒸发性。可以反映出汽油在使用中发动机加速是否及时和工作是否稳定。此温度低，发动机加速灵敏，运转柔和。温度高，发动机加速缓慢，甚至会突然熄火。

（4）90%蒸发温度和终馏点。这两个项目用来表示汽油中重质成分的多少。此温度高，发动机的耗油量和磨损程度就大。

（5）饱和蒸气压。在规定条件下，油品在适当的试验装置中，气、液两相达到平衡时，液面蒸气所显示的最大压力称为饱和蒸气压。

饱和蒸气压越大，蒸发性越强，使用这样的汽油，发动机易于冷启动，但产生气阻的倾向也大，蒸发损耗也大。汽油的饱和蒸气压过高，还可带来挥发性污染。表1-3为汽油蒸发温度与发动机使用性能关系。

表1-3　汽油蒸发温度与发动机使用性能关系

馏程的各项指标	指　标　意　义	发动机的性能
10%蒸发温度	汽油中轻质组分的大致含量	低温启动性能
50%蒸发温度	汽油的平均蒸发性能	暖车性、加速性
90%蒸发温度	汽油中重质组分的含量	氧化生成胶质情况冒黑烟情况等
终馏点	汽油中最重质组分的沸点	
残留量	表示油品中组分缩合和氧化生胶情况	

1.2.3.2　汽油的抗爆性

抗爆性就是指汽油在汽油机中燃烧时不发生爆震现象的性能。汽油抗爆性能的好坏是关系到发动机是否正常燃烧、做功的关键。

正常的燃烧是指：在火花塞点火后，混合燃气的火焰前锋以火花塞为中心以20～50m/s的速度向周围平稳推进，直至所有的可燃混合气在上止点附近完全燃烧，将热能最大化地转化为机械能，保证发动机稳定正常工作。

燃烧不正常一般有两种情况，一种是产生爆震或敲缸；所谓爆震是当汽车在满载上坡时，发动机常常会出现强烈震动，并发出金属敲击声，同时发动机功率降低，排气冒黑烟，这种现象便是爆震，也叫敲缸或爆燃。点燃式发动机当油气混合气在发动机气缸内正常燃烧时，火焰是在火花塞附近形成的，并以一定的速度在未燃混合气中平稳推进传播，因此汽缸内的压力和温度是均匀上升的，发动机工作正常。但是如果汽油的抗爆能力差，未燃混合气就会生成大量不稳定的过氧化物，在正常火焰尚未传播到达之前发生剧烈分解，发生自燃，使油蒸气由点燃变自燃，从而形成高压冲击波往复撞击汽缸壁和活塞，产生爆震现象，使发动机工作状况严重恶化，油耗上升，功率下降，并使汽油机产生震动，发出尖锐的金属敲击声，强烈的爆震不仅使发动机的动力和经济性能大大降低，而且给发动机机件带来严重损害（特别是连杆、活塞以及气缸盖等），使发动机的寿命缩短。主要危害有：在压力波的冲击下，机件的磨损增加，甚至烧蚀气门、活塞，烧坏塞环，使轴承损坏。爆震燃烧时常引起发动机过热，排气中有冒黑烟现象，造成燃料消耗量增加；爆震燃烧时发动机的功率和经济性降低，耗油量增大，使发动机压缩比的提高受到限制。产生爆震的原因主要是汽油的抗爆性与发动机的压缩比不相适应。减少爆震的方法：提高油品的抗爆性能，使用与汽车发动机压缩比相匹配的汽油。

另一种是在火花塞未打火前，由于发动机过热或过热的积炭引起的混合气提前燃烧现象，即早燃。爆震和早燃均会使气缸内压力和温度突然增高，损坏活塞、活塞环、气缸垫、排气阀等，使功率下降。

（1）抗爆性。指汽油在燃烧时是否容易产生自燃，易产生自燃的汽油抗爆性能差，不易产生自燃的汽油抗爆性能强。通常用辛烷值和抗爆指数来评定汽油抗爆性能的好坏，用辛烷值大小来划分汽油的牌号。

（2）辛烷值的定义。辛烷值是表示汽油抗爆性的指标，在数值上等于和它抗爆性相同的标准燃料中所含异辛烷的体积百分数。辛烷值越高，抗爆性越好。辛烷值提高 1 个单位，可减少油耗 0.7% ~3.1% 。辛烷值有两种表示方法，马达法辛烷值和研究法辛烷值。

① 研究法辛烷值（RON）。发动机在低速条件下测定的（600r/min）表示汽油在发动机常有加速条件下低速运转时的抗爆性，该方法更能代表汽车在城市的行驶情况，如行车较慢，而且常常要加减速，因此更接近城市道路真实的行驶状态。美国、日本和西欧国家常用研究法。我国 20 世纪 80 年代后期也开始采用研究法。

② 马达法辛烷值（MON）。发动机在高速条件下测定的（900r/min）表示汽油在发动机重负荷条件下高速运转时的抗爆性能。该方法更适合于代表车辆高速长途行使时汽油的抗爆性。因为测定条件较研究法苛刻，因此马达法辛烷值比研究法辛烷值低。东欧国家大多使用马达法。我国 20 世纪 80 年代以前也使用马达法。如原来的 85 号、70 号汽油等都是马达法测定的。汽油牌号与辛烷值之间的对应关系见表 1-4。

表 1-4　汽油牌号与辛烷值之间的对应关系

汽油牌号国（V）	92 号	95 号	98 号
辛烷值	92 ~ 95	95 ~ 98	>97

（3）抗爆指数。是同一种汽油研究法辛烷值与马达法辛烷值的平均数，即 ONI =（MON + RON）/2。抗爆指数更能综合表示汽油的抗爆性，也更能反映出车辆行驶的实际情况，因为车辆在道路上行驶使，不可能总是快速，也不可能总是慢速。表 1-5 为 92 号汽油与 95 号汽油的性能。

表 1-5　92 号汽油与 95 号汽油的性能

牌号	辛烷值	抗爆性	使用性能
92	不低于 92	95 号比 92 号好	95 号汽油使用时，不易自燃，噪声小，动力性能高
95	不低于 95		

1.2.3.3　汽油的抗氧化安定性

汽油抗氧化安定性是指汽油在储存、销售和使用过程中，抵抗被氧化的能力或生成胶质的倾向性。通俗说是指汽油在储存、销售和使用过程中，质量是否容易发生变化，如果不易变化，说明汽油安定性好，储存期长。胶质含量多易堵塞油路，黏结气门，增加沉积，降低功率，增大油耗，严重的卡住气门，使发动机停止工作。

（1）防止和减缓油品氧化的措施。

① 减少与空气的接触。油品氧化反应的过程中要吸收氧气，如果能减少油品与空气的接触，如减少储罐空间，就能减少氧化。

② 减少阳光直射，防止油品直接与有强催化性能的金属接触。油品的氧化能被阳光所引发，还能被金属所催化。油罐外层喷涂成银白色，就是为了防止阳光直射；应防止油品直接与其有强催化性能的铜、铅等接触，减缓氧化进程；尽可能缩短油品在金属容器中的储存时间。

③ 降低油品保管温度。氧化反应象所有化学反应一样，随着温度的提高，反应速度大大加快。所以应尽可能地降低油品的保管和使用温度，以大大减缓氧化反应的速度。

（2）评价汽油抗氧化安定性的指标有实际胶质、诱导期。

① 实际胶质。是汽油氧化安定性的重要指标，用以评定汽油在发动机中生成胶质的倾向，并判断汽油能否使用和能否继续储存。胶质有很强的着色力，油品颜色主要来自胶质，胶质多的油品颜色较深，胶质在高温下易转化为焦炭（见表1-6）。

表1-6 实际胶质含量与汽车发动机无故障行驶里程的关系

实际胶质/（mg/100mL）	<10	11~15	16~20	21~25
汽车无故障行驶里程/km	不限	25000	16000	8000

② 诱导期。表示汽油储存期间产生氧化和形成胶质的倾向，诱导期越长，表示汽油在储存、运输、销售和使用过程中抵抗被氧化的能力越强，汽油的安定性也越好，储存期长。如诱导期为486min的汽油比诱导期为400min的汽油保质期长。

1.2.3.4 汽油的抗腐蚀性

汽油的抗腐蚀性是指汽油直接或间接对金属材料、涂料、橡胶的腐蚀、烧蚀或溶涨等破坏性。对于汽油来说，其腐蚀性能越小越好。

汽油在储存运输过程中，要与容器、输油材料或管道直接接触，而这些器材装备大部分均由金属构成，因此汽油的腐蚀性主要指汽油对金属材料的腐蚀能力。质量良好的汽油要求对金属及其他材料无腐蚀性，这是因为汽油对金属、涂料或橡胶的腐蚀或侵蚀会给汽油的储存和使用带来一系列的危害。首先，盛装汽油的容器和发动机的燃料系统绝大部分都由金属（钢铁、铝、铜、铅等及其合金）制成。在长期储存和使用过程中，汽油具有腐蚀性，会使金属遭到破坏，装备器材使用寿命缩短，影响供应，经济上也造成损失；其次，汽油具有腐蚀性会给发动机的使用带来直接的危害。例如，燃料系统中的金属腐蚀产物多是不溶于燃料的固体杂质。它们会污染燃料，影响过滤和喷油，燃料对橡胶的侵蚀会破坏密封，造成漏油；此外，燃料对金属的腐蚀产物还会降低燃料的安定性，促进胶质和沉淀物的生成，降低油料的质量。固体腐蚀产物流入精密配合的摩擦部位，还会造成机械的磨损，影响使用。实践证明，燃烧产物中的氧化硫不仅腐蚀发动机的燃烧室和排气系统，而且会使燃烧室中的积炭或胶质沉淀变硬，增加活塞环和汽缸的磨损，同时引起润滑油的污染。在储存、运输和使用中主要接触的是钢油罐、油桶、油管、阀门和油泵，此外也和铜（滤网）、橡胶等接触。在汽车发动机中，汽油经油箱、导管、滤清器、油泵而进入汽化器，然后通过喉管及进气支管而进入气缸。

评价腐蚀性的指标：有硫含量、硫醇硫含量、铜片腐蚀、水溶性酸（碱）。

（1）硫含量。汽油中硫含量指元素硫、活性或非活性硫化物的总量，包括硫元素、硫化氢、硫醚、硫醇、噻酚等。硫含量既是无腐蚀性能的指标，同时也是评定油品环保要求的指标。

硫的危害在于它无论呈气态还是液态都会给许多金属带来严重危害。所有含硫物质在燃烧后均生成 SO_2 和 SO_3，在发动机启动时或熄火后，由于燃烧室温度低，SO_2 和 SO_3 与水生成硫酸或亚硫酸对气缸和活塞产生腐蚀；燃烧过程中硫化物的燃烧产物也会腐蚀燃烧室金属零件和排气系统。另外，随着硫化物含量增多，燃烧室生成积炭增多，气缸磨损也越大，燃料消耗增加，使发动机功率下降。有些有害物质渗入曲轴箱使润滑油变质，加速发动机的磨损。因此，降低燃油中的硫含量是提高产品质量的关键。

（2）硫醇性硫含量。是定量控制汽油中硫醇（RSH）含量的指标。

（3）博士试验。是定性控制汽油中硫醇含量的指标。硫醇主要腐蚀镉和青铜，硫醇腐蚀金属后生成难溶于燃料的胶状沉淀物，堵塞喷嘴、过滤器，破坏发动机的正常工作，硫醇还会与某些人造橡胶起作用，破坏橡胶油箱的密封，引起漏油；燃烧后的排放污染大，汽油中硫醇硫含量应严格控制。

（4）铜片腐蚀。铜对活性含硫物质（元素硫、硫化氢和硫醇）的腐蚀比较敏感，铜片腐蚀可以检测出很微量的硫，如 0.005% 的元素硫，0.0005% 的硫化氢，0.005% 以下的硫醇，所以从铜片腐蚀的程度基本上可以判断硫化物对燃料系统的腐蚀。

（5）水溶性酸（碱）。主要指汽油氧化变质生成的低分子有机酸；水溶性碱一般指氢氧化钠，通常燃料中不含水溶性酸碱。汽油中的水溶性酸碱一般是在加工或储运过程中混入的。水溶性酸不仅对钢铁而且对铝和铝合金有强烈的腐蚀，金属铝容易与溶液中的水作用生成胶状沉淀。水溶性酸碱腐蚀产物会堵塞滤清器的滤网、喷油嘴和导管。

1.2.3.5 汽油的清洁性

汽油的清洁性主要是指汽油中含有的水分和机械杂质的多少。评价汽油的清洁性指标有机械杂质及水分。油品中的水分和机械杂质主要是从外界混入的，因此在加注油品时，一定要注意顾客的盛油容器是否干净，以免影响汽油的清洁性能。

油品中如含有水，易使机械设备锈蚀，油品的安定性变差，油品的低温流动性能变差等，将会影响发动机的使用，汽车常常出现走走停停现象；油品中含有杂质，将会影响产品的外观质量，同时也会堵塞发动机滤网，致使油路堵塞，供油不畅通，也会影响发动机的正常运行。汽油机故障主要是由供油系统引起的，而供油系统的故障约有一半是由于燃油不清洁造成的。机械杂质不但会造成汽油滤清器、喷油器喷嘴、油路堵塞，而且会造成油泵等部件的磨损，因此汽油必须要有相当高的清洁性能。

1.2.3.6 汽油的环保性

汽油的环保性主要是指汽油本身、油品蒸气、油品燃烧后所产生的尾气是否有害及危害程度。评价汽油的环保性指标有铅含量、硫含量、稀烃含量、芳烃含量、苯含量、氧含量。芳烃具有较高的辛烷值和热值，但在不完全燃烧中会生成致癌物，芳烃还对尾气中的 NO_x、HC 和炭烟的生成有影响，能增加燃烧室的积炭。烯烃是不安定组分，在发动机进气系统形成胶质和积炭，烯烃含量与汽油尾气中 NO 和 HC 的排放量关系较大，汽油清净剂可有效控制烯烃对发动机沉积物和排放的不良影响。

由于油品、蒸气及尾气不同程度地对人身健康及环境保护产生危害，因此，在加油作业过程中，一定要注意职业卫生和职业保护。目前，加油站不断通过技术改造，如油气回收，来减少作业现场的油蒸气的浓度；国家也在不断修改油品质量标准，降低汽油中的芳香烃、含硫化物、不饱和烃的含量，减小产品的危害性，今后的石油产品性能要求将会朝着绿色、环保方向发展。

1.2.4 车用汽油的品种牌号及标准

1.2.4.1 车用汽油的品种牌号

目前，在加油站销售的汽油有车用汽油和车用乙醇汽油。在 GB 17930—2016 中，按硫含量等质量指标不同，划分为车用汽油（Ⅲ）、车用汽油（Ⅳ）、车用汽油（Ⅴ）；按研究法辛烷值等指标不同，车用汽油（Ⅲ）、车用汽油（Ⅳ）的牌号划分为 90 号、93 号和 97 号；车用汽油（Ⅴ）的牌号划分为 89 号、92 号、95 号；在 GB 18351—2015 中，车用乙醇汽油按研究法辛烷值等指标不同，车用乙醇汽油（Ⅳ）的牌号划分为 E_{10}90 号、E_{10}93 号和 E_{10}97 号。车用乙醇汽油（Ⅴ）的牌号划分为 E_{10}89 号、E_{10}92 号、E_{10}95 号。

1.2.4.2 车用汽油的技术要求

（1）车用汽油（Ⅳ、Ⅴ、Ⅵ）的技术要求和试验方法见表 1-7 ~ 表 1-9。

表 1-7 车用汽油（Ⅳ）的技术要求和试验方法（GB 17930—2016）

项目		质量指标			试验方法
		90	93	97	
抗爆性					
研究法辛烷值（RON）	不小于	90	93	97	GB/T 5487
抗爆指数（RON + MON）/2	不小于	85	88	报告	GB/T 503　GB/T 5487
铅含量/（g/L）	不大于	0.005			GB/T 8020
馏程					GB/T 6536
10%蒸发温度/℃	不高于	70			
50%蒸发温度/℃	不高于	120			
90%蒸发温度/℃	不高于	190			
终馏点/℃	不高于	205			
残留量/%（体积分数）	不大于	2			
蒸气压/kPa					GB/T 8017
11 月 1 日至 4 月 30 日		42 ~ 85			
5 月 1 日至 10 月 31 日		40 ~ 68			
胶质含量（mg/100mL）					GB/T 8019
未洗胶质含量（加入清净剂前）		30			
溶剂洗胶质含量		5			
诱导期/min	不小于	480			GB/T 8018
硫含量/（mg/kg）	不大于	50			GB 380　GB/T 11140　SH/T 0253　SH/T 0689　SH/T 0742
博士试验		通过			SH 0174
硫醇硫含量/%（质量分数）	不大于	0.001			GB 1792

续表

项目		质量指标			试验方法
		90	93	97	
铜片腐蚀（50℃，3h）/级	不大于	1			GB 5096
水溶性酸碱		无			GB 259
机械杂质及水分		无			目测
苯含量%（体积分数）	不大于	1.0			SH/T 0693　SH/T 0713
芳烃含量%（体积分数）	不大于	40			GB/T 11132　SH/T 0741
烯烃%（体积分数）	不大于	28			
氧含量/%（体积分数）	不大于	2.7			SH/T 0663
甲醇含量/%（质量分数）	不大于	0.3			SH/T 0663
锰含量/（g/L）	不大于	0.008			SH/T 0711
铁含量/（g/L）	不大于	0.01			SH/T 0712

表1-8　车用汽油（Ⅴ）的技术要求和试验方法（GB 17930—2016）

项目		质量指标			试验方法
		89	92	95	
抗爆性					GB/T 5487 GB/T 503　GB/T 5487
研究法辛烷值（RON）	不小于	89	92	95	
抗爆指数（RON＋MON）/2	不小于	84	87	90	
铅含量/（g/L）	不大于	0.005			GB/T 8020
馏程					GB/T 6536
10%蒸发温度/℃	不高于	70			
50%蒸发温度/℃	不高于	120			
90%蒸发温度/℃	不高于	190			
终馏点/℃	不高于	205			
残留量/%（体积分数）	不大于	2			
蒸气压/kPa					GB/T 8017
11月1日至4月30日		45～85			
5月1日至10月31日		40～65			
胶质含量/（mg/100mL）					GB/T 8019
未洗胶质含量（加入清净剂前）		30			
溶剂洗胶质含量		5			
诱导期/min	不小于	480			GB/T 8018
硫含量/（mg/kg）	不大于	10			GB 380　GB/T 11140 SH/T 0253 SH/T 0689　SH/T 0742
博士试验		通过			SH 0174
硫醇硫含量/%（质量分数）	不大于	0.001			GB 1792
铜片腐蚀（50℃，3h）/级	不大于	1			GB 5096

项目		质量指标			试验方法
		89	92	95	
水溶性酸碱		无			GB 259
机械杂质及水分		无			目测
苯含量%/（体积分数）	不大于	1.0			SH/T 0693　SH/T 0713
芳烃含量/%（体积分数）	不大于	40			GB/T 11132　SH/T 0741
烯烃/%（体积分数）	不大于	24			
氧含量/%（质量分数）	不大于	2.7			SH/T 0663
甲醇含量/%（质量分数）	不大于	0.3			SH/T 0663
锰含量/（g/L）	不大于	0.002			SH/T 0711
铁含量/（g/L）	不大于	0.01			SH/T 0712
密度（20℃）/（kg/m^3）		720～775			

表1-9　车用汽油京（Ⅵ）的技术要求和试验方法（DB11/238—2016）

项目		质量指标			试验方法
		89	92	95	
抗爆性					
研究法辛烷值（RON）	不小于	89	92	95	GB/T 5487
抗爆指数（RON＋MON）/2	不小于	84	87	90	GB/T 503　GB/T 5487
铅含量/（g/L）	不大于	0.005			GB/T 8020
馏程					GB/T 6536
10%蒸发温度/℃	不高于	70			
50%蒸发温度/℃	不高于	110			
90%蒸发温度/℃	不高于	190			
终馏点/℃	不高于	205			
残留量/%（体积分数）	不大于	2			
蒸气压/kPa					GB/T 8017
3月16日至5月14日		45～70			
5月15日至8月31日		42～62			
9月1日至11月14日		45～70			
11月15日至3月15日		47～80			
胶质含量/（mg/100mL）					GB/T 8019
未洗胶质含量（加入清净剂前）		30			
溶剂洗胶质含量		5			
诱导期/min	不小于	480			GB/T 8018
硫含量/（mg/kg）	不大于	10			GB380　GB/T 11140　SH/T 0253　SH/T 0689　SH/T 0742
博士试验		通过			SH 0174
硫醇硫含量/%（质量分数）	不大于	0.001			GB 1792

续表

项目		质量指标			试验方法
		89	92	95	
铜片腐蚀（50℃，3h）/级	不大于	1			GB 5096
水溶性酸碱		无			GB 259
机械杂质及水分		无			目测
苯含量/%（体积分数）	不大于	0.8			SH/T 0693　SH/T 0713
芳烃含量/%（体积分数）	不大于	35			GB/T 11132 SH/T 0741
烯烃/%（体积分数）	不大于	15			
氧含量/%（质量分数）	不大于	2.7			SH/T 0663
甲醇含量/%（质量分数）	不大于	0.3			SH/T 0663
锰含量/（g/L）	不大于	0.002			SH/T 0711
铁含量/（g/L）	不大于	0.01			SH/T 0712
密度（20℃）/（kg/m^3）		720～775			

（2）车用乙醇汽油 E_{10}（Ⅴ）技术要求见表1-10。

表1-10　车用乙醇汽油 E_{10}（Ⅴ）技术要求（GB 18351—2015）

项目		质量指标			试验方法
		89	92	95	
防爆性 研究法辛烷值（RON） 抗爆指数（RON + MON）/2	 不小于 不小于	 89 84	 92 87	 95 90	GB/T 5487 GB/T 503　GB/T 5487
铅含量（g/L）	不大于	0.005			GB/T 8020
馏程 10%蒸发温度/℃ 50%蒸发温度/℃ 90%蒸发温度/℃ 终馏点/℃ 残留量/%（体积分数）	 不高于 不高于 不高于 不高于 不大于	 70 120 190 205 2			GB/T 6536
蒸气压/kPa 11月1日至4月30日 5月1日至10月31日		 42～85 40～65			GB/T 8017
胶质含量/（mg/100mL） 未洗胶质含量（加入清净剂前） 溶剂洗胶质含量		 30 5			GB/T 8019
诱导期/min	不小于	480			GB/T 8018
硫含量/（mg/kg）	不大于	10			GB 380　GB/T 11140 SH/T 0253 SH/T 0689　SH/T 0742
博士试验		通过			SH/T 0174
硫醇硫含量/%（质量分数）	不大于	0.001			GB 1792

续表

项　　目		质量指标			试验方法
		89	92	95	
铜片腐蚀（50℃，3h）/级	不大于	1			GB 5096
水溶性酸碱		无			GB 259
机械杂质与水分		无			自测
苯含量/%（体积分数）	不大于	1.0			SH/T 0693　SH/T 0713
水分/%（质量分数）	不大于	0.2			SH/T 0246
乙醇含量/%（体积分数）		10.0±2			SH/T 0663
芳烃含量/%（体积分数）	不大于	40			GB/T 11132　SH/T 0741
烯烃/%（体积分数）	不大于	24			
氧含量/%（质量分数）	不大于	2.7			SH/T 0663
甲醇含量/%（质量分数）	不大于	0.3			SH/T 0663
锰含量/（g/L）	不大于	0.002			SH/T 0711
铁含量/（g/L）	不大于	0.01			SH/T 0712
密度（20℃）/（kg/m^3）		720～775			GB/T1884　GB/T1885

1.2.5　车用汽油的选用

车用汽油牌号的选择应根据汽车发动机的压缩比的大小，压缩比是发动机的重要设计参数，每辆车出厂后的压缩比是固定的。汽车说明书上会有压缩比大小，有建议使用汽油牌号的说明，可按照高标号的汽油进行推荐选择。合理选择汽油牌号既有利于保护发动机，又有利于提高发动机的功率。

压缩比是发动机气缸的总容积与燃烧室容积的比值。气缸总容积：活塞在气缸中上行所达到的最高位置称为上止点，活塞下行达到的最低位置成为下止点，活塞在下止点时，活塞以上的气缸容积，称为气缸总容积。活塞在上止点时，活塞上方的气缸容积称为燃烧室容积。也可以说是进入气缸的油气混合气的总体积与压缩之后的混合气的体积比，它表示混合气体被压缩的程度。一般来说，压缩比越大的发动机压缩终了时气缸内的温度和压力越高，因而做功时的膨胀压力也越高，从而可以提高发动机的功率，减少油耗。

如果选用了不符合汽车所需要牌号的汽油，汽车发动机就会产生爆震，影响汽车的正常使用。因此正确选用汽油牌号不仅可延长发动机的使用寿命，还可以达到节油的目的。那么如何正确选择汽油的牌号呢？点燃式发动机汽车要根据汽车的压缩比来选用相应牌号的汽油。发动机压缩比低的选用较低牌号的汽油；发动机压缩比高的选用牌号高的汽油。汽车的压缩比可以从汽车的使用说明书中查到。在油品选择时，有人认为高标号汽油贵，喜欢选用低于发动机压缩比的汽油，这样做的结果是高压缩比的车使用低标号的油，除了会给车辆造成损坏外，还会增加油耗，综合起来其实并不便宜。因此，高压缩比的汽油机必须使用高辛烷值的汽油。那么是不是标号越高越好呢？不是这样的，如果将高标号的汽油用在压缩比较低的汽车上，不但造成经济上的浪费，而且还会导致点火慢，燃烧时间延长，功率下降，甚至烧坏排气总管，也是不科学的。只有使用与汽车的压缩比相适应的汽油，才能提高发动机的功率，增加行车里程，节省燃料，提高汽油的动力经济性具有重要意义。

如何根据发动机的压缩比选用汽油呢？一般来说：压缩比在7.5～8.0之间，使用研究法辛烷值90号汽油；压缩比在8.0～8.5，应选用90～92号汽油；压缩比在8.5～9.5应选用92～95号汽油；压缩比在9.5～10应选用95～98号汽油。如表1-11所示。

表1-11　压缩比与汽油牌号的对应关系

压缩比	汽油牌号
7.5～8.0	90～92
8.0～9.0	92
9.0～10.0	92或95
10.0以上	95以上

在加油时如何为顾客选择正确的汽油牌号呢？一是向顾客问询，如："师傅请问您加什么牌号的油品？是否加满？"二是查看汽车油箱盖上的标注，可以了解所加的油品牌号或发动机的压缩比；三是，记住压缩比与油品牌号的对应关系，可以帮助你了解顾客所选油品的牌号是否合理。如表1-12所示。

表1-12　部分汽车选用汽油牌号推荐见表

车　　型	压缩比	推荐选用汽油牌号	车　　型	压缩比	推荐选用汽油牌号
别克英朗	10.5	98	标致308	10.0	不低于95
捷达（普通）	8.5	不低于92	标致408	10.5	98
捷达CI	9.0	不低于92	吉利	8.5	不低于92
捷达CT	9.0	不低于92	东风　风神EQ 7200－1/2	8.5	不低于92
捷达AT	9.0	不低于92	盐城　悦达	8.7	不低于92
宝来1.6L　5V	10.3	98	海南马自达　普利马	9.1	不低于92
宝来1.8L　5V	10.5	98	海南马自达6	10.5	98
宝来1.8L　5V	8.3	不低于92	贵州　云雀7606	8.5	不低于92
奥迪100	9.0	不低于92	本田2.3	8.9	不低于92
奥迪A6 2.0TFSI	10.0	不低于95	本田2.0	9.1	不低于92
奥迪A8	10.8	98	本田3.0	9.4	不低于92
桑塔纳（普通）	8.2	不低于92	本田　思域CIVIC	9.2	不低于92
桑塔纳2000（新型）	9.0	不低于92	丰田皇冠	10.0	不低于95

1.2.6　销售车用汽油注意事项

加注油品作业时应站在上风或侧风方向，减少油气量的吸入；作业时要集中精力、认真负责，减少油品的滴、洒、溢油现象，不要将加油枪口对着顾客，以免误操作时将汽油喷射到顾客身上；加强通风，减少作业场所油气浓度；尽量不与油品直接接触，手上有油污时，要及时清洗，并养成就餐前先洗手的好习惯；加油时，要按规定穿戴工装；同时尽量将工装不穿带回家；经常清洗工装，保持整洁卫生；禁止用嘴吸吮油品，以防油品误入体内。当人在接触汽油过程中，出现头晕、头痛等症状时，应警惕这可能是汽油中毒的初始症状，应立即到空气新鲜的地方坐卧休息，出现中毒昏迷现象时，应立即送医院抢救；当不慎将油品误入眼中时，请按正确方法及时处理；加油现场严禁各类火种；严禁使用非铁制容器盛装汽油；严禁用汽油作煤油炉、汽化炉的燃料，以免发生火灾。

1.3 柴　　油

1.3.1　柴油机的工作过程及原理

柴油机是以柴油为燃料，在进气行程吸入空气，在压缩行程终了前喷入柴油，柴油借助高温压缩空气氧化、自燃，产生高温气体，高温气体迅速膨胀推动活塞下行，将热能转化成动能，对外做功。柴油机的工作过程均为四行程的工作循环。

（1）进气行程。当活塞从上止点向下止点运动时，进气阀门打开，排气阀门关闭，缸内压力低于大气压力，空气在压力差的作用下经空气滤清器、进气阀被吸入气缸；活塞到达下止点时，进气阀和排气阀同时关闭。

（2）压缩行程。活塞由下止点上行，进气阀门和排气阀门均关闭，空气被压缩使气缸内气体的温度和压力升高，压缩终了时空气温度可达 500～700℃，压力达 3～5MPa；当活塞上行接近上止点时，柴油经粗、细过滤器，由高压油泵将柴油通过喷油嘴喷入气缸。

（3）作功行程。被喷入的柴油，经过雾化形成细小油滴，并与空气形成油气混合气。由于气缸内的温度已超过柴油的自燃点，柴油迅速开始自燃，这时柴油继续喷入，边喷边燃，燃烧产生大量高温高压气体，推动活塞向下运动，带动曲轴对外作功。

（4）排气行程。活塞经过下止点后因惯性作用再次上行，排气阀门打开，进气阀门关闭，废气迅速排除，直至活塞到达上止点后完成排气行程。四冲程柴油机就是这样周而复始，连续不断工作，对外作功。

从上述工作过程可以看出，柴油机和汽油机有很多相似之处，如燃料都是在气缸中燃烧，每个工作循环都经过进气、压缩、作功和排气四个过程。但两者又有本质上的差别，主要是：

① 柴油机在进气时吸入空气，而汽油机吸入的是油气混合气；柴油机没有化油器。

② 柴油机在压缩时，气缸的压力大，温度高，发动机材料所承受的热负荷和机械负荷大，因此，柴油机的压缩比高、马力大，同时柴油机比汽油机要笨重。

③ 汽油机中经压缩后的油气混合气，由电火花塞点燃，进行燃烧。而柴油机在压缩接近终了时，柴油由高压油泵经喷油嘴喷入气缸中，与高温高压空气迅速混合、蒸发，剧烈氧化以至自燃。柴油机形成混合气的时间比汽油机短，它必须具备一套复杂而精致的燃料系统。柴油由输油泵从油箱中抽出，经粗、细过滤器除去机械杂质后，由高压油泵把柴油经喷油嘴呈雾状喷入气缸。

1.3.2　柴油的性能要求

柴油发动机与汽油发动机的工作原理截然不同，它是压燃式发动机，柴油机是将空气压缩在行程终了时喷入柴油，柴油在压缩终了的高温高压条件下自燃，膨胀做功。因此，车用柴油的质量要求与汽油有所不同。

1.3.2.1　柴油的燃烧

柴油的燃烧性又叫发火性，它表示柴油自燃的能力，因为柴油发动机是压燃式的发动机，因此柴油若是具有良好的发火性能，进入燃烧室后，就能迅速着火，且燃烧稳定。若柴油的自燃能力差，着火落后期过长，则燃烧开始时燃烧室内积存的柴油过多，会因大量柴油同时燃烧使汽缸内压力升高过大，发动机工作不稳定，也会产生爆震。虽然柴油和汽油都会出现爆震现象，但产生的原因是不同的，汽油爆震是因为油品太易产生自燃了，而柴油的爆震则是由于油品不易自燃。十六烷值是表示柴油燃烧性能的指标，它是指和柴油燃烧性能相同的标准燃料中所含正十六烷的体积百分数。

十六烷值高，它的自燃点就低，在柴油机中容易自燃，表示柴油的燃烧性能好，实际表现为柴油燃烧充分，不冒黑烟。十六烷值过低，会使柴油车辆产生爆震，冷启动困难等。但十六烷值不宜太高，高于 60 ~ 75 时，柴油机会发生排气冒黑烟、功率下降、油耗增大现象；依据转速选用：转速小于 1000r/min 选用 35 ~ 40，转速 1000 ~ 1500r/min 选用 40 ~ 45，转速高于 1500r/min 选用 45 ~ 60。

1.3.2.2 柴油的蒸发性

为保证车用柴油发动机正常运转，轻柴油要求具有良好的蒸发和雾化性。评价柴油蒸发性能的指标有馏程、黏度、闭口闪点。

柴油回收温度对发动机使用性能有一定的影响。柴油 50% 回收温度超过 300℃ 时，发动机难以启动；柴油 90% 回收温度超过 355℃，重质馏分含量多，发动机动力性能不足，磨损加剧。

黏度是柴油的重要使用性能指标，适宜黏度的柴油，既能保证柴油对发动机燃油系统有较好的润滑性，又能保证柴油有较好的雾化质量，从而保证柴油有良好的燃烧性能。黏度大的柴油其流动性差。

石油产品用闭口杯，在规定的条件下加热到它的蒸气与周围空气的混合气接触火焰发生闪火时的最低温度，为闭口闪点，以℃表示。柴油的闭口闪点，通常我们简称为闪点，既是控制与评价柴油蒸发性的项目，也是控制与评价柴油安全性的项目。油品的危险等级也是根据闪点来划分的，闪点在 45℃ 以下为易燃品，45℃ 以上为可燃品。闪点低的油品蒸发性好，但蒸发损耗大，并且不安全。

1.3.2.3 柴油的抗氧化安定性

柴油的抗氧化安定性是指柴油在储存和使用过程中抵抗氧化的能力，抗氧化安定性不好的柴油在储存过程中外观颜色明显变深，实际胶质增加，在使用中容易导致滤清器堵塞、喷油器喷孔被黏结或堵死，影响正常供油，燃烧时产生积炭，增大磨损。

评定柴油抗氧化安定性能的指标有氧化安定性，总不溶物、实际胶质、残炭。它们的数值越大，说明柴油的安定性越差，越易氧化变质，颜色加深，胶质增大，容易在发动机中生成积炭，对柴油储存和使用有很大的影响。

1.3.2.4 柴油的抗腐蚀性

柴油不应有腐蚀性，否则容易腐蚀柴油发动机机的零部件，缩短其使用寿命。评定柴油抗腐蚀性指标有硫含量、酸度、铜片腐蚀及水溶性酸或碱。这些指标越小，柴油的抗腐蚀性能越好。

1.3.2.5 柴油的清洁性

柴油要有良好的清洁性。评价指标有灰分、水分、机械杂质。灰分是柴油中不能燃烧的矿物质，含量多会造成发动机严重磨损、侵蚀。接收、发售油品时应注意经过沉降、粗细过滤程序，并按时排放水以消除水和杂质的影响。

1.3.2.6 柴油的环保性

柴油的硫含量是评价柴油环保性能的主要指标。因为随着硫含量的增加，尾气中的 SO_2

和 SO_3 必然增加，造成环境污染。另外，硫的氧化物会腐蚀发动机汽缸和汽缸壁。近年来，各国都在轻柴油规格中将硫含量作为一个比较重要的指标加以限制，并向更严格的方向发展。美国环保署规定轻柴油的硫含量不大于 0.05%。中国周边国家对硫含量的要求也均在 0.2% 左右，而且从近期看，还有不断降低的趋势。

1.3.2.7 柴油的安全性

柴油的安全性主要是以闪点为评价指标，闪点可以指出柴油的火灾危险性。闪点低的柴油虽然蒸发性好，但由于易产生大量的油蒸气，出现不安全因素。

1.3.2.8 柴油的低温性

柴油与汽油不同，由于在柴油中含有一定的蜡，所以当温度下降时，有一部分溶于柴油中的蜡就会结晶出来，使柴油变稠，逐步失去流动性，影响使用。

评价柴油低温流动性能的指标有凝点、冷滤点。在规定条件下，试油遇冷开始凝固而失去流动的最高温度，称为凝点，以℃表示。凝点是划分柴油牌号的依据。凝点低的柴油，低温性能好，在冬天不易失去流动性。在规定的试验条件下，试油通过标准的过滤器每分钟不足 20mL 时的最高温度，称冷滤点。根据柴油的冷滤点可判断柴油的最低使用温度。

1.3.3 柴油的品种牌号及国家标准

1.3.3.1 柴油的品种牌号

我国柴油分普通柴油和车用柴油。在 GB 252—2015 中，按凝点不同，柴油划分为 5 号、0 号、-10 号、-20 号、-35 号和 -50 号；在 GB 19147—2013 中，按凝点不同，车用柴油也划分为 5 号、0 号、-10 号、-20 号、-35 号和 -50 号。

1.3.3.2 柴油的标准

（1）普通柴油技术要求见表 1-13。

表 1-13 普通柴油技术要求（GB 252—2015）

项目		5	0	-10	-20	-35	-50	试验方法
色度/号	不大于	3.5						GB/T 6540
氧化安定性 总不溶物/（mg/100mL）	不大于	2.5						SH/T 0175
硫含量/（mg/kg）	不大于	350（2017 年 6 月 30 日以前） 50（2017 年 7 月 1 日开始） 10（2018 年 1 月 1 日）						GB/T 380
酸度/（mgKOH/100mL）	不大于	7						GB/T 258
10% 蒸余物残炭/%（质量分数）	不大于	0.3						GB/T 268
灰分/%（质量分数）	不大于	0.01						GB/T 508
铜片腐蚀（50℃，3h）/级	不大于	1						GB/T 5096
水分/%（体积分数）	不大于	痕迹						GB/T 260
机械杂质		无						GB/T 511
运动黏度（20℃）/（mm^2/s）		3.0~8.0			2.5~8.0	1.8~7.0		GB/T 265
凝点/℃	不高于	5	0	-10	-20	-35	-50	GB/T 510

续表

项目		5	0	-10	-20	-35	-50	试验方法
冷滤点/℃	不高于	8	4	-5	-14	-29	-44	SH/T 0248
闪点（闭口）/℃	不低于	55				45		GB/T 261
十六烷值	不小于	45						GB/T 386
馏程 50%回收温度/℃ 90%回收温度/℃ 95%回收温度/℃	 不高于 不高于 不高于	 300 355 365						GB/T 6536
密度（20℃）/（kg/m³）		实测						GB/T 1885
脂肪酸甲酯/%（体积分数）		1.0						

（2）车用柴油（Ⅳ、Ⅴ）技术要求见表1-14～表1-15。

表1-14　车用柴油（Ⅳ）技术要求（GB 19147—2016）

项目		5	0	-10	-20	-35	-50	试验方法
氧化安定性 总不溶物/（mg/100mL）	 不大于	2.5						SH/T 0175
硫含量/（mg/kg）	不大于	10						GB/T 380
10%蒸余物残炭/%	不大于	0.3						GB/T 268
灰分/%（质量分数）	不大于	0.01						GB/T 508
铜片腐蚀（50℃，3h）/级	不大于	1						GB/T 5096
水分/%（体积分数）	不大于	痕迹						GB/T 260
机械杂质		无						GB/T 511
润滑性 磨痕直径（60℃）/μm	 不大于	460						ISO 12156—1
运动黏度（20℃）/（mm²/s）		3.0～8.0			2.5～8.0	1.8～7.0		GB/T 265
凝点/℃	不高于	5	0	-10	-20	-35	-50	GB/T 510
冷滤点/℃	不高于	8	4	-5	-14	-29	-44	SH/T 0248
闪点（闭口）/℃	不低于	60			50	45		GB/T 261
着火性（需满足下列要求之一） 十六烷值 十六烷指数	 不小于 不小于	 49 46			 46 46	 45 43		GB/T 386 GB/T 11139 SH/T 0694
馏程 50%回收温度/℃ 90%回收温度/℃ 95%回收温度/℃	 不高于 不高于 不高于	 300 355 365						GB/T 6536
密度（20℃）/（kg/m³）		810～850				790～840		GB/T 1884　GB/T 1885

表 1-15　车用柴油（Ⅴ）技术要求（GB 19147—2016）

项　目		5	0	-10	-20	-35	-50	试验方法
氧化安定性 总不溶物/（mg/100mL）	不大于	2.5						SH/T 0175
硫含量/（mg/kg）	不大于	10						GB/T 380
10%蒸余物残炭/%	不大于	0.3						GB/T 268
灰分/%（质量分数）	不大于	0.01						GB/T 508
铜片腐蚀（50℃，3h）/级	不大于	1						GB/T 5096
水分/%（体积分数）	不大于	痕迹						GB/T 260
机械杂质		无						GB/T 511
润滑性 磨痕直径（60℃）/μm	不大于	460						ISO 12156—1
运动黏度（20℃）/（mm^2/s）		3.0～8.0			2.5～8.0	1.8～7.0		GB/T 265
凝点/℃	不高于	5	0	-10	-20	-35	-50	GB/T 510
冷滤点/℃	不高于	8	4	-5	-14	-29	-44	SH/T 0248
闪点（闭口）/℃	不低于	60			50	45		GB/T 261
着火性（需满足下列要求之一） 十六烷值 十六烷指数	 不小于 不小于	 51 46			 49 46	 47 43		GB/T 386 GB/T 11139 SH/T 0694
馏程 50%回收温度/℃ 90%回收温度/℃ 95%回收温度/℃	 不高于 不高于 不高于	 300 355 365						GB/T 6536
密度（20℃）/（kg/m^3）		810～850				790～840		GB/T 1884　GB/T 1885

（3）车用柴油京（Ⅵ）标准见表 1-16。

表 1-16　车用柴油京（Ⅵ）标准（DB11 239—2016）

项　目		5	0	-10	-20	-35	试验方法
氧化安定性 总不溶物/（mg/100mL）	不大于	2.5					SH/T 0175
硫含量/（mg/kg）	不大于	10					GB/T 380
10%蒸余物残炭/%	不大于	0.3					GB/T 268
灰分/%（质量分数）	不大于	0.01					GB/T 508
铜片腐蚀（50℃，3h）/级	不大于	1					GB/T 5096
水分/%（体积分数）	不大于	痕迹					GB/T 260
机械杂质		无					GB/T 511
润滑性 磨痕直径（60℃）/μm	不大于	460					ISO 12156—1

续表

项　　目		5	0	-10	-20	-35	试验方法
运动黏度（20℃）/（mm^2/s）		2.5~7.5			2.0~7.5	1.5~6.5	GB/T 265
凝点/℃	不高于	5	0	-10	-20	-35	GB/T 510
冷滤点/℃	不高于	8	4	-5	-14	-29	SH/T 0248
闪点（闭口）/℃	不低于	60			55		GB/T 261
着火性（需满足下列要求之一）							GB/T 386
十六烷值	不小于	51			49	47	GB/T 11139
十六烷指数	不小于	46			46	43	SH/T 0694
馏程							GB/T 6536
50%回收温度/℃	不高于	300					
90%回收温度/℃	不高于	355					
95%回收温度/℃	不高于	365					
密度（20℃）/（kg/m^3）		810~850			790~840		GB/T 1884　GB/T 1885

1.3.4　柴油的选用

柴油的选用要以环境温度为依据。需要指出的是，环境温度与柴油的牌号不具有一一对应的关系。也就是气温为0℃时，不能选用0号柴油，而应选择-10号柴油，因为0号柴油表示0℃时，柴油已经不能流动了，所以气温为0℃时，再选择0号柴油，柴油就不能工作了。而冷滤点与柴油的使用性能有良好的对应关系，所以，各牌号柴油的实际使用温度范围就是按冷滤点来划分的。人们用冷滤点来判断车用柴油可能使用的最低温度。冷滤点一般高于它的凝点（牌号）4~6℃。

正确选用柴油的原则是：所选柴油的凝点小于使用温度5~7℃，冷滤点约等于使用气温。选用柴油时，应根据使用地区气温，选用不同牌号（即不同凝点）的柴油，就是说要根据气温来决定使用哪种牌号的柴油，牌号选用不当是一种浪费或无法启动。为了保证发动机燃料系统在低温下正常供油，柴油的凝点应比适用地区的最低气温低5~7℃左右。

柴油牌号的选用依据为：

5号柴油——适用于风险率为10%的最低气温在8℃以上的地区使用；

0号柴油——适用于风险率为10%的最低气温在4℃以上的地区使用；

-10号柴油——适用于风险率为10%的最低气温在-5℃以上的地区使用；

-20号柴油——适用于风险率为10%的最低气温在-14℃以上的地区使用；

-35号柴油——适用于风险率为10%的最低气温在-29℃以上的地区使用；

-50号柴油——适用于风险率为10%的最低气温在-44℃以上的地区使用。

1.3.5　销售柴油注意事项

加油柴油时不要取下油箱的滤网，同时要定期清洗滤清器，以保证柴油机燃料供给系统精密零部件不出故障和延长使用寿命；在冬季，要严禁把柴油与汽油混合后作为柴油发动机的燃料，以免发生安全事故；在冬季使用桶装高凝点柴油时，不能用明火加热，以免引起爆炸。但可通过自然升温或用蒸汽加热等形式来改善柴油的流动性；严禁与汽油混合后用于照明或作煤油炉的燃料。

1.3.6 车用燃油清洁剂常识

车用燃油清净剂是用于车用燃油，即车用汽、柴油中的一种添加剂，其作用是抑制汽车燃油进气系统产生沉积物、并清洗该系统中已产生的沉积物。车用燃油清净剂是由具有清洁功能的高分子无灰表面活性物质，主要是胺基或酰胺基高分子表面活性物及少量的抗氧化、防锈、金属减活、破乳化等辅助添加剂组成，所以有时也被称为车用燃油多效复合清净剂。

车用燃油清净剂有两大类：一类是车用汽油清净剂（简称汽油清净剂），另一类是车用柴油清净剂（简称柴油清净剂）。汽油清净剂只能加入到汽油中，清洁汽油发动机的燃油进气系统；柴油清净剂只能加入到柴油中，清洁柴油发动机的燃油进气系统，而汽油发动机和柴油发动机的工作原理是不同的，因此汽油清净剂和柴油清净剂的组成也是不一样的，所以要专剂专用，不可相互通用。

车用燃油清净剂是为了满足环保的需要而研发的。因为电喷车燃油进气系统中的喷油嘴、进气阀长期处于100～300℃左右的高温状态，易使燃油中的不稳定成分在此发生化学反应，形成沉积物，堵塞喷嘴、使进气阀产生粘连，导致车辆的驱动性变差，功率与燃油经济性下降，尾气排放恶化。

长期使用车用燃油清净剂不仅可以清洁汽车发动机燃油系统，改善尾气排放，而且可以节约燃油、减少汽车发动机燃油系统的维修、延长汽车的使用寿命。

车用燃油清净剂应该在销售系统中转油罐出库时加入到送往加油站的油罐车上，在这个环节上加入清净剂，可以避免各种污染和麻烦，保证车用燃油清净剂的作用效果，安全、可靠。

车用燃油清净剂在储存、运输和使用中应注意以下几个问题：

（1）车用燃油清净剂为可燃品，在包装、储存和运输中均要按照可燃物品的相关规定办理，不可违规。

（2）车用燃油清净剂应存放于防雨、防晒、通风阴凉处，不能久置于气温低于－15℃的环境中。

（3）车用燃油清净剂属于微毒产品，在储运和使用中要避免让儿童接触、误服。一旦与人的皮肤接触，要用肥皂、清水漂洗。

（4）车用汽、柴油清净剂在库里存放时要分开。使用时一定要专剂专用，汽油清净剂一定要注入车用无铅汽油中，柴油清净剂一定要注入车用柴油中，绝对不可错用、混用、乱用。

（5）车用燃油清净剂在储运与使用过程中要防止水分进入，以免引起乳化。

1.4 煤　　油

1.4.1 煤油的用途

煤油又称灯用煤油，是由 C_{11}～C_{18}的烃类组成，平均相对分子质量为200～250，馏程为180～310℃，主要用于点灯照明和作各种喷灯、汽灯、气化炉和煤油炉的燃料，还可以做洗涤机件和喷洒农药的溶剂，油墨稀释剂、金属工件表面化学热处理等工艺用油。煤油的颜色为水白到浅黄色，手摸稍光滑，挥发慢，有煤油味。

1.4.2 煤油的性能要求

1.4.2.1 燃烧性

煤油点燃时，要有足够的亮度，火焰平稳，亮度的降低要平缓，灯芯结焦小，不冒或少冒黑烟。煤油的点燃性用点灯试验和烟点两个指标来评定。

（1）点灯试验。点灯试验是指煤油在标准灯中燃烧以评价其燃烧性能的试验。该实验通过观察火焰变化、灯罩上的附着物以及灯芯顶点是否结灯花来评定煤油的点燃性。另外，点灯试验还可以用来衡量煤油的吸油性和纯洁性。

若灯罩熏黑，说明煤油中芳香烃及重质馏分多；若灯罩有白雾，说明有硫化物存在；若灯芯结灯花，说明重质馏分、不饱和烃和芳香烃较多。

（2）烟点。烟点又名无烟火焰高度，是指煤油在规定的标准灯具内点燃时的无烟火焰的最大高度，以 mm 表示。用以判断煤油化学组成的基本情况和点灯时灯罩上产生附着物的多少。若煤油的烟点高，表明其芳香烃含量少，灯罩上的附着物也少。

1.4.2.2 吸油性

煤油点燃时，应能畅通无阻地通过灯芯，不堵塞灯芯的毛细孔，也不使灯芯结焦变硬，耗油率低。煤油的吸油性用馏程和浊点两个指标来评定。

（1）馏程用以保证煤油点燃时火焰的平稳和持久。煤油含重质馏分多，黏度就大，沿灯芯上升速度慢，对灯芯吸油不利，会使火焰亮度降低，灯芯结焦。但馏分也不能过轻，否则不仅会使单位时间内的耗油量增大，还会产生火焰跳动现象，甚至有火灾危险，降低了煤油的安全性。

（2）浊点。浊点是指在规定条件下，轻质油品受冷后析出石蜡晶体呈现浑浊的最高温度，用以保证灯具在低温或室外条件下顺利吸油。浊点高的煤油，在低温下会析出石蜡晶体，堵塞灯芯的毛细孔，使灯芯吸油量不足，甚至完全不能吸油。

1.4.2.3 清洁性

煤油的纯洁性影响其点燃性和吸油性，用色度、水溶性酸或碱、腐蚀试验、水分和机械杂质等指标评定。色度是保证煤油精制深度的指标，可以定性反映煤油中胶质含量及油品变质情况。煤油颜色越浅，胶质含量越少，点燃性、吸油性越好。水溶性酸或碱和腐蚀试验用来保证煤油对储存容器和灯具不发生腐蚀作用。水分会加速煤油变质，点灯时发生爆音使火焰不稳。机械杂质会直接堵塞灯芯毛细孔，因此，煤油中不允许存在水分和机械杂质。

1.4.2.4 安全性

煤油安全性包括防火和防毒两个方面，用闪点、硫醇硫和硫含量三个指标来评定。

煤油是易燃易爆品，它的防火安全性用闭口闪点来控制。馏分越轻，着火危险性越大。为了保证安全和减少储存中的蒸发损耗，煤油闭口闪点不低于 40℃。硫化物燃烧后产生的二氧化硫、三氧化硫对人体和生物都十分有害，活性硫化物还具有恶臭和腐蚀作用。为了保证煤油没有臭味，不腐蚀金属容器，不毒害人畜，规定煤油的硫含量要较低。

1.4.3 煤油的质量等级

煤油按质量可分为优级品、一级品和合格品三个等级。

1.4.4 销售煤油注意事项

在销售煤油时，要防止水分和杂质混入，影响煤油的使用效果；不要用盛重质油料的容器装煤油，否则煤油点燃时易冒黑烟；煤油不能与汽油共同使用，以免引起火灾。

1.5 加油站油品质量管理

油品质量管理是加油站管理的一个重要环节，它不仅关系到企业的信誉和品牌的声誉，而且关系到顾客的财产和人身安全。因此，要高度重视，加强管理。

1.5.1 加油站油品质量管理标准

加油站油品质量管理的法律依据是《中华人民共和国产品质量法》、《消费者权益保护法》和成品油质量国家标准。

加油站销售的油品质量要符合现行的国家标准。目前，加油站销售的车用汽油应达到 GB 17930—2006 技术要求，车用乙醇汽油应达到 GB 18351—2004 的技术要求；轻柴油应达到 GB 252—2000 技术要求，车用柴油应达到 GB/T 19147—2003 技术要求。

1.5.2 加油站油品质量变化主要途径和变化因素

加油站在油品运输、卸油、加油、使用等环节中，易发生因混油、高温氧化、混入水分杂质而引起油品质量变化。

加油站出现混油情况有多种可能性。如油库来油有问题出现混油；运输过程中出现混油；卸油过程中卸错油；加错油等。

影响加油站油品质量变化的因素有内因和外因。油品化学组成的不同是影响油品质量变化的内在因素，如油品中烯烃含量越多，油品在销售过程中就越容易变质。影响油品质量变化的外界因素有储油时间、储油的温度、油品与氧气的接触机会、储油容器的材质、储油容器和运输工具的清洁度等。

1.5.3 加油站质量管理措施

1.5.3.1 严把进油关

加油站进油时必须确保油品质量达到国家标准。例如中国石化的加油站不得擅自外采油品、代销代储油品和不得调和油品。

1.5.3.2 严把运油关

油品运输过程中，要严格确保运油车、船等容器的清洁度，汽油、柴油的运输必须专车（专舱）。进油时要注意核对油品的品种、牌号是否与承运油品相符。

1.5.3.3 严把卸油关

认真接卸油品，严防混油。加油站在卸油前，认真核对随油同行联上的油品名称、牌号；抽取底部油样，目测检查油品颜色、气味、水杂、黏度的等外观质量，发生异常，禁止卸油。

卸油前，要认真执行“双确认”制。首先确认收油罐口标志和待卸油品名称、牌号是否一致；连接好卸油管后，再度确认待卸油品与收油罐油品是否相同，下达卸油指令。在卸油过程中，必须监督卸油全过程。

1.5.3.4 严把储存关

加油站在油品储存过程中应做到，不同规格的油品分罐储存，油罐需改装其他油品时应按规定清罐；储油罐应定期清罐；对到期油品要进行周期性检测；同时严防水分和机械杂质混入油品中。刹车油、防冻液等小包装油品，包装必须严密，不得敞口存放，应按照“先进先出”进行销售。

中国石化加油站的储油罐清罐周期 3 ~ 5 年，船舶油舱每 2 年清洗一次；汽油、柴油储存周期3个月，润滑油脂6个月，对到期油品进行周期性检测；每日盘点时，测量油罐水高，大雨、大雪后，及时测定水高，发现罐（舱）底水杂超过50mm时，员工报告油站经理，并找出原因，进行处理。

1.5.3.5 严把加油关

卸油后首次加油及大雨、大雪天加油，应注意检查油品外观质量；人工加油过程中要注意精力集中，以免加错油。

1.5.3.6 处理好油品质量纠纷

顾客常常因在用油过程中车辆运行不正常而对油品质量提出抱怨，如汽车易熄火、费油、不易点火、动力性能差、噪声大、经常要修理、莫名其妙地着火等。这些问题有可能是因为油的问题而引起的，如加错油、油品某项指标不合格、油品变质、没有机油、所选油品不正确等；也有可能是汽车的问题，如油路堵塞、滤清器堵塞、气门关闭不严等；同时也有可能是人的问题和环境的问题而引起的，如驾驶技术不行导致汽车熄火。因此，当顾客对油品质量提出抱怨时，加油站销售人员应正确分析产生抱怨的原因，并及时予以解释。

中国石化加油站员工处理顾客异议的方法是：当顾客对油品质量提出异议时，员工首先应向加油站经理汇报；取样备查；检查油品颜色、气味和挥发性等，如确有质量问题，立即停止相应油罐的加油业务，取样化验，同时向主管部门报告；反之耐心解释；依据化验结果及时答复顾客。

1.5.3.7 正确对待质量抽检

油品质量管理分政府管理和行业内部管理。政府管理是指当地工商行政管理部门和质量技术监督部门依法对油品质量进行的监督管理。行业内部管理是指行业自身依法或依据行业管理规范对油品质量进行的维护与管理。

国家为了加强对成品油销售过程中的质量监督与管理，通常要对加油站油品质量进行抽检。因此，加油站要正确对待质量抽查。

例如：中国石化加油站若遇法定质量检查机构等行政部门抽样，加油站经理必须在现场，且应立即报告公司领导和质量管理部门；加油站平时备好样瓶，密封备用；油样原则上从加油枪抽取；抽检轻质油样用1L棕色磨口玻璃瓶，空瓶应干净、干燥；每次取3份样（内部抽检取2份样），一份受检、一份备用、一份自查；抽取油样时，加油站留存油样。

油品质量检报告单应按顺序编号，并准确、清晰、完整填写，不得随意更改。质检报告必须经三级检查，即编写、审核、批准人签字；报告结论明确。例如，非全分析时，若检测项目合格，检验结论注明："该产品检验X项，结果均符合标准要求"，若有不合格项目，检验结论注明："该产品检验X项，其中X_1项结果不符合标准要求，为不合格产品"；全分析时，若检测项目合格，检验结论注明："经全分析该产品合格"；若有不合格项目，检验结论注明："经全分析，该产品X_1项结果不符合标准要求，为不合格产品"。油站经理和质量技术人员要求能看懂油品质量检验报告单，并根据质检结果正确处理油品质量问题。

1.5.3.8 处理好油品质量事故

凡在油品购、销、存及运输等物流环节中，发生油品质量变化，使油品不符合现行标准，给企业造成经济损失或对企业的商誉造成不良影响，统称为油品质量事故。下面重点介绍中国石化销售企业油品质量事故的分类、分级和处理方法等。中国石化销售企业将油品质量事故分为采购事故、运输事故、储存事故和销售事故。把购进国家明令淘汰并停止销售的油品、购进不符合现行国家标准（行业标准或企业标准）的油品、购进没有产品质量检验合格证及标识（或包装、标识不规范）的油品称为采购事故。把未按规定对油品实行入库检验致使不合格油品进入油库，把因管理不善，未按规程对待储存油品，致使油品经曝晒、混入水或其他物质，造成油品质量不合格，把在输转过程中，由于未按规定实行“专管专用，专泵专用”，或违反工艺操作规程、规定，造成油品相混合，致使油品质量不合格等称为储存事故。把在油品销售过程中，掺杂、掺假或经营不合格油品的，把采用协议销售的油品，在销售时，未与用户签定质量协议，导致用户提出质量异议的称为销售事故。把未按规定实行“专车专用”或运送油品容器的清洁度未达标，造成油品质量不合格，委托承运油品时，未与承运方签定质量保证协议或合同，造成油品不合格等称为运输事故。油品质量事故等级分为三级事故、二级事故、一级事故、重大事故、特大事故。事故当事人（发现人）应立即报告上级主管部门。事故调查，特大事故、重大事故由中国石化销售有限公司主管部门会同有关部门负责，一级以下事故由省级公司负责。质量事故处理遵循“四不放过”原则，即事故原因分析不清不放过，事故责任者和员工没有受到教育不放过，没有防范措施不放过，事故责任者没有严肃处理不放过。

第 2 章　油 品 计 量

2.1　油品计量基础知识

2.1.1　计量概述

计量是实现单位统一和量值准确可靠的活动。计量具有准确性、一致性、溯源性和法制性四个基本特点。计量的本质是测量。测量是确定客观事物“量”的大小的过程，是以确定被测对象量值为目的的全部操作。

（1）计量的准确性。是指测量结果与被测量真值的一致程度。在计量工作中不存在完全准确无误的测量。其测量值都是在一定的准确度范围。

（2）计量的一致性。是指在统一计量单位、符合有关计量要求和规范的基础上，在不同时间、地点，或采用不同计量方法，或使用不同计量器具，或不同的人对同一量值进行测量，其测量结果就应在规定的误差范围内一致。即测量结果是可重复、再现和比较的。

（3）计量的溯源性。是指通过一条具有规定不确定度的值能够与规定的参考标准，通常是与国家或国际测量标准联系起来的特性。

（4）计量的法制性。是指计量本身的社会性不但要依赖于科学手段，还必须要有由政府主导建立起来的法律保证。特别是对直接影响国计民生、涉及公民利益、需要特殊信任的领域更需法律保障。

2.1.1.1　量

计量的对象是量。量是现象、物体或物质可以定性区别和定量确定的一种属性。一个有意义的量必须由数值和计量单位两部分组成，当计量单位在特定注明时，量的数值和计量单位可以分开书写。量通常可分为可数的量和可测的量两类。可数的量可通过计数得出结果，没有误差；而可测的量则需通过测量得出结果，就有误差。误差至始至终存在于测量结果之中，这就是误差公理。

在测量过程中，不管测量过程如何严密，测量器具如何先进、精密，测量误差始终存在，并贯穿一切测量活动中。

2.1.1.2　计量单位

计量单位是用以定量表示同种量量值而约定采用的特定量，它具有专门的名称、符号和定义，其数值为1。计量单位的符号一种是字母符号，如“m”表示“米”；另一种是附于数字右上角的符号。如“″”表示“秒”。

法定计量单位是国家以法令的形式规定强制使用或允许使用的计量单位。

单位制是选定计量基本单位后，可按一定物理关系构成一个系列的导出单位，这样的基本单位和导出单位组成的一个完整的单位体系称为单位制。

（1）国际单位制。1960 年第十一届国际计量大会提出并通过：选用米（m）、千克（kg）、秒（s）、开尔文（K）、安培（A）、摩尔（mol）和坎德拉（cd）七个基本单位等构成的单位制。

国际单位制通常简称 SI 制。由 SI 单位（包括基本单位、辅助单位和导出单位）、SI 词头和 SI 单位的十进倍数和分数单位三部分构成。

（2）我国法定计量单位。由国际单位制单位、选定的非国际单位制单位和以上单位所构成的组合形式的单位三部分组成。

其中，国际单位制单位中的长度单位“毫米”、质量单位“千克”、时间单位“秒”；选定的非国际单位制单位时间单位“分”、“小时”、“天”，质量单位“吨”，体积单位“升”；根据国际单位制基本单位组合成的单位密度单位“千克每立方米”、长度单位“毫米”等被广泛应用于油品计量实际工作中。

我国法定计量单位在油品计量实际工作中的应用如表 2-1 所示。

表 2-1 我国法定计量单位在油品计量实际工作中的应用

量的名称	单位	符号	保留小数点位数
油（水）高	毫米	mm	整数
油品温度	摄氏度	℃	保留 1 位小数
体积（容积）	立方米	m^3	保留 3 位小数
	升	L	保留整数或 2 位小数
密度	千克每立方米	kg/m^3	保留 1 位小数
重量	吨	t	保留 3 位小数
	千克	kg	保留整数
时间	秒	s	保留整数
	分	min	保留整数

用分度值为 1mm 的量油尺测量油高，如以毫米为单位，记录数据应保留整数。

容积单位公升、cc；长度单位公分；重量单位 KGS 等计量单位属于非法定计量单位，应避免使用。温度“20℃”正确的写法是 20℃，读法是 20 摄氏度。

2.1.1.3 测量准确度

测量准确度是指测量结果与被测量真值的一致程度。准确度是一个定性的概念。即可用准确度高低或等级以及准确度符合某标准等级的说法，定性地表示测量质量。

2.1.1.4 不确定度

测量不确定度是表征合理赋予被测量之值的分散性，与测量结果相联系的参数。在测量结果的完整表述中应包括测量不确定度。

2.1.1.5 计量器具的检定

国家法定计量检定部门或其受权的计量机构为查明和确认计量器具是否符合法定要求的程序，它包括检查、加标记和（或）出具检定证书（见 JJF 1001—2011 通用计量术语及定义）。

2.1.2 误差常识

2.1.2.1 误差的定义与表示方法

（1）误差的定义。误差为测量结果与被测量的真值之差。即：误差 = 测量值 - 真值。

如真值为 1000mm 的油品油高，量油尺上的读数为 999mm，则误差为 -1mm。

当某一个量能被完善地确定并能排除所有的测量缺陷，通过计量所得到的量值就是被测量的真值。从计量角度看，真值是一个理想的概念，通常是未知的。但理论真值、约定真值、标准器相对真值可认为是已知的。

理论真值是指同一量值自身之差为零，自身之比为一。如平面三角形内角和恒为 180°。

约定真值是指“对于给定目的，由协议赋予某量的量值”。如长度单位“米”的定义为光在真空中于1/299792458s的时间内行进的距离。米值即为约定真值。

相对真值是指当标准器的误差与低一级标准器或普通计量仪器的误差相比为其1/5（或1/3～1/20）时可认为前者是后者的相对真值。

（2）误差常用的表示方法。

① 绝对误差是指测量值与真值之差。绝对误差有正、负，有单位。绝对误差的正、负表明测量值偏离真值的方向。绝对误差为正，表明测量值大于真值；绝对误差为负，表明测量值小于真值。

② 相对误差是指测量的绝对误差与被测量真值之比的百分数。即：

相对误差＝绝对误差/真值×100%＝（测量值－真值）/真值×100%

真值＝测量值/（1＋相对误差）

如用A表示真值，X表示测量值，Δ表示误差，δ表示相对误差，则有：

$$\Delta = X - A \tag{2-1}$$

$$\delta = (X - A) / A \times 100\% \tag{2-2}$$

$$A = X / (1 + \delta) \tag{2-3}$$

当$\delta \ll 1$时，有

$$A \approx X(1 - \delta) \tag{2-4}$$

2.1.2.2 测量值的修正

为消除误差的影响，用代数法加到未修正测量值上的数值叫修正值。它是描述测量值偏离真值的程度。修正值是指与误差大小相等而符号相反的值。

设修正值为C，则有：

$$C = A - X$$

或：

$$A = X + C \tag{2-5}$$

含有误差的测量值加上修正值后可以消除或减少误差的影响。

计量量值的准确一致，通常采用加修正值的办法来保证，检定部门出具的计量器具检定合格证书都附有修正值。

通常，量油尺每间隔1m给出一个修正值；温度计每间隔20℃给出一个修正值。

测量时，油高、油温、密度读数一般不会正好落在有修正值的刻度上，大多数情况下，都在两相邻刻度之间，对于规格为5m的检定合格的量油尺全长允许误差不大于±1.3mm，一般两相邻2m刻度值之间的修正值之差不会超过1mm，因此可以采用邻近法对测量的油高进行修正。对于温度计测量值的修正则采用内插法。内插法的使用条件是三点的距离靠得很近。某一测量值x相邻的测量值是x_1和x_2，其对应的修正值是Δx_1、Δx_2。则测量值x的修正值是：

$$\Delta x = \Delta x_1 + [(\Delta x_2 - \Delta x_1) / (x_2 - x_1)](x - x_1) \tag{2-6}$$

这个公式非常广泛用于油品体积、密度、相关系数的换算。

例2-1 用量油尺测得某油品油高为1387mm，该量油尺在0～1m和0～2m时的修正值分别为－1.0mm和－0.6mm，求修正后的油高。

解：用邻近法求该油品的修正油高

$$C = 1387 + (-1.0) = 1386\text{mm}$$

例2-2 用温度计测得某油品的温度17.9℃，该温度计在10℃和30℃时的修正值分别

为 -0.1℃和 -0.2℃，求修正后的油温。

解：用内插法求该油品温度的修正值

$$C = -0.1 + [-0.2 - (-0.1)] / (30-10) \times (17.9 - 10) = -0.1℃$$

该油品的真实温度　　　　$A = 17.9 - 0.1 = 17.8℃$

2.2　油品手工计量工具

2.2.1　量油尺

量油尺是测量容器内油品高度或空间高度的专用尺。如图 2-1 所示，量油尺由尺砣、尺带、尺架等部分组成。量油尺的最小分度值为 1mm，零刻度在尺砣不与尺带连接端的顶端。其规格有 5m、10m、15m 等。尺带上厘米、分米、米的分度值必须标有数字，刻度线长度和尺宽相同的刻度线位置是“米”和“分米”，内侧面为带有刻度值的一面，终点刻度离尺架口至少 300mm。

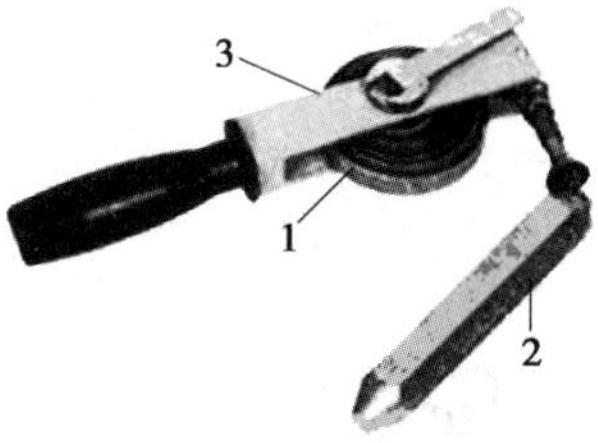

图 2-1　5m 长量油尺
1—尺带；2—尺砣；3—尺架

由于不同厂家生产的尺砣长度不尽相同，所以当尺砣有损坏时，不得随便调换，应保持原配。

用于交接计量的量油尺检定周期一般为半年，最长不超过 1 年；在使用中如发现或怀疑量油尺存在影响测量结果的现象，必须立即复检或停止使用。

2.2.2　丁字尺

丁字尺是测量汽车罐车中液面空高的计量器具。如图 2-2 所示，汽车罐车空高测量一般采用规格为 1000mm 的丁字尺，基准线为全长的 1/3，零刻度在基准线与尺长的垂直相交处。

用丁字尺测量汽车油罐车内油面以上空高，读出一个数值应是从罐口参照点到油面的距离。丁字尺应标有厂名、出厂日期、器号。

2.2.3　量水尺

量水尺又称检水尺，是测量容器内水位高度的计量器具。如图 2-3 所示，量水尺全长 300mm，圆柱形内直径为 10mm，也有方形和六角形的。质量约 0.8kg，允许误差 ±0.3mm，最小分度值为 1mm。

量水尺上的“厘米”刻度值应注明数字，尺上必须标明厂名和器号。量水尺的表面应光洁，刻线清晰，垂直立在平面上应构成 90°，倾斜误差不超过 0.5°。

2.2.4　温度计

温度计是利用物质的某些物理性质随温度变化而变化的特性制成的。目前，加油站常用的温度计为棒式全浸水银温度计。如图 2-4 所示，温度计由感温泡、中间泡、感温液体、分度表等部分组成。温度计中间泡的作用是用来容纳由 0℃到下限刻度的测温介质；中间泡可以提高读数的准确度。

在温度计读数值范围内，偶数标出数字、奇数不标出数字。

加油站使用的棒式全浸水银温度计量程范围通常为 -30 ~ 50℃，其最小分度值为 0.2℃，温度计的检定周期应根据使用情况确定，一般不超过 1 年。在使用中如发现或怀疑温度计存在影响测量结果的现象，必须立即复检。

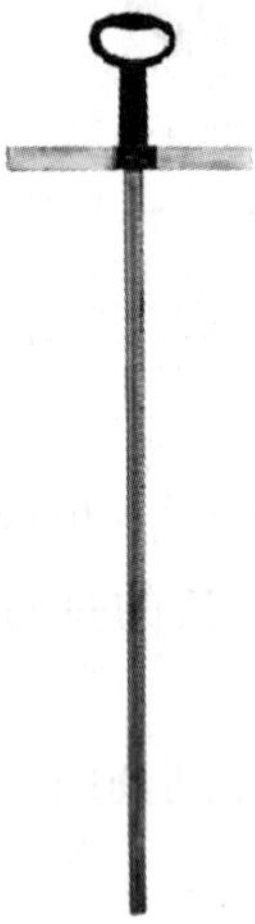

图 2-2　丁字尺

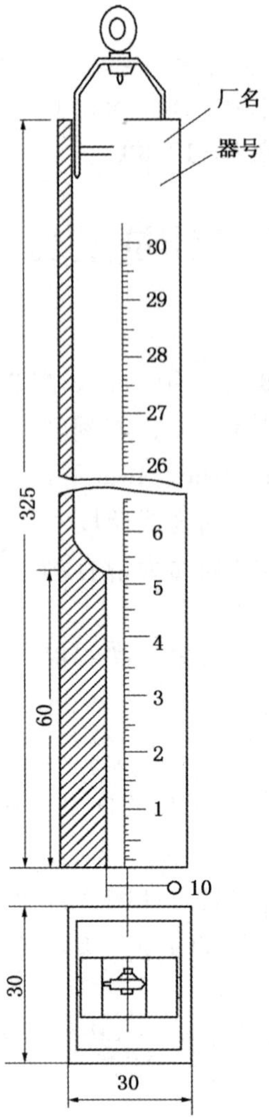

图 2-3　量水尺

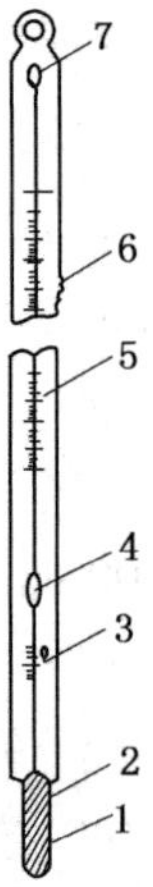

图 2-4　温度计

1—感温泡；2—感温液体；3—中间泡；
4—辅刻度；5—主刻度；
6—毛细管；7—安全泡

2.2.5　保温盒

保温盒是用于测量容器内油温的一种辅助装置。其作用是保持在提取与读数过程中测温点的温度尽可能不变。目前最常用的保温盒为杯盒式保温盒。

杯盒式保温盒由保护套、观察槽、进油孔、保温套、杯子、固定温度计的部件等部件构成，目前有两种典型的杯盒式保温盒：一种是杯盒直径为 50mm、杯高 80mm，是比较小的，另一种的尺寸是杯盒直径为 64mm、杯高 88mm，是比较大的。

2.2.6　标准金属量器

加油站配置的 20L 规格的标准容器是用来对加油机进行自校的计量器具。

标准容器的外置刻度表不准移动，避免碰撞，否则稍有变化，就会引起标准容器的容积不准。当发现可能影响标准容器准确度情况时，应停止使用。待重新检定后方可正常使用。

现行的 20L 标准容器见图 2-5（A），它主要由器身、器颈、透明连通管和游标液位指示卡尺组成。连通管上固定有游标液位指示卡尺，该卡尺由定尺、动尺和液位指示线组成。

上下移动游标动尺，使液位指示线与透明连通管内的油品液位弯月面下缘高度一致，动尺的零位对应定尺的读数为毫米数；动尺上分度线与定尺对接成水平的线条在动尺的读数，为百分之二毫米数；二者相加为保留到二位小数的毫米高度数。根据此毫米高度数进一步可求出标准器内的油品体积。

一般在标准器检定证书［检定证书范例见图 2-5（B）］上均会注明如下数据：

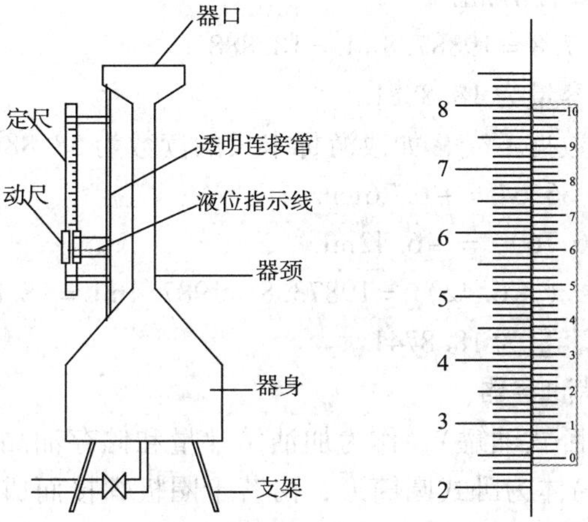

（a）标准容器　　（b）标尺

图 2-5（A）　20L 标准容器图及标尺

SNYS

沈阳市能源标准计量所

检 定 证 书

沈能计（容）字第2003204号

计量器具名称：标准金属量器
型 号 规 格：20L
送 检 单 位：沈阳市能源计量仪器设备厂
制 造 厂：沈阳市能源计量仪器设备厂
设 备 编 号：524
检 定 结 论：合格
检定日期 2003年 09 月 25日
有效期至 2005年 09 月 24日

实验室主任 孙大
核 验 员：李小
检 定 员：王中

检 定 结 果

（一）标称容积20L
（二）温度为20℃时：
（1）上计量径47.5mm处容积为20L
（2）上计量径分度值为1.4mL/mm
（三）残留等待时间2min
（四）总不确定度0.1%
（五）当温度为t℃时，该量器的容积修正公式为：

$$V_t=V_{20}[1+\beta(t-20)]$$

不锈钢$\beta=5\times10^{-5}$℃$^{-1}$　碳钢$B=3.3\times10^{-5}$℃$^{-1}$
（六）换阀门或修理时需重新检定

图 2-5（B）　检定证书范例

① ××.××mm 刻度处的容量为××.××L；

② 计量颈（器颈）分度容量 V=×.××mL/mm。

根据上述检定证书上的数据和读得的液位毫米读数，可以计算标准器内的体积。

例 2-3 已知标准器检定证书注明：66.64mm 刻度处容量为 18.880L，计量颈（器颈）分度容量 $V = 0.95$ mL/mm。移动游标卡尺的动尺，当液位指示线与透明管内液位一致时，读得该指示线在游标卡尺上的读数为 74.86mm，求此时标准器内的容量。

解：据题意，已知每 mm 的容量为 0.95 mL，66.64mm 刻度处容量为 19880 mL，则有

高度差 = 74.86 - 66.64 = 8.22mm

容积差 = 0.95 × 8.22 = 7.81mL

标准器容积 = 19880 + 7.8 = 19887.8mL = 18.888L

答：此时标准器内的容量为 18.888L。

例 2-4 上题中其余数据不变，如改游标卡尺的读数为 58.88mm，求标准器内容量。

解：高度差 = 58.88 - 66.64 = -6.76mm

容积差 = 0.95 ×（-6.76）= -6.42mL

标准器容积 = 19880 +（-6.42）= 19873.8 = 1987.4mL = 18.874L

答：此时标准器内的容量为 18.874L。

2.2.7 带容积表的储油容器

卧式金属油罐（常称卧式油罐），作为加油站计量和储存油品的计量器具，由筒体、罐顶（封头）、人孔组成。筒体为卧式圆筒形，由若干圈板焊接而成。圈板间以对接形式焊接的称为对接式卧式罐，圈板间以搭接形式焊接的称为搭接式（交互式）卧式罐。罐顶（封头）形状可分为有球缺顶、弧形顶、半椭球顶、圆台形顶、半球顶、圆锥顶和平板，最常见的是弧形顶。

卧式油罐计量特性要求：罐壁不应有明显的变形与凹凸；罐体应尽量安装成水平状态，其倾斜比不得大于 0.08，计量口的下尺点应在圆筒截面的中垂线上，安装地基必须坚固，多水地区要加设罐体抱捆。卧式油罐容积检定周期为 4 年。

汽车罐车是指装运汽油、柴油、润滑油、燃料油等液体成品油的罐式汽车。按其功能的不同可以分为运油车和加油车两大类，按仓数又可分为多仓车与单仓车，按装油方式又可分为上装车与下装车。其油罐车的罐形有：方圆形、椭圆形、圆形等，最常见的是椭圆形。通常一辆油罐车由底盘、罐体、管道系统、操作系统等组成，加油车还包含一台流量计或加油机。

汽车罐车的计量技术要求：随车携带有效容积检定证书和铅封登记台账、关键部件铅封（进出油口、呼吸阀、专用计量口、密封卸油关键部件、计量仪表关键部位等）、流量仪表上的醒目位置粘贴有效检定合格证、计量基准点基本不变、计量口尽量开在油罐的轴中心点上、安装 GPS 和视频监控系统。建议油箱安装防盗锁。汽车罐车容积检定周期初检和第二次复检均为一年，再复检为两年。

2.3 油品液位及温度计量

2.3.1 油品液位计量

2.3.1.1 计量基本要求

在加油站测量油罐汽车内的油品时，为了保证油品计量的准确性，用于人工计量的停车场地，必须坚实平整，坡度一般不大于 0.5%。

汽车罐车、加油站卧式油罐油品计量测量前后稳油时间一般应稳油 15min 后进行。

计量应按油高、水高、温度顺序进行。

2.3.1.2 计量

（1）计量方法。

① 测空法。用丁字尺直接测出油罐车内空高的测量方法。

② 测实法。用量油尺直接测量储油罐内油高的测量方法。

（2）计量步骤。

① 准备好计量器具，打开量油口孔盖。开盖时，动作要轻，以免产生碰撞火花。

② 油高计量。

（a）油罐车内油品一般可用量油尺测量油高。也可以用测空丁字尺测量空高。

（b）储油罐内油品一般用量油尺测量油高。

（3）记录计量数据。

油高测量二次，当连续二次测量的差不大于1mm时，以第一次测量为准。如果超过1mm，则要做第三次测量，取连续二次测量中不超过1mm时的前一次数据为准。操作完毕后当即完整正确记下油高数据。

2.3.1.3 油高测量注意事项

（1）量油尺要沿导尺槽进行，用量油尺测量油高，量油尺始终要沿导尺槽操作，其目的是为了油高测量的准确性，也有利于静电的导除。

（2）测量要按顺序进行，轻质油品测量过程中，因尺砣、尺带的下滑上移运动遇到油面被搅动，短时间内不容易稳定，应先测量油高，后测量水高。

（3）量油尺尺砣距罐底约20cm时，动作要轻，缓慢下尺，如下尺过快，会使测量值大于实际值。量油尺必须沿参照点触底。丁字尺测量油罐车空高，丁字尺基准线两端必须分别与参照点和另一固定的点相接触。

（4）读数，读数前应先读小数后读大数，以免油高最小数的位置发生变化。及时做好记录。

2.3.2 油品水位计量

使用量水尺测量时，量水尺的系绳应始终沿着量油口导尺槽下滑。水高超过300mm，用量油尺代替量水尺测量水高。

如果是测量不透明油品中的水高时，在观察读数之前，必须使用不改变读数分界线位置的溶剂洗去试水膏表面的油品。试水膏在油中浸没一定时间变颜色，时间一般为5～20s，视试水膏变色性能而定。

2.3.3 油品温度计量

测量计量温度位置：装满油或接近罐安全高，在油深1/6、1/2、5/6的上、中、下三点分别测量一个温度值，按3倍的上下和4倍的中部之和的1/10计算加权平均温度作为罐内平均温度。部分装油油高大于2m，在总容积5/6、1/2、1/6对应的高度三点分别测量一个温度值取算术平均值作为罐内平均温度。油高小于2m，在对应体积一半高度测量一点温度作为罐内平均温度。

温度计停顿时间：杯盒温度计静止：柴油25min；汽油10～15min；杯盒温度计运动：柴油12min；汽油5min。

投放温度计停留时间不少于5min。提出温度计读数时不得溢出油品，最好用手指捏紧保温盒上端的小铁环提起温度计读数。为避免环境温度对保温盒内油品温度的影响，减少计量温度测量值的误差，温度读数尽量迅速，一般不超过10s。

2.4 油量计算

2.4.1 油量计算概述

目前，国内外对石油成品油计量有重量计量和体积计量两种，加油站油品一般均都来自油库，油库有按重量计量将油品发往加油站的，对加油站来说，我们称为“吨进升出”。但目前越来越普遍采用体积计量将油品发往加油站，而加油站均按体积销售。我们称为“升进升出”，现在大多数加油站都采用“升进升出”的计量方式。

2.4.2 油库发油体积与加油站验收体积

目前油库一般均采用体积流量计将油品发往油罐车再运往加油站，根据保量运输相关规定，流量计发到油罐车上的油应不少于发油量的一定幅度，否则要补发。一般加油站计量员都是在加油站对罐车油量进行验收复测，这就必须考虑两个问题，一是流量计发油误差，二是流量计所测得的体积是在该计量温度下的油品体积，这个计量温度往往与油品运到加油站计量员验收的温度不一致。同一油品由于温度不同，体积就会不同，所以发油体积到加油站的体积就会不同，这就要求我们将两个地点的油品体积换算到同一温度下的体积。

在油品的体积计量中经常会用到不同温度下的体积换算公式。油品从 t_1 温度变化到 t_2 温度时的体积变化可用下式近似地表示：

$$V_{t2} = V_{t1} \left[1 + f\ (t_2 - t_1) \right] \tag{2-7}$$

f 为油品的体积膨胀系数，在油品计量中也叫体积温度系数。不同标准密度油品的体积膨胀系数是不同的，当油品的标准密度从0.71kg/L增至0.73kg/L时，f 从0.00123℃$^{-1}$减至0.00115℃$^{-1}$，若取4位小数的话，一般可以认为汽油的 f 为0.0012℃$^{-1}$。当油品标准密度从0.81kg/L增至0.85kg/L时，f 从0.00089℃$^{-1}$减至0.00079℃$^{-1}$，同样取4位小数，对于柴油来说，f 可近似为0.0008℃$^{-1}$或0.0009℃$^{-1}$。由于不同地区、不同厂家生产的汽柴油标准密度范围不同，f 值会在万分位上会有一个单位左右的变化，对于以20000L的油罐车来讲，当温度变化1℃时，计量体积会有不大于2L的误差，不会影响交接计量。

2.5 油品接卸与验收

2.5.1 安全准备

其主要内容有引导车辆到位、检查车体安全设施、连接好静电接地线、准备好消防器材。

2.5.2 油品验收

计量员核对进油单据，查验铅封，如发现铅封变动等情况应及时上报上级公司相关部门；如正常，则上油罐车计量。计量验收数据经与承运方共同对比确认，如差异在允许范围内的，承运方与收货方共同签名确认。加油站根据进货单据中的交运数量进账。

剔除定额运输损耗后的这部分运输损耗称为超耗。当超耗率超过0.2%时，加油站按超耗的1L起算向承运方提出索赔，并填写运输超耗确认表，由双方签名后方可卸油。卸油前，要通知加油员停止相应加油作业，计量卧罐前尺，准备卸油。

准备卸油时要求计量员首先确认油罐罐号和空容量，确保待卸油品与接卸油罐油品种类相符且油罐空容量大于进油数量，然后由计量人员和司机共同连接卸油管。

卸油时司机缓慢开启卸油阀，要求司机和计量人员现场共同进行监护确认油品卸净；再由司机关闭卸油阀、拆开卸油管。计量员收起静电接地线、引导罐车出站、复位消防器材。

油罐收油后，为稳定液面、沉淀水杂和消除静电，应稳油 15min 再计量油罐收油量，填写《油罐分罐保管账》。并立即通知加油员恢复加油作业。

水上加油站的油品接卸、验收程序参照陆地加油站油品接卸、验收程序进行。

例 2-5 已知卧罐容器在 177cm 处为 23865L，在 178cm 处为 24088L，问在 177.6cm（即 1776mm）处的容积是多少 L?

查容积表时，认为厘米范围内每毫米高度的容积增加量是线性的，所以可以采用比例插值法求不在厘米高度时油品的容积。

解：高度每增加 178 - 177 = 1cm 时，容积增量为 24088 - 23865 = 223L

那么高度增加 177.6 - 177 = 0.6（cm）= 6mm 时，容积增量为 223 × 0.6 = 133.8L

所以 1776mm 处的容积为：23865 + 133.8 = 23997.8 = 23999L

即 $V_{177.6} = V_{177} + (V_{178} - V_{177}) \times (177.6 - 177)$

$= 23865 + (24088 - 23865) \times 0.6 = 23865 + 133.8 = 23999L$

答：当油高为 1776mm 时的容积为 23999L。

汽车罐车的容积表使用方法同上。

例 2-6 粤-A14380 汽车罐车装油，用量油尺测量油高 1076mm，水高 14mm，求该车油品体积多少 L?（粤-A14380 汽车罐车容积表见表 2-2）

表 2-2 汽车罐车容积表

车号：粤-A14380

高度/cm	容积/L	高度/cm	容积/L	高度/cm	容积/L	高度/cm	容积/L
1	18	88	4288	95	4597	102	4858
2	36	89	4330	96	4635	103	4882
3	54	90	4382	97	4673	104	4912
4	72	91	4427	98	4711	105	4940
5	93	92	4473	99	4743	106	4964
6	112	93	4571	100	4787	107	4984
7	142	94	4547	101	4821	108	5009

注：下尺点总高 1333mm；帽口高 238mm；钢板厚 5mm；内竖直径 1110mm。

解：当油高为 1076mm 时，查容积表 2-2，得：

$V_{1076} = (5009 - 4984) \times 0.6 + 4984$

$= 4999L$

当水高为 14mm 时，同样查容积表 2-2，得：

$V_{14} = (36 - 18) \times 0.4 + 18 = 25L$

$V_t = 4999 - 25 = 497.4L$

答：该车油品体积为 497.4L。

2.6 油品损耗与损耗管理

2.6.1 油品损耗概述

油品损耗是指油品在生产、储运、销售等环节中因自然蒸发、不可避免的滴洒渗漏、容器黏附或底部余油未卸净等原因而造成的油品数量损失。

在油品损耗管理中，为便于对油品发生的损耗进行定量考核管理，通常按油品的流转环节将油品损耗分为运输损耗、零售损耗和清罐损耗，实行定额考核。加油站各环节损耗定额见表2-3。

表2-3 加油站各环节损耗定额（GB 11085—89 散装液态石油产品损耗）

零售损耗率/%		运输损耗率/%	
汽油	柴油	50km 以下	50km 以上
0.29	0.08	0.01	每增加50km 增加0.01，不足50km 按50km 计算

2.6.1.1 运输损耗

运输损耗是指油库发油后油罐车内油品容积与到站后油罐车内油品容积之差。实际操作计算中，往往是以油库的交运数减去油罐车到站后的验收数为运输损耗。油品在汽车运输环节中所引起损耗的原因，除油库发油流量计误差或自然蒸发损耗和其他渗漏等因素外，温度变化引起体积变化而未进行验收计算是不容忽视的。

在计算运输损耗时，应先用公式 $V_{t2}=V_{t1}\ [1+f\ (t_2-t_1)]$ 将运输环节前后的体积换算到同一温度下，这个温度可以是油库发油温度，可以是加油站验收温度，可以是20℃的标准温度，也可以是加油站的平均销售温度。同一温度下的前后体积之差为运输损耗。运输损耗扣除定额运输损耗为超耗。对于已签订保量运输协议的单位，其运输损耗超耗索赔工作按协议条款的规定执行。

2.6.1.2 零售损耗

零售损耗是指零售商店、加油站在小批量付油过程和保管过程中发生的油品损失，而其中所说的保管损耗对油库来说是指油品从入库到出库，整个保管过程中发生的损耗，包括储存、输转、灌桶、装卸等五项损耗。因此对目前加油站来说，零售损耗包括了卸油时的大呼吸损耗，收油后的跑、冒、滴、漏，储存中少量的自然蒸发、可能进行的转罐等输转损耗，还有油枪向客户汽车发油灌装过程中的蒸发损耗。所以零售损耗一般可包括卸油损耗、储存损耗和发油损耗。

（1）卸油损耗。油罐车计量数与油品进入地下储罐后的容积之差为卸油损耗。

卸油时，尤其是卸汽油时，可以看见大量的油蒸气从油罐的排气管线中冒出来。在一般的蒸气浓度情况下，每收 $1m^3$ 的汽油，排出的油蒸气约1kg，按照汽油的平均换算密度为0.7.4kg/L计算，卸收汽油的蒸发损耗率约为0.13%，加上卸油后的挂壁和可能的底油未卸尽，经测算每车一般有3～5L很难卸净，以每车装运数10000L计，余油的损耗率一般在0.03%～0.05%，加上验收时可能存在计量误差，则卸汽油的实际损耗率应大于0.15%。

所以，采用密闭卸油并回收油蒸气、尽量卸净余油、在卸油时检查车况，防止承运方人为盗油原因等，对减少卸油损耗，是非常重要的。

（2）储存损耗。一般油品在储存期间会因昼夜温度变化而产生小呼吸损耗，也叫储存损耗。

储存损耗大小和罐内一天内温度变化的幅度有关，与油品本身温度的高低无关。由于加油站的油罐均埋地 0.5m 以上，昼夜温度变化影响不大，所以基本上不会产生储存损耗。

（3）发油损耗。用油枪向客户汽车油箱内发油的灌装损耗属于发油损耗。

加油站管理人员往往误认为这部分损耗已由客户承担，反正加油机上已经走数了。殊不知这部分的损耗一直是由加油站承担的，因为政府职能部门在检定加油机向标准罐注油时，已有大量蒸气挥发出来，形成灌装损耗，使得在检定加油机时注入标准罐内的油品减少，按标准罐内减少后的油品数量作为标准值来调整的加油机，就形成了加注油品时的损耗。蒸发量的大小除与油品特性、环境有关外，还和注入方式有关。

除了发油时不可避免的蒸发损耗外，还会因加油机的误差而产生发油损耗。因加油机误差而产生的损耗大致可从以下几点来分析：

① 使用时间增加和油品中的水杂会使计量器缸腔磨损增加，引起活塞四周的泄漏量增加，使加油机的负误差增加，从而使加油站损耗加大。

② 泄漏量大小与油品黏度有关，汽油黏度小，所以在相同情况下泄漏量较大，损耗增大。更换油品品种时，应重新检定，避免因黏度不同而造成的误差。

③ 底阀不严，吸入管线回流或低液位拉气都会造成管线内产生气体，会以气代油，使发油量减少，造成加油机正误差增加，从而使加油站溢余增大。

④ 流量变化引起误差变化。当小流量发油时，因单位时间内泄漏量不变，同一数量油品的发油时间增加，所以引起负误差增加。当流量过小，远小于额定最小允许流量时，损耗将会成倍增加。日常生活中可以看到，当自来水龙头拧得很小时，发现水表不会转动，此时产生100%的负误差。一般市区内加油站由于摩托车、小车多，加油流量小，损耗就会大些。

⑤ 因电磁阀损坏、电脑累计系统故障、计数部件损坏等计数装置问题而引起的特发性油品损耗。

⑥ 检定时温差大而未修正、检定初始油流中有气体等问题造成检定失准而导致误差调正错误，从而造成加油机损耗过大。

（4）零售损耗量的计算如下：

$$零售损耗量 = 期初库存量 + 本期进货量 - 本期销售量 - 期末库存量 \tag{2-8}$$

2.6.1.3 清罐损耗

清罐发生的损耗一般不包括在零售损耗内，单列处理。视不同情况，加油站的清罐周期是 3～5 年。随着对油品质量要求的提高，清罐周期相应缩短。一般用底部采样器可以发现底部水杂的多少，决定是否要提前清罐。清罐次数增加，清罐损耗就会增加。由于清罐损耗的弹性较大，所以各加油站在清罐时应事先上报处理方案，核定清罐损耗。

2.6.2 加油站盘点

加油站的盘点是为了求出油站账面库存与实物库存之差，也就是盘点损耗量。

$$盘点损耗量 = 期初库存量 + 本期进货量 - 本期销售量 - 期末库存量 \tag{2-9}$$

本期销售量为各加油枪走字数之差减去回罐油品数量。

本期进货量为交运数量之和。

$$盘点损耗率 = \frac{盘点损耗量}{本期销售量} \times 100\%$$

例 2-11 某加油站月盘点 93 号汽油损耗量 500L，其中运输损耗量 20L，月销售量

180000L，求月零售损耗率为多少？

解： 月零售损耗量 = 500 - 20 = 480L

月零售损耗率 = 480/180000 × 100% = 0.27%

答： 月零售损耗率为 0.27%。

例 2-12 某加油站 0 号柴油期初库存 12560L，全月交运数总量为 283000L，运输定额损耗 28 L。全月累计 0 号柴油机出走字数为 288650L，加油机自校用油为 60L（已回罐），月末盘点时实物库存 6685L，求该月 0 号柴油的损耗量和损耗率？

解： 本月损耗量 = 12560 + 283000 - （288650 - 60） - 6685 - 28 = 257L

损耗率 = 257/（288650 - 60）× 100% = 0.089%

答： 该月 0 号柴油的损耗量和损耗率分别为 257L 和 0.089%。

对于以“升进升出”的计量的加油站来说，如果油品销售温度高于进油温度，会产生溢余，反之就会损耗。如果进油也换算成 20℃ 下的体积，出油也换算成 20℃ 的体积，那么由温度变化引起的盈亏就不会产生。在大宗的以体积作为计量单位的油品交易中，就是这么做的，否则就无法交易。但对于以零售为主的加油站来说，就只能按油品实际温度 t℃ 即计量温度下的体积来进行销售了。这样，由于油库发油温度、油站验收温度以及油站销售温度的不同，就会影响验收与盘点的准确性，不同环节下的油品体积只有在同一温度下进行计算才会准确。

进货温度下的油品体积换算到加油站平均销售温度下的油品体积，就可以避免因销售油品温度与进货油品温度不同而引起的虚假损耗。其实油库按加油站的月平均销售温度向加油站发油，就可以有效地消除这种因温差引起的虚假损耗，关键是如何有效合理地取得一个地区加油站的平均销售温度，这就要合理选取样本并统计。

例 2-13 本月某油库在平均温度 32℃ 时共向某加油站发柴油 50000L，加油站的月平均销售温度 22℃。请问损耗中因温度原因而造成的损耗量是多少？

解： $V_{22} = 50000\ [1 + 0.0008\ (22 - 32)] = 49600\text{L}$

$V_{虚假} = 50000 - 49600 = 400\text{L}$

盘点时，计量人员应按期初库存、本期进货、本期销售、期末库存的经营环节，通过相关的账、表、单对本期内的油品分品种进行数量计量统计，对本期发生的超定额零售损耗量作出分析。

一般建议从如下环节进行分析：

（1）油库流量表发货损耗；

（2）进货超耗未索赔；

（3）进货温度与平均销售温度差异造成的损耗；

（4）加油机精度误差；

（5）其他原因有：是否已卸净、设备有无渗漏、有无串油、有无计量误差或人为盗油情况。

2.7 加油机检定及自校

2.7.1 加油机检定概述

本节介绍《加油站计量监督管理办法》在加油站经营和计量检定测试工作中的规定。

虽然加油站在自校时的测量次数、标准容器的量值修正等作了简化，但在加油站计量管理与操作中有必要了解这些内容。

2.7.1.1　加油站油品计量及计量检定测试工作规定

（1）加油站油品计量规定。

① 遵守计量法律、法规和规章，制订加油站计量管理及保护消费者权益的制度，对使用的计量器具进行维护和管理，接受质量技术监督部门的计量监督。

② 配备专（兼）职计量人员，负责加油站的计量管理工作。加油站的计量人员应当接受省级质量技术监督部门组织的计量业务知识培训，持证上岗。

③ 使用属于强制检定的计量器具应当登记造册，向当地质量技术监督部门备案，并配合质量技术监督部门及其指定的法定计量检定机构做好强制检定工作。

④ 使用的燃油加油机等计量器具应当具有制造计量器具许可证标志、编号和出厂产品合格证书或者进口计量器具检定证书；燃油加油机安装后报经当地质量技术监督部门授权的法定计量检定机构检定合格，方可投入使用。

⑤ 需要维修燃油加油机，应当向具有合法维修资格的单位报修，维修后的燃油加油机应当报经执行强制检定的法定计量检定机构检定合格后，方可重新投入使用。

⑥ 不得使用非法定计量单位，不得使用国务院规定废除的非法定计量单位的计量器具以及国家明令淘汰或者禁止使用的计量器具用于成品油贸易交接。

⑦ 不得使用未经检定、超过检定周期或者经检定不合格的计量器具；不得破坏计量器具及其铅（签）封，不得擅自改动、拆装燃油加油机，不得使用未经批准而改动的燃油加油机，不得弄虚作假。

⑧ 进行成品油零售时，应当使用燃油加油机等计量器具，并明示计量单位、计量过程和计量器具显示的量值，不得估量计费。成品油零售量的结算值应当与实际值相符，其偏差不得超过国家规定的允许误差；国家对计量偏差没有规定的，其偏差不得超过所使用计量器具的允许误差。

⑨ 申请计量器具检定，应当按物价部门核准的项目和收费标准缴纳费用。

（2）计量检定测试工作规定。

① 按照国家计量检定规程进行检定，在规定期限内完成检定，出具检定证书，并在燃油加油机上加贴检定合格标志。在实施检定时发现铅封破损应当立即报告当地质量技术监督部门。

② 不得使用未经考核合格或者超过有效期的计量标准开展检定工作。

③ 不得指派未取得计量检定员证的人员从事计量检定工作。

④ 不得随意调整检定周期，不得无故拖延检定时间，不得超标准收费。

2.7.1.2　加油机计量检定管理

计量检定管理是保证在正常条件下使用的加油机符合 JJG 443—2015 规程要求。发现加油机误差超标，应及时通知当地法定计量检定部门来进行调整，除此以外的其他单位和个人不准自行调整。

（1）首次检定。加油机首次检定在最大流量（$0.90Q_{max} \sim Q_{max}$）、中间流量（$0.36Q_{max} \sim 0.44Q_{max}$）和最小流量（$0.14Q_{max} \sim 0.18Q_{max}$）下分别检定三次，各次检定的示值基本误差的平均值和测量重复性应符合规程要求。加油机的首次检定，由国家质量技术监督机构向授权的有关法定计量检定机构进行。

(2) 随后检定。加油机的随后检定，应在最大流量（$0.90Q_{max} \sim Q_{max}$）和中间流量（$0.36Q_{max} \sim 0.44Q_{max}$）下分别检定三次，各次检定的示值基本误差的平均值和测量重复性应符合规程要求。首次检定后使用中的加油机都应按要求进行随后检定。

(3) 检定结果处理。检定合格的加油机发给检定证书，并在加油机显著位置粘贴检定合格标志。检定合格的加油机必须在下列三个位置加以封印：

① 流量测量变换器的机械调整装置处。

② 编码器与流量测量变换器。

③ 计控主板与机壳。检定首次不合格（标值超差）的加油机允许对流量测量变换器的机械调整位置进行调整，调整后重新进行检定，检定合格后发给检定证书并封印。

(4) 检定周期。加油机的检定周期不超过6个月。

(5) 使用中的检查。在检定周期内的加油机示值需进行使用中检查。加油站应配备在检定周期有效期内的自校标准器（不小于20L）进行自校，发现量值超出最大允许误差限值时，即请当地定点计量检定部门及时检定。

新投产和维修后的加油机在投产前应及时在当地法定计量部门申请检定，未经检定不得擅自使用。图2-6为用标准量器检定加油机。

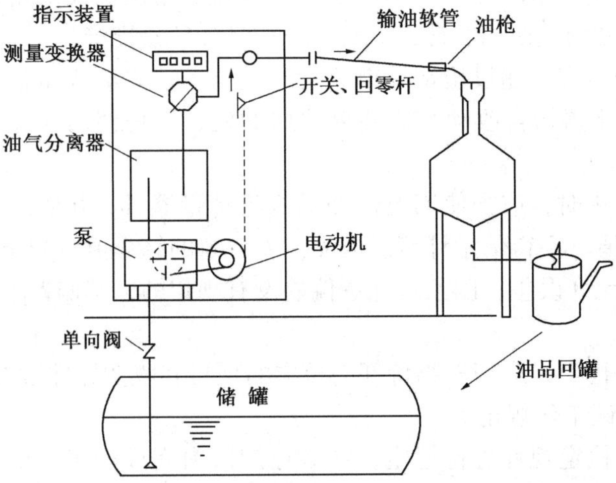

图2-6 用标准量器检定加油机

2.7.1.3 计量性能要求

加油机最大允许误差为±0.3%，其测量重复性应不超过0.10%。

加油机的最小被测量的最大允许误差为±0.50%，其测量重复性应不超过0.25%。

2.7.1.4 检定的一般要求

(1) 环境要求。加油机应能在下列环境中正常工作。

温度：-25 ~ +55℃；检定过程中环境温度变化不超过5℃；

相对湿度：≤95%；

大气压力：86 ~ 106kPa；

供电电源电压单相要求为187 ~ 242V，三相电压要求为323 ~ 418V，频率变化：±1Hz。

(2) 检定介质。检定时，介质温度与环境温度的最大温差不得超过10℃，如超过10℃，标准金属量器应有保温措施。

（3）标准设备。主标准器为标准金属量器（以下简称量器），量器的容积应不小于加油机的最小体积变量的1000倍，并不小于检定流量下1min的排放量。其最大允许误差应不低于±0.05%。标准量器配有水平调节装置，水平调节装置的准确度为0.05mm/m。

目前生产的加油机，当使用普通油枪时，一般最大流量为60L/min；当使用自闭油枪时，最大流量为45L/min。在现场检定小流量时分别为12L/min和9L/min。因此，在不影响计量准确度的情况下，标准容积罐容积规格可作如下考虑：

① 可以用100L标准容积罐检定加油机的大、小流量（普通油枪的加油机）。

② 可以用50L标准容积罐检定加油机的大、小流量（自闭油枪的加油机）。

附属设备为：

温度计：测量范围为－25～55℃，最小分度为0.2℃；

秒表：分度值为0.1s；

加油机检定专用POS机。

2.7.1.5 检定项目及检定方法

（1）外观检查。用目测法检查加油机外观，其结果应符合有关要求。

（2）防欺骗检查。读取加油机中监控微处理器、编码器的序列号和异常加油量并记录。

（3）示值检定。

① 检定流量点和检定次数按规程要求。

② 将符合要求的标准金属量器放置在坚硬的平地上（若量器安放在运载汽车或其他支架上，则必须保证检定时无任何晃动），并使量器接地。

③ 进行试运行，启动加油机，用油枪将油液注入量器内，直到注满。量器被注满后，将油枪放回托架，按量器的规定放液时间将量器内的油液放净，关闭阀门，使量器处于准备状态。

④ 将量器调平。

⑤ 提取油枪，启动加油机，使加油机的计控主板回零。将流量调至检定流量，向量器内注油，同时用温度计测量油枪出口处的油品温度。当油液注满量器时，关闭油枪，读取并记录加油机的示值。注油过程尽可能一次完成。

⑥ 待量器中油沫和气泡消失后，按要求读取量器的示值，同时测量量器中的油液温度。

⑦ 重复上述六个步骤，按检定流量点和检定次数的规程要求完成全部检定。

（4）示值检定计算和检定结果处理。

① 量器测得的在试验温度 t_J 下的实际体积量 V_{Bt} 的计算公式

$$V_{Bt}=V_B\left[1+\beta_\gamma(t_J-t_B)+\beta_B(t_B-20)\right] \qquad (2-10)$$

式中 V_{Bt}——量器在 t_J℃下给出的实际体积值，L；

V_B——量器在20℃下标准容积，L；

β_γ、β_B——分别为检定介质和量器材质的体膨胀系数（汽油为 12×10^{-4}℃$^{-1}$；煤油和轻柴油为 9×10^{-4}℃$^{-1}$；不锈钢为 50×10^{-6}℃$^{-1}$；碳钢为 33×10^{-6}℃$^{-1}$；黄铜、青铜为 50×10^{-6}℃$^{-1}$）；

t_J、t_B——分别为加油机内流量测量变换器输出的油温（由油枪出口处油温代替）和量器内的油温。

② 加油机的误差计算公式：

$$E = \frac{V_J - V_{Bt}}{V_{Bt}} \times 100\% \quad (2-11)$$

式中　E——加油机的体积相对误差,%;

V_J——加油机在 t_J 下指示的值，L。

按照规程，在首次检定，应按大、中、小三个流量进行加油机的检定，随后分大、中两个流量进行检定。

③ 重复性计算公式：

$$E_n = (E_{Vmax} - E_{Vmin}) / d_n \quad (2-12)$$

式中　E_{Vmax}、E_{Vmin}——分别为规定流量下的测量示值的相对误差最大值和最小值,%;

E_n——测量重复性,%;

d_n——极差系数，测量三次取1.69。

(5) 加油机示值检定举例。用容积法对加油机进行随后检定，检定用标准量器材质为不锈钢，检定介质为轻柴油，检定记录见表2-4，试判断该加油机是否合格。

表2-4　加油机检定记录表

流量/(L/min)	测量次序	加油机示值 V_S/L	标准量器示值 V_B/L	油枪出口处油温 t_J/℃	标准量器内油温 t_B/℃	温度修正后的 V_{Bt}	示值误差 E_{Vi}/%
$0.90Q_{max} \sim Q_{max}$	1	99.97	99.76	17.5	17.3	99.75	0.22
	2	99.96	99.84	17.6	17.6	99.83	0.13
	3	100.06	99.96	17.6	17.5	99.95	0.11
$0.36Q_{max} \sim 0.44Q_{max}$	1	19.88	19.84	18.0	18.1	19.84	0.21
	2	19.84	19.81	18.2	18.5	19.81	0.16
	3	19.87	19.82	18.5	18.5	19.82	0.26

① 数据记录。标准量器材料不锈钢，体膨胀系数 $\beta_\gamma = 50 \times 10^{-6}℃^{-1}$。

检定油品轻柴油，体膨胀系数 $\beta_B = 9 \times 10^{-4}℃^{-1}$。

② 检定记录。

③ 检定结果见表2-5。

表2-5　检定结果

项　目	$0.90Q_{max} \sim Q_{max}$			$0.360Q_{max} \sim 0.44Q_{max}$		
测量次序	1	2	3	1	2	3
示值误差/%	0.22	0.13	0.11	0.21	0.16	0.26
重复性误差/%	0.07			0.06		

④ 通过计算可得：加油机准确度合格；重复性误差0.07% <0.10%，0.06% <0.10%，加油机重复性合格。

结论：该加油机计量检定合格。

2.7.2　加油机的自校

加油机自校每月至少一次，自校采用中流量加油，即一般用20L规格的标准金属量器，一次性不间断，不改变流量大小注满油的时间为60s ±5s。以往自校时，均校验一次，新的规程，改变了基本示值误差的计算方法，这就应连续用同一流量校验三次，这样可以求出加油机重复性误差和平均误差。向标准金属量器注油后，应观察油中是否有气泡，如有气泡，可轻轻拍打注油口，以使气泡尽快逸出；自校不必测量油温，为避免油温变化，应迅速进行读数。读数时，应调节游标卡尺的动尺部分，当液位指示线与透明管中液位一致时，用固定螺丝拧紧动尺，按读数高度计算标准金属量，与加油机走字示值进行比较，求出加油机的误差。

例 2-15 某加油站计量员用 20L 标准金属量器对加油机进行发油计量准确度日常校验，采用中流量，试计算加油机基本误差和重复性误差。同时判断该加油机是否合格？是否能继续使用？（注：该标准罐检定证书注明，68.34mm 刻度处为 19.750L，计量颈分度容量 $V=$ 2.1mL/mm。注意均要列出公式。）

解：（1）计算标准罐示值。

序号 1，标准罐刻度值读得 37.36mm，求标准罐的示值。

根据检定证书，在 19.750L 时，其刻度值为 68.34mm。而计量颈分度每上升或下降 1mm，其容量增加或减少 2.1 mL。

则　37.36mm 时标准罐的示值 = （37.36 − 68.34）×2.1/1000 + 19.750 = 19.684L

同样　67.64mm 时标准罐的示值 = （67.64 − 68.34）×2.1/1000 + 19.750 = 19.749L

132.17mm 时标准罐的示值 = （132.16 − 68.34）×2.1/1000 + 19.750 = 19.884L

（2）计算示值误差。

序号 1，加油机示值为 19.769L，标准罐示值为 19.685L，其相对误差 E_{v1} = （加油机示值 − 标准罐示值）/标准罐示值 ×100% = （19.769 − 19.685）/19.685 ×100% = 0.43%

同理，

序号 2，其相对误差 E_{V2} = （19.820 − 19.749）/19.749 ×100% = 0.36%

序号 3，其相对误差 E_{V3} = （20.002 − 19.884）/19.884 ×100% = 0.59%

（3）加油机的重复性计算。

$$E_n = E_{Vmax} - E_{Vmin} = (0.59\% - 0.36\%)/1.69 = 0.14\%$$

通过计算可得　$E = 0.46\% > 0.3\%$，加油机准确度不合格。

$E_m = 0.14\% > 0.10\%$，加油机重复性不合格。

结论：该加油机示值误差检定不合格。

2.8　卧式油罐容积标定

2.8.1　标定前的基本要求

卧式油罐容积标定依据是卧式金属罐容积检定规程 JJG 266—1996。卧式罐必须按照国家规范制造，其结构、外形、材料强度等均应符合规定要求。铭牌内容应齐全、准确。罐壁表面不应有明显变形及凹凸现象。罐体应尽量安装成水平状态。特殊要求的罐，可按设计安装，但其倾斜比不得大于 0.08。计量口下尺点应在圆筒截面的中垂线上，并尽可能位于圆筒长度中间。应安装于坚固的地基上，以便罐的底座不随时间产生较大的变形。检定结果的总不确定度不大于 0.4%（置信概率为 95%）。

新建、大修和重新安装的卧式罐，均须在装水为全部容积的 80% 以上，并保持 72h 后方能进行检定。检定使用中的卧式罐，应在无收发作业和不影响正常检定要作的情况下进行。因加油站卧式罐均是埋地，所以容积必须在罐进行测量，测量时，必须事先对罐内进行清洗。罐内不应有残留液体或沉积物。有毒或易燃气体必须符合安全规范的要求。检定人员现场测量时，所使用的衣服、鞋、帽，各种测量设备必须符合有关安全规范的要求，以避免静电与火花的产生，要确保安全。

检定中使用的计量器具见表2-6，且这些设备必须经有关部门的检定，并具有有效检定证书。在使用时，对测量值必须按检定证书予以修正。

表2-6 主要检定设备

计量器具名称	规格型号	使用要求
套管尺	1.2～4.5m，分度值为1mm	示值检定误差：±0.5mm
半径三角仪	跨度为160mm、200mm、250mm、400mm，分度值为0.1mm	
钢直尺	分度值为1mm	
量油尺	10m	

2.8.2 圆筒内直径的测量

测量位置的确定：分圈对接、搭接的筒体，应在每圈板板宽的1/4和3/4处进行测量；用整块钢板进行螺旋焊接的筒体，分别取筒长的1/8、3/8、5/8、7/8处为测量位置。

测量时，将套管尺一端顶在罐壁上使之不能移动，另一端在横截面上前后稍微摆动，当数值最小时左右稍微摆动，数值最大者为该测量位置处的内横直径；在纵剖面上左右稍微摆动，当数值最大时前后稍微摆动，数值最小为该测量位置处的内竖直径。在每一测量位置处对内横、竖直径进行两次测量，且其测量结果相差不应超过1mm，取两次测量的平均值。

例2-16 根据测量求得1号卧式油罐第1～第7圈板内竖直径分别为2801mm、2802mm、2796mm、2803mm、2804mm、2800mm、2801mm；以上各圈板宽度分别为1010mm、1205mm、1264mm、1036mm、1635mm、824mm、1010mm。求该罐平均内竖直径D_a是多少？

解： $D_a=(2801\times1010+2802\times1205+2796\times1264+2803\times1036+2804\times1635+2800\times824+2801\times1010)/(1010+1205+1264+1036+1635+824+1010)=2801.1\text{mm}$

答： 该罐平均内竖直径D_a是2801.1mm。

2.8.3 直圆筒内总长和圈板内长的测量

测量位置的确定：在顶板内伸长部分钢板两端的边缘处刻一条垂直的细线，以此作为测量筒长的起点线和终点线。若顶板与直圆筒之间为对接焊，则应在直圆筒两端的两侧钢板边缘处确定测量位置线。

测量时，将测长钢卷尺零点端用磁性表座固定在一端测线处，对其施加与检定该尺带时一致的拉力，使其紧贴罐壁，并沿罐壁摆动尺带，读取最小值，取筒体两侧读数的平均值作为直圆筒内总长。

在测量筒体内长的同时，应按内板边两端读取各圈板的内板宽。

2.8.4 顶板内直径的测量

用套管尺，在顶板圆筒边缘处测量出直径和内竖直径，并取其平均值作为顶板平均内直径。

例2-17 用内测法测量1号卧式对接油罐直圆筒两端边缘处内直径，测得左端直圆筒内横直径和内竖直径分别为27790mm、2792mm，测得右端直圆筒内横直径和内竖直径分别为2793mm、2795mm，求该罐直圆筒两边缘处平均内直径D_2是多少？

解： $D_2=(2790+2792+2793+2795)/4=2792.5\approx2792\text{mm}$

2.8.5　内外伸长的测量

搭接时，内伸长可过焊痕测量，内伸长为零。

外伸长的测量，用钢直尺侧边紧贴顶板圆筒内壁，让尺的零点端沿罐体纵向方向向该端慢慢推进，当钢直尺接触顶板弧形部分而将被抬起时，读出钢直尺上零点至顶板圆筒板边的距离，即为该端顶板内、外伸长的总和。每端顶板测量部位不少于四个对称点，并取平均值。

2.8.6　内总长的测量

用测长钢卷尺的一端，紧顶顶板顶点，将尺带沿着罐体轴线方向，以与检定该尺带时相同的接力将其拉直，用一钢直尺零点端顶在罐体另一端顶板中心（顶点）处，将两尺刻度靠拢，并以尺上某一结合点为准，读取两尺数值，求和，即为卧式罐的内总长。测量两次，且两次测量读数相差不能超过1mm，如超过须重测。取两次测量结果平均值作为内总长。

内高的计算，通过测出内总长、左右搭接长、外伸长、直圆筒长算出内高。

例2−18　测量一个七圈板对接式弧形顶卧式金属罐，测量结果为（单位：mm）

内总长 $L=10794$；左端搭接 $L_Z=34$；右端搭接 $L_y=26$；左端外伸长 $t_Z=50$；右端外伸长 $t_y=50$；直圆筒外长 $L_1=9783$。求：弧形顶内高 h（保留0.1mm）。

解： 直圆筒长 $L_1=9783-26-34=9723.0\text{mm}$

两端内部伸长及外部伸长之和 $L_2=26+34+50+50=160\text{mm}$

弧形顶内高 $h=10794-9723.0-160=455.5\text{mm}$

答： 弧形顶内高为455.5mm。

2.8.7　其他测量

（1）罐内附件的测量。在罐内测量附件的几何尺寸，如不能进行实际测量，也可使用制造图纸上所标明的尺寸。实测或从图纸上得到附件相对于计量基准点的起止高度。

（2）下尺点内竖直径的测量，用测深钢卷尺测量下尺点包括计量口在内的总高度；再用钢尺测量计量口下尺点至罐体上部的外高。下尺点内竖直径可按下式计算：

$$D_{竖}=H_{总}-h_{外}-s \tag{2−13}$$

例2−19　测量1号卧式油罐下尺点总高为3200mm，计量口外高为398mm各圈板平均板厚4mm。求该罐下尺点内竖直径 $D_{竖}$ 是多少？

解： $D_{竖}=3200-398-4=2798\text{mm}$

2.8.8　中部圆筒容积

根据罐板的连接形式，中部圆筒的计算公式有以下两种：

（1）对接式。

$$V_1=\pi d_{中}^2 L_{中}/4 \tag{2−14}$$

$$L_{中}=L'_{中}-(L_{左}+L_{右}) \tag{2−15}$$

式中　V_1——中部圆筒容积，dm^3；

$d_{中}$——中部圆筒平均内直径，dm；

$L_{中}$——中部圆筒内长，dm；

$L'_{中}$——中部圆筒外长，dm；

$L_{左}$、$L_{右}$——分别为两端顶板伸长。

（2）交互式。

$$V_1=V_{大}+V_{小} \tag{2−16}$$

$$V_{大} = \pi d_{大}^2 L_{大}/4 \tag{2-17}$$

$$V_{小} = \pi d_{小}^2 L_{小}/4 \tag{2-18}$$

式中 $V_{大}$、$V_{小}$——分别为大小圆筒容积，dm^3；

$d_{大}$、$d_{小}$——分别为大小圆筒直径，dm；

$L_{大}$、$L_{小}$——分别为大小圆筒总内长，dm。

例2-20 测量了一个七圈板对接式弧形顶卧式金属罐，测量结果为：中部圆筒内直径25.41dm，中部圆筒内长97.230dm，求：中部圆筒容积 V_1（保留0.1dm^3）。

解： 中部圆筒容积 $V_1 = 0.7854 \times 25.41^2 \times 97.230 = 49306.1\ dm^3$

答： 中部圆筒容积为49306.1 dm^3。

2.8.9 弧形顶容积计算

卧罐弧形顶容积的计算，适应计算卧罐部分容积的方法有公式法、套表法。对接式卧罐两端弧形顶容积的计算：

$$V_{弧} = 2\pi \left[h\left(D_{伸}^2/8 + h^2/6 + r^2 - D_{伸}\, r/2\right) + r\sin\alpha\left(D_{伸}^2/8 + r^2 - h^2/2 - D_{伸}\, r/2\right) + hr\cos\alpha\left(D_{伸}/2 - r\right) + r^2 a\left(D_{伸}/2 - r\right)\right] \times 10^{-6} \tag{2-19}$$

$$r = a^2/8b + b/2 - s_2 \tag{2-20}$$

$$h = (L - L_1 - L_2)/2 \tag{2-21}$$

式中 $V_{弧}$——两端顶部容积，dm^3；

h——弧形顶内高，mm；

$D_{伸}$——伸长和顶部内直径，mm；

r——曲线体内半径，mm；

a——曲线体外弦长，mm；

α——曲线体所对圆心角，mm；

b——曲线体外弓高，mm；

L——内总长，mm；

L_1——中部圆筒内长，mm；

L_2——两端内部伸长及外部伸长之和，mm；

s_2——顶板厚，mm。

例2-21 为检定容积测量某卧式罐数据伸长部分直径 $D = 2800$mm，弧形顶曲线体内半径 $r = 280$mm，弧形顶内高 $h = 540$mm，试求两端弧形顶容积？

解： 根据弧形顶计算公式得：

$V_{弧} = 2\pi [5.4 (1/8 \times 28^2 + 5.4^2/6 + 2.8^2 - 28 \times 2.8/2) + 2.8 \times 0.8958 \times (28^2/8 + 2.8^2 - 5.4^2/2 - 28 \times 2.8/2) + 5.4 \times 2.8 \times 0.4444 \times (28/2 - 2.8) + 2.8^2 \times 1.11032 \times (28/2 - 2.8)] = 2\pi (386.1 + 130.5790 + 75.2565 + 97.4950) = 4332 dm^3$

答： 两端弧形顶容积为43323dm^3

2.8.10 卧罐装油 Hcm 时的容积 V_H

“装满系数”是指部分容积与相应的总容积之比。通过“装满系数”可以求出部分容积如通过圆锥系数可以求出锥顶板内部分容积。

卧式罐总容积的计算公式：

$$V_{总} = V_{中} + V_{伸} + V_{弧} + V_{碟} - V_{附} \tag{2-22}$$

式中　$V_{总}$——卧罐总容积，dm^3；

$V_{中}$——直圆筒容积，dm^3；

$V_{伸}$——两端伸长部分容积，dm^3；

$V_{弧}$——两端弧形顶部分容积，dm^3；

$V_{碟}$——两端碟形底部分容积，dm^3；

$V_{附}$——罐内附件所占据的容积，dm^3。

例 2-22　测量一个七圈板对接式弧形顶卧式金属罐，测量结果为：

内总长 $L = 10794$mm

直圆筒平均内直径 $D_1 = 2541$mm

弧形顶伸长部分平均内直径 $D = 2528$mm

左右伸长均为 80mm

曲线体所对圆心角 $\alpha = 63°37'$

曲线体内半径 $r = 250$

直圆筒内长 $L_1 = 9723$

下尺点内直径 $D_H = 2543$，求：装油 Hcm 时的容积 V_H（V_{85}）（保留 $1dm^3$）。

解：中部圆筒体积 $V_1 = 0.7854 \times 25.41^2 \times 97.23 = 49306.1dm^3$

两端伸长之和 $L_2 = 80 + 80 = 160$mm

伸长部分体积 $V_2 = 0.7854 \times 25.28 \times 1.60 = 803.1dm^3$

弧形顶内高 $h = (10794 - 9723.0 - 160)/2 = 455.5$mm

弧形顶内高与伸长内直径之比：$h/D = 455.5/2528 = 0.1802$，在 0.219～0.150 之间。

曲线体内半径与伸长内直径之比：$r/D = 250/2528 = 0.0989$，在 0.071～0.110 之间。

$\alpha = 63°37$，在 57°～73°之间。

所以弧形顶总容积计算比率 K_1 的值可根据 0.1802 与 0.0989 在《卧式金属罐容积检定规程（JJ 266—81）》弧形顶总容积计算表（见表 2-7）中查出：

$K_1 = 0.093971 + [(0.094296 - 0.093971)/(0.181 - 0.180)](0.1802 - 0.180) + [(0.094228 - 0.093971)/(0.099 - 0.098)](0.0989 - 0.098)$

$= 0.093971 + 0.325 \times 0.0002 + 0.257 \times 0.0009 = 0.094267$

$V_3 = 2 \times 25.28^3 \times 0.094267 = 3045.9dm^3$

中部圆筒半径

$$R_1 = 2541/2 = 1270.5\text{mm}$$

伸长内半径

$$R = 2528/2 = 1264\text{mm}$$

修正到中部圆筒内直径 D_1 上的油高

$$H_1 = 850 + (2541 - 2543)/2 = 849.0\text{mm}$$

伸长和顶部的油高 $H_2 = 850 + (2528 - 2543)/2 = 842.5$mm

$H_1/R_1 = 849.0/1270.5 = 0.6682$，查《卧式金属罐容积检定规程（JJ 266—81）》水平圆筒系数表（见表 2-8）得：0.292712

$H_2/R = 842.5/1264 = 0.6665$，查表 2-8 得：0.291691

$H_2/R = 842.5/1264 = 0.667$，查表 2-9 得：0.25887.4

$V_{85} = 49306.1 \times 0.292712 + 803.1 \times 0.291691 + 3045.9 \times 0.25887.4$

$= 15455 dm^3$

答： 装油 Hcm 时的容积 V_H（V_{85}）为 15455dm^3。

表 2-7　弧形顶总容积系数表

r/D \ K \ h/D	0.180	0.181	0.182	0.183	0.184
0.071	0.087367	0.087722	0.088077	0.088432	0.088788
0.072	0.087559	0.087952	0.088306	0.088660	0.089015
0.073	0.087832	0.088184	0.088537	0.088890	0.089243
0.074	0.088066	0.088417	0.088768	0.089120	0.089473
0.075	0.088300	0.088651	0.089001	0.089352	0.089703
0.076	0.088536	0.088885	0.089235	0.089584	0.089935
0.077	0.088773	0.089121	0.089469	0.089818	0.090167
0.078	0.089011	0.089358	0.089705	0.090053	0.090400
0.079	0.089250	0.069596	0.089942	0.090288	0.090635
0.080	0.089490	0.069834	0.090179	0.090525	0.090870
0.081	0.089731	0.090074	0.090418	0.090762	0.091107
0.082	0.089972	0.090315	0.090658	0.091001	0.091344
0.083	0.090215	0.090557	0.090898	0.091240	0.091682
0.084	0.090459	0.090799	0.091140	0.091481	0.091822
0.085	0.090704	0.091043	0.091382	0.091722	0.092062
0.086	0.090949	0.091287	0.091626	0.091964	0.092303
0.087	0.091196	0.091533	0.091870	0.092208	0.092546
0.088	0.091444	0.091779	0.092116	0.092452	0.092789
0.089	0.091692	0.092027	0.092362	0.092697	0.093033
0.090	0.091942	0.092275	0.092609	0.092944	0.093278
0.091	0.092192	0.092525	0.092858	0.093191	0.093525
0.092	0.092443	0.092775	0.093107	0.093439	0.093772
0.093	0.092698	0.093026	0.093357	0.093688	0.094020
0.094	0.092949	0.093278	0.093608	0.093938	0.094269
0.095	0.093203	0.093531	0.093860	0.094189	0.094518
0.096	0.093458	0.093785	0.094113	0.094441	0.094769
0.097	0.093714	0.094040	0.094367	0.094694	0.095021
0.098	0.093971	0.094298	0.094622	0.094947	0.095274
0.099	0.094228	0.094553	0.094877	0.095202	0.095527
0.100	0.094487	0.094810	0.095134	0.095468	0.095782
0.101	0.094747	0.095069	0.095391	0.095714	0.096037
0.102	0.095007	0.095328	0.095650	0.095972	0.096294
0.103	0.095268	0.095539	0.095909	0.096230	0.096551
0.104	0.095531	0.095250	0.096169	0.096489	0.096809
0.105	0.095794	0.096112	0.096430	0.096749	0.097068
0.106	0.096058	0.096375	0.096692	0.097010	0.097328
0.107	0.096323	0.096639	0.096955	0.097272	0.097589
0.108	0.096588	0.096903	0.097219	0.097534	0.097850
0.109	0.096856	0.097169	0.097483	0.097798	0.098113
0.110	0.097122	0.097435	0.097749	0.098062	0.098376

表 2-8　水平圆筒系数表

H/R	0	1	2	3	4	5	6	7	8	9
0. 650	0. 281820	0. 281879	0. 281539	0. 281999	0. 282058	0. 282118	0. 282178	0. 282237	0. 282297	0. 282357
0. 651	0. 232410	0. 282476	0. 282536	0. 282595	0. 282655	0. 282715	0. 282774	0. 282834	0. 282594	0. 282953
0. 652	0. 285013	0. 283073	0. 283132	0. 283192	0. 283252	0. 283311	0. 283371	0. 283431	0. 283490	0. 283550
0. 653	0. 283510	0. 283670	0. 283729	0. 283789	0. 283849	0. 283903	0. 283958	0. 284028	0. 284088	0. 284147
0. 654	0. 284207	0. 284267	0. 284527	0. 284386	0. 284446	0. 284506	0. 284565	0. 284625	0. 284585	0. 284745
0. 655	0. 284804	0. 284864	0. 284924	0. 284984	0. 285044	0. 285103	0. 285163	0. 285223	0. 285283	0. 285342
0. 656	0. 285402	0. 285162	0. 285522	0. 285581	0. 285641	0. 285701	0. 285761	0. 285821	0. 285880	0. 285940
0. 657	0. 286000	0. 286050	0. 286120	0. 286179	0. 286239	0. 286299	0. 286359	0. 286419	0. 285478	0. 286538
0. 658	0. 286503	0. 285058	0. 286713	0. 286778	0. 286837	0. 286597	0. 286957	0. 287017	0. 287077	0. 287137
0. 659	0. 287196	0. 287256	0. 287318	0. 287376	0. 287436	0. 287495	0. 287555	0. 287615	0. 287675	0. 287735
0. 660	0. 287795	0. 287855	0. 287915	0. 287975	0. 288035	0. 288094	0. 288154	0. 288214	0. 288274	0. 288334
0. 661	0. 288334	0. 283454	0. 288514	0. 288574	0. 288633	0. 288693	0. 288753	0. 288813	0. 283373	0. 288933
0. 662	0. 288993	0. 285053	0. 289113	0. 285173	0. 289233	0. 289293	0. 289352	0. 289412	0. 289472	0. 289532
0. 663	0. 289592	0. 289352	0. 289712	0. 285772	0. 289832	0. 289892	0. 289952	0. 290012	0. 290072	0. 290132
0. 664	0. 280192	0. 280252	0. 280312	0. 280372	0. 289432	0. 290491	0. 280551	0. 290611	0. 290671	0. 290731
0. 665	0. 290791	0. 290851	0. 290911	0. 290971	0. 291031	0. 291091	0. 291151	0. 291211	0. 291271	0. 291331
0. 666	0. 291391	0. 291451	0. 291511	0. 291571	0. 291031	0. 291691	0. 291751	0. 291811	0. 291871	0. 291931
0. 667	0. 291052	0. 292052	0. 292112	0. 292172	0. 292232	0. 292292	0. 292352	0. 292412	0. 292472	0. 292532
0. 668	0. 292592	0. 292652	0. 292712	0. 292772	0. 292332	0. 292392	0. 292952	0. 293012	0. 293072	0. 293132
0. 669	0. 293193	0. 292253	0. 293313	0. 293373	0. 293433	0. 293493	0. 293553	0. 293613	0. 293673	0. 293733
0. 670	0. 293793	0. 293853	0. 293914	0. 293974	0. 294034	0. 294094	0. 294154	0. 294214	0. 294274	0. 294334
0. 671	0. 294394	0. 294455	0. 294515	0. 294675	0. 294636	0. 294696	0. 294755	0. 294815	0. 294875	0. 294936
0. 672	0. 294996	0. 295056	0. 295116	0. 295176	0. 295236	0. 295296	0. 295357	0. 295417	0. 295477	0. 295537
0. 673	0. 295597	0. 295657	0. 293718	0. 295778	0. 295838	0. 295398	0. 295958	0. 296018	0. 296079	0. 296139
0. 674	0. 296199	0. 296259	0. 296319	0. 296380	0. 296440	0. 296500	0. 296560	0. 296620	0. 296681	0. 296741

表 2-9　弧形顶部分容积系数表

H/R	0	1	2	3	4	5	6	7	8	9
0. 50	0. 156416	0. 155972	0. 157529	0. 158037	0. 158645	0. 159205	0. 159765	0. 160325	0. 160887	0. 161449
0. 51	0. 152013	0. 152576	0. 163141	0. 163706	0. 164272	0. 161339	0. 165407	0. 165975	0. 166544	0. 167114
0. 52	0. 157685	0. 165256	0. 168828	0. 169401	0. 169974	0. 170549	0. 171121	0. 171599	0. 172276	0. 172853
0. 53	0. 173431.	0. 174010	0. 174529	0. 175159	0. 175750	0. 170331	0. 175914	0. 177497	0. 178080	0. 178585
0. 54	0. 175250	0. 179826	0. 180422	0. 181009	0. 181897	0. 182185	0. 182775	0. 183365	0. 183956	0. 184548
0. 55	0. 185140	0. 185733	0. 186336	0. 186921	0. 187516	0. 183111	0. 188708	0. 185305	0. 189902	0. 190501
0. 56	0. 191100	0. 191700	0. 192300	0. 192901	0. 193503	0. 194105	0. 194709	0. 195313	0. 195918	0. 196523
0. 57	0. 197120	0. 197735	0. 192342	0. 198930	0. 199559	0. 200153	0. 200778	0. 201389	0. 202000	0. 203613
0. 58	0. 203334	0. 203838	0. 204451	0. 205066	0. 205581	0. 205297	0. 205914	0. 207531	0. 208148	0. 206767
0. 59	0. 209385	0. 210006	0. 210628	0. 211247	0. 211869	0. 212491	0. 213114	0. 213737	0. 214361	0. 214586
0. 60	0. 215612	0. 216238	0. 216854	0. 217492	0. 218120	0. 218748	0. 219377	0. 220007	0. 220638	0. 221269
0. 61	0. 221300	0. 222533	0. 223165	0. 223799	0. 224433	0. 225058	0. 225703	0. 225339	0. 226075	0. 227613
0. 62	0. 223250	0. 223289	0. 229328	0. 230167	0. 230807	0. 231448	0. 233029	0. 230731	0. 233374	0. 234017
0. 63	0. 234660	0. 233305	0. 235949	0. 236595	0. 237241	0. 237387	0. 228635	0. 239182	0. 239831	0. 240479
0. 64	0. 241129	0. 241779	0. 242129	0. 243081	0. 243742	0. 244335	0. 245037	0. 245691	0. 246345	0. 245999
0. 65	0. 247654	0. 243310	0. 248966	0. 249523	0. 250280	0. 250938	0. 231596	0. 252255	0. 252915	0. 253575
0. 66	0. 254235	0. 254897	0. 255668	0. 256220	0. 256833	0. 257548	0. 258210	0. 258874	0. 259539	0. 260205
0. 67	0. 250871	0. 261537	0. 252204	0. 252871	0. 263539	0. 264208	0. 204877	0. 265547	0. 260217	0. 260887
0. 68	0. 257558	0. 268230	0. 268902	0. 269575	0. 270248	0. 270921	0. 271596	0. 272270	0. 272945	0. 273521
0. 69	0. 274297	0. 274974	0. 276651	0. 276328	0. 277098	0. 277085	0. 278364	0. 279044	0. 278724	0. 289404
0. 70	0. 281085	0. 281767	0. 282449	0. 283131	0. 283814	0. 284498	0. 285181	0. 285866	0. 285551	0. 287236
0. 71	0. 287922	0. 288608	0. 289294	0. 289932	0. 290669	0. 291357	0. 292046	0. 292735	0. 293424	0. 294114
0. 72	0. 294804	0. 295495	0. 296186	0. 296878	0. 297570	0. 298263	0. 298956	0. 299649	0. 300343	0. 301037
0. 73	0. 301732	0. 302427	0. 303123	0. 303819	0. 304515	0. 305212	0. 305910	0. 300607	0. 307305	0. 308004
0. 74	0. 308703	0. 309402	0. 310102	0. 310803	0. 311503	0. 312204	0. 312906	0. 313608	0314310	0. 315013

第 3 章　营销与服务

3.1　加油站营销

3.1.1　营销定义

营销是个人和集体通过创造，提供销售，并同别人交换产品或价值，以获得其所需所欲之物的一种社会和管理过程。基于客户价值和客户满意来建立客户关系，是现代营销的核心。加油站营销的双重目的在于，一方面通过提供优质的客户价值来吸引新的客户，另一方面通过传递客户满意来保持和发展当前的客户。

3.1.2　影响的因素

影响营销的因素指各种影响和制约营销的外部因素的集合，主要包括宏观环境和微观环境。

3.1.2.1　宏观环境

宏观环境指的是大的社会环境，主要包括经济环境、人口环境、社会文化环境、政治法律环境、自然环境、科技环境、气味环境、网络环境等。

（1）经济环境。主要是收入、支出、消费者的信贷和储蓄、经济发展状况；

（2）人口环境。主要是人口总量、人口的增长率、人口结构、人口的迁移；

（3）社会文化环境。主要是文化、宗教信仰、价值观念、消费习俗、消费兴趣等；

（4）政治法律环境。主要是政治和法律；

（5）自然环境。主要是资源、地貌、气候；

（6）科技环境。主要是科学和技术；

（7）气味环境。主要是通过人的嗅觉达到植入品牌记忆的气味营销环境；

（8）网络环境。主要通过网络营销达到短时间内聚集人气的网络环境。网络营销包含的东西很多，所用到的方法和手段也是很多，包括微信、QQ、微博、博客、论坛、企业网站等。

3.1.2.2　微观环境

微观环境指的是市场环境，主要包括公司情况、竞争情况、消费者、行业环境。

（1）公司情况。主要是指公司自身的经营管理情况；

（2）竞争情况。主要是市场同类产品和相似产品的竞争；

（3）消费者。主要是指消费者的消费水平、购买习惯等；

（4）行业环境。行业发展水平及前景等。

微观市场营销则是以个别企业为出发点和基础，研究的重点是企业如何利用其有限的资源创造出能满足消费者需要的产品和服务，并通过有效的市场活动（分销和促销），实现同消费者的交换，同时实现企业的经济利益等一系列问题。

3.1.3　营销对象分类

加油站营销对象一般按用油设备和客户分类，其中按用油设备可以分为用油车辆及用油设备，按客户分类可以分为职业司机、兼职司机、私家车主、单位车辆管理人员、乘客等。

3.1.3.1 按用油设备

（1）用油车辆。用油车辆可根据用油种类、车辆用途、车辆运营情况来划分。

① 按用油种类可分为汽油车、柴油车、CNG、LNG 汽车等。

② 按车辆用途可分为轿车、客车、货车、工程车等。

③ 按车辆运营情况 可分为私车、出租车、公务用车、物流车队、专业运输车等。

（2）用油设备。锅炉、铲车、挖掘机、发电机等都是常见的用油设备，在建筑工地、厂矿企业、宾馆饭店等应用广泛。

3.1.3.2 按客户类型

客户是一个广义概念，它是指购买产品以及可能购买产品的机构和个人。

（1）按用对象性质可分为个人客户、政府单位客户、企业客户等。

（2）按客户身份可分为职业司机、兼职司机、私家车主、单位车辆管理人员、乘客等。

（3）按客户性格可分为理智型、冲动型、习惯型、经济型等。

3.1.4 市场调查

市场调查（Marketing Research），又称作市场研究、市场调研，是市场营销学、传播学、广告学或统计学当中一门重要的科目，简称为市调。市场调查，就是指运用科学的方法，有目的地、有系统地搜集、记录、整理有关市场营销信息和资料，分析市场情况，了解市场的现状及其发展趋势，为市场预测和营销决策提供客观的、正确的资料。常见的市场调研有：消费者调查、市场观察、产品调查和广告研究。市场调查有下列四种手法，即定性营销研究、定量营销研究、观察上的技术和实验性的技术。

3.1.4.1 调查对象分类

市场调查对象范围可分为全面调查、抽样调查、连续调查、阶段性调查及一次性调查。

（1）全面调查。即对所有的对象进行调查，调查结果反映所有调查对象的全面情况。

（2）抽样调查。即在选定的样本范围内抽取部分对象进行调查，用部分对象的调查结果来反映整体的情况。

（3）连续调查。即对选定的调查对象连续地调查了解，以反映对象的连续发展情况，如成长调查等。

（4）阶段性调查。即对选定的调查对象进行每隔固定的时间段进行一次的调查，反映调查对象不同时期的对比情况。

（5）一次性调查。只为特定目的进行的一次性调查，反映调查对象某一时点的情况。因调查手段、人员及经济合理性的原因，任何一个企业都不能做到对客户和竞争对手进行全面和连续的调查，因此，在了解某一类客户的消费行为习惯或潜在需求时，多采取抽样调查，或为了解客户消费心理的改变或竞争对手策略的变化进行阶段性调查，或为开发一个新的产品或服务、进行促销活动采取一次性调查。

3.1.4.2 调查范围分类

实施调查的范围既可以按地理区域划分，也可以按客户群体划分。

（1）按地理区域确定调查范围。本市市区或本地街区；以本加油站为中心的方圆 10km^2 范围内的单位企业；以本加油站为圆心的半径在 5km 范围内的所有车辆；途径本加油站的所有车辆；本加油站半径 3km 范围内的宾馆、饭店用户等等。

（2）按客户群体确定调查范围。如：职业司机，私家车主，单位车辆管理人员，普通消费者等。

3.1.4.3 调查方法分类

（1）文案调查法。是指通过搜集各种历史和现实的动态统计资料（第二手资料），从中取得与市场调研课题有关的信息，在办公室内进行统计分析的调查方法，也称简介调查法、资料分析法或室内研究法。采用这种方法搜集资料，花费时间不多，费用较少。第二手资料的收集，主要通过调查人员向有关方面索取，从电脑网络查询，或通过剪报、摘录等方式获得。

（2）访谈问卷询问调查。是由调查人员当面对调查对象进行调查访谈，并由调查人员当场记录调查结果的方式。按调查地点的不同，又可分为入户调查和现场访谈调查。成品油零售问卷调查，可以采取客户家访、机构用户访谈、加油站现场问卷访谈、停车场或公共场所访谈等方式。访谈问卷调查的技巧：

① 首先要突破对方的防御心理，取得对方的接受与合作；

② 对调查动机与调查结果的保密事项予以说明；

③ 访谈不宜占用对方过多时间；

④ 用被调查者能够理解的语言表述问题，对于对方的疑问给予客观解答，努力避免误解或曲解；

⑤ 保证所有问题得到完整回答；

⑥ 访谈结束时表示感谢，并赠送礼品以示回报；

⑦ 对拒绝访谈的客户也要表示理解和感谢。

（3）留置调查。是调查人员将调查问卷（表格）或调查提纲当面交给被调查者，并详细说明调查目的和填写要求，留下问卷，由被调查者自行填写，然后由调查人员约定日期收回问卷，再进行汇总分析的一种市场调研方法。

（4）现场观察调查法。是调查人员在市场活动现场对调查对象进行观察、记录，取得第一手资料的方法。这种方法的特点是调查人员同被调查者不直接接触，不是向他们提出问题并要求回答，而是利用自身感官（听觉、视觉）和某些器材（录音机、摄像机等）对调查对象的活动和现场事实加以考察记录，取得第一手的市场信息。这类方法的优点是被调查者的活动不受外在因素的干扰，是在他们不知不觉或处于自然状态中被观察调查的，因此所收集的资料较为客观、可靠、生动、详细；同时，采用这种方法，操作简便，成本费用也较低。但这类方法只能观察到事实的发生，观察不到行为的内在因素，不能深入了解用户心理变化和市场变化的原因和动机。

在成品油零售市场调研实践中，具体可采用以下两种观察法：

① 直接观察法。是指市场调查人员在加油站客户比较集中的场所或其他场所，直接观察市场活动取得第一手市场信息的方法。直接观察法在成品油销售调研中应用十分广泛。公司调查人员、业务人员、管理人员都可采用，是了解成品油零售市场信息、掌握市场动态的简便易行的常用方法。

加油站运用直接观察法进行市场调查的内容可以有：一是调研人员以营业员的身份，在加油站观察客户的行为特征和在销售现场的活动情况，了解客户对成品油质量、计量、服务方式及各种促销手段的反应，从而认识成品油零售市场需求的某些外在特征。二是调研人员以客户的身份，通过对站容站貌、成品油陈列、广告宣传、油价变化、员工的服务态度和服务技能、规章制度等方面的观察，认识本加油站经营管理方面存在的问题或竞争对手某些市场营销的手段和策略。

② 现场计数法。在成品油零售市场中，采用观察法了解市场信息，除了一些对象的直观人事外，还需要有一些数量的表示。现场计数法就是在市场活动现场，通过一定时间的观察计数，得到定量的市场信息。加油站采用现场计数法进行观察，主要用于以下方面：一是在某些大型的营业推广活动和宣传活动中，客户在营业场所停留、问询、索取资料、洽谈业务的人数，是市场容量的直观信息。有多少客户对本加油站的成品油、服务项目感兴趣，又有多少客户愿意深入了解和进一步洽谈的意愿，都可以通过现场计数加以汇总从而得到成品油零售市场需求的第一手资料。二是为了研究成品油终端销售的经营状况和经营潜力，通过观察、记录加油站网点四周交通道路上的车流量和进站加油的车辆数，平时、节假日以及同一天不同时段的车流量和进站加油的车辆数，作为加油站经营活动的基础信息。

这种客户和车流量现场计数，通常选择若干个有代表性的营业日（节假日、平常日、较少客流日），在加油站出入口布置工作人员，在营业时间全程分时段记录车辆进站数，然后汇总统计，分析出日营业高峰时段、低谷时段，平常车流量和节假日车流量等内容。这些重要的市场信息，对加油站在终端销售上改进经营管理，调整劳动组织，合理安排营业时间，进行劳动力调配，都具有十分重要的作用。

（5）在线网络调查法。是利用互联网和技术手段在线收集数据信息，以区别于传统的电话访问、街头拦截等访问的调研方式。其显著特点是：快速、高效、成本低，有一定的局限性，例如调查对象地理区域不确定。通过网络对客户针对主观或客观问题征求意见。

（6）微信调查法。是通过在企业微信公众号上创建电子问卷，再通过手机微信进行传播，最后收集、统计、分析问卷结果的调查方法。微信调查改变了传统的实地派发问卷调查方式，微信调查法具有容易操作、节省时间、调查面广、收集的信息量较大、真实性较强等优点，便于整理、统计及分析。

3.1.4.4 调查样本选取

由于人力、物力、时间周期等的限制，在调查中只能选取部分对象进行调查，以求以点代面，以局部反映全局情况。在选取调查对象时，可以采取以下几种抽样方法。

（1）随机抽样。样本的抽取无一定规律，如按车牌号、客户资料卡片编号、来站加油司机顺序、沿路单位等进行随机抽取，也可以采取类似摇奖的方式抽取样本。

（2）排队抽样。即对调查对象预先进行顺序编码，然后按照固定间隔抽取样本。如每隔 10 辆进站加油的车辆抽取一个样本的方法抽样，其结果是第 1 辆、第 11 辆、第 21 辆等。

（3）按特定指标（类别）抽样。即对某一类具有共同特征的对象进行调查，如按司机的性别、机构用户的性质、车辆类型（如汽油车、轿车、公交车、出租车等）、区域特点（城区、国省道、县郊、高速公路、水上等）分别抽取调查对象。

（4）普查。即对所有对象进行调查，对所有来站加油的车辆进行调查等。

3.1.4.5 调查问卷设计

调查问卷，又称询问表、调查表，是以问题的形式系统记载调查内容的一种印刷品。调查问卷有簿记、表格和卡片式三种。调查问卷必须将有关问题传达给被调查者，以了解被调查者的反应和看法。调查问卷的设计是一项技术含量较高的工作，要遵循一定的原则和程序，运用一定的技巧。

（1）调查问卷的设计原则。

① 主题明确。根据调查主题，从实际出发拟题，设问目的明确，重点突出，不可模棱

两可。

② 结构合理，逻辑性强。调查问题的排列应有一定的逻辑顺序，应符合被调查者的思维程序。通常是先易后难、先简后繁、先具体后抽象等。

③ 通俗易懂。调查问卷设计要使被调查者一目了然，并乐意配合回答有关问题。因此，调查表中语气要亲切，符合被调查者的理解能力和认识能力，尽量避免使用专业术语；对敏感性问题采用一定的技巧进行调查，使问卷具有合理性和可答性，避免主观性和暗示性，以防调查失真。

④ 长短适宜。用调查问卷询问被调查者，问答时间应该控制在15min以内，否则应答者就会失去耐心，直接影响调查结果。因此，调查问卷中的问题也应以15min的问题数目为限。当然也要注意到问题的全面性。

⑤ 便于统计汇总。如果是进行较大项目的调查，调查问卷通常要发放数千份甚至上万份，因此，在设计调查问卷时就要考虑到有利于汇总和统计，如进行计算机编码统计等。

（2）调查问卷的设计步骤。

① 根据调查目的要求和调查课题的涉及面，拟订一个调查内容提纲。

② 根据调查对象的特点，按照调查提纲的要求，确定调查表的类型，开列调查项目清单，编写提问问题。

③ 按照调查问卷构成各个部分的要求，将上述拟好的调查项目、提问命题、指示说明等依次列入表中，设计成一张问卷表。

④ 将初步设计出来的调查问卷表，在小范围内进行试验性调查，或者请若干被调查者试填，以便在正式调查之前发现问题，做出必要的修改后再定稿，并按需要份数打印。

（3）调查问卷的格式。

① 问卷说明（开场白）。问卷说明旨在向被调查者说明调查的意图、填表须知、交表时间、地点及酬谢方式等。问卷说明要力求言简意赅，强调调查工作的重要性，消除被调查者的顾虑，并使之引起共鸣，产生兴趣。

② 调查的问题。这是调查问卷中最主要的部分，它主要是以提问的形式呈现给被调查者，提问的具体内容视调查目的和任务而定。

③ 被调查者情况。具体如年龄、性别、职业、文化程度等基本情况。

④ 编号。对调查问卷排列编号，方便统计分析。

⑤ 调查者情况。在问卷的最后，附上调查人员的姓名、访问日期等，以核实调查人员的情况。

3.1.5 零售市场分析

3.1.5.1 市场形势分析

国际油价持续走低，使国内成品油市场长期处于“新常态”，从供应侧看，随着国家放开原油进口、成品油“地板价”等政策实施，国内炼厂积极性高涨，加上进口资源增加，以及调和油、非标油等隐性资源的影响，供给过剩局面将进一步加剧；从需求侧看，预计“十三五”期间，成品油需求年均增长保持在2.2%的低水平，且天然气、电力等新能源消费将大规模增长，汽油消费增幅将持续放缓，柴油消费可能出现负增长。

3.1.5.2 竞争主体多元化

在“新常态”下，城区和交通主干道等重要位置的优质大站加油站吨油租赁费用从过去的几十元飙升到几百元，部分租赁站吨油租赁费甚至过千元。经营主体多元化、品牌化，局地渐成气候。中国石化、中国石油、中国海油、中化石油、壳牌和地炼（地方炼油厂）都在加快向终端扩张，部分民营企业抱团发展加油站，并且呈现品牌化、连锁化、大型化的特征，配套功能齐全，现场服务人员充足，市场竞争局面多样化、多元化。

3.1.5.3 新能源影响

新能源是相对于传统加油站销售汽油、柴油而言，由于政府致力实施鼓励减少碳排放及降低能耗的措施，更清洁的燃气汽车（LNG、LPG、CNG）和充电汽车得以快速发展，对传统加油站销售影响也在逐步扩大。由于各地的情况各异，新能源汽车在各地的推广和发展情况不尽相同。

潜在新能源替代压力。据当前油气资源预测，随着环保要求的不断提高，政府大力推进新能源发展，公交、出租要求以改为电动或油电混合动力、改为液化气或油气混合动力车，计划目标到2020年年底加气站网点比例将达到50%以上，天然气汽车保有量将持续增长，公交车、出租车、公务车均将首批完成使用天然气、电新能源替代柴油、汽油资源。根据规划，2020年中国新能源汽车年产量要达到200万辆，累计保有量将达500万辆。

3.1.6 竞争对手营销策略分析

成品油零售市场竞争主体将继续呈现多元化趋势，对于中国石化来说，目前竞争对手主要有中国石油、中化石油、中国海油、延长石油、中油BP、壳牌、加德士以及民营企业等。在加油站营销活动中，只有做到“知己知彼”才能“百战不殆”。因此，充分了解和掌握竞争对手的基本状况及其所运行的策略是十分重要的。

（1）成品油零售市场上现有的油品经营企业、加油站数量、终端网点的分布情况。

（2）各个竞争者的经济实力及其优势与劣势。

（3）主要竞争对手的成品油销售规模和市场占有率。

（4）主要竞争对手的成品油货源渠道及其分销策略。

（5）主要竞争者的品牌、价格与销售服务策略。

（6）客户对主要竞争者成品油购买偏好程度。

（7）潜在竞争者的形成及发展趋势。

3.1.7 客户需求分析

客户需求分析是成品油零售市场调研的核心内容，其目的是了解和把握各类用户现实和潜在的成品油需求量及其购买成品油的行为和心理规律，以便加油站管理者更有针对性地制定销售策略。

对客户的消费习惯如何进行分析，借助已有的加油站消费数据、现金客户支付、消费形式，进行客户的整体特征分析，主要包括：

（1）油品需求总量及其变化。

（2）各类油品的需求结构及分布。

（3）市场需求季节性变化。

（4）用户类型及特点等基本情况。

（5）各类用户的需求水平及其变化。

（6）各类用户购油的心理倾向。

（7）各类用户购买油品的行为过程及其模式。

3.1.8 加油站常用营销方式

3.1.8.1 价格竞争

加油站价格竞争是指根据市场竞争情况，开展加油站价格竞争营销活动，价格竞争的形式有挂牌价直降、一站两价、择日优惠、时点价等几个方式。通过价格优惠的方式，增强企业的市场竞争力，增加客户黏度，保持市场竞争优势。限站点、限时点、挂牌价优惠等。

3.1.8.2 客户优惠

客户优惠是根据市场竞争，依据某个客户的实际用油需求、竞争对手优惠价格等条件因素，给以该客户价格优惠，以避免客户因为价格因素而流失。目前主要借助加油卡进行相应的优惠折让，强化折让监管。折让方式较多采用月末折让、充值优惠、积分油币等。

优惠方式有现金客户电子券、微信电子券、充值折扣、充值返利、加油折扣、便利店代金券、积分返利等。

3.1.8.3 人员促销

加油站在进行市场营销活动中，不仅要有良好的油品、适当的定价和畅通的渠道，还必须与客户进行有效的沟通，这就要求加油站员工担当起信息传播者和促销者的角色，综合运用各种有效手段，制定有利于实现加油站营销目标的促销组合。加油站现行的促销策略可分为推的策略和拉的策略，推的策略主要包括人员推销和营业推广，拉的策略包括广告和宣传推广。

3.1.8.4 加油卡营销

当前加油卡是零售促销增量锁定客户最有效的手段。愿意提前付费的客户都是忠实客户，加油卡的发行是锁定客户最好的手段，通过加油卡营销推广，可以使更多客户了解熟悉和接受加油卡这种加油消费方式。在加油卡营销当中使用到的具体的措施有：

（1）加大宣传力度。通过大力推广“进机关、进集团、进车展、进社区、进乡镇”等活动，举办现场开卡免费，充值赠礼等丰富多彩的专项推介活动，吸引客户办卡。

（2）开展组合营销。与自助加油、便利店销售、电子券等形式多样的组合营销力度，提升客户满意度。

（3）开展交叉营销。与知名品牌企业加大合作力度，提供增值服务，为客户提供支付、保险、导航、休闲、购物、娱乐等全方位的增值服务项目，提升客户消费黏性。

3.1.8.5 油非互动营销

油非互动营销是指通过加油站的油品业务和非油品业务之间的互动营销，通过前期的策划选取主题，客户消费油品业务或非油品业务其中一种，就可以得到另外一种商品的让利促销。在成品油销售领域日趋激烈的竞争，实施油非互动营销，既能丰富业务范围，使业务更加多元化，也能增强企业竞争力，开拓新的利润增长点。常见的促销形式有加满送礼、累积兑换等。

3.1.8.6 线上线下营销

线上线下营销是指在移动互联网时代，带来新思路、新理念、新形式。指利用线上营销带动线下消费，通常的方式是企业在网上提供商品信息，优惠促销信息，服务预订，在线预付购买，以及在线下消费环节完成商品交易。

3.1.8.7 微信营销

微信营销是网络经济时代企业或个人营销模式的一种，是伴随着微信的火热而兴起的一种网络营销方式。微信不存在距离的限制，用户注册微信后，可与周围同样注册的“朋友”

形成一种联系，订阅自己所需的信息，商家通过提供用户需要的信息，推广自己的产品，从而实现点对点的营销。

3.1.9 加油站的营销策略

营销策略是企业以客户需要为出发点，根据经验获得客户需求量以及购买力的信息、商业界的期望值，有计划地组织各项经营活动，通过相互协调一致的产品策略、价格策略、渠道策略和促销策略，为客户提供满意的商品和服务而实现企业目标的过程。

3.1.9.1 现场营销

在加油站现场利用营销海报张贴、活动手册发放、微信二维码发布等形式，营造浓厚的营销氛围，吸引客户进站消费，提升进站率、加满率和进店率。

3.1.9.2 加油卡线上营销

开展加油卡线上营销，通过利用加油卡手机 APP 线上平台，开展充值返利、赠送便利店商品券、抽奖、积分等专项活动，提升线上交易额。

3.1.9.3 跨界合作营销

跨界合作营销作为传统营销手段的有益补充，要充分利用加油卡载体，通过在有共同消费群体的两个或两个以上的企业之间相互借鉴、融合，对客户资源进行共享和置换，在产品、渠道、促销、品牌推广等方面为消费者提供全新的品牌体验，从而达到共赢的目的。

跨界合作营销对象有银行、保险、移动、电信、车企、汽服商、汽车俱乐部等企业。跨界营销有效避免了传统营销方式下市场过度细分与饱和、新产品难以进入市场、市场竞争陷入同质化等问题，能够促进加油站成品油和非油品业务的开展，达到获得竞争优势，稳定和提高市场占有率的目的。

3.1.9.4 “一站一策”营销

“一站一策”是针对市场竞争形势，在充分调研的基础上，结合实际因地制宜地制定价格及营销措施，以提升油站竞争力，提高油站销量。“一站一策”营销措施主要有提升服务、优化营销策略、强化客户管理、完善硬件设施等。

3.1.9.5 品牌策略营销

加油站网络、客户服务、油品数质量、人员优势是品牌价值的具体表现。通过统一品牌宣传、开展品牌推广营销，对促进品牌影响力、非油品竞争力、提升客户认识度具有重要意义。

品牌管理重点在于加油站服务规范化、油品质优量足、支付方式便利快捷、非油品优质服务，通过持久作用升华而成的加油站信誉，从而树立企业的品牌和口碑。

3.1.9.6 “微服务”营销

“微服务”是指通过微信公众号、企业 APP、企业网站等提供的互联网服务，“微服务”的特色是方便、轻便、小而美，增加趣味性，增加企业与用户的互动，增加企业对用户的黏性，打造互联网时代的新优势。

在微信公众号的运营中，省级销售公司公众号提供了丰富的服务项目，例如有加油卡绑定、加油卡充值、加油卡查询、提油卡服务、优惠电子券、购买车险优惠、会员中心、易捷商城、附近油站、我的积分、最新油价等，客户只需点点手指，需要的资料就能查询出来，非常便利。以后还能根据客户需求，开发更多品味资讯、更贴心、更便捷的功能，例如车辆保养小知识、生日祝福、节日问候、天气变化提醒等。

企业 APP 是专门开发的手机应用软件，功能性比微信公众号更强，可以为用户提供更专业的移动互联服务，常见的功能包括加油卡、易捷商城、电子券、油站导航、车生活、会员中心。

3.1.9.7 客户精准营销

客户精准营销是指通过对加油站所处的竞争环境、竞争对象和营销对象进行充分分析，有针对性地对某类型客户采取特定的营销策略，以达到化最小的成本取得最大的营销效果。

选择最优的营销方式制定具体的策略

（1）私家车群体。主要消费油品为汽油，它的消费特点是注重加油效率、服务和质量、优惠诉求相对低、有非油消费需求。

对于市区站而言，采取的营销策略为现场管理、提高效率、自助加油、时点价；

对于城郊、国道、省道而言，采取的营销策略为减轻员工负荷、自助加油、部分竞争区域采取点对点、线上油非互动。

（2）公务商用车。主要消费油品为汽油，它的消费特点是集中管理，价格敏感度相对低，注重品牌、质量和规范。

主要集中在市区站、城郊、国道、省道，采取的营销策略为单位卡客户折让优惠。

（3）个体客货运车辆。主要消费油品为柴油，它的消费特点是部分自费、部分挂靠形式，部分持副卡加油，交易形式多样。

消费集中在城郊、国道、省道、高速。采取的营销策略为在营销中心站开展直接的价格竞争为主、油非互动为辅提高加满率。

（4）企业客货运车辆。主要消费油品为柴油、燃气，它的消费特点是集中管理、价格敏感、重视质量。

针对城郊、国道、省道油站，采取的营销策略为以大客户折让优惠锁定。

针对高速油站。采取的营销策略为高速公路开展价格优惠和加满送礼相结合，使车辆加满。

（5）公交企业。主要消费油品为柴油、燃气，它的消费特点是集中管理、价格敏感、重视质量、定点加油。

主要集中在市区、城郊、国道、省道油站加油，采取的营销策略为单位卡客户折让优惠。

（6）出租车。主要消费油品为汽油、柴油、燃气，它的消费特点是个人营运，消费稳定，城区为主，加油规律，价格质量敏感。

主要集中在市区、城郊、国道、省道油站加油，采取的营销策略为个人单卡折让优惠、出租车充值优惠。

（7）农用机械主要消费油品为柴油，它的消费特点是重视价格，质量要求偏低，固定时点，区域型。

主要集中在城郊、国道、省道油站加油，采取的营销策略为一站两价、充值优惠。

3.2 加油站服务

3.2.1 加油站服务的内涵

随着国内石油市场的逐步开放，地方炼油厂资源充沛，石油销售企业竞争愈演愈烈，中国石化、中国石油、中国中化、中国海油以及壳牌、BP、民营企业等各领风骚。

石油销售企业市场竞争的愈演愈烈，如何通过加强服务管理获取竞争优势，已经成为成品油销售企业急待解决的问题。对于成品油零售企业而言，加油站是客户开发与维护的重要据点，是构建客户服务体系的首要根据地。

3.2.1.1 服务的概念

营销学之父菲利普·科特勒对服务定义为“一方能够向另一方提供的基本上是无形的任何活动或利益，服务并不导致任何所有权的产生。它的生产可能与某种有形产品密切联系在一起，也可能毫无联系。”

加油站在向客户销售油品的同时提供服务，加油站的服务内容十分丰富，是一项综合性的工作。它涉及加油站整体服务环境、员工的仪表仪容和服务程序、油品的质量和数量管理、合理公道的价格、客户用油咨询及车辆的清洗、维修和保养等。

3.2.1.2 服务与产品

服务和产品是相互联系的，实际上，几乎没有什么服务是不包含有形要素，也几乎没有什么有形商品是不包含服务的成分的。通常来说企业向市场提供的既有有形的产品，也有无形的服务。生活中的许多活动，如银行存款、乘飞机旅行、修理汽车、看电影、咨询律师等，都涉及购买服务的问题。同样，当客户在加油站消费时，购买油品的同时也在购买服务，虽然客户主要关注的是最终油品的使用效果，但是在整个加油消费的过程中，加油站服务人员对待客户的态度会影响客户的满意程度，进而影响到加油站的声誉和销售业绩。

3.2.2 加油站客户服务体系

加油站客户从不同的角度出发，可以有多种客户类别范畴。

一是以消费主体的性质分：车辆用户和非车辆用户。

二是以消费主体的忠诚度划分：固定客户（回头客）和流动客户。

三是以消费主体的地域划分：本地客户和过境客户。

四是以客户的结算方式划分：现金结算客户、支票结算客户，IC 卡结算等。

五是按照消费品类不同将客户划分为汽油客户与柴油客户。

为了将公司有限的资源投入到最有价值的客户中，在对客户类型进行细分的基础上，还需要识别客户的价值。加油站客户有价值，包括无形的价值和有形的价值。有形的价值是在客户生命周期内，客户购买加油站的产品、服务中加油站所获得利润。即：客户终身价值 =（客户收益 - 客户获取成本 - 保有成本）/客户数量。终身价值的体现在客户保有率、客户消费率、可变成本、获取成本、毛利、贴现率、利润净值等各项价值指标中。通过客户类别细分与价值评价，识别最有价值客户，并将公司有限的资源尽可能多地投入到对这些高价值客户的开发与维护中。

3.2.3 加油站服务标准化

3.2.3.1 服务标准化的目的和意义

标准化的目的是为了获得最佳秩序和社会效益，具体到服务标准化来说，它的目的在于获得优质的服务。

服务标准化是服务质量的保障，既能规范加油服务流程减少违章操作的风险，又能提高加油站客户满意度、提升品牌形象，是企业发展的最重要手段。

3.2.3.2 服务规范的主要内容

根据国内加油站的实际情况，参考国内部分石油公司现行管理制度，加油站员工服务规范主要包括如下内容：

（1）职业道德。敬业爱岗　遵纪守法　文明经营。

（2）服务态度。

① 主动热情，微笑服务，态度谦和，尊敬客户。

② 客户有困难，热心帮助；客户有疑问，细心解答；客户有意见，专心听取；客户有误会，耐心解释。

③ 对待客户，一视同仁，不轻视、不怠慢、不讽刺、不轻薄。

（3）仪表规范。

① 着装管理。员工上岗时一律着所属公司统一规定样式的工作服，工作装按季节配套穿着，工作服无明显油渍、污迹及破损；帽子扣戴端正，衣裤纽扣锁住、拉链到位，皮带束紧，袖口、裤腿不卷起，工作时不穿拖鞋、高跟鞋、带钉鞋。

② 仪表管理。仪表端庄、服饰整洁。员工不染怪发、不戴墨镜、不留长指甲；男性员工不留长发、长胡须，无大鬓角；女性员工不化浓妆，不涂指甲，饰物适当。

③ 胸徽管理。要求佩戴胸徽的加油站，员工胸徽由所属公司统一规定样式，并按标准佩戴。

（4）服务语言。

① 迎送、接待客户时，使用文明服务用语，会说普通话。

② 用语准确，称呼恰当，问候亲切，语气诚恳。严禁使用不负责任、带有歧视性、污辱性的语言，杜绝服务忌语。

③ 在岗员工为客户服务时，使用规范服务用语。

④ 礼貌待人，不与客户发生争执。

（5）形体动作。

① 站姿正直平稳，眼神自然注视客户，精神饱满，落落大方。

② 坐姿端正，不前俯后仰，不东倒西歪，不摇腿跷脚。

③ 在岗员工为客户服务时，必须使用规范形体动作。

（6）加油操作。集中精力、准确快捷、不冒、不洒、不错。

（7）劳动纪律。

① 按时上下班，不迟到、不早退、不旷工，执行请销假制度。

② 坚守岗位，上班时不得无故离岗、串岗、脱岗、睡岗。

③ 工作时间不准做与工作无关的事，不允许私自会客。严禁在加油站内吸烟，严禁饮酒后上岗。

④ 严格遵守服务规范、操作规程，不违章作业。

⑤ 服从领导，听从指挥，按章办事，不擅作主张。

⑥ 正确对待客户的批评和投诉，不得与客户争吵。

（8）便民服务。

① 供应小包装润滑油（脂）及其他常用石油产品。

② 设置饮水设施和饮具，免费供应饮用水；水上加油站要免费供应生活用水。

③ 配备方便油桶，为途中缺油车辆（船舶）提供服务。

④ 开展业务咨询、介绍油品知识，帮助客户解决油品应用疑难问题。水上加油站提供介绍安全航行知识，公布航道公告和天气预报等服务项目。

⑤ 站内厕所免费开放。

⑥ 设置为车辆加水的服务设施。

⑦ 有条件的加油站要提供电话通讯、地图指路、洗车服务、车胎充气、快餐店、简便修车工具、便利店、司机休息室等服务设施和服务项目；水上加油站还可以设置供应蔬菜、代换液化石油气、代发邮件等便民服务项目。

⑧ 根据当地情况相应设置其他服务项目。

（9）异议处置。客户提出异议时，要热情接待，耐心听取陈述，对异议内容和原因做好记录，及时处理。做到不推诿，不拖拉，件件有回音。

（10）服务效率。

① 车辆进站到位后至油枪开启的作业时间一般不应超过2min。

② 每班工作交接，中断加油作业时间一般不应超过5min。

③ 客户电话预订油票、加油卡及油品等，在货款到账后，按双方约定时间送到。

（11）社会监督评价。

① 加油站应设置意见簿（箱），公布投诉电话，接受客户监督。

② 定期或不定期地召开客户座谈会，广泛听取客户意见，不断改善和提高服务质量。

3.2.3.3 规范化服务流程（八步法）

（1）引车到位。车辆进站时，员工要主动热情地引导车辆进入加油位置，侧身引车时，要伸直远离车头方向的手臂并与肩同高，另一手臂平举、指向车头、水平挥动小臂至胸前引车；正面引车时，双臂弯于胸前、掌心向内并略高于双耳，做前后挥手引车。

（2）问候客户。车辆停稳后，加油员主动向前，面带微笑，目视客户并用文明用语发出问候，说话声音要清晰洪亮。

（3）开油箱盖。员工应提示客户熄火加油，同时亲切用语，正确引导客户消费。征得客户同意后接过钥匙，帮助客户打开油箱盖。油箱盖由车内控制开启的，请客户把油箱盖打开，然后旋开油箱盖，用清洁布垫着，放在适当位置。

（4）加注油品。开始加油前，员工再次与客户确认所加品名、牌号并设置数量，之后从加油机上取下油枪，同时向客户提示加油机已回零。一手拿枪，另一只手托着枪管，移至油箱口，准确把油枪插入到位，平稳打开油枪开关，加注油品。

（5）促销商品加油过程中，员工在工作允许的情况下，适当向客户推销便利店商品，引导客户合理消费。

（6）盖油箱盖。加油结束后，员工一手拿枪，另一只手托着枪管，把油枪放回原处，并放置好胶管。（征得客户同意盖油箱盖）把油箱盖盖上拧紧，擦净滴油，把钥匙还给客户。

（7）结算货款。加油终了，要唱加油数量和应收钱数；双手接过客户的钱（或加油凭证），同时唱收接到的钱数，并谢谢客户。准确甄别钱币、油票真伪，防止收进假币、假票；若需找零，唱找给客户的零钱、零票数；若需开发票时，员工应迅速到站内如实开出（或机打）发票，双手送到客户手中，再次道谢。

（8）引车出站。员工应精神饱满、面带微笑礼貌，引导车辆出站。

不同的石油公司或加油站可根据本企业的实际情况制定加油步骤，在具体标准的细则上可能存在一定的差异，但其核心内容都是为客户提供全面细致的服务，最终实现客户满意度的最大化。

3.2.3.4 处理客户异议

（1）处理客户异议原则。

① 客户提出异议，要迅速反应，态度友好，耐心听客户说完。

② 向客户解释理由时，要态度冷静，控制自己的情绪。

③ 要对客户表示同情，态度要好，会说话，有助于投诉的处理。

④ 客户关注企业受理投诉的态度，比解决问题本身还重要。

⑤ 提出解决问题的办法，要换位思考，从客户的立场出发。

⑥ 不要向客户擅自做出承诺，避免被动，不好收场。

⑦ 事情没弄清前，不要轻易下结论，不能将责任归咎于公司。

⑧ 不要激化双方矛盾，将事态扩大或转移。

⑨ 自己无法处理的问题，请站长出面解决。

⑩ 员工与客户出现纠纷，站长和其他员工要帮助解围。

（2）处理客户异议五步骤。

第一步：将客户带离加油现场，“您别急，我们肯定会妥善处理好，请您到我们办公室详细说说。”

第二步：将客户请入办公室，让座，倒水，并礼貌表示歉意。“很抱歉，给您带来麻烦！先喝杯水吧，我们慢慢说。”

第三步：注意仔细倾听客户投诉原因及要求，详细了解事情经过，最好做记录，不要打断客户的话，等他把话说完再说。

第四步：再次表示歉意，并给与解释。如“真的很抱歉！您消消气，您看我们这样……您觉得怎么样?”如客户仍不满意，继续与客户协商解决办法，留下联系方式，有结果及时回话。

第五步：送别客户，再次表示抱歉，礼貌送客。

3.2.3.5 加油站服务环境

（1）形象标识。

① 加油站视觉形象装饰的图案、文字、色彩、指示牌保持色泽鲜艳，清洁醒目，无严重褪色，无破损。

② 罩棚立柱、顶棚、建筑物外墙清洁无破损。

③ 加油站罩棚顶部不得安装固定的横幅、标牌、广告。

（2）站内装饰。

① 营业室内壁上只准悬挂所属企业规定的证照牌，以及当地政府部门规定要求悬挂的有关制度、所属公司要求公示及其他经允许的必要的内容。

② 营业室外墙壁只准悬挂所属企业规定的牌匾，以及当地政府颁发的计量、质量信得过单位等牌匾。

③ 站内办公用具要整洁统一，式样、颜色保持协调，物品摆放有序。

④ 有条件的加油站进出口处设立指示牌。

⑤ 加油站警示标识、指示牌按国家和所属企业的规定样式和位置安装、悬挂。

（3）站内卫生。

① 站内地面平整清洁，无垃圾、无油污、无积水，营业场所保持清洁、美观，附属用房、洗车场、员工宿舍要保持整洁、有序。

② 营业间内布置整洁，货架商品陈列整齐，窗明几净。

③ 保持加油机机身整洁，加油机机顶处油品标识牌外不得放置任何杂物。

④ 员工的自行车、摩托车、小汽车按指定地点存放，整齐有序。

⑤ 打扫卫生用具要按指定地点摆放整齐，保持清洁。

（4）广告布局和照明亮化。

① 加油站内树立广告牌必须定期进行维护、保养，保持其内容完整、色泽鲜亮。

② 加油站内工作环境明亮，营业间照度（均布）不小于200lx（勒克斯），罩棚下照度（距地1.2m平面）50~250lx。

③ 保持照明灯具及商标灯箱完好。

（5）警示公告和绿化环保。

① 加油站的进出口标识（泊位标识）、安全警示标识、油品标牌、价格牌、监督投诉电话号码，要坚持每天班前进行检查，发现内容缺损、位置不正、表面不洁的，要及时维修、清扫，保持完好、整洁。

② 在确保经营及安全的前提下，因地制宜地开展绿化，种植草坪、花卉或灌木。站内草坪、花卉或灌木应保持成活。

③ 绿化布置要与周围环境、建筑物相协调；绿化区要保持整洁，做到无杂草、无垃圾、无杂物、无烟蒂。

④ 含油污水必须经隔油池处理，不得直接排出站外。固定垃圾应收集放置指定位置，定期处理。

（6）商品存放。

① 在柜台内、壁橱中陈列的商品、样品，要摆放整齐，美观大方。每天班前都要进行整理、清扫、补充。

② 加油站销售的润滑油、脂有独立的专用货架，并摆放在商品销售区的显著位置，不与其他商品混放。

③ 商品价格牌内容要完整、清晰，摆放端正。

（7）厕所设备和厕所卫生。

① 厕所要设置醒目的标识牌，水冲式厕所要设洗手池、整容镜、换气扇等设施。照明灯具和各种设施要完好。

② 站内厕所要做到清洁、明亮、通风，无明显异味、无垃圾污水、烟蒂。

③ 厕所保洁用品要集中、定点、分类存放。

3.2.4 服务礼仪

3.2.4.1 礼仪的概念

礼仪是人们在社会交往活动中所形成的行为规范与准则。

服务礼仪是礼仪在服务行业内的具体运用，是礼仪的一种特殊形式，是体现服务的具体过程和手段，使无形的服务有形化、规范化、系统化。加油站服务礼仪就是加油站服务人员在工作场合适用的礼仪规范和工作艺术。其行为规范主要包括加油服务人员在服务中应有的仪容仪表和言谈举止。

3.2.4.2 加油站服务礼仪

服务礼仪主要以服务人员的仪容礼仪、仪态礼仪、服饰礼仪、用语礼仪、岗位礼仪规范和行业礼仪规范为其基本内容。

（1）仪表礼仪。我们的生活大致可分为三个领域，即上班、社交和休闲。上班时应符合规范；社交时可具有个性；休闲时则讲究舒适。加油站员工在工作时的仪表，既代表个人形象又是加油站的整体形象的一部分，应符合加油站相关管理规定。除符合职业服务标准外，加油站员工还应注意自己面部的清洁及口腔卫生，及时清洁面部保持卫生、无油污，上班期间忌吃葱、蒜等带有异味的食物，口腔干净、无异味。

（2）仪态礼仪。

① 微笑。良好的第一印象来源于人的仪表谈吐，但更重要的是取决于他的表情。微笑则是表情中最能赋予人好感，增加友善和沟通，愉悦心情的表现方式，同时微笑还可以使服务更具魅力，可以感染客户，营造轻松愉快的服务环境；可以激发服务人员的热情，使服务更加周到；还可以增强创造力，帮助服务人员创造性的解决各种问题。

图 3-1 是两种训练微笑的方式。

(a)

(b)

图 3-1　微笑训练方式

或者，人在说“七”、“茄子”时，嘴角会露出笑意。但在微笑训练时还要注意，当微笑的时候，眼睛也要“微笑”，否则，就会给人“皮笑肉不笑”的感觉了；微笑要和语言相结合，为客户服务时要微笑着说“您好”、“早上好”、“谢谢”等礼貌用语；微笑要与身体语言的运用相结合，给客户友好的感觉。一个微笑着的服务人员，最能体现出他的热情、修养和魅力，从而得到客户的信任和尊重。

② 目光。眼睛是心灵的窗户，服务员工恳切、坦然、友好、坚定、宽容的眼神，会给人亲近、信任、受尊重的感觉，而轻佻、游离、茫然、阴沉、轻蔑的眼神会使人感到失望和不受重视。

加油站员工为客户服务的时候，眼神应与对方有交流，如果相互之间非常熟悉可以把视线的焦点放在对方鼻子附近；如果不太熟悉，可注视对方的嘴巴，根据熟悉程度视线范围可以扩大到对方的耳朵及衣领附近。在加油服务中还要特别注意，当同时为多个客户服务或有客户在等待服务时，切不可只盯住一个客户而忽略了其他人的存在，要做到“加一看二招呼三”。

③ 体态。规范的体态可以透露出加油站员工良好的礼仪修养，它不但是自我尊重和尊重他人的表现，也能反映出加油站员工的工作态度和精神面貌，还能够给消费者带来愉悦的心情。在工作中注意自己的仪态，可以为自己增加不少印象分，进而提高工作业绩，赢得更多的机会。

加油站员工在工作中的体态除符合职业服务标准外，还应符合一般商务礼仪中的要求，可按照以下关键点加以练习：

一是站姿，关键点：头正、肩平、臂垂、躯挺、腿并。正确的站姿是抬头、目视前方、挺胸直腰、肩平、双臂自然下垂、收腹、双腿并拢直立、脚尖分呈 V 字型、身体重心放到两脚中间；也可两脚分开，比肩略窄，将双手合起，放在腹前或腹后。除保持正确的站姿外，男员工两脚分开，比肩略窄，将双手合起放在背后；女员工双腿并拢，脚尖分呈 V 字型，双手合起放于腹前。

二是坐姿，入座时要轻，至少要坐满椅子的 2/3，后背轻靠椅背，双膝自然并拢（男性可略分开）。身体稍向前倾，则表示尊重和谦虚。

男性员工可将双腿分开略向前伸，如长时间端坐，可双腿交叉重叠，但要注意将上面的腿向回收，脚尖向下。

女性员工可将两腿并拢，双脚同时向左或向右放，两手叠放于左右腿上。如长时间端坐可将两腿交叉重叠，但要注意上面的腿向回收，脚尖向下。

坐时不可前倾后仰，或歪歪扭扭，不可将双腿伸得远远的，不要跷脚、两腿过于分开。最忌讳的一点是双腿乱抖，这样会给人一种坐立不安的感觉，易引起客户心理的反感。

三是行姿，双目平视，收下巴，表情自然平和，两肩平稳，防止上下前后摇摆，双臂自然前后摆动，上身挺直，收腹立腰，重心稍前倾，走出的轨迹要在一条直线上，步速平稳、自然，不要出现走八字步、低头驼背、扭摇摆臀、左右摇晃、脚擦地面等不良姿态。

四是蹲姿，一脚在前，一脚在后，两腿向下蹲，前脚全着地，小腿基本垂直于地面后腿跟提起，脚掌着地，臀部向下。注意不要突然下蹲，正对他人面前蹲下，蹲在地上或是蹲在椅子上休息都是不雅的。

五是手势，加油站服务中有大量用到手势的地方，如：引导进站加油的车辆，指示加油机向客户提示回零，为客户指示方向等。加油站员工除按照管理要求使用规范手势引导车辆外，在日常工作、生活中应养成符合礼仪要求的手势习惯。

服务礼仪中对手势的要求是：手掌自然伸直，掌心向内向上，手指并拢，拇指自然稍稍分开，手腕伸直，使手与小臂成一直线，肘关节自然弯曲，大小臂的弯曲以 140° 为宜。在出手势时，要讲究柔美、流畅，做到欲上先下、欲左先右。避免僵硬死板，同时配合眼神、表情和其他姿态，使手势更显得协调大方。常用手势有横摆式、前摆式、斜摆式、直臂式等等。

（3）语言礼仪。加油站员工每天都要使用大量的语言与客户交流，为客户服务，其语言表达能力的好坏直接影响着客户的感受。

加油站员工在与客户交谈时要注意以下问题：

① 发音准确，尽量使用与客户一样的语言，便于沟通。

② 吐词清晰，语速适中，口气谦和。

③ 要点明确，站在客户的立场设计谈话内容。为客户服务时，应做到有“六声”，即：客户来时有迎接声；遇到客户时有称呼声；客户询问时有应答声；得到帮助时有致谢声；工作失误时有致歉声；客户离开时有道别声。同时注意多使用文明用语，如：您好、欢迎光临、请、对不起、谢谢、请稍候、请走好、别客气、欢迎再来、再见。与客户谈话时还应做到“六不讲”，即低级庸俗话不讲，生硬唐突话不讲，讽刺挖苦话不讲，有损客户人格的话不讲，伤害客户自尊的话不讲，欺瞒哄骗客户的话不讲。

（4）服务态度礼仪。员工良好的态度、周到的服务，可以有效拉近与客户之间的距离，使客户在加油站消费过程中产生并保持愉悦的心情，从而产生满意的感觉，期望与加油站保持长期的关系，成为加油站的忠实客户。

加油站员工在服务过程中应符合职业服务标准，为获得高度的客户满意，特别强调以下四点：尊重客户、主动热情、细致周到、宽容耐心。

3.2.5 客户沟通

3.2.5.1 沟通的概念

沟通是人们在互动过程中通过某种途径或方式将一定的信息从发送者传递给接受者，并获取理解的过程。沟通的关键在于人与人之间进行思想或情感交流，取得彼此了解和信任，建立良好的人际关系，它是保证销售过程中双方步调一致的基础。

3.2.5.2 沟通的三大要素

（1）要有明确的目标。有了明确的目标才能叫做沟通，如果没有目标大家在一块天南海北的随便说，那就只是聊天而已，但如果加油站员工与客户间看似随意的聊天，却达到了解客户需求、增进客户感情的目的，就是一次有效的沟通过程了。那么，每次沟通是不是只能有一个目标呢？恰恰相反如果可能的话应该设定多个目标，在事情结束的时候，只要完成了这些目标当中的一个就可以认为是一次有效的沟通过程。

（2）沟通是信息、思想和情感的传递过程。大部分人在最初接触沟通的概念的时候，都会更重视信息本身的传递，事实上沟通的过程所传递的绝不仅仅是信息，还包含着更重要的内容，那就是思想和情感。

像今天几点钟起床？现在是几点了？几点钟开会？往前走多少米？这样的信息是非常容易沟通的。而思想和情感的传递就不太容易了。这需要我们投入更加的关注，也要运用更多的技巧。

（3）达成共同的协议。沟通结束以后最终要形成双方或者多方共同承认的协议，只有达成了共识才叫做完成了一次沟通。如果没有达成协议，就不能称之为有效沟通，可以说是“沟”而不“通”。沟通是否结束的标志就是：是否达成了协议。

例如，某加油站为客户提供手套作为促销品，常规的做法是按量发放，客户每消费 50L 油可以到固定的窗口领取手套 1 副。虽然是让利于客户，但当客户领到手套后非但不满意还往往会有怨言，认为加油站太小气，比别的站赠品少。后来，站长通过对客户的观察和沟通重新进行了设计，改按量发放为按需发放，基于当地四季如春，但又阴冷多雨的气候条件，站长要求员工每当遇到变天降温的时候，就每人从库房里领出一副新手套装在口袋里，给客户加完油后，加油员就会对客户说：“天气又变了，这么冷，您也没戴手套，这是我刚从库房领出来的一副新手套，送给您吧！”当客户接过手套时的心情可想而知，这时的手套已不再是物质本身，客户所感受到的是加油站员工的关心和情感。司机们都表示：手套虽小情意重，戴着这样的手套，温暖在心里，也多了一份对加油站的牵挂。

3.2.5.3 沟通的方式

（1）语言的沟通。语言是人类特有的也是非常有效的沟通方式。语言的沟通根据其表达方式的不同又可以分为：口头沟通和书面沟通。口头语言包括组织会议、与客户或员工面对面的谈话等等。书面语言包括信函、广告和传真、E－mail 等。

（2）肢体语言的沟通。肢体语言的内容非常丰富，包括动作、表情、眼神等等。实际上，在讲话时的声音里也包含着非常丰富的肢体语言。在说每一句话的时候，用什么样的音色去说，用什么样的抑扬顿挫去说等，这都是肢体语言的一部分。

在沟通之前可以先问自己，这次沟通的主要内容是信息还是思想和情感？信息用语言来沟通更容易，如果侧重于思想和情感则要借助肢体语言来表达会更深刻。例如，加油站员工为客户服务，如果仅仅为了了解客户的需要，销售相应的油品，用语言沟通就可以了。如希望客户感受到员工对他的关心和热情，在销售油品的同时增进相互间的感情，员工除了语言表达还要用到亲切的眼神，微笑的面部表情和规范的手势去与客户沟通，才能够达到目的。

3.2.5.4 沟通的特点

（1）随时性。每个人每天所做的每一件事情都可以看作是沟通，即便是独自一人也在通过发型、着装、动作甚至表情向外界散发着有关他的心情和状态的信息。事实上婴儿一出生就已经开始用“呱、呱……”的哭声和这个世界沟通了。如果有意识的去解读对方的这些信息，并采取一些具有预见性的行动，在沟通的过程中会更为有利。

例如，某天刚刚下起雨，有位司机开着一辆拉纸箱的大货车进站加油。加油员看师傅不停地看着天色很着急的样子，就问司机师傅为什么不带蓬布，司机师傅说由于赶路急，蓬布忘带了，正不知怎么办才好。加油员告诉他别着急，并主动提出帮他去买篷布。接着这个加油员就披上雨衣，骑上摩托车去三公里外的商店为司机师傅买回了一块大蓬布帮他盖好。司机师傅激动的说：“谢谢你，如果没有你们的帮助，这批货淋湿了，我可就亏大了。”加油员告诉他做这点小事没什么，加油站的每一位员工都会这么做的，从此，这位司机成了该站的固定客户，还为加油站介绍了大量的客户。

（2）双向性。沟通不是打靶子，沟通的过程更像是对弈，是一个需要根据对方的反应不断调整的动态过程。人们在工作和生活中，经常会把单向的通知错当成了沟通，实际上如果在沟通的过程中一直是一方说，另一方听，表达和聆听的双方对表达内容的理解会分别基于自身的习惯，由于双方习惯的差异，对所达成的结果往往会有不同的理解，最终导致沟通的效果很不理想。例如，加油站常出现这样一类数质量纠纷，客户说：“加 50 的。”然后去了便利店，等客户出来，员工已经将 50L 油加进了客户的油箱，客户却说，“我说的是加 50 元的油啊！”因此，在我们进行加油操作时，询问客户加油品种与数量后，一定要进行重复，并与对方确认。

（3）情绪性。人们接受信息的方式往往会受传递信息的方式所影响。情绪是可以感染对方的，就像我们在接听电话时，如果对方说话声音很大我们也会把音量提高，但如果对方的声音很小我们则会把音量减小。同样，作为管理者每天都应面带微笑和员工打招呼，把轻松、快乐的情绪传递给员工，员工会受到积极的情绪感染，再带着这种情绪为客户服务，感染客户的情绪，创造轻松愉快的服务氛围。

（4）互赖性。沟通的结果和质量是由双方决定的。由于每个人具有不同的特点，沟通时也应选择不同的方式。例如，当你选择个别通知的方式将同一个工作任务传达给站里正在工作的五位加油员，你会发现在对不同的员工传达同样的任务时，由于对方的反映不同你的表达也不同。

3.2.5.5 沟通的基本任务

有效沟通的基本任务是：达到目的并维护关系，也就是说在沟通的过程中要考虑达到目的的同时，还必须顾及双方的关系，至少要做到是在达到目的同时不伤害双方的感情。例如，加油站为客户提供服务，既要完成油品销售的任务又要建立良好的客户关系，培养忠诚客户。

3.2.5.6 沟通的基本原则

（1）维护自尊，增强自信。这是沟通的四项基本原则中最重要的一项通用原则。这里的自尊和自信是指沟通对象的自尊和自信，也就是说，在沟通过程中，无论我们和谁沟通都要注意维护对方的自尊，增强对方的自信。

（2）仔细聆听，善意回应。聆听是沟通的重要技巧。仔细聆听，善意回应可以帮助我们了解对方在说的是什么；理解对方语言后隐藏的感情；还可以帮助双方建立信任。

（3）提供空间，鼓励参与。在沟通的每一个阶段都要寻求听众的支持，更重要的是给他们回应的机会。这样，你就会知道你的听众想什么，并且可对下一步的计划做出相应的调整，沟通的对象更可感觉到参与了这个过程并对沟通的目标做出承诺。

（4）推动事情向前发展。有了明确的目标、清晰的思路和确定的实施计划。在实施的过程中要特别注意，不断对自己的行为和目标加以审核，判断行为是否偏离目标，一旦发现行为偏离，就要查找原因，如果是因为前期收集的信息不全，导致目标制定的不够合理应对目标做出调整。但如果是其他原因导致的行为偏离目标则应对行为加以修正，使其为实现目标服务。

在加油站管理的过程中，运用沟通的基本原则，将有助于提高加油站内部和外部服务质量。首先要由衷的尊重客户；仔细聆听客户的需求；可以通过聘请服务质量监督员、召开座谈会、组织客户意见和需求调查等形式提供更多的空间，鼓励客户参与；即便遇到性情暴躁或情绪不佳的客户，也要在服务过程中严格遵守加油站服务宗旨和服务纪律要求，不受客户情绪的干扰，以专业的精神面貌提供服务，要记住避免争执是赢得与客户间争执的唯一方式。

3.2.5.7 沟通的基础

信任是沟通的基础。无论是工作还是生活中，如果双方之间缺乏信任，那么沟通肯定是无效的、失败的。只有建立在信任的基础上才会有高效的沟通。

作为加油站要按照经营宗旨，合法经营，确保油品质量合格，计量准确；在与客户的交往过程中要注重承诺，承诺的水平往往要略低于实际能力，兑现不了的事情决不能承诺，一经承诺必须兑现，如果能够做到每次都比所承诺的做的更多一些，将有助于与客户之间建立高度的信任。

3.2.5.8 沟通对象的种类

加油站每天都要面对形形色色的客户，不同类型的客户有着不同的消费需求，俗话说量体裁衣，针对不同类型的客户我们也应该给他们“定做不同的衣服”，采用不同的方法进行沟通。因此，加油站在开展沟通之前先要对沟通的对象进行分类。

（1）根据客户的性格划分可将其分为含蓄型、直率型、精明型、简单型四种。

（2）根据客户所处的地理位置不同可分为农村型、郊区县城型、城区型和国干道型。

（3）根据客户所驾驶车辆的不同可分为大货车司机、出租车司机、旅游车司机、摩托车司机、公车司机和私家车司机六种类型。

（4）根据客户与加油站的现存关系不同可将其分为现有客户、潜在客户和流失客户。

还可以根据客户的年龄、性别等多方面因素进行划分。无论采取哪种方式，最终目的都是希望能够凭借对客户情况的分析，了解其对油品市场需求的动向，采取有针对性的差异化的服务手段，最大程度满足客户的合理需求，最终达到加油站增量增效的目的。

3.2.6 服务竞争策略

3.2.6.1 改进服务环境

服务环境主要指在服务过程中能被客户直接感知的服务场所及其环境，包括服务设施、服务工具、服务用品等。服务环境的各组成因素变化都将影响到企业可能采取的营销策略，在整个服务营销管理中具有贯穿性的作用。从市场营销管理的角度考虑，加油站服务环境竞争主要有三大影响因素：

（1）设计性因素。属于加油站自身可控因素，其内容包括加油站的营业室、便利店等建筑物、周围环境、内部装修、服务场地、布局、陈列、灯光、服务设施、服务工具、服务用品等。在服务软件类似的加油站，其硬件的好坏对消费者的消费取向将产生重要影响。

（2）周围因素。指加油站的周边环境，主要针对同区域内市场竞争对手的情况及消费者的需求等相关因素。企业应根据周边因素的变化及时调整自身的服务手段与内容以适应市场的需求。

（3）社会性因素。主要受到政府、舆论导向及当时社会的大环境所影响。企业应根据社会因素所带来的导向性，及时调整经营方向，并借助媒体的宣传，实现企业产品的销售。

3.2.6.2 强化服务过程

加油站经营的油品品种较单一，因而服务质量就成为评价加油站服务优质程度的重要手段。加油站服务客户的内容可根据加油站规模及其所属周边环境的不同有所区别，但从加油服务流程来看，加油站销售全过程的服务形式主要有售前服务、售中服务、售后服务三个方面。

（1）售前服务。售前服务是指在油品销售前向客户提供的咨询、研究和设计工作。加油站可以利用售前服务对客户进行咨询、引导和消费培训，推行新的消费观念和消费模式，为即将开展的市场相关活动清除障碍。

一般来讲，客户只有明确知道自己能够从使用该油品或服务中获得满足后才能产生购买欲望，做出购买决策。售前服务正是基于此点，通过对消费者的相关教育和引导，使客户能通过使用油品而获取满足，从而最终实现客户满意。加油站所销售的油品，差异不大，在外观上看基本没有区别，为此更需要加油员在售前服务中通过各种形式，向客户宣传各种油品的特征及用途，并根据企业开展的市场推广计划，因势利导，作好耐心细致的咨询解释工作，引导消费者正确消费。

（2）售中服务。售中服务是指在油品的销售过程中，帮助客户解决可能出现的各种问题，并提供他们所需的各种服务设施和项目，如加油过程的开启油箱盖、提示客户熄火加油、读卡、擦拭车窗等服务。如果加油员能够凭借良好的服务态度、娴熟规范的服务技能，及时准确为客户提供其所需的服务，减少客户加油等候时间，则必定能对加油站油品的销售起到有效的促进作用。

（3）售后服务。售后服务，实质上是加油站市场营销活动的延伸。油品售出后，作为完善闭合的销售体系而言并没有结束，良好的售后服务，会成为下一次销售过程的良好开端。从客户的购买心理来讲，消费者购买商品时不仅购买商品本身，还希望能够得到可靠周全的服务。为此，在加油站的经营业务中，单次加油的结束并不意味着对客户的服务终止，加油站应该通过对消费群体的细分，有针对性地建立客户档案、设立质量跟踪卡、定期邀请部分客户座谈或进行消费后期回访，从中了解加油、服务等各方面不足之处，作为今后改进的重点。通过售后服务，使得员工在有效提高自身服务水平的同时，建立了与客户之间的良好互动关系，最终形成服务环节的闭合体系。

3.2.6.3　提供差异化项目

客户需求千差万别，仅仅为客户提供统一标准的服务是远远不够的，加油站为提高客户满意度，培养忠诚客户应在充分了解客户需求的基础上，将规范化服务与个性化服务相结合，为客户提供差异化的服务项目。

（1）提供加油之外的惊喜服务。加油站除提供优质油品满足客户的基本需要，想要稳定客户，还必须经常与客户沟通，不断提供超值服务，使客户享受加油之外的惊喜。

例如，某市人民广播电台的“开心 937”播出的第一天，也正是某站 A 类客户李先生 28 岁的生日。全站员工在电台为他点歌祝福，并为他准备了一份生日蛋糕。当正驾车行驶在路途中的李先生听到收音机里传出的真诚的祝福和亲切的问候时激动万分。他停下生意不做，跑回家，煮了十几个红皮鸡蛋，赶到加油站送给员工，表达心中的感谢。他说，每年快到生日时自己总是想着，可一到跟前就忘掉了，这次要不是加油站想着自己，今年就又忘了。

（2）挖掘加油站潜力，扩大服务项目。客户需要是多方面的，加油站在满足客户购油的同时，还应利用站内有利条件，挖掘潜力，扩大服务项目，增加盈利机会。

例如，某加油站在坚持为司机提供免费擦拭汽车挡风玻璃、准备饮用水、针线包、简单修理工具、当天报纸、室外休息亭、便利店及常用药等配套服务项目措施的同时，还增设了为用户提供市区交通图等服务项目。如遇到外地司机则主动为他介绍本地的风土人情、食宿特点及交通路线。同时还与××汽车美容连锁有限公司合作开展汽车美容、装饰、修理等一条龙服务。通过这些服务措施，极大地提升了加油站的品牌形象和在客户中的知名度，加油量也因此稳步上升。

（3）根据自身特点，提供特色服务。加油站既是客户购油的场所，又是他们休息的地方。如果加油站能够提供一些特色服务项目，融加油、购物与休闲为一体，定会受到客户的喜爱。

例如，某加油站针对早晨加汽油的车辆较多，许多司机匆忙上班吃不上早餐的现象，站内自己买来黄豆磨成豆浆，当客户来站加油时员工会将煮熟的茶叶蛋和热豆浆送到客户的手中。晚上来站加油的大货车特别多，半夜来的许多司机吃不上饭，加油站又给他们准备了热茶、粽子和方便面等，司机们非常感动。甚至有些家住城西的客户专程到位于城东的该站来加油，在北门装货的货车司机也要把车开到该站加满油后才离开。

（4）排忧解难，为客户出行提供方便。从服务入手推行亲情营销，在保证提供加油服务的基础上，想方设法增加对外服务项目，为进站加油客户提供生活和行车中的各种方便。

例如：某加油站除为司机提供倒茶送水、吃住、空车配货，车辆美容、维修等服务外，还主动帮助客户解决在行车途中遇到的意外和困难，使该站真正成为105国道的“司机之家”。去年初，一辆青岛大货车由于在路途中频繁出现故障，到加油站加油时，司机连油钱都付不起。站长知道情况后，根据他在本站加油的信用程度，不仅把他的油箱加满，还私人借给他500元钱。后来，这位司机成为加油站的铁杆用户，并带来许多其他青岛的车辆到站加油。

3.2.6.4 提升员工技能

作为加油站员工，每天在工作时间内要不停的接待客户，面对那些提出不合理要求的客户既要按照加油站管理的规定提供高质量的服务，又要根据客户的不同需求提供个性化的服务，这些都给服务人员带来很大的压力和挑战。

提升加油站服务质量，提高加油站核心竞争力，对员工服务技能提出了更高的要求。

（1）对客户表示热情、尊重和关注。优质服务首先是态度上的要求，对待客户要表现出热情、尊重和关注。假设你是一位客户，驾车来到加油站，如果服务人员对你不理不睬或者出言不逊，你会怎么想？恐怕你的第一反应就是离开或者投诉！但是，就是这样一个简单的态度问题，却是几乎所有加油站都需要面对和改进的。因此，服务态度是优质服务的一个重要的标志，作为加油站员工要能够始终如一地对客户表示热情、尊重和关注。

（2）帮助客户解决问题。加油站以及加油员解决问题的能力是优质服务的根本。例如，去医院看牙，医院环境非常好，口腔医生态度也很好，但治疗后却发现一碰冷水牙齿还是疼，你会满意吗？同样，我们在处理客户投诉时经常会听到客户这样说：“你光说对不起有什么用？你现在告诉我怎样解决我的问题?”可见，仅仅有好的态度是不够的，如果服务人员不知道客户的需求，不能解决客户的问题，就不能使客户满意。作为加油站员工，必须熟练掌握专业领域内的知识，如：车辆及用油知识、润滑油知识、油品安全知识等，同时还应充分挖掘并利用自身和环境的优势主动帮助客户解决问题。

（3）迅速响应客户需求。客户来到加油站其基本需求通常都会得到满足，但接受服务的快慢给客户带来的感受却有天壤之别。

绝大多数客户都会将加油站的服务效率作为评价加油服务水平的重要因素之一。因此，当客户来到加油站员工一定要主动招呼客户，尽量为客户提供快捷高效的服务，即便不能马上为客户服务也要做到“加一看二照顾三”，请客户理解并耐心等待。

（4）设身处地的为客户着想。有时客户的利益会与加油站的利益发生冲突，或者客户提出一些与加油站规定相矛盾的要求，这种时候是以加油站规定为由直接拒绝客户，还是站在客户的角度去思考，帮助客户提供解决的方案？作为一名加油站服务人员，在不违背加油站服务宗旨和规定的前提下，应考虑到客户的感受，理解客户的观点，明确客户的需求，只有这样，才能为客户提供优质服务。当然，如果客户提出违反规定的要求，我们还是要讲清道理，婉言拒绝，但在处理的过程中一定要注意考虑到客户的感受，尽量维护客户的自尊。

（5）持续提供优质服务。提供一时的优质服务并不难，始终保持稳定的服务质量则是非常困难的。让一名客户感受到服务人员的优质服务并不难，要想让所有的客户在服务过程中都能感受到每一位服务人员的热情服务就变得很难。特别是在加油高峰时，员工在超负荷的工作压力下很难持续保持高昂的工作状态和热情的笑容。加油站服务的标准化、规范化是持续提供优质服务的根本保证，也是加油站形成服务品牌的竞争优势，从而获得客户的信任，与客户建立更加稳定和牢固的关系。

（6）提供个性化服务。客户不仅仅是一个概念、一个群体。作为客户，他们有着各自不同的观点和期望值，他们对于服务有着不同的要求。如果加油站的服务人员只是根据服务规定为客户提供千篇一律的服务，客户是不会满意的，客户需要的是个性化的服务，他们总是希望自己得到特殊的对待。因此，加油站在规范化服务的基础上，还要像下面这个案例中的站长那样为客户提供个性化、快速响应和超值的服务，才能令客户欣喜并留下深刻的印象。

例如，一天夜里 12 点多某加油站接到客户打来电话说他的车停在路上没油了。站长问明情况后很快拿着油桶装了 20L 汽油，赶到那里时已经快到凌晨两点了，客户加了油后非常感动，顺便说了一句能不能给他一个装润滑油的废油桶，以后说不定能用得上，站长一口答应并请他以后到加油站去取。等客户想起来这件事去拿油桶时，马上得到了一个洗得干干净净、并用塑料袋装好的油桶。

3.2.6.5 服务理念创新

优质服务工作只有起点，没有终点；只有不对的服务，没有不对的客户。在服务理念上，要从一点一滴做起，把优质服务无小事融入中心工作，融入员工内心深处，并落实在行动上。

3.2.6.6 服务管理创新

（1）信息化管理。加油站网点分布零散，油站日常服务监督落实存在困难，利用信息化手段，建立以视频监控系统为基础的服务现场监督体系，看得到、听得见、全覆盖，有效提升服务管理水平。例如车辆引导、加油双确认、提示回零、现场卫生管理、现场秩序管理、员工着装规范、服务用语、促销推广、便利店商品陈列、营业室灯光使用、班前班后会等都是视频监控管理的内容，每月抽查油站服务管理执行情况，分析存在问题，制定整改措施，有效督促加油站提升规范服务管理水平。

（2）服务评价。为提高服务客户满意度，安装服务评价器，在客户办理业务（IC 业务、收款、打印发票等）时，请客户对其所接受的服务直接进行质量评价，从而实现对客户评价结果的统计，并使用专门的应用软件进行统计分析，形成对比、趋势分析结果，促进企业改进服务，提高客户满意度。

3.2.7 加强客户管理

3.2.7.1 客户管理的意义

（1）良好的客户关系管理可以使企业获得强大的竞争优势，在同样的销售成本下可以保持较高的市场占有率。

（2）通过客户资源管理，可以对客户信息进行全面整合，实现信息充分共享，保证为客户提供更为快捷与周到的服务。

（3）客户关系管理创造的资源对公司发展有弥补作用。可以使公司获得协同效应。

（4）可以从客户那里得到更多有关竞争对手的情况，据此合理地定位本企业的产品，从而建立起自己的竞争优势。

3.2.7.2 客户管理的方法

加油站作为直接与客户发生业务往来的经营场所，在客户管理中主要工作任务是客户基础资料的收集、客户加油数据的统计分析、为客户提供服务、客户拜访的具体实施者。

（1）建立客户档案。固定到站加油的客户（分为有加油卡客户和现金客户）、以及加油站周边其他客户、包括竞争对手的重要客户，要求加油站为其建立客户档案卡，并跟踪记录客户的加油信息（加油周期和加油量），全面掌握客户的相关详细资料。主要利用公司现有的加油卡系统、CRM 系统等信息化手段，对每一个客户建立客户档案，定期跟踪客户动态。

（2）客户分级维护。各加油站根据自己的实际情况将客户进行分级维护，根据客户用油需求的大小，划分客户等级，核心客户由站长维护，重要客户主管维护，一般客户员工维护。

客户分级维护有效解决客户数量多，难以管理的问题；让加油站每位员工都参与到客户维护的管理工作中，可有效发挥员工的积极性，提高服务水平。

（3）客户情况分析。客户分析就是根据各种关于客户的信息和数据来了解客户需求，分析客户特征，评估客户价值，从而为客户制订相应的营销策略与资源配置计划。客户情况分析的内容包括：客户消费分析、客户特征分析、客户忠诚分析、客户满意度分析。加油站常用的客户分析资料来源主要有加油卡系统、CRM 系统、现场走访记录。

（4）挖掘潜在客户。寻找潜在客户是销售循环的第一步，在确定您的市场区域后，您就得找到潜在客户在哪里并同其取得联系。如果不知道潜在客户在哪里，您向谁去销售您的产品呢？在延续企业生命上，开发新客户，对于企业在营运、财力、管理、品质上有莫大的影响。客户足以影响企业的营运，为求新客户的持续加入，企业必须努力经营，才能获得客户的信赖。发掘潜在客户有以下三种方法。

① 资料分析法。“资料分析法”是指通过分析各种资料（统计资料、名录类资料、报章类资料等），从而寻找潜在客户的方法。统计资料：国家相关部门的统计调查报告、行业在报刊或期刊等上面刊登的统计调查资料、行业团体公布的调查统计资料等。

② 转介绍法。通过第三者的介绍，例如客户、亲戚、朋友、长辈、校友、各种团体活动等，取得潜在客户相关资料。

③ 排查法。通过对某一区域（例如工业区、物流园等）进行实地走访调研，逐一排查发现潜在客户，收集客户需求等信息。

（5）客户流失预警。

① 客户流失事前预警，客户流失事前预警是在客户未发生消费下降前，在平时工作中，通过了解其他竞争的对手对该客户的竞争策略以及市场变化的趋势，及时捕捉该客户可能“跳槽”的迹象，提前做好应急预案，以留住这些客户。

② 客户流失事中预警，客户流失事中预警是在客户某时段未发生消费，公司可以根据自身业务骨干的流动、竞争对手策略、市场波动、客户满意度等四个指标进行动态管理，对进入预警线的客户及时分析、提早预测，提高管理客户和驾驭市场的能力，降低客户的流失风险。事中预警的目的，就是密切跟踪公司自身和客户内、外部的变化情况，积极培育和挖掘客户需求，不断创新增值服务手段，防止不利情况的持续恶化，把流失风险控制在萌芽状态。

③ 客户流失事后应对策略，要建立系统的客户流失分析制度和事后检讨制度。客户流失后，公司应运用客户流失调查方法对客户流失进行分析，找出流失的具体原因，以便改进自身的客户管理工作；同时，对已流失的客户，要继续做好跟踪服务工作，以便在适当时机，通过有效的竞争策略，使其重新回流。

第 4 章　财　　务

4.1　加油站财务作业

加油站财务作业是将商品从进货、销售、盘点结存操作过程的相关数据进行核对、登统、上报、分析，达到账账相符、账实相符的操作过程。例如加油站油品财务作业流程如图 4-1 所示。

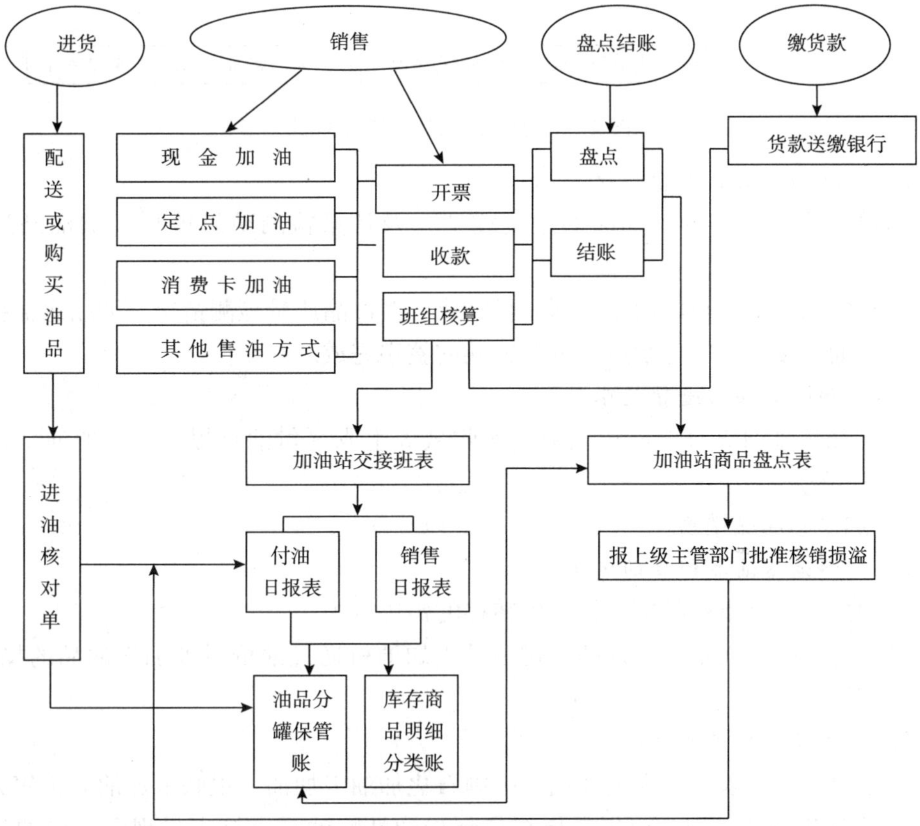

图 4-1　加油站油品财务作业流程图

4.1.1　加油站油品进货

4.1.1.1　加油站油品进货的定义

加油站油品进货是指承运单位将加油站所需油品从油库运送至加油站，并通过验收核对卸入油罐，称为油品进货。

4.1.1.2　加油站油品进货方式

加油站进货方式一般有两种，一种是自行采购，另一种是配送。一般情况下独立核算的加油站采用自行采购的方式，而非独立核算的加油站采用配送的方式。

（1）自行采购。自行采购是指加油站用自有的货币资金自行购买油品。

（2）配送。配送有主动配送和被动配送两种形式。

① 主动配送。是指油品物流配送部门根据加油站罐存情况，主动将油品配送至加油站，而不需要加油站上报进油计划的进货方式。

② 被动配送。是指加油站提前一定时间向上级公司主管部门报送进油计划，由主管部门综合平衡后下达给公司所属的配送中心执行，配送中心按加油站上报并经批准的进油计划，送货到加油站的进货方式。

加油站油品进货流程如图 4-2 所示。

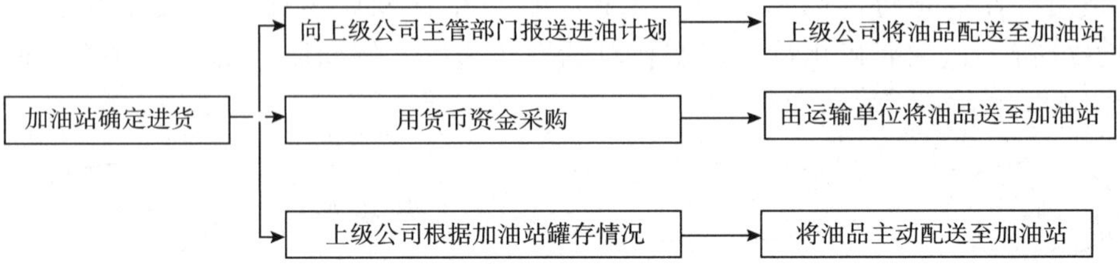

图 4-2　加油站油品进货流程图

4.1.1.3　加油站油品进货验收

加油站根据油品交运单（油品的进货凭证）及计量检测结果填写《加油站进油核对单》。

油品验收由承运单位与加油站共同监督完成。对油品质量检测情况、油品运输损耗数据的确认，由加油站接卸人员与承运人员双方共同签字完成。

4.1.1.4　加油站油品进货记账

依据《加油站进油核对单》原发数、实收数等生成《付油日报表》《加油站分罐保管账》《库存商品账》。

4.1.2　加油站油品销售

4.1.2.1　加油站油品销售的定义

加油站油品销售是指商品所有权发生转移的销售行为。

该定义与付油的定义是有区别的。付油是指加油机通过油枪对外加出油品的操作行为，仅指实物的转移。

4.1.2.2　加油站销售的方式

加油站销售类型一般采取现金加油、中国石化加油卡加油、银联卡加油等销售方式。

（1）现金销售方式。现金销售是指客户到加油站购油时直接支付现金，加油站按当日零售价从加油机中付给用户等值油品的一种销售方式。也就是说，在加油站使用员工卡向客户销售油品后，客户现场立即支付等值油品的现金的一种销售方式。员工卡是加油站员工为现金客户、记账客户加油、交接班签到、签退以及结账时使用。每个员工可有多张员工卡，用于多条枪同时加油。

现金结算收款的一般流程是：向客户确认加注油品的数量和品种；向客户确认加注油品的金额；“唱收唱付”并识别假币。

（2）中国石化加油卡加油方式。中国石化加油卡加油方式是指客户到中国石化发卡点付款购买一定金额的加油专用充值卡，凭卡加油的售油结算方式。中国石化加油卡内金额用完还可到发卡点付款充值。加油站受主管公司授权，可以办理中国石化加油卡充值业务，按有关规定单独建账管理。

中国石化加油卡加油站员工服务流程，应在加油站规范化服务“八步法”的基础上，增加以下服务流程：

① 问候顾客：对每一位到站加油客户，首先询问“您是否使用中国石化加油卡”，得到确认后，应表示感谢“感谢您使用中国石化加油卡”。

② 引导输入密码：有密码限制的卡，应引导客户本人到加油机键盘上亲自输入个人密码。

③ 确认卡内初始余额：加油前，引导客户亲自确认卡内余额，“请您核对卡内余额”。

④ 确认卡内扣款后余额：加油完成，要等候油机卡余额扣款成功后，引导客户再次确认卡内余额，“请您核对卡内余额”。

⑤ 正确拨卡、交还客户：由员工确认卡片扣款并解灰成功后，拨卡后双手交还给客户，谢绝客户冒然拨卡。

（3）银联卡加油方式。银联卡加油方式是指客户到银行办理银联卡，凭卡到可进行刷卡消费操作业务的加油站充值加油，并在 POS 机上刷卡结算的售油方式。

① 银联卡加油的要求。银联卡加油要严格执行银联卡的操作流程，按规定与银行交换数据，及时核对加油数据及油款进账情况；读写银联卡的机器出现故障时应立即通知银行前来修理。

② 银联卡充值加油的操作步骤。客户出示银联卡，先要确认卡内余额是否够用；按客户要求的品种、牌号、金额或数量付油；按规定操作程序到收款台 POS 机上扣款；当发现卡内余额不足时，应请客户当场以现金结算；POS 机打出的扣款通知单交客户签字确认后一联交客户，剩余联由加油站留存。每日要在 POS 机上进行日结操作，打印 POS 机日结小票，与其他表单上缴财务部门。

在有充值卡网点的加油站，应加强充值卡资金的管理，做到：一是做好日清日结。网点应每日进行卡片盘点，做到账实相符；加强各相关系统的网点日结监控和报表核对，严格职责落实和规范流程操作，防范资金风险。二是确保资金安全。对充值卡销售业务，要严格落实“先收款后办理”流程，在未确认资金已到账的情况下，严禁对卡片进行发售激活；“见票即充”和信用客户应严格按照审批流程履行信用审批程序，上报上级批准后，方可按照审批限额和规定结算期办理赊销并做好回款跟踪，超过审批限额或结算期限的一律停止再办理任何销售业务。三是落实账账核对。做好应收款与实收款和跨系统对账审核工作，及时进行相关账务处理。及时做好网点 POS、现金回款明细的核对。充值卡发售环节，要加强系统统计的应收款与网点实际上缴资金的核对；充值卡消费环节，要加强充值卡系统验证额与加油卡系统充值卡充值额的核对；异地清算环节，要对照异地结算表和结算金额，与系统报表进行核对，发现差异及时提交信息、零售进行检查，根据查明的原因落实相关账务处理。

4.1.2.3　销售货款中假币的识别

（1）假币的概念。假币是指仿照真人民币纸张、图案、水印、安全线等原样，使用各种手段非法制作的伪币。

假币从制作手法上有机制、复印、拓印、石（木）刻版、手工描绘等；从券别种类上有主币、辅币，流通币及纪念币，特别要注意的是，目前流通的一种名叫变造币的品种。

（2）第五套人民币 100 元币的主要防伪特征。第五套人民币 1999 年版 100 元币的主要防伪特征如下：

① 水印。水印为毛泽东人头像固定水印。

② 红、蓝彩色纤维。币纸中有红色和蓝色纤维。

③ 安全线。安全线为磁性微文字安全线。

④ 手工雕刻头像。采用了手工雕刻凹版印刷工艺，形象逼真、传神，凹凸感强。

⑤ 隐性面额数字。正面右上方有一装饰图案，将票面置于与眼睛接近平行的位置，面对光源作平面旋转45°或90°角，可看到面额“100”的字样。

⑥ 光变面额数字。正面左下方用新型油墨印刷的面额数字“100”，当与票面垂直观察其为绿色，而倾斜一定角度则变为蓝色。

⑦ 阴阳互补对印图案。正面左下角和背面右下方各有一圆形局部图案，透光观察，正背图案组成一个完整的古钱币图案。

⑧ 雕刻凹版印刷。中国人民银行行名、面额数字、盲文面额标记等均采用雕刻凹版印刷，用手指触摸有明显凹、凸感。

⑨ 号码凸印。横竖双号码，横号为黑色，竖号为蓝色。

⑩ 胶印缩微文字。多处印有胶印缩微文字“RMB100”的字样。

⑪ 专用纸张。采用特种原材料由专用造钞设备抄制的印钞专用纸张印制，在紫外光下无荧光反应。

⑫ 变色荧光纤维。在特定波长的紫外光下可以看到纸张中随机分布的黄色和蓝色荧光纤维。

⑬ 无色荧光图案。在正面行名下方胶印底纹处，在特定波长的紫外光下可以看到面额“100”字样，该图案采用无色荧光油墨印刷，可供机读。

⑭ 有色荧光图案。背面主景上方椭圆形图案中的红色纹线，在特定波长的紫外光下显现明亮的桔黄色。

⑮ 胶印接线印刷。正面左侧的中国传统图案是用胶印接线技术印刷的，每根线均由两种以上的颜色组成。

⑯ 凹印接线印刷。背面面额数字“100”、正面左侧面额数字“100”是采用凹印接线技术印刷的，两种墨色对接自然完整。

⑰ 凹印缩微文字。在正面右上方装饰图案中印有凹印缩微文字，在放大镜下，可看到“RMB100”字样。

⑱ 磁性号码。用特定的检测仪检测，黑色横号码有磁性，可供机读。

（3）第五套人民币2005年版主要增加的防伪特征。

① 白水印。位于正面双色异形横号码下方，迎光透视，可以看到透光性很强的水印“100”（“50”、“20”）字样。

② 凹印手感线。正面主景图案右侧，有一组自上而下规则排列的线纹，采用雕刻凹版印刷工艺印制，用手指触摸，有极强的凹凸感。

③ 增加标志和修改年号。背面主景图案下方的面额数字后面，增加人民币单位元的汉语拼音“YUAN”，年号改为“2005年”。

（4）第五套人民币2015年版100元人民币七大主要防伪特征。

① 光变镂空开窗安全线。位于票面正面右侧，当观察角度由直视变为斜视时，安全线颜色有品红色变为绿色；透光观察时，可见安全线中正反交替排列的镂空文字“￥100”；

该安全线对光源要求不高，颜色变化明显，同时集成镂空文字特征。

② 光彩光变数字。位于票面正中部，垂直观察票面，数字“100”以金色为主；平视观察，数字“100”以绿色为主。随着观察角度的改变，数字“100”颜色在金色和绿色之间交替变化，并可见到一条亮光带在数字上下滚动。

③ 人像水印。位于票面正面左侧空白处，透光观察，可见毛泽东头像。

④ 胶印对印图案。位于票面正面左下方和背面右下方均有面额数字“100”的局部图案；透光观察，正背面图案组成一个完整的面额数字“100”。

⑤ 横竖双号码。票面正面左下方采用横号码，其冠字和前两位数字为暗红色；票面正面右侧采用竖号码，其冠字和数字均为蓝色。

⑥ 白水印。位于票面正面横号码下方，透光观察，可以看到透光性很强的水印面额数字“100”。

⑦ 雕刻凹印。票面正面毛泽东头像、国徽、“中国人民银行”行名、右上角面额数字、盲文及背面人民大会堂等均采用雕刻凹印印刷，用手指触摸有明显的凹凸感。

（5）识别真假人民币的方法。识别真假人民币通常采用“看、摸、听、测”的方法。下面以第五套人民币 100 元为例，进行介绍。

① 看。识别真假人民币主要是看人民币上的水印、安全线、光变油墨、阴阳互补对印图图案、图案线条与缩微文字。

（a）看水印。第五套人民币各券别纸币的固定水印位于各券别纸币票面正面左侧的空白处，迎光透视，可以看到立体感很强的水印。100 元纸币的固定水印为毛泽东头像图案。

（b）看安全线。第五套人民币纸币在各券别票面正面中间偏左，均有一条安全线。100 元纸币的安全线，迎光透视，分别可以看到缩微文字“RMB100”的微小文字，仪器检测均有磁性。

（c）看光变油墨。第五套人民币 100 元券正面左下方的面额数字采用光变墨印刷。将垂直观察的票面倾斜到一定角度时，100 元券的面额数字会由绿变为蓝色。

（d）看阴阳互补对印图图案。第五套人民币纸币的 100 元应用了阴阳互补对印图案技术，这二种券别的正面左下方和背面右下方都印有一个圆形局部图案。迎光透视，两幅图案准确对接，组合成一个完整的古钱币图案。

（e）看图案线条与缩微文字是否清晰。第五套人民币纸币 100 元券正面胶印图案中，多处印有微缩文字。用五倍以上放大镜观察票面可以看到：100 元币微缩文字为“RMB”和“RMB100”。

② 摸。识别真假人民币主要是摸人像、盲文点、中国人民银行行名等处是否有凹凸感。第五套人民币纸币各券别正面主景均为毛泽东头像，采用手工雕刻凹版印刷工艺，形象逼真、传神，凹凸感强，易于识别。盲文点、中国人民银行行名等处也具较强的凹凸感。

③ 听。识别真假人民币主要是通过抖动钞票使其发出声响，根据声音来分辨人民币真伪。人民币的纸张具有挺括、耐折、不易撕裂的特点。手持钞票用力抖动、手指轻弹或两手一张一弛轻轻对称拉动，能听到清脆响亮的声音。

④ 测。识别真假人民币主要是借助一些简单的工具和专用的仪器及验钞机来分辨人民币真伪。如借助放大镜可以观察票面线条清晰度及胶、凹印缩微文字等；用紫外灯光照射票面，可以观察钞票纸张和油墨的荧光反映；用磁性检测仪可以检测黑色横号码的磁性。目前普遍使用验钞机来辨别人民币的真伪。

（6）变造币的识别。所谓变造币，是指通过拼接、粘补等方式，在同一张纸币上出现真假多部分的伪造币。不同于假币完全是假的特征，变造币可能完全由多张真币拼凑而成，但因其不是人民银行发行的完整的纸币，属于非流通货币，在银行柜面处理中同属假币，必须没收。

目前，在市场上流通的变造币的种类有：拼凑币、全真纸币、挖补变造币、两面揭变造币。变造币的识别方法有：

① 拼凑币。此种变造币多为半真半假型，即不法份子将一张真币一分为二，通过粘补将一半真的和一半假的拼凑在一起。在不仔细辨别的情况下，很容易将其当成真币收进。因此，在观察变造币时，注意其左右两边的编号，若不同，肯定是假币。

② 全真纸币。此种变造币较难鉴别，不法份子将多张真币进行裁剪，从中抽条，再重新拼接，一般可以将 9 张真币变成 10 张或 11 张变造币。经过此番改造的变造币，几乎可以乱真，但其尺寸肯定比正常同面值币种小。因此，对于粘和痕迹明显且显破旧的纸币要引起注意。

③ 挖补变造币。目前，尤其是新版 100 元，其右下角变色荧光数字技术比较先进，不法份子很难仿造。于是，不少不法份子通过将真币上的变色荧光数字挖剪，再粘补在假币同一位置上，以期蒙混过关。因此，在观察荧光数字真假的同时，一定还要配合其他鉴别方式。

④ 两面揭变造币。不法份子会将一张真币正反面撕开，与另一张假币的正反面分别组合，制造出两张半真半假的变造币。对于此种变造币也比较难辨认，在昏暗的夜晚、光线不明亮或匆匆忙忙的时刻，尤其难以鉴别。因此，对于大面额纸币一定要正反面同时鉴别。

（7）验钞机的使用知识。验钞机是一种自动清点钞票数目的机电一体化装置，一般带有伪钞识别功能，集计数和辨别伪钞票的机器。随着科学技术的发展，验钞机的使用在假币的识别中发挥着重大的作用。验钞机由捻钞、出钞、接钞、机架、显示器和电子电路等六部分组成。

验钞机的辩伪原理。辨伪是通过检测人民币的固有特性来分辨真假，是机电一体化产品，涉及机械、电、光、磁等多个领域的知识，需要各方面互相配合，下面分别介绍。

① 荧光检测。荧光检测的工作原理是针对人民币的纸质进行检测。人民币采用专用纸张制造（含 85% 以上的优质棉花），假钞通常采用经漂白处理后的普通纸进行制造，经漂白处理后的纸张在紫外线的照射下会出现荧光反应，人民币则没有荧光反应。所以，用紫外光源对运动钞票进行照射并同时用硅光电池检测钞票的荧光反映，可判别钞票真假。为排除环境光对辨伪的干扰，必须在硅光电池的表面安装一套透过波长与假钞荧光反应波长一致的滤色片。在荧光检测中，需要注意两个问题：

（a）检测空间的遮光。外界光线进入检测空间会造成误报；

（b）紫外光源和光电池的防尘。在点钞过程中有大量粉尘，这些粉尘黏附在光源表面会削弱检测信号，造成漏报。

② 磁性检测。磁性检测的工作原理是利用大面额真钞（20 元、50 元、100 元）的某些部位是用磁性油墨印刷，通过一组磁头对运动钞票的磁性进行检测，通过电路对磁性进行分析，可辨别钞票的真假。

在磁性检测中，要求磁头与钞票摩擦良好。磁头过高则冲击信号大，造成误报；磁头过低则信号弱，造成漏报。通过控制磁头的高度（由加工和装配保证）和在磁头上方装压钞胶轮可满足检测需要。

人民币的磁性检测方法可分为四种：

(a) 检测有无磁性。市场上的点钞机多采用此种方法，由于伪造容易，故此种方法伪钞辨出率低。

(b) 按磁性分布干什么检测磁性。采用两组或三组磁头分路检测磁性，辨伪水平可提高一个档次，市场上部分点钞机采用此种方法。

(c) 检测第五版人民币金属丝磁性。目前水平停留在检测有无磁性。根据我们在示波器的观测，金属丝的磁性是很有规律的矩形波，且量值也很准确，由于很难仿制，在磁性检测中如能利用这个特性，将大大提高辨伪水平。

(d) 检测第五版人民币纸币上的序列号磁性。序列号由英文字母和阿拉伯数字组成。目前水平停留在检测有无磁性。由于序列号号码是一组带有一定磁性的字母和数字，如对序列号号码的磁性数量和大小进行检测，辨伪水平可大大提高。

③ 红外穿透。红外穿透的工作原理是用被固定的红外二极管传感器的发光管部分发出固定波长的不可见红外光，穿透经过的纸币后，由对面的接收管接收到的剩余光进行针对纸币的纸张和覆盖的印刷油墨的特性进行分析，并和标准值进行比较判断。利用人民币的纸张比较坚固、密度较高以及用凹印技术印刷的油墨厚度较高，因而对红外信号的吸收能力较强来辨别钞票的真假。人民币的纸质特征与假钞的纸质特征有一定的差异，用红外信号对钞票进行穿透检测时，它们对红外信号的吸收能力将会不同，利用这一原理，可以实现辨伪。需要注意的是，油墨的颜色与厚度同样会造成红外穿透能力的差异。因此，必须对红外穿透检测的信号进行数学运算和比较分析。

④ 激光检测。用一定波长的红外激光照射第五版人民币上的荧光字，会使荧光字产生一定波长的激光，通过对此激光的检测可辨别钞票的真假。由于仿制困难，故用于辨伪很准确。

⑤ 防夹心检测。所谓防夹心检测就是在一叠钞票里剔出不同面额的钞票。根据不同面额的钞票具有不同的特征，如纸质、磁性、幅面大小等，可进行防夹心检测。

⑥ 多光谱检测。以不同波长的 LED 颗粒排列成矩阵而成的多光谱光源、透镜阵列、图像传感器单元阵列、控制和信号放大电路以及输入输出接口；多光谱光源和透镜阵列形成光路系统，用于发射光线并将人民币上的反射光聚焦到图像传感器单元阵列上，运用多光谱图像传感器图像分析功能，对钞票进行真伪鉴别。

⑦ 分析检测。使用高速并行 AD 转换电路，高保真采集信号，对紫外光量化分析，可检测有微弱荧光反应的伪钞；对人民币的磁性油墨进行定量分析；对红外油墨进行定点分析；运用模糊数学理论，将一些边界不清、不容易定量的因素定量化，并建立了安全性能评估的多级评估模型，对钞票进行真伪鉴别。

常用验钞机的主要功能有：安全线磁编码、磁性鉴伪、记忆功能、累加点钞、三线防伪、吸尘功能、预置点钞、智能故障报警、紫外光鉴伪、自动点钞、自动分拣残币、自动面额识别等，下面分别介绍。

(a) 安全线磁编码。安全线磁编码是灌充在人民币安全线中的特殊信号，每种券别所灌充的信号都不尽相同，由若干个“单信号”构成一“组”，再由若干“组”结成“链”。这种信号必须由特殊的专用设备灌充，灌充之后难以抹掉，伪钞很难做到这一点。而真钞灌入了这种编码信号后，就如同人有了“指纹”一样，不但可以利用这些“钞票指纹”来分辨真伪，而且可以准确无误地分辨“夹张”与“分版”。根据这一“特殊信号”，验钞机设置了“安全线磁编码”检测功能。

（b）磁性鉴伪。磁性鉴伪能检测出微弱磁性油墨，鉴别出伪币。

（c）记忆功能。验钞机每次点数都保持在预置窗口记忆显示，以便于数量上的核实。

（d）累加点钞。验钞机能显示出各次点钞的累加数。

（e）三线防伪。第五套人民币有三个层次的防伪特征，简称为“三线防伪”第一线防伪特征是对外张贴公布的十个防伪特征，供全民大众识别真伪时使用。第二线防伪特征供银行内部专业人员识别真伪时使用，使用一些仪器（如静态鉴伪仪等），或辨伪点钞机来识别真伪。第三线防伪特征是最隐蔽、最稳定及最难以仿造的防伪特征。这些特征是在一线、二线防伪特征都无法分辨钞票真伪时才用来供鉴别使用的，以最后确定需鉴别钞票的真伪，如安全线中的磁编码、含特殊元素的无色荧光油墨俗称“光斑”记印等。

（f）吸尘功能。配有吸尘器的点钞机有此功能，能自动吸走清点过程中的灰尘。

（g）预置点钞。设置好预置数，点钞机将自动清点到预置数停机，拿出接钞架上的纸币，点钞机又将自动点钞，上述步骤重复进行。

（h）智能故障报警。在点钞过程中，对于重张、连张、叠张，验钞机将自动报警；对于自身各部件的故障，点钞机将自动检测、报警，提示排除。

（i）紫外光鉴伪。紫外光鉴伪利用紫外光检查纸的质量，配上模糊技术电路进行监控，只要有细微的变化，就能鉴别出伪币。此种方式通常有多档识伪灵敏度可选择。

（j）自动点钞。把纸币放入进钞台，显示器自动清零，并开始快速点钞。

（k）自动分拣残币。对于半张纸币、残币自动区分拣出。

（l）自动面额识别。点钞过程中如发现不同面值的纸币，点钞机将自动停机报警。

常用验钞机的一般构件有：接钞轮、紫光灵敏度选择档位、清零开关、复位开关、吸尘器、磁性紫光指示灯、计数显示器、自动点钞光控、电源开关、上下调节螺丝、磁检伪开关、紫光检伪开关、红外第五版、电源插座、保险丝、外接显示插座等。

（8）常用验钞机的一般使用方法

① 接通电源。检查是否安装好可靠的接地线；将电源插头插入插座，接通电源。

② 为避免误辩，验钞前将异常纸币取出：

（a）折过边的纸币；

（b）经过洗涤或接触过化学品的纸币；

（c）破损、裂口的纸币；

（d）用白纸或胶带修补过的纸币。

③ 清除纸币上的污染物，并按不同面值分类整理。

④ 开验钞机开关，计数器显示为“0”，如不是，可按置“0”按扭，使其复“00”位。

⑤ 按功能键或选择键改变功能状态：

（a）选择在“智能”状态下，可以进行大面额分小面额、小面额不分大面额进行点钞。

（b）选择在“合计金额”状态下对有磁性不同面额的人民币进行混合清点，可以同时显示出所清点纸币的总张数、总金额或 各种面额的张数，在此状态下有较强的鉴伪功能。

（c）选择在“清分”状态下，可以进行大面额分小面额、小面额分大面额进行点钞。在此状态下鉴伪能力最高。

（d）选择在“红外”状态下，能对拼凑币有很好的鉴别效果；但该状态会误判很旧的纸币，若误判，请关闭该功能。

（e）选择在“语音报读”状态下，会语音播报“多少张、多少元”。

（f）选择在“累加”状态下，可以对多次清点的张数或金额进行累加显示，最多可显示 9999 张。

（g）选择在“预置”状态下，并配合“ + ”或“ - ”键，可以预先设定清点张数，当验钞机点到设定数字时会自动停机；清点过程中如遇到异常纸币时，会自动停机报警，若要继续点钞，则按任意键可继续清点。

⑥ 为便于分张和下钞流畅，对于压紧的纸币应拍松后再捻开，将钞票均匀扇开成小斜坡状，否则容易下双张或出现“拥塞”现象。对于待清点的钞票，最好捻开成一个前低后高的斜面，平整放入喂钞台，使钞票从上面第一张依次自然下滑，通过捻钞轮进入验钞机内，随着验钞机开始工作，握钞手指逐渐松开，切不可往下推挤钞票，点钞完毕后，必须检查验钞机内是否有遗漏的钞票。

（9）使用常用验钞机时应注意的事项

① 验钞机应放在稳固的平台上使用，避免振动、高温、潮湿和强光照射，并远离电磁干扰源，如使用中的手机、电吹风、电钻、电动机、电视机、CRT 显示器等。

② 搬动验钞机请使用提手，切勿提拉上盖、进钞台、胶轮轴、灯管架等，以免机件变形走位等损坏机器。

③ 验钞机专为纸币设计，勿将非纸币如扑克牌、卡片等放入，以免损坏机器。

④ 保持各橡胶轮清洁，不能粘有污物、液体、油脂等，否则会造成计数不准，干扰传感器工作而出现误报漏报等现象。

⑤ 经常用干毛刷清扫验钞机机器内外，保持接收管、发射管、磁头等传感器的清洁，防止积尘，影响机器正常工作。注意清扫前，请关闭电源。

⑥ 断电停机后等待不少于 5s 再开机，否则可能会导致验钞机工作不正常。

⑦ 当出现进钞不顺畅或计数不准时，可通过调节进钞台螺钉来调整阻力橡胶片与捻钞轮之间的间隙解决，然后用手抓一张纸币放入捻钞与阻力橡胶片之间感到有拉力即可，这里要注意的是：顺时针方向收紧，逆时间方向放松。

⑧ 验钞机机适用 0 ~ 40℃ 温度中工作，务必接通电源预热 2 ~ 3min。如在 0℃ 以下或 40℃ 以上时机器会难以正常工作；务必有良好的接地（电源中的地线）；长时间不使用或操作人员离开时，务必切断电源。

⑨ 当发生下列情况时，应切断电源并通知维护人员联系维修：

（a）液体洒到机器上时；

（b）机器严重损坏时；

（c）机器性能有异常变化时。

4.1.2.4 销售货款管理

加油站的销售货款是加油站现金的重要组成部分。

（1）现金的定义。现金是加油站流动性最强的资产，它包括加油站的库存现金、银行存款和其他货币资金（银行汇票存款、外埠存款、在途资金等）。

库存现金使用范围的规定（指独立核算加油站）如下：

① 员工的工资、奖金、各种工资性津贴、劳保福利费以及对个人支付的其他支出。

② 出差人员随身携带的差旅费。

③ 垫支加油站办公费、水电费、电话费、业务费、修理费等支出，原则上应在结算起点（1000 元）以下。

④ 收款找零。

⑤ 其他根据规定确须现金支付的支出。

（2）现金管理“六不准”的规定。

① 不准坐支现金，即不得从销售收入中直接支付各种款项。

② 不准向银行套取现金。

③ 不准利用银行账户代其他单位和个人存取款项。

④ 不准签发空头支票和远期支票。

⑤ 不准将公款以个人名义存入银行。

⑥ 不准私设小金库。

（3）加油站营业款的日常管理。加油站的营业款大部分是现金，由于它流动性强，收付频繁，存在一定风险，稍有疏忽就会出错，因此必须加强管理。

① 加油站营业款在收、缴、存过程中存在的风险。

（a）外在风险有抢劫风险、外盗风险。

（b）内在风险有挪用风险、坐支风险、贪污风险。

挪用风险。是指单位的职员利用职务之便挪用本单位资金，归个人使用或者借贷给他人的风险。如数额较大（10000 ~ 30000 元）超过三个月未还，或者未超过三个月但数额较大进行营利活动或非法活动的，按挪用罪处以 3 ~ 10 年刑罚。

坐支风险。是指以营业款直接支付各项成本费用和购买原材料的风险。

贪污风险。是指将营业款据为己有的风险。

② 加油站现金管理注意事项。

（a）加油作业人员收取现金要辨别真伪。

（b）员工手中不准存有大量现金，收到的现金要妥善保管，在不持续加油的情况下，员工应及时将现金上交收银员或直接按规定存入投币式保险柜。

（c）对员工随身携带的现金数额必须设定限额。

（d）站内过夜现金不得超过规定的限额。

（e）夜班收取的现金、支票必须及时放入投币柜。

（f）加油站营业款当日全额缴存银行，不坐支，不挪用，不公款私存，不白条抵库，不将下日销售款填充本日销售款。

（g）加油站任何人不得自已或帮助他人用加油卡或支票套取现金。

（h）加油站加油卡充值必须确认货款到账后才能办理，且发卡网点收到加油卡充值款（现金或支票）的，按投币程序投放至保险柜。

（i）在缴存各环节中要做好清点核对、签字确认。

（j）保险柜钥匙和密码必须分两人保管。

（k）每日清点现金时必须在安装防盗门、窗及监控录像的房间内进行，并做到有两人或两人以上人员进行清点，无关人员不得在场。

（l）实行上门收款的加油站，上门收款车到站后，应首先核对车型车牌，其次核对上门收款人员的身份，包括车辆、人员是否与事先通知相符，证件与本人是否相符，如在核对过程中发现疑问，应拒绝交接押款箱，并及时向上级汇报。确认无误后，将专用收款袋交予上门收款人员，并按规定在视频监控下办理交接的相关手续。加油站必须将当天营业现金全部移交给上门收款人员，以尽可能减少加油站过夜资金量。

（m）实行自行上缴现金的加油站，加油站尽可能安排2人送行，送行人员应注意安全，尽量避免每次在同一时间，由同一路线送行，严禁穿工作服送行。

（4）现金缴款单。加油站每日的营业款应及时上缴银行，日清月结，当加油站工作人员将现金缴存银行时，必须填制现金缴款单。现金缴款单如表4-1所示。

表4-1　现金缴款单　　　　年　　月　　日

<table>
<tr><td rowspan="3">收款单位</td><td>全称</td><td colspan="10"></td></tr>
<tr><td>账号</td><td colspan="4"></td><td colspan="2">款项来源</td><td colspan="4"></td></tr>
<tr><td>开户银行</td><td colspan="4"></td><td colspan="2">交款人</td><td colspan="4"></td></tr>
<tr><td colspan="2" rowspan="2">人民币（大写）</td><td>千</td><td>百</td><td>十</td><td>万</td><td>千</td><td>百</td><td>十</td><td>元</td><td>角</td><td>分</td></tr>
<tr><td></td><td></td><td></td><td></td><td></td><td></td><td></td><td></td><td></td><td></td></tr>
<tr><td>票面</td><td>张数</td><td>金额</td><td>票面</td><td>张数</td><td>金额</td><td colspan="6">复核　　柜员</td></tr>
<tr><td>100元</td><td></td><td></td><td>5元</td><td></td><td></td><td colspan="6" rowspan="4"></td></tr>
<tr><td>50元</td><td></td><td></td><td>2元</td><td></td><td></td></tr>
<tr><td>20元</td><td></td><td></td><td>1元</td><td></td><td></td></tr>
<tr><td>10元</td><td></td><td></td><td>辅币</td><td></td><td></td></tr>
</table>

现金缴款单的填写：

① 日期的填写为小写的阿拉伯数字。

②“款项来源”栏填写该笔现金的来源，如加油站上缴的是售油款，该栏可填写“售油款”。

③“交款人”栏填写送存该笔现金的经办人的姓名。

④ 金额的大写和小写要一致，未使用的小写金额单位栏应画上符号“￥”封顶，小写金额必须明确到分，即整数后面一律补填“0”；大写金额数字汉字应紧靠左边“人民币（大写）”字样书写；大写金额数字到元或角为止的，应在“元”字或“角”之后写“整”或“正”字。

（5）支票。

① 支票的定义。支票是出票人签发的委托办理支票存款业务的银行或者其他金融机构在见票时无条件支付确定的金额给收款人或者持票人的票据。

支票有出票人、付款人和收款人三个基本当事人。

支票是在我国最普遍使用的非现金支付工具，用于支取现金和转账。在同一城市范围内的商品交易、劳务供应、清偿债务等款项的支付，均可以使用支票。支票有现金支票、转账支票等。

支票必须记载的事项有：表明支票的字样；无条件支付的委托；确定的金额；付款人名称；出票日期；出票人签章等。

② 正确填写支票。

（a）填写支票必须使钢笔或碳素笔，用蓝黑墨水或碳素墨水。不得使用圆珠笔或铅笔。

（b）出票日期必须大写，大写数字的写法为：零、壹、贰、叁、肆、伍、陆、柒、捌、玖、拾。如：2005 年 8 月 5 日应写为贰零零伍年捌月零伍日，捌月前零字可写也可不写，伍日前零字必须书写；2006 年 2 月 13 日：写为贰零零陆年零贰月壹拾叁日。书写出票日期时，应注意：

（a）1 月、2 月、10 月前“零”字必写，3 月至 9 月、11 月、12 月前“零”字可写可不写。10 月、11 月、12 月必须分别写成零壹拾月、壹拾壹月、壹拾贰月。

（b）1 日至 10 日、20 日、30 日前“零”字必写，10 日至 19 日必须写成零壹拾日、壹拾某日（前面写了“零”字也认可，如零壹拾伍日），20 日至 29 日必须写成零贰拾日、贰拾某日（前面写了“零”字也认可，如零贰拾伍日），30 日及 31 日必须写成零叁拾日及叁拾壹日。

（c）现金支票收款人可写单位名称或个人姓名；转账支票收款人应填写收款单位名称。

（d）付款行名称应填写付款单位开户银行详细名称，出票人账号要小写。

（e）人民币金额大写写法为零、壹、贰、叁、肆、伍、陆、柒、捌、玖、拾、佰、仟、万、亿。如：289546.52 写为贰拾捌万玖仟伍佰肆拾陆元伍角贰分；7560.31 写为柒仟伍佰陆拾元零叁角壹分，此时“陆拾元零叁角壹分”中“零”字可写可不写；532.00 写为伍佰叁拾贰元正，“正”写为“整”字也可以，不能写为“零角零分”；425.03 写为肆佰贰拾伍元零叁分；325.20 写为叁佰贰拾伍元贰角。角字后面可加“正”字，但不能写“零分”。

（f）人民币金额小写栏最高金额的前一位空白格应填写“￥”字字样，数字填写要求完整清楚。

（g）现金支票的“用途”栏一般填写“备用金”、“差旅费”、“工资”、“劳务费”等；转账支票的“用途”栏可根据用途据实填写。

（h）支票必须清晰加盖与本加油站预留在银行的印模相同的财务专用章和法人名章，缺一不可。

③ 支票使用常识。

（a）支票不能涂改，否则本支票作废。

（b）收票人如果发现支票填写不全，可以补记。

（c）支票的有效期为 10 天，日期“算头不算尾”，节假日顺延。

（d）支票见票即付，不记名。

（e）现金支票不能背书转让，转账支票可以背书转让。

（f）为加强支票的风险管理，人民银行规定：对出票人签发的空头支票、签章与预留银行签章不符的支票，银行应予以退票，并按票面金额处以 5% 但不低于 1000 元的罚款；持票人有权要求出票人赔偿支票金额 2% 的赔偿金。对屡次签发的，银行应停止其签发支票。

④ 支票的安全管理。

（a）收取支票时，必须认真审核支票的内容是否完整，有不符合规定、字迹不清楚及涂改现象的支票一律退回。

（b）检查财务专用章、支票专用章、法人名章、日期、用途、有无密码、数字是否正确、字迹是否清楚等。收款人在支票背面写清联系电话、单位、姓名、身份证号码，以便查找。

（c）用支票购买加油站购油凭证时，应在支票送交银行转账后，才能将购油凭证交付给客户。

总之，支票购油，必须坚持款到后才付货的原则。

4.1.2.5 加油站结账

加油站结账分为班结核算、日结核算、月结核算。

（1）班结核算。加油站班结核算是指加油机泵码交接、油罐交接、结缴应收营业款、填制相关报表等核算操作过程。

① 加油机泵码交接。

（a）员工卡上、下班操作，必须执行卡内余额交接和卡片实物交接管理；交接班双方确认泵码起止数，并将数据记录在《交接班表》中。

员工卡交接管理的相关要求：余额交接：员工卡上、下班时，必须将卡内余额记录在《员工卡交接班表》中，计算出员工卡加油金额，并与管控系统数据进行核对。实物交接：下班时，员工卡必须交站长或站长指定管理人员保管。交接时，双方核实卡内余额，并由站长或站长指定管理人员签字确认；上班前，上班员工到站长或站长指定管理人员处领取员工卡，核实卡内余额账实相符，接班人员签字确认。

（b）计算本班加油机走字量。本班加油机走字量 = 交班时加油机的泵码数 - 接班时加油机的泵码数

（c）计算本班加油机付出量。本班加油机付出量 = 本班加油机走字量 - 回罐数量。

（d）计算应收加油机付油营业款。本班应收加油机付油营业款 =（本班加油机付出量 - 非销售用油量）×当日油品零售价。

（e）计算本班营业款。本班营业款等于本班加油机付油营业款加本班润滑油营业款加本班便利店商品营业款。

（f）计算本班应收现金。本班应收现金 = 本班应收营业款 - 本班定点加油款 - 本班消费卡加油款 - 本班其他非现金方式加油款。

（g）核对本班应收现金。收取本班上交现金，与应收数进行核对，如发现不符，要及时查找原因。

② 油罐交接。交接双方班长共同对油罐进行测量，核对有关数据后，进行油罐交接。同时，将交接的所有数据录入加油站管控系统中。

③ 发票交接。

（a）交接发票领、开、存起止号码。

（b）交接作废发票的号码。发票交接时需按照当班员工收、开、转的普通发票及增值税发票号码据实录入加油站管控系统中。

④ 便利店商品交接。

交接双方共同确认便利店商品库存量；当班核算便利店商品销售量及营业款。

（2）日结核算。加油站日结核算是指依据加油站交接班数据、预收、应收账款数据汇总填制《加油站付油日报表》、《加油站销售日报表》、《便利店商品销售日报表》并根据报表数据登录相关账簿的操作过程。

对于在加油站管控系统操作时，日结是从前一次日结账结束班号的下一班开始，至选择结束时的结束班号为止，对此期间的所有进、销、存数据进行统计汇总。加油站管控系统中一天只能做一个日结（油品变类和月底盘点时除外）。账务人员应在加油站管控机上做日结账操作，必须生成并打印出《加油 IC 卡销售日报副表》。将系统中的《付油日报表》、《销售日报表》、《分罐保管账》和《库存商品明细账》，与相应的手工报表进行核对。

（3）月结核算。加油站月结核算是指账务人员依据加油站全月油品、便利店商品进、销、存、销售额等各项数据进行汇总结账的操作过程。

4.1.3 开票

4.1.3.1 发票的定义

发票是一种记录经济活动、具有法律效力、代表一定经济责任、有着相应格式的会计核算的原始凭证和商事凭证。它是在购销商品、提供或接受服务以及从事其他经营活动时，开具、收取的收付款凭证。发票是财政、审计、税务等有关部门进行财务税收检查的重要依据。税务机关是发票的主管机关。发票的作用是：

① 维权的依据；

② 保修凭证；

③ 单位报销凭据；

④ 补偿依据。目前最常用的发票有普通发票和增值税发票等。税务机关管理发票的法定标志是发票监制章。

普通发票分为手写和机打发票两种，手写发票一般为三联，第一联为存根联，开票方留存备查；第二联为发票联，收执方作为付款或收款原始凭证；第三联为记账联，开票方作为记账原始凭证。机打发票又分为平推式机打发票和卷筒式机打发票；机打发票为一联发票提供给客户，备查信息储存卡内由税务机关认证。

增值税发票分为增值税专用发票和增值税普通发票。增值税专用发票由基本联次或者基本联次附加其他联次构成，基本联次为三联：发票联、抵扣联和记账联。发票联，作为购买方核算采购成本和增值税进项税额的记账凭证；抵扣联，作为购买方报送主管税务机关认证和留存备查的凭证；记账联，作为销售方核算销售收入和增值税销项税额的记账凭证。其他联次用途，由一般纳税人自行确定。增值税普通发票由基本联次或者基本联次附加其他联次构成，基本联次为两联：第一联为记账联，是销货方作为销售的记账凭证；第二联为发票联，是购货方作为付款记账的凭证；第三联到第五联由发票使用单位自行安排。

发票的基本内容有：发票名称、字轨号码、联次及用途、客户名称、开户银行及账号、商品名称或经营项目、计量单位、规格型号、数量、单价、大小写金额、开票人、开票日期、开票单位（个人）名称（章）等。增值税专用票还应当包括：购货单位的名称、地址、购货人纳税登记号、增值税税率、税额；销售单位的名称、地址、纳税人登记号、开户银行及账号。专用发票只限于增值税的一般纳税人领购使用。

目前，加油站统一使用由税务机关监制的电子计算机开具专用发票和机打卷筒发票。

（1）专用发票使用的范围有：

① 增值税专用发票只限于增值税一般纳税人领购使用。

② 增值税小规模纳税人需要开具专用发票的，可向主管税务机关申请代开。

③ 一般纳税人销售或进口货物、提供加工、修理修配劳务、提供交通运输业和部分现代服务业事务等，应向购买方开具专用发票。

（2）“营改增”后，加油站的客户如果需要开具增值税专用发票，必须遵守如下管理制度：

① 现金加油开具专票要求。现金客户加油后要求开具专票的，加油站要根据实际发生的交易流水填制《××石油分公司现金客户开具专票申请表》，经加油站负责人或其授权人审核签字、客户本人签字确认后，提交专票开票员办理开票手续。待普票系统完成升级并成

功上线后，由普票系统将交易记录生成电子化信息，由加油员手工补充车号及客户联系方式等信息后，传递至增值税发票系统完成打印，以提高业务处理效率。

专票开票网点收到客户提交的申请表后，不需再要求客户提供营业执照、税务登记证等相关证明材料，可依据申请表信息开具专票。专票开具完毕后，需将开票日期、发票号码等信息回填到申请表中，在申请表上加盖“发票已开”戳记后，附在专票记账联后备查。

现金加油开具的专票，要按照一笔交易开具一张发票的原则办理，不得多日、多次业务汇总或变相汇总开具发票。不能现场提供开具专票服务的加油站，不得拒绝客户的专票开具要求，应放置告知牌，提示最近的专票开具点，或者为客户提供邮寄专票服务，同时引导其办理加油卡，以方便消费后汇总取得发票。

② 直分销业务开具专票要求。对于首次办理业务的直分销客户，按照客户维护管理要求，需提供营业执照、组织机构代码、税务登记证、开户许可证等资料（已办理三证合一的，仅需提供三证合一后的营业执照），专票客户另行提供购买方名称（不得为自然人）、纳税人识别号、地址电话、开户行及账号等开票信息。对于现金、银行卡等方式支付货款的，应要求客户提供加盖本单位公章的现金结算授权委托书，如拟采用多张银行卡支付的，可一次列齐银行卡号，但最多不超过5个。现金结算授权委托书的有效期不得超过1年，在证明有效期内，如客户更换银行卡支付的，需要求其另行提供现金结算授权委托书。对于第一次上门的现金客户，不得以缺少现金结算授权委托书为由拒绝办理业务，可以先办理业务，允许客户在30天内补齐再为其打印专票。

客户使用银行卡结算的，网点要核对持卡人签字与卡片背面的签字笔迹相同，确保为持卡人本人消费。允许一人同时使用多卡消费，但禁止一卡为多客户办理业务。

③ 加油卡相关业务资料要求。根据加油卡章程有关规定，办理加油卡的单位和个人客户，仍需按照章程要求提供相关身份证明信息，后续消费、充值、开票等环节不需另行提供任何证件。客户在办理加油卡时需要求其在专票或普票两种类型中进行选择，其中：如客户选择专票类型的：需要求客户提供完整的纳税人名称、识别号、地址电话、开户行及账号等信息，维护到加油卡系列中。专票类型客户全部为消费开票型，充值环节一律不得提供任何发票，客户持卡消费后，按照客户实际消费商品的品名开具专票或普票。

④ 非油品开票要求。客户购买非油品要求开具专票的，需凭POS机购物小票据实换开发票，提供准确的购买方名称、纳税人识别号、地址电话、开户行及账号等开票信息后，开票员根据客户需求按照POS机小票中注明的实际消费单品开具专票（不得汇总开具），开具完毕后在购物小票上加盖“发票已开”戳记。

4.1.3.2 发票的领购

独立核算加油站在领取税务登记证件后，可向主管税务机关申请购买发票。购买发票时须提供书面购票申请、经办人身份证明、税务登记证件或其他有关证明。经主管税务机关审核无误后，发给发票领购簿。加油站凭发票领购簿核准的购票种类、数量和购票方式，向主管税务机关购买发票。

申请购买增值税专用发票的加油站，首先必须办理增值税一般纳税人的认定手续，然后凭增值税一般纳税人税务登记证及其他有关资料，办理购买手续。

非独立核算加油站使用的发票需向上级有关部门领用。

4.1.3.3 发票的开具

销售油品后，加油站应根据销售油品品名、牌号、数量等内容开具发票。开具发票有如下要求：

（1）发票起用前，应先清点。如有缺联、少份、缺号、错号等问题，应整本退回，否则责任自负。

（2）开具发票必须按号码顺序使用，不得拆本使用；不得转借、转让和代开发票；不得擅自扩大发票使用范围。

（3）开具发票必须全部联次一次填开，上下联金额、内容必须完全一致，不得单联填开。

（4）填开发票必须项目齐全、内容真实、字迹清楚，不得涂改、描写、挖补等；汉字大写数字金额一律按银行规定正楷或行书书写，不得任选简化字。

（5）发票按规定时限开具，开票日期不得提前或滞后。

（6）发票必须票、物相符，户名真实，票面金额与实收金额相符，严禁虚开发票。

（7）发票金额计算必须正确，大小写保持一致；未使用的小写金额单位栏应画上符号“￥”封顶，小写金额必须明确到分，即整数后面一律补填“0”；大写金额栏带单位的，所有未填用的大写金额单位一律用“零”封顶；大写金额栏没单位的，大写金额数字汉字应紧靠左边“人民币”字样书写；大写金额数字到元为止的，应在“元”字之后写“整”或“正”字。

（8）不得开具伪造的、作废的发票，未经批准，不得跨规定使用区域开具发票。

（9）发票所填金额不得超过版本规定金额，否则为无效发票。

（10）错票、误票等作废发票要在全部联次上明显注明“作废”字样，并把各联粘贴或装订在存根联后面，不得撕毁。

（11）使用电子计算机开具发票，须经主管税务机关批准，并使用税务机关统一印制的发票，开具后的存根联应按照顺序号装订成册。

（12）开具发票应使用中文，特殊情况可同时使用一种民族文字或外国文字。

（13）发票填完后，应在发票联及有关联次上加盖单位财务专用章或发票专用章。

（14）开具发票后，如发生销货退回需开红字发票的，必须收回原发票并注明“作废”字样或取得对方有效证明，重新开具销货发票。

（15）增值税专用发票必须按照税务机关核准的税率、项目、对象填开，且价税必须分别填开。

（16）谁开发票谁负责，对不按规定填写发票，且将发票付出无法追回，被上级或税务部门查处罚款的，应由开票人承担责任。

4.1.3.4 发票的管理

发票是加油站记录经济活动、具有法律效力、代表一定经济责任、有着相应格式的凭证。无论是普通发票还是增值税专用发票，它们的管理规定如下：

（1）设置专人办理领用发票手续和负责发票保管工作。

（2）建立发票领用存制度，设立《发票领用存登记册》，及时记录发票的购买、领用、结存、缴销等情况。

（3）发票领用须交旧换新，已开具过的发票存根，应按规定检查审核无误后按顺序整理，并及时上缴（独立核算的加油站，其发票存根由自己保存）。

（4）未使用完（或未使用）的过期发票，由加油站或上级有关部门审核后交税务机关作缴销处理。

（5）发票保管人员变更时，要做好交接工作。

（6）发票丢失，应立即向主管部门及税务部门报案，不得有意隐瞒和有案不报。

（7）已开具过的发票存根和《发票领用存登记册》，应当保存五年。保存期满，报经税务机关查验后，方可销毁。

按照《中华人民共和国发票管理办法实施细则》中第二十六条“填开发票的单位和个人必须在发生经营业务确认营业收入时开具发票，未发生经营业务一律不准开具发票”的规定，现金客户开具专票申请表、便利店POS小票换开专票的时限原则上为原单据日期后的90天内。客户持超过90天的开票凭据要求补开发票的，经地市公司税务管理员批准后方可办理。发票不得代开和虚开。代开发票是指为与自己没有发生直接购销关系的他人开具发票的行为；虚开发票是指在没有任何购销事实的前提下，为他人、为自己或让他人为自己或介绍他人开具发票的行为。代开、虚开发票的行为都是严重的违法行为。

4.1.4 加油站商品盘点

加油站商品盘点是对加油站商品实存数进行计量、清点、确认的行为。加油站商品盘点的对象为油罐存油量（散装油品）、润滑油（整装油品）、便利店的商品等。

商品盘点有两种会计核算专门方法，一种叫实地盘存制，另一种叫永续盘存制。适用于加油站商品盘点的会计核算方法是永续盘存制。

4.1.4.1 实地盘存制

实地盘存制是以期末盘点商品的结果为依据来确认商品结存数量的一种方法。平时只根据会计凭证在账簿中登记商品的增加数，不登记减少数，到月末，对各种商品进行盘点，根据实地盘点所确定的结存数倒挤出本月各种商品减少数的一种方法。

采用这种盘存制度，各种商品的本期减少数是根据账面期初余额加本期增加数减期末实际结存数倒挤出来的，并据以登记有关账簿。这种方法简单，工作量小，但不能随时掌握各种商品的库存情况及动态，不便于实行会计监督。并且，倒挤出的各种商品的减少数中成分比较复杂，除了正常耗用以外，可能还有损毁和丢失等具体情况，不利于保护商品的安全与完整。

采用实地盘存制，对各种商品进行实地盘点的结果只是作为登记各种商品账面减少数的依据，而不能用于核对账实是否相符。

4.1.4.2 永续盘存制

永续盘存制也称账面盘存制。是以账簿记录为依据来确认商品结存数量的一种方法。即平时对各种商品的增加数和减少数都要根据会计凭证连续记录在有关账簿中，并根据账面期初余额加本期增加额减本期减少额，随时结出账面期末余额的一种方法。

采用这种盘存制要求商品的增减变动都要有严密的手续，以便随时掌握商品的占用情况，便于加强会计监督。永续盘存制的不足之处在于账簿中记录的商品的增减变动及结存情况都是根据有关会计凭证登记的，有可能发生账实不符的情况，因此需要对各种商品定期进行清查，以查明账实是否相符以及账实不符的原因。

（1）加油站商品盘点对账的作业流程。

① 实地测量各品种油品的油罐结存数，与相关账目的账存数核对，计算出油品损耗。某一品种油品损溢等于相关账目中同一品种油品账面数减该品种盘点数。

② 清点润滑油商品结存数，与相关账目的账存数核对，计算出润滑油商品损耗。某一品种润滑油商品亏溢等于相关账目中同一品种润滑油商品的盘点数减该品种润滑油账面数。

③ 清点便利店商品结存数，与相关账目的账存数核对，计算出便利店商品亏溢。某一品种便利店商品亏溢等于相关账目中同一品种便利店商品的盘点数减该品种便利店账面数。

④ 核对定点加油单位结账情况，避免预收账款出现超加现象，应收账款出现不定期结账现象。

⑤ 根据盘点计算结果填制盘点表以及相关报表。

加油站商品盘点对账的作业流程如图 4-3 所示。

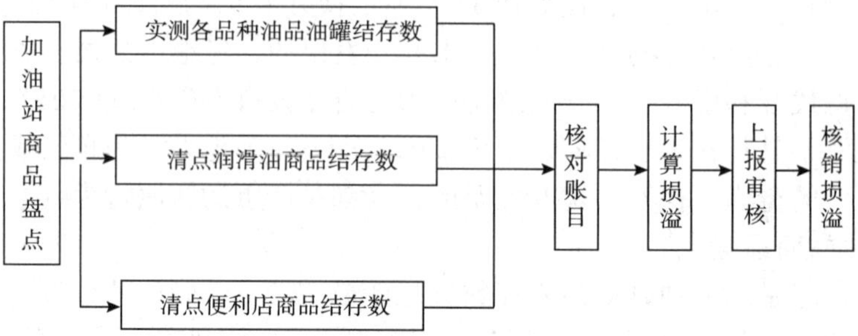

图 4-3　加油站商品盘点对账流程图

（2）在查明账实不符出现损耗后，加油站应当进行原因分析。无论是何种损耗，都必须按照相关的制度规定，经相应审批手续后才能进行处理：

① 属于定额损耗范围之内的、按相关规定处理。

② 由于有关责任人导致的损耗，要追究有关责任人的责任。

③ 由于自然灾害或者意外事件导致的损耗，按相关规定处理。

（3）加油站库存商品主要为各种牌号的油品及便利店商品。对加油站库存商品的管理除了要注意完善库存商品计价和核算工作、设立库存商品明细账及定期或不定期的盘点外，还应对校泵用油的“回罐”商品、自用油的商品和内部用油的商品加强管理：

① 校泵用油的“回罐”管理。加油站油品回罐，要填写“油品回罐单”。回罐单要设校泵时间、校泵原因、校泵用油数量及相关人员签字等栏目。若加油站发生校泵用油需回罐，先填制“油品回罐”单据，再由加油站负责人、计量员、加油作业人员、检修人员同时签字确认。

② 自用油管理。对内部自用油业务要设置明细台账，记录发生时间、用油去向（发电用油、取暖用油、质量检测用油等）、品种数量金额等栏目。若加油站内部发生自用油，要由经理、加油站负责人和加油作业人员共同签字确认。

③ 内部移库管理。加油站内部油品移库，必须凭主管部门开据的“调出”“调入”单据执行。由油罐内调出油品，加油站依据“调出”单据，冲减进货。“调入”视同正常进货处理。

4.1.5　加油站统计账表

4.1.5.1　加油站统计账表的作用

（1）是加油站档案的重要组成部分，是加油站日常经济活动的佐证记录。

（2）是加油站编制计划、预算的依据，是进行经营决策的主要信息来源。

（3）是明确经济责任的重要证据。

4.1.5.2　统计账表的种类

（1）报表。加油站报表包括加油站交接班表、加油站付油、销售日报表、加油站盘点月报表。

（2）账簿。账簿包括分罐保管登记账和库存商品明细分类账。

4.1.5.3 加油站统计账表登记的基本要求

（1）登记统计报表必须使用钢笔、碳素笔或圆珠笔，用蓝黑墨水和碳素墨水。不得使用铅笔。

（2）登记账簿要按页次顺序连续登记，不得跳行、隔页；如发生跳行、隔页应将空行、空页（无字的活页账薄可抽出）划斜红线注销，并由登记账表人员签字或盖章。

（3）登记账簿应根据加油站经营业务发生的时间顺序、内容逐项填写，随时结出余额，做到数字准确、摘要清楚、登记及时、字迹工整。

（4）登记账簿书写的文字和数字一般应占格距的二分之一，以便上方留有改错的空间。

（5）登记统计账表发生错误，不得涂改、挖补、刮擦或用药水消除字迹，应将错误的文字或数字用红笔划横线注销，但必须使原有字迹仍可辨认，然后在划线上方填写正确的文字或数字，并由登记账表人员在更正处签字或盖章。

（6）每一账页登记完毕结转下页时，应将本账页的发生额合计数和余额记入本页最后一行，可在摘要栏内注明“过次页”字样；再将本账页的发生额合计数和余额记入下页第一行有关栏内，并在摘要栏内注明“承前页”字样。注：“过次页”可写可不写，但“承前页”必须写。

（7）每月月末，应加计当月发生额，在摘要栏内注明“本月合计”字样，并在下面通栏划单红线；年末应加计全年发生额，在摘要栏内注明“本年累计”字样，并在下面通栏划双红线。

（8）年度终了，要把各账户的余额数结转下年，并在摘要栏内注明“结转下年”字样；新账页第一行摘要栏内注明“上年结转”字样，余额栏内填写上年结转的金额。

（9）登记统计账表人员调动时，应将移交的各项资料逐项填写交接明细表，注明交接日期，并由交接双方及监交人员签字或盖章，对未了事项写出书面材料。

（10）要保持各种账表的整洁，不得有毁损现象。

4.1.5.4 加油站统计报表的保管

加油站必须高度重视统计账表保管工作。设专人负责，建立保管制度，明确职责，督促检查，奖惩分明。加油站统计报表的保管要求：

（1）各种统计报表的封面式样、装订、存放必须规范。

（2）各种统计报表要按年度存放；订本账保持原样，活页账抽出空白页，按顺序编写页号，重新装订。

（3）各种加油记账凭证、本（卡）要按单位、时间顺序存放；其他加油单据要按月份、单位装订存放。

（4）各种原始档案资料要存放有序，便于查找；存放地点要安全，严防丢失、毁损。

（5）必须执行保密制度，各种资料不经批准不得借出、复印、摘抄，更不能随意拆散原装、涂抹、撤换单据等，若有特殊情况需借出的应办理借出手续，并限期归还，保持原状。

（6）调换档案资料经管人员时，要办理交接手续。

（7）各种统计报表不准随意销毁；要保存一定期限，需要销毁时，须经加油站经理和上级主管部门批准，共同监销。

4.1.5.5 加油站交接班表

加油站交接班表的作用：交接班表反映了泵码交接、油罐交接、付油情况及发票交接等实际情况。是加油站最原始的记账凭证。

加油站交接班表的内容一般有：

（1）表头栏。包含站名、班次、日期。

（2）泵码交接栏。包含品种、枪号、接班字码、交班字码、走字数。

（3）付油数量统计栏。包含品种、走字总数、回罐、各类型付油数量及现金营业款额。

（4）油罐交接栏。包含品种、接班油水总高、接班水高、接班油水升数、原发进油升数、交班油水总高、交班水高、交班油水升数、付油量。

（5）发票交接栏。包含普通发票、增值税发票。

4.1.5.6 加油站付油、销售日报表

（1）加油站付油、销售日报表的作用。

① 依据当日进付存数据，反映加油站的物流动态变化情况。

② 依据当日销售量，反映加油站的商流及资金流情况。

③ 依据当日发票领用、开具情况，反映加油站发票零用存情况。

（2）加油站付油日报表的一般内容。

① 表头栏。包含站名、日期。

② 油品进、付、存栏。包含品种、上日罐存、本日进货、本日付出、核销损耗、调节、本日罐存。

③ 交接班走字数栏。包含交接班走字码。

④ 回罐情况栏。包含回罐情况。

⑤ 付油分类及升数栏。包含品种、现金、自用油、消费卡、预收账款、应收账款。

（3）加油站销售日报表的一般内容。

① 表头栏。包含站名、日期。

② 现金及记账销售报表栏。包含品种、现金、预收账款、应收账款、非加油机销售、合计、单价、金额。

③ 消费卡日报表栏。包含品种、单价、付油数量、刷卡金额。

④ 收入明细汇总栏。包含销售收入、现金收入。

⑤ 发票使用情况栏。包含普通发票、增值税发票。

4.1.5.7 加油站商品盘点表

（1）加油站商品盘点表的作用。

加油站商品盘点表绝不仅仅是记录计量数量，它实际上是另一种形式的检查确认记录。通过对加油站商品的盘点记录，既可以发现加油站作业过程中的失误，又可以确认加油站工作的效果和效率，并为下一步工作的决策提供依据。概括起来讲，加油站商品盘点表有如下作用：

① 确认作用。确认账、物的一致性和准确性，保证账账相符、账实相符。

② 检查作用。检查商品收发和运输过程中产生的错误。

③ 督促作用。督促商品保管人员认真工作。

④ 衡量效率。利用盘点的结果评价商品保管工作的有效性，并为做出新决策提供依据。

（2）加油站商品盘点表的内容。

① 表头栏。包含站名、日期。

② 账面数量栏。包含品种、上期账存、本期调入、本期付出、核销损耗、调节、本期账存。

③ 盘点与损耗栏。包含实际盘点数量、损耗、损耗率。

④ 损耗分析栏。包含品种、发货运输损耗、接卸损耗、储发损耗、清罐损耗、损耗分析、签字、上级审批（签字）。

4.2 加油站财务报表

4.2.1 财务报表的定义

财务报表是会计核算的最终产品，是根据日常核算资料编制的，全面地反映企业一定时期经营成果、财务状况及理财过程的书面文件。财务报表按反映的经济内容不同可分为资产负债表、利润表和费用报表等。

4.2.2 资产负债表

资产负债表是反映企业在某一特定日期财务状况的会计报表。它反映企业在某一特定日期所拥有或控制的经济资源、所承担的现时义务和所有者对净资产的要求权。它是根据“资产 = 负债 + 所有者权益”这一基本公式，按照一定的分类标准和一定的顺序，把企业一定日期的资产、负债和所有者权益各项目予以适当排列编制而成的。在我国，资产负债表采用账户式结构，报表分左右两方，左方列示资产各项目，反映全部资产的分布及存在形态；右方列示负债和所有者权益各项目，反映全部负债和所有者权益的内容及构成情况。资产负债表左右两方总计金额相等，即资产总计等于负债和所有者权益总计。它反映的是时点的数据。

资产负债表主要向有关各方提供以下方面的信息：

（1）企业所掌握的经济资源。

（2）企业所负担的债务。

（3）企业的偿债能力。

（4）企业所有者享有的权益。

（5）企业未来的财务趋向。

借助于资产负债表，可了解企业资产的构成及其状况，分析企业在某一日期所拥有的经济资源及其分布情况；可了解企业某一日期的负债总额及其结构，分析企业目前与未来的需要支付的债务数额；可以了解企业所有者权益的情况和企业现有的投资者在企业资产总额中所占的份额。通过对资产负债表项目金额及其相关比率的分析，可以帮助报表使用者全面了解企业的财务状况，分析企业的债务偿还能力，从而为未来的经济决策提供信息。

4.2.3 利润表

利润表是反映企业一定会计期间经营成果的报表。此表是以“收入 - 费用 = 利润”这一等式为依据，按照各项收入、费用以及构成利润的各个项目分类分项编制而成的。

利润表把一定期间的营业收入与其同一期间相关的营业费用进行配比，以计算出企业一定期间的净利润（或净亏损）。通过利润表反映的收入、费用等情况，能够反映企业生产经营的收益和成本耗费情况，表明生产经营成果；同时通过表中提供的不同时期的比较数字（本月数、本年实际数、上年实际数），能分析企业今后利润的发展趋势及获利能力，了解投资者投入资本的完整性。

4.2.4 费用报表

费用按照经济用途，可分为生产成本和期间费用。该费用报表指的是期间费用。期间费用是指不计入产品成本、直接计入发生当期损益的费用。销售企业期间费用报表包括管理费用报表、销售费用报表和财务费用报表。通过它们可以了解到加油站在一定期间内费用支出总额及其构成，并可以了解费用支出合理性以及支出变动的趋势，这有利于企业和主管部门正确制定费用预算，控制费用支出，考核费用支出指标合理性，明确有关部门和人员的经济责任，防止随意扩大费用开支范围。

4.2.5 模拟核算月报表

4.2.5.1 模拟核算月报表的作用

加油站模拟核算只适用于非独立核算的加油站。独立核算的加油站应编制财务报表。通过加油站模拟核算，分析加油站的各项数据，及时发现经营中存在的问题，为加油站编制预算和进行经营管理决策提供参考数据。

4.2.5.2 模拟核算月报表的内容

加油站模拟核算一般是指在月末结账后，根据加油站的收入、成本、费用等数据，核算出加油站实现的利润等数据。加油站模拟核算月报表可以依据加油站的实际情况自行设定格式。表4-2仅供参考。

表4-2 加油站模拟核算月报表

站名： 年 月 日 单位：元

类别	类别明细	本月发生数	本年发生数	吨油费用	原因分析
销售量/t					
销售收入					
销售成本					
销售毛利					
加油量/t					
	现金加油/t				
	消费卡加油/t				
	定点加油/t				
营业费用合计					
	化验计量费				
	消防费				
	劳动保护费				
	水费				
	电费				
	运费				
	工资				
	经营劳务费				
	住房公积金				

续表

类别	类别明细	本月发生数	本年发生数	吨油费用	原因分析
	修理费				
	取暖费				
	低值易耗品购置				
	业务招待费				
	会议费				
	办公费				
	通讯费				
	报刊费				
	差旅费				
	环境卫生费				
	绿化费				
	咨询费				
	其他				
利润总额					

制表：　　　　　　　　　　　　复核：　　　　　　　　　　　　站长：

加油站模拟核算一般按以下流程进行：首先收集数据，其次进行数据计算，再次根据计算的数据编制报表，最后分析并依据结果提出建议。

加油站模拟核算月报表的编制是按照加油站模拟核算的流程来进行的。

（1）数据的搜集。一般进行编制报表时要对以下数据进行计算并汇总：

① 购进总量是指加油站某一时期从主管部门购进或调入的各种成品油总量。

② 销售总量指加油站某一时期各种成品油销售的总量，含不通过加油机而直接销售的数量。

③ 加油总量指加油站某一时期通过加油机加出去的成品油总量。

④ 销售收入是指加油站对外销售油品取得的收入（这里指不含税的销售收入，销售报表一般为含税销售收入）。公式为：

销售收入 = 不含税销售收入 = 不含税销售单价 × 销售总量

⑤ 销售成本是指加油站对外销售油品的进价成本（不含税）。若是非独立核算的加油站，销售成本一般由上级主管部门下达进价成本。公式一般为：

销售成本 = 不含税的内部调拨价（批发价） × 销售总量

⑥ 毛利是指销售收入减去销售成本的差额。

毛利 = 销售收入 − 销售成本

吨油毛利 = 毛利 ÷ 销售总量

⑦ 费用总额是指加油站在经营中所支付的各项费用，包括运杂费、职工工资、临时工工资、水电费、修理费、办公费、电话费、业务招待费、库存商品损耗、租赁费、折旧费等费用。

⑧ 营业利润是指销售收入减去销售成本减去销售税金及附加减去费用总额后的余额。

公式为：

营业利润＝销售收入－销售成本－销售税金及附加－费用总额

除收集以上数据外，还要知道加油站在职职工人数、加油站投资额、月计划任务额等指标。

（2）数据的计算。收集好各项指标的数据后，进行一些较简单的计算，计算出人均销售量、人均加油量、人均利润额、吨油费用额、吨油利润额、销售利润率、投资回报率等指标数，各项指标的计算公式如下：

人均销售量＝销售总量÷加油站人数

人均加油量＝加油总量÷加油站人数

人均利润额＝利润总额÷加油站人数

吨油费用额＝费用总额÷销售总量

吨油利润额＝利润总额÷销售总量

销售利润率＝（利润总额÷销售收入）×100%

投资回报率＝（利润总额÷加油站投资额）×100%

（3）编制报表。根据以上收集和计算的数据，可以根据加油站的实际情况设计表格，将数据填入表格。在时间上可以按照月、季或年进行编制；在项目上可以设置：上年同期数、上期数，本期数据与上年同期数据、上期数据，本期累计数与上年累计数，本期或累计完成年计划指标比例数进行编制。

（4）分析建议。根据表中数据，对各项目增减变化进行分析，找出变化的原因、影响的因素；提出改善经营、扩大销售、降费增效的建议，并提出今后加油站的工作重点。写成书面材料。

4.2.6　报表分析

4.2.6.1　报表的分析方法

加油站月报表的分析是根据加油站的会计报表及其他相关资料为主要依据，利用一系列专门的分析方法，揭示财务数据之间的联系，借以评价加油站财务状况和经营结果，从而为改进加油站财务管理工作和优化经济决策提供重要的财务信息。

开展加油站月报表分析，需要运用一定的方法，将加油站的会计资料加以科学的处理，剖析其相互之间的因果关系或关联程度，观察其发展趋势，推断其可能导致的结果。这些方法有比较分析法、结构分析法、比率分析法、因素分析法。

（1）比较分析法。比较分析法是将两个以上相同的财务指标进行对比，以揭示其差异的方向与程度的一种方法。一般有以下几种形式：实际指标与计划指标相对比；本期实际指标与历史实际指标相对比；本加油站实际指标与同行业（或先进行业）同类指标相对比。

通过各经济指标对比，揭示其差异，从而确定：

① 造成差异的主要原因。

② 造成差异的因素是有利的还是不利的。

③ 加油站是否有能力采取措施消除不利差异，保持和发展有利差异。在同行业的各企业之间进行分析比较时，往往会因为各企业规模不同，造成一些差异，因此，在进行这类比较时要注意各企业是否存在比较的适当基础。如加油站某月实际经营费用可以与计划经营费用相比较；可以与上年同期实际经营费用、上月实际经营费用比较；也可以与规模相近的加油站的经营费用指标相比较，从而揭示其计划完成程度、未来发展趋势和先进程度，确定造成差异的主

要原因是什么，此差异是有利的还是不利的，应如何消除不利差异或如何保持有利差异。

（2）结构分析法。结构分析法也叫结构比例法是计算某项财务指标的各组成部分数值占总体数值的百分比，反映部分与总体的关系，从而考察总体中某个部分的形成和安排是否合理，以便协调各项财务活动。其计算公式为：

$$结构比率 = 某个组成部分数值 \div 总体数值 \times 100\%$$

（3）比率分析法。比率分析法是将影响财务状况的两个相关因素联系起来，通过计算比率，反映它们之间的关系，借以评价加油站财务状况和经营结构的一种方法。比率分析的形式有百分率（如流动比率为300%）、比率（如流动比率为1∶2）、分数（如净利润为销售收入的1/3）。

（4）因素分析法（略）。

采用以上四种方法分析时应注意以下几点：

① 对比项目的相关性。计算比率的子项和母项必须具有相关性，把不相关的项目进行对比是没有意义的。在结构比率指标中，部分指标必须是总体指标这个大系统中的一个小系统；在效率比率指标中，投入与产出必须有因果关系；在相关比率指标中，两个对比指标也要有内在联系。

② 对比口径的一致性。计算比率的子项和母项必须在计算时间、范围等方面保持口径一致。

③衡量标准的科学性。科学合理的对比标准有：预定目标，如预算指标、设计指标、定额指标、理论指标等；历史标准，如上期实际、上年同期实际、历史先进水平等；行业标准，如主管部门或行业协会颁布的技术标准、国内外同类企业的先进水平、国内外同类企业的平均水平等；公认标准。

4.2.6.2 报表分析的书写

加油站报表分析报告是对加油站财务分析结果的概括与总结，它对加油站的经营者、投资者、债权人及有关单位或个人了解加油站生产经营与财务状况，进行投资、经营、交易决策都有重要意义。

（1）加油站报表分析报告的编写要求。

① 突出重点、兼顾一般。编写报告时，必须根据分析的目的和要求，突出分析的重点，不能面面俱到。但突出重点并不意味着可忽视一般，在对重点问题的分析时，兼顾一般问题，有利于做出全面正确的评价。

② 观点明确、抓住关键。对报告内容的每一部分的编写，都应观点明确，指出加油站经营活动和财务活动中取得的成绩和存在的问题，并抓住关键问题进行深入分析。

③ 注重时效、及时编报。报告具有很强的时效性，尤其对决策者而言，及时的报告意味者决策成功的一半。

④ 客观公正、真实可靠。如果报告不能做到客观公正，人为地夸大某些方面，缩小某些方面，甚至搞弄虚作假，则会使报告的使用者得出错误结论，造成决策失误。

⑤ 报告清楚、文字简练。报告清楚一是指报告必须结构合理、条理清晰；二是指报告的论点和论据清楚；三是报告的结论要清楚。文字简练是指在报告编写中，要做到言简意赅，简明扼要。

（2）加油站报表分析报告的内容及格式。

① 标题。标题由单位名称、报告适用的时间和文种三部分形成。如“某股份有限公司

某加油站2004年12月报表分析报告”。

② 正文。正文内容包括：

（a）基本财务情况反映。这部分主要说明加油站各项财务指标的完成情况，包括：加油站盈利能力情况，如利润额及增长率等；加油站营运状况，如资产来源与运用状况、资产结构变动等；加油站权益状况，如加油站负债结构、所有者权益结构的变动情况等；加油站偿债能力状况，如资产负债率、流动比率和速动比率的情况等；加油站油品成本的升降情况；加油站的性质、规模、职工人数等情况。

（b）主要成绩和重大事项说明。这一部分在反映加油站总体财务状况的基础上，主要对加油站经营管理中取得的成绩及原因进行说明。例如，利润取得较大幅度的增长，主要原因是加油站费用的降低。问题分析一要抓住关键问题，二要分清原因。

写作时可用序号分条列项对问题进行说明分析，也可以多用表格的形式来表达。

（3）落款。落款处写明报告的编制单位名称及时间，并加盖单位的公章。

4.3 加油站财务管理

4.3.1 财务管理的定义

财务管理是基于企业生产经营过程中客观存在的财务活动和财务关系而产生的，它是利用价值形式对企业生产经营过程进行的管理，是企业组织财务活动、处理与各方面财务关系的一项综合性管理工作。

所谓财务活动是指资金的筹集、投放、使用、收回及分配等一系列行为。加油站的资金运动指加油站的资金随着购进、销售等经济业务的进行，从货币资金开始，经过非货币资产最终又变为货币资金的过程。加油站资金不断的循环和运动即构成加油站的资金运动。加油站的资金运动，从表面上看是钱和物的增减变动，其实，钱和物的增减变动都离不开人与人之间的经济利益关系。

企业财务关系是指企业在组织财务活动过程中与有关各方所发生的经济利益关系。企业的财务关系可概括为企业与投资者之间的财务关系、企业与债权人之间的财务关系、企业与受资者之间的财务关系、企业与债务人之间的财务关系、企业与政府之间的财务关系、企业内部各单位之间的财务关系、企业与职工之间的财务关系。

4.3.2 财务管理的目标

财务管理目标是指在特定的理财环境中，通过组织财务活动，处理财务关系所要达到的目的。它决定着财务管理的基本方向。从根本上说，财务管理目标取决于企业生存目的或企业目标，取决于特定的社会经济模式。从现代企业财务管理理论和实践来看，最具有代表性的财务管理目标有以下几种观点：企业价值最大化、利润最大化、每股利润最大化。

4.3.2.1 企业价值最大化

投资者建立企业的重要目的在于创造企业的财富，这种财富首先表现为企业的价值。企业的价值不是指账面资产的总价值，而是企业全部财产的市场价值，它反映了企业潜在或预期获利能力。该目标考虑了资金时间价值和风险因素；反映了对企业资产保值增值的要求，从某种意义上说，股东财富越多，企业市场价值就越大；有利于克服管理上的片面性和短期行为；有利于社会资源合理配置。

加油站应以追求其价值最大化为财务管理目标。加油站的财务管理工作，首先要保证以收抵支，偿还到期债务；其次要开源节流使加油站获利最大；最后要争取使加油站的资产最大限度地升值，从而使加油站的价值达到最大化。

加油站的财务管理标准是：

（1）库存商品和现金（票证）做到班组核算、日清月结、按月盘点、及时申报损耗，做到账账相符，账实相符；

（2）每月做好加油站模拟核算工作，编制及分析报表；

（3）规范加油站账表资料的填写及妥善保管加油站的账表资料；

（4）有效保证库存商品和现金（票证）的安全；

（5）开源节流，使资金运动良性循环，保障加油站价值的最大化。

4.3.2.2 利润最大化

利润最大化是假定在企业的投资预期收益确定的情况下，财务管理行为朝着有利于企业利润最大化的方向发展。利润是企业补充资本、扩大经营规模的源泉。因此，以利润最大化为理财目标是有一定的道理的，但该指标的不足之处有：

（1）没有考虑资金时间价值。如：甲、乙两个加油站在相同的原始投资资金 100 万元的条件下，都获得 50 万元的利润，但其中甲加油站仅用了 10 个月的时间，而乙加油站则花费了 4 年时间。若不考虑资金时间价值，投资甲、乙两加油站就难以做出正确的判断。

（2）没有反映创造的利润与投入的资本之间的关系。

（3）没有考虑风险因素，片面追求利润最大化，可能导致企业短期行为。

4.3.2.3 每股利润最大化

资本利润率是利润额与资本额的比率。每股利润是利润额与普通股股数的比值。这里利润额是净利润。这个目标能够说明企业的盈利水平，可以在不同资本规模的企业或同一企业不同期间之间进行比较，如：甲、乙两个加油站在相同的的一年时间里，都获得了 100 万元的利润，但甲加油站是在 500 万元原始投资额的情况下获得的，而乙加油站则在 1000 万元原始投资额的情况下获得的。联系了甲、乙两加油站的投资额，就可以做出正确的投资方案。但该指标的不足之处有：

（1）没有考虑资金时间价值和风险因素。

（2）不能避免企业的短期行为，如忽视加油站的安全作业和履行社会责任等。

4.3.3 加油站财务管理制度

加油站财务管理指加油站从油品进货到销售过程中的财务管理事项，从组织机构及人员设置上可划分为财务管理机构、财务管理人员、财务核算人员、加油操作员；从财务管理内容可划分为筹资管理、投资管理、资产管理、现金管理、成本费用管理、价格管理、发票管理、收入和利润分配管理。从财务管理内控制度上应分别设置财务管理机构职责、财务管理人员职责、财务核算人员职责。

4.3.3.1 财务管理机构的职责

财务部门是加油站财务管理的主管部门，加油站负责人是本站财务管理的第一责任人；加油站账务人员是本站财务管理的直接责任人。财务管理机构的职责一般为：

（1）依据国家政策法规和上级有关规章制度，结合本加油站实际，制定加油站财务管理实施办法。

（2）配合其他管理部门健全本加油站相关账表体系。

（3）按时接收、审核加油站上报的销售日报表、付油日报表、加油站商品盘点月报表及银行进账单等原始记账凭证，及时做好相关账务处理。

（4）配合相关部门定期做好加油站库存盘点，保证实物库存量与账面数字一致。

（5）协调银行做好营业款的核实和收缴工作。

（6）负责加油站记账审核，以及记账加油、代保管、代存代付等合同中结算条款的审定工作。

（7）负责对加油站相关财务操作及管理人员的会计培训。

（8）对加油站财务管理工作进行评价，并提出奖惩建议。

4.3.3.2 财务管理人员的职责

加油站财务管理人员一般有：加油站负责人、账务人员、加油员等。

（1）加油站负责人财务管理职责。

① 负责组织安排本站的财务管理工作，确保工作正常、有序、规范。

② 负责审核本站有关账表单据，确保账表单据填写内容符合规定，数字真实、准确、完整。

③ 负责加油站营业款安全、及时地缴存银行。

④ 负责加油站各种票证的安全管理。

（2）加油站账务人员财务管理职责。

① 熟悉上级规定的有关财务制度和财经纪律及加油站账务管理制度，规范操作，按章办事。

② 正确反映商品流转情况，做到账账相符、账实相符。负责登记本站有关账表，做到数据真实、准确、完整、及时。在进货验收记账时，对散装油品，首先应依据油品交运单及计量结果填写《加油站进油核对单》；其次，应依据《加油站进油核对单》登记《加油站油品分罐保管登记账》；对整装油品及其他商品，首先依据整装油品及其他商品的进货凭证，核对品种、数量，填写入库单和商品明细账；再依据入库单登记商品保管账。在销售记账时，对散装油品应依据《加油站付油日报表》和《加油站销售日报表》中散装油品的出库量和销售量，填写《加油站油品分罐保管登记账》和《加油站库存商品明细分类账》；对整装油品及其他商品 应依据《加油站销售日报表》中整装油品的销售量，登记商品明细账和商品保管账；依据《加油站销售日报表》中其他商品销售量，登记其他商品明细账和保管账。

③ 现金、票证的结算工作做到日清月结，及时填报各种报表，及时上缴营业款。

④ 负责汇总、核算本站的资产、负债、所有者权益、收入、成本、费用及利润。

⑤ 熟悉本岗位安全防范知识，妥善保管本站现金、账册、凭证、单据及有关印章。

（3）加油站加油员财务管理职责。

① 熟悉上级规定的有关财务制度和财经纪律及加油站现金、支票、加油卡、发票等管理制度，规范操作，按章办事；加油员开具发票时要熟知商品性能、用途和价格，熟练掌握操作规程，熟练使用电子结算设备，加油员依据客户购油数量、金额开具发票，开具发票时应项目齐全，无涂改现象；加油员收取现金时，首先要唱加油数量和应收钱数，双手接过客户的现金，同时要唱接收的现金数；其次要甄别钱币的真伪，防止收进假币；收款时若需找零，要唱找零的钱数，若需开发票，加油员应迅速到站内如实开出发票，双手送到客户手中；最后微笑致谢。加油员收取支票时，要查验支票是否折损，印鉴是否清晰齐全，日期、用途等是否填写正确，验明并登记持票人有效证件，待银行通知款到后再付油，防止诈骗行

为。每班营业终了，抄写本班加油机泵码走字数，同时将本班的全部收入清点核对后交给账务人员，并办理相关交接手续。

② 营业中收到的现金超过规定限额时，要及时存入保险柜。

③ 及时清理、上交收取的各种票证。

4.3.4 加油站财务风险管理

加油站在一刻不停地营运，在这个营运中财务风险管理始终贯穿着加油站的每一个工作流程，从购进商品到储存商品再到销售商品；从班组核算到开具发票、编制账表再到上缴营业款、计算盈亏，无处不体现出财务风险管理。风险管理对所有加油站都起着至关重要的作用，加油站要运用各种有效的风险管理策略对财务风险进行预控，并将风险转化为收益，保证加油站经济利益免受损失。

4.3.4.1 财务风险管理的概念

风险是客观存在的一些没有被认识到的变量或事件，风险损失是由于这些变量本身的不确定性造成的。风险是由风险因素、风险事故、风险损失构成的统一体。风险因素是对所有可能导致风险发生的各种因素的总称。风险事件是各种风险因素作用下发生的不利的风险事件。风险损失是风险事故发生所造成的损失。风险的特点是：广泛性、不确定性、不利性、风险收益关联性。

财务风险管理是风险管理的一个分支，是一种特殊的管理功能，是在前人的风险管理经验和近现代科技成就的基础之上发展起来的一门新的管理科学。加油站财务风险管理是指在加油站的各项财务活动中，由于内外部环境及各种难以预计或无法控制的因素影响，在一定时期内加油站的实际财务收益与预期财务收益发生偏离，从而蒙受损失的可能性。加油站的经营主体对其财务活动过程中存在的各种风险进行识别、度量和分析评价，并适时采取及时有效的方法进行防范和控制，以经济合理可行的方法进行处理，以保障财务活动安全正常开展，保证其经济利益免受损失的管理过程。财务风险管理是由风险识别、风险度量和风险控制等环节组成的。财务风险管理的目标是降低财务风险，减少风险损失。因此，在财务风险管理决策时要处理好成本和效率的关系，应该从最经济合理的角度来处置风险，制定财务风险管理策略。风险的动态性决定了财务风险管理是一个动态的过程。由于加油站内外环境不断变化，因此，在财务风险管理计划的实施过程中，应该根据财务风险状态的变化，及时调整财务风险管理方案，对偏离财务风险管理目标的行为进行修正。

4.3.4.2 财务风险管理的程序

（1）定义。财务风险管理程序是指通过风险识别、风险度量和风险控制这一系列方法，从而使决策者对风险及其原因、后果和可能性有更充分的理解并达到控制风险的过程。它有助于为以下决策提供信息：

① 是否应该开展某些活动；

② 如何充分利用时机；

③ 是否需要应对风险；

④ 选择不同风险的应对策略；

⑤ 确定风险应对策略的优先次序；

⑥ 选择最适合的风险应对策略，将风险的不利影响控制在可以接受的水平。

（2）风险识别。

① 风险识别的定义。风险识别是指发现、列举和描述风险要素的过程。在风险事故发

生之前，对风险所作的定性判断。加油站中的风险并不都是显露在外的，未加识别或错误识别的风险通常不仅是难以优化管理的风险，而且还会造成意料之外的损失，所以在这一阶段，风险识别的手段，相关信息的收集、辨别，风险的汇总、分类，风险走势的监测都是必要的。风险识别是风险管理程序的基础，是确定加油站财务活动的哪些环节有风险，产生的原因是什么，风险的影响范围如何。

② 风险识别的要求。风险识别工作的两个重要要求：

（a）完整性。确保主要风险没有遗漏；

（b）准确性。确保识别出的风险是真正的风险。

③ 风险识别的方法。风险识别的方法有：风险自我评估法、流程图分析法、风险树图解法、头脑风暴法等。

（a）风险自我评估法是指先选定业务流程后，再通过确定风险事件、分析风险来源、确定风险影响范围、风险影响因素和对应流程步骤并找出业务流程风险关键点，最后形成风险识别底稿的一种风险识别方法。该方法可用于加油站各业务部门或管理部门人员自我评估所面临的风险的方法之一，是一种重要识别加油站风险的一种方法。其流程图如图 4-4 所示。

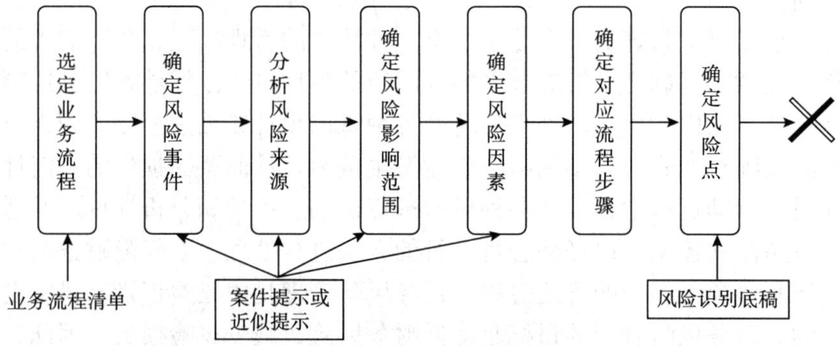

图 4-4　风险自我评估流程图

（b）流程图分析法是指将加油站的各项业务活动或管理活动按照其内在的逻辑联系建立一系列的流程图，针对流程图中的每一个环节逐一进行调查、研究和分析，从中发现潜在的风险的一种风险辨识方法。使用该方法应熟悉流程的每一个环节；掌握每一个环节中涉及的业务。应注意的事项是：本着审慎和悲观的原则进行分析；适当考虑风险点和控制点的结合与反推；尽量避免对风险理解的绝对化倾向。

（c）风险树图解法是以图解的形式，将加油站风险逐层予以分解，使加油站管理者可以顺藤摸瓜，最终找到自己所承受的风险的具体形态。鉴于风险分散后的图形呈树枝状，故称“风险树”。采用这种建立风险树的识别方法，加油站管理者可以清晰、准确地判明自己所承受风险的具体形态及其性质，从而简单、迅速地认清自己所面临的局面，为以后的相关决策提供科学的依据。

（d）头脑风暴法是一种通过集思广益、发挥团体智慧，从各种不同角度找出问题所有原因或构成要素的会议方法。有四大原则：严禁批评、自由奔放、多多益善、搭便车。

（3）风险度量。

① 风险度量的定义。风险度量是指在风险识别的基础上，运用各种方法，对风险的大小进行计量的过程，并将该过程形成风险度量底稿的一种方法。对风险条件下某种财务活动

的风险进行的测试和估算，以确定财务活动的风险程度，从而为财务决策提供必要的信息和依据。在不同的时间、不同的发生地点，风险及发生损失的程度是有差别的。

加油站管理者进行风险度量时要考虑导致风险的原因和风险源、风险事件的正面和负面的后果及其发生的可能性、影响后果和可能性的因素、不同风险及其风险源的相互关系以及风险的其他特性，还要考虑现有的管理措施及其效果和效率。

② 风险度量方法的分类。风险度量方法的分类：按其是否可计量，分为可计量风险和不可计量分险。

可计量风险是指可以运用数学方法进行计算，并通过相关指标的大小判断风险的大小。常用的计量方法有：数理统计法、杠杆分析法和资本资产定价模型。

不可计量风险是指用文字来描述风险的可能性、后果和程度。如：

（a）对风险可能性的度量有：罕见、不太可能、可能、很可能。

（b）对风险后果的度量有：极小、较小、中等、较大、极大。

（c）对风险程度的度量有：极度风险、大风险、中等风险、低风险。

（4）风险控制。

① 风险控制的定义。风险控制是在风险识识别和风险度量的基础上，进行风险与效用之间关系的比较分析，并将风险收益与控制风险所需成本进行比较，以确定加油站对风险采取何种态度，准备冒多大风险去实现经营目标，以及采取何种风险控制策略等的过程，并将该过程形成风险控制底稿的一种方法。

② 风险控制方法的分类。分为两类：制度控制和技术控制。

（a）制度控制基本上属于管理的范畴，包括与风险事件相关的组织机构设置、人员配备，制度设计，无一不与风险控制有着千丝万缕的联系，都是风险控制的制度体现。

（b）技术控制的方法主要有分散法、转移法、回避法等。

4.3.4.3 财务风险管理的策略

（1）财务风险管理策略的定义。财务风险管理策略是修正风险的过程中采取的方法或措施。它包括：

① 通过决定不启动或停止产生风险的活动而避免风险。

② 为了追求机会采取或增加风险。

③ 消除风险源。

④ 改变可能性。

⑤ 改变后果。

⑥ 与其他方面共同分担风险（包括合同、风险融资）。

⑦ 通过有事实依据的决策保留风险。

（2）风险管理策略的内涵。

① 确定风险控制的最低要求。

② 确定管理冲突的协调机制和价值取向。

（3）风险管理策略的要求。

① 可行性、可靠性。

② 先进性、安全性。

③ 经济合理性。

④ 技术保障和服务能力。

（4）风险管理策略的方法。

① 规避风险策略。

（a）规避风险策略的定义。规避风险策略是放弃某一活动或拒绝承担某种风险以回避风险损失的一种方法。

（b）规避风险策略的方式. 一种是先期回避即将特定的风险单位予以根本的免除；另一种是中途放弃即中途放弃某些既存的风险单位。选择的原因是承担或继续承担风险的成本将大大超过回避的可能费用。

（c）规避风险策略的适用性。采用该方法必须考虑的因素：第一，某些风险是无法回避的；第二，采取该方法在经济上未必适当，某些风险即时可以避免，但就经济效益而言也许不合适；第三，避免了某一风险，有可能产生新的风险。

最适合采用该方法避免风险的情况有：第一，某种特定风险所致的损失概率和损失程度相当大；第二，频率虽然不大但后果严重且无法得到补偿的风险。

（d）规避风险策略的优缺点。

a. 优点。简单、易行、彻底。是一种有效的普遍应用的方法，将从根本上排除风险来源和风险因素，从而避免可能存在的潜在损失和不确定性。

b. 缺点。导致机会有限。规避某种风险意味着放弃了某种获利的机会；规避了一处风险可能导致了别处产生风险或加大了某种已经存在的风险；有些风险是无法或很难规避的。

② 预防风险策略。

（a）预防风险策略的定义。预防风险策略是一种事前的风险控制技术，即在损失发生前采用各种措施尽量消除造成风险的一切原因，以达到减少损失频率或使损失不发生的目的。

（b）预防风险策略的方式。一是消除或减轻风险因素；二是改变或改善风险存在风险因素的环境；三是抑制风险因素和环境。

③ 分散风险策略。分散风险策略是将风险单位分散成各个独立的较小单位，避免同一风险事件波及较大的范围，已达到减少损失的目的的一种方法。它未必能减少损失发生的次数，但它能减少发生重灾的可能性。

④ 转移风险策略。

（a）转移风险策略的定义。转移风险策略是指面临风险的单位或个人将其损失有意识地转给与其有相互利益关系的另一方承担。

（b）转移风险策略的方式。一种是将可能遭受损失的财产转嫁出去，转嫁可能会引起风险及损失的活动；另一种是将风险及其损失的财务结果转嫁出去，而不转移财产本身，在进行风险转嫁的同时，必须付出一定的代价。

（c）转移风险策略的具体方法。出售、分包、保险、开脱。

4.4 税法知识

4.4.1 增值税

4.4.1.1 增值税的定义

增值税是对在我国境内销售货物或者提供加工、修理修配劳务（以下简称“应税劳务”），交通运输业、邮电业、电信业、部分现代服务业（以下简称“应税服务”），以及进口货物的企业单位和个人，就其销售货物、提供应税劳务、提供应税服务的增值额和货物进口金额为计税依据而课征的一种流转税。增值税是以商品（含应税劳务和应税服务）在流转过程中产生的增值额作为征税对象而征收的一种流转税。对加油站销售油品及其他经营过程中新创造的价值部分，应当征收增值税。

现行增值税征税范围的一般规定：

（1）销售或者进口货物。货物是指有形动产，包括电力、热力、气体在内。销售货物，是指有偿转让货物的所有权。加油站销售的油品及其他商品为增值税的征税对象。

（2）提供应税劳务。提供应税劳务是指纳税人提供的加工、修理修配劳务。

加工是指受托方加工货物，即委托方提供原料及主要材料，受托方按照委托方的要求制造货物并收取加工费的业务；修理修配是指受托对损失和丧失功能的货物进行修复，使其恢复原状和功能的业务。提供应税劳务，是指有偿提供加工、修理修配劳务。

（3）提供的应税劳务。应税服务，是指陆路运输服务、水路运输服务、航空运输服务、管道运输服务、邮政普遍服务、邮政特殊服务、其他邮政服务、基础电信服务、增值电信服务、研发和技术服务、信息技术服务、文化创意服务、物流辅助服务、有形动产租赁服务、签证咨询服务、广播影视服务。提供的应税劳务，是指有偿提供应税服务，但不包括非营业活动中的应税服务。

4.4.1.2 增值税的纳税人

增值税的纳税人是指在中国境内销售或者进口货物、提供应税劳务和应税服务的单位和个人。单位包括企业、行政单位、事业单位、军事单位、社会团体和其他单位。个人包括个体工商者及其他个人。增值税纳税人按会计核算水平和经营规模分为一般纳税人和小规模纳税人两类纳税人。

小规模纳税人是指年销售额在规定标准以下，并且会计核算不健全，不能按规定报送有关税务资料的增值税纳税人。所称会计核算不健全是指不能正确核算增值税的销项税额、进项税额和应纳税额。

一般纳税人的认定标准是指年应征增值税销售额（以下简称“年应税销售额”），超过财政部、国家税务总局规定的小规模纳税人标准的企业和企业性单位（以下简称企业）。

4.4.1.3 增值税的税率

增值税采用比例税率形式。我国现行增值税税率包括：

（1）基本税率。增值税一般纳税人销售或进口货物，提供应税劳务的，提供应税服务，除低税率适用范围外，税率一律为17%。加油站是一般纳税人，按17%的税率征收增值税。

（2）低税率。

① 增值税一般纳税人销售或进口以下货物的按低税率13%计征增值税。

（a）粮食、食用植物油。

（b）自来水、暖气、冷气、热水、煤气、石油液化气、天然气、沼气、居民用煤炭制品。

（c）图书、报纸、杂志。

（d）饲料、化肥、农药、农机、农膜。

（e）国务院及其有关部门规定的其他货物。

（f）国务院规定的其他货物。

② 提供交通运输业服务，税率为11%。

③ 提供邮政服务，税率为11%。

④ 提供基础电信服务，税率为11%；提供增值电信服务，税率为6%。

⑤ 提供部分现代服务业务服务税率为6%。如：非油品销售收入，代理业务（如代理彩票、电话卡、代收代缴业务手续费收入）、物流辅助服务（如仓储服务）、广告服务（如商品展示服务）、其他服务（如汽车美容服务、餐饮服务），按6%计算销项税（如果销售食品成品则应按照销售货物按17%计算销项税）。

（3）零税率。纳税人出口货物和财政部、国家税务总局规定的应税服务，税率为零。

（4）小规模纳税人适用税率。小规模纳税人增值税征收率一律调整为3%；交通运输业、邮电业、电信业和部分现代服务业营业税改征增值税中的小规模纳税人使用3%的征收率。

4.4.1.4 增值税应纳税额的计算

（1）一般纳税人适用的计税方法。一般纳税人销售货物或者提供应税劳务和应税服务适用一般计税方法计税。其计算公式是：

当期应纳增值税税额 = 当期销项税额 − 当期进项税额

= 当期销售额 × 适用税率 − 当期进项税额

当期应纳税额的多少，取决于当期销项税额和当期进项税额这两个因素。而当期销项税额的确定关键在于确定当期销售额。

① 销项税额是纳税人销售货物或提供应税劳务和应税服务，按照销售额或提供应税劳务和应税服务收入与规定的税率计算并向购买方收取的增值税额。它是由购买方在购买货物或者应税劳务和应税服务支付价款时，一并向销售方支付的税额。其计算公式为：

销项税额 = 销售额 × 适用税率

一般销售方式下的销售额是指纳税人销售货物或提供应税劳务和应税服务向购买方所收取的全部价款和价外费用。特别需要强调的是，由于增值税采用价外计税方式，要用不含税价作为计税依据，因而应将不含税的销售额与销项税额分离开来。其计算公式为：

不含税销售额 = 含税销售额 ÷（1 + 税率）

加油站开具的普通发票中的销售额是含有增值税的销项税额的。

例4-1 某加油站某日97号汽油的挂牌零售价为4.68元/升，销售10000升，均开具普通发票，适用增值税率为17%，求该油品的不含税销售额。

解： 不含税销售额 = 含税销售额 ÷（1 + 税率）

该油品不含税销售额 = 10000 × 4.68 ÷（1 + 17%）= 40000元

答： 该油品不含税销售额为40000元。

例4-2 某加油站某日97号汽油的挂牌零售价为4.68元/升，销售的10000升97号汽油均开的是普通发票，该油品适用增值税率为17%，计算该油品的销项税额。

解： 销项税额 = 销售额 ×（税率）

该油品不含税销售额 = 10000 × 4.68 ÷（1 + 17%）= 40000元

该油品销项税额 = 40000 × 17% = 6800元

答： 该油品销项税额为6800元。

② 进项税额是指纳税人购进货物或接受应税劳务和应税服务支付或负担的增值税额。它与销项税额相对应。在开具增值税专用发票的情况下，它们之间的对应关系是，销售方收取的销项税额就是购买方支付的进项税额。对于任何一个一般纳税人而言，由于其在经营活

动中，既会发生销售货物或提供应税劳务和应税服务，又会发生购进货物或接受应税劳务和应税服务，因此，每一个一般纳税人都会有收取的销项税额和支付的进项税额。增值税的核心就是用纳税人收取的销项税额抵扣其支付的进项税额，其余额为纳税人实际应缴纳的增值税额。应注意的是，并非企业支付的所有进项税额都可以从销项税额中抵扣。

③ 增值税应纳税额的计算。一般纳税人在计算出销项税额和进项税额后就可以得出实际应纳税额。

例 4-3 假设某加油站为一般纳税人，某加油站某日 97 号汽油的挂牌零售价为 4.68 元/升，销售的 10000 升汽油均开的是普通发票，油品的进项税额为 5800 元，该油品适用增值税率为 17%，求该油品增值税应纳税额是多少元?

解: 应纳税额 = 当期销项税额 - 当期进项税额

当期销项税额 = 10000 × 4.68 ÷ (1 + 17%) × 17% = 6800 元

应纳税额 = 6800 - 5800 = 1000 元

答: 该油品增值税应纳税额为 1000 元。

第 5 章　工艺与设备

5.1 概　　述

设备是加油站的核心。其选型是否正确，安装、调试、使用操作是否规范，维护保养是否到位，维修是否及时直接关系着设备能否时刻处于良好的技术状态，对于提高设备的使用率和使用寿命，降低维修费用，确保加油站正常、安全运营，提高经济效益具有十分重要的意义。

5.1.1　加油站设备分类

加油站设备按其使用性质来划分一般分为储输油设备、加油设备、电气设备、通信及监控设备四大类。

5.1.1.1　储输油设备

储输油设备包括储油设备和输油设备。储油设备是指用来储存油品的油罐及其附件；输油设备一般指输油管道（亦称输油管线），用来输送油品，由管子及管件组成。

5.1.1.2　加油设备

目前加油站使用的加油设备主要是加油机，加油机全称是机动车燃油加油机，是供机动车灌注燃油的计量系统，它包括容积式流量计、附加装置和辅助装置。容积式流量计是计量油品累计体积量的流量计，它由测量变换器、计数和指示装置组成。附加装置是加油机保证供油的装置，如油泵、油气分离器、电磁阀、视油器、耐油胶管和加油枪等装置。辅助装置是用于实现加油机其他特殊功能的装置，如加油数量、金额指示及预置、IC 卡读取、报税接口、总量显示和复零等装置。

5.1.1.3　电气设备

加油站电气设备主要包括供电、发电、配电设备，如电力变压器、发电机组、配电屏（箱）及架空线路、避雷器、计量表、输送线路、接地体等。

5.1.1.4　通讯及监控设备

加油站通讯设备主要有电话和 IC 卡管控系统，IC 卡管控系统主要有：工控机（PC）、显示器、打印机、不间断电源（UPS）、集线器（HUB）、调制解调器、多串口卡等单元组成。加油站监控设备主要采用的是数字监控设备，其主要监控区域是油罐区、开票室（收银台）、加油作业区和便利商品自选区等。

5.1.2　加油站设备的发展

为了使加油站更安全、更环保、操作者更健康（HSE），加油站在改进的同时学习了先进经验、加强了油站技术改造。就拿油气治理来说，改进卸油装置，从密闭卸油发展到卸油油气回收（还原），从油站设备的技术改造，到新科技成果的应用，使加油站的设备不断地更新换代。

5.1.2.1　发展历程

纵观历史发展，20 世纪初的加油方式与今天相比变化巨大，从无电加油到用电加油，从机械记数到电子记数，特别是本世纪初，从普通电脑加油机发展到税控加油机、IC 卡加油机以及今天的自助加油机，处处体现了科技的发展带动了企业的进步，自助加油站的油枪最终落到了顾客的手中，这是一种人文的体现。

5.1.2.2　发展方向

现代化的管理模式正逐步在引领着加油站电脑技术的开发应用，使用越来越广范，加油机使用了微电脑技术使之工作更方便、更快捷、数据传送更迅速。储罐区液位仪的使用即代替手工尺测量液位，如果液位仪联成网络化，那么物流部门就可以从网络上观看各加油站的销售情况，从而制定配送计划。通讯信息的电话机、传真机增加了电脑网络、工控机网络，未来的监控、液位仪也会网络化。

监控系统是加油站的警卫，时刻监控着加油作业场地、油罐区域、开票收银台、超市等，使加油站的现场管理有记录备查。在储油设备的油罐、进出油管线增加油气回收系统，使加油站经营环境更加清洁环保。

5.2　储输油设备

5.2.1　储输油设备

5.2.1.1　油罐的分类

储油罐是加油站的储油设备，一般采用 15～$50m^3$ 的卧式油罐，并采用直接覆土埋设在地下。地下罐的埋设深度由工艺安装计算确定，一般为 800～1000mm。其优点是蒸发损耗少，安全可靠。卧式罐一般用 5mm 以上钢板卷制焊接而成，罐内焊有型钢焊接的加强环，根据油罐两端封头的形状，卧式罐可分为平顶罐和碟形顶罐（如图 5-1 所示），平顶罐的结构和制作比较简单，一般用 6～8mm 厚的钢板直接焊接在筒体两端。这种平顶封头的缺点是储罐受力后有较大变形，因此，平顶罐承受的工作压力不超过 0.04MPa，负压不超过 0.001MPa。碟形顶罐结构为中间部分呈球缺形，球半径与油罐筒体直径相同，封头与筒体联结部分采用曲率较大的非圆弧过渡。卧式油罐还可以分为螺旋罐和卷筒罐。卷筒罐是目前加工制造最多的一种形式。储油罐在埋地前必须进行防腐处理，并应采用不低于加强级的防腐绝缘保护层，投产后须定期清罐、排污，并检查油罐的腐蚀程度。

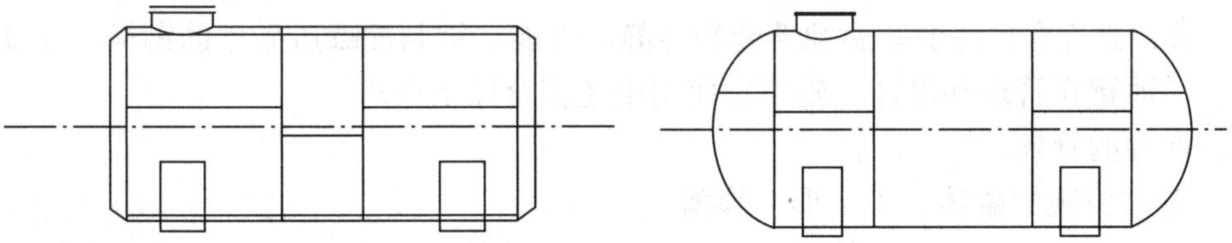

（a）平顶油罐　　（b）碟形顶油罐

图 5-1　卧式油罐示意图

5.2.1.2　油罐的附件介绍

油罐附件一般有人孔、通气孔、阻火器、量油孔、双门底阀等。埋地油罐人孔开孔如图 5-2 所示。

（1）人孔。加油站常用的埋地卧式油罐的人孔位于油罐顶部，主要用于油罐和维修人员修理油罐进出及通风排气。

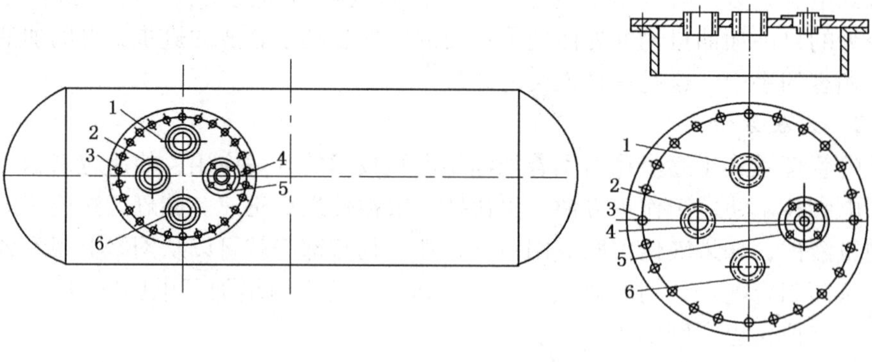

图 5-2　埋地油罐人孔开孔图

1—通气孔；2—量油孔；3—ϕ18 钻孔 24 均布；4—出油孔；5—法兰钻孔；6—进油孔

（2）通气孔。通气孔是由人孔盖引出，每个油罐都有单独的通气管，顶部装有阻火器。

（3）阻火器。是防止外界火焰通过通气管进入油罐的设备。

（4）量油孔。位于人孔上，量油孔内有铝合金制作的量油槽，量油尺应沿量油槽下滑，以防产生火花。

（5）双门底阀（又称单向阀）。如图 5-3 所示，它安装在油罐内吸油管的底部，用于阻止油品在加油机不吸油时从管道和加油机回流到油罐内。

图 5-3　双门底阀外形及构造示意图

5.2.2　油罐

5.2.2.1　油罐的要求

加油站的储油罐应采用卧式油罐。油罐的设计和建造，应满足油罐在所承受外压作用下的强度要求，并应有良好的防腐蚀性能和导静电性能。钢制油罐所采用的钢板的厚度不应小于 5mm。另油罐在管理和设计、施工、使用中还符合以下要求。

（1）油罐的管理。

① 经常注意观察罐体有无变形、渗漏。

② 在清罐时要注意检查罐体腐蚀程度。罐壁局部的余厚小于 2.5mm 或有严重点腐的应停止使用。

③ 每个油罐都应有标明所装油品的明显标志，卸油口宜按汽、柴油安装不同规格的快速接头，从根本上防止混油。

④ 埋地油罐操作井应经常清理，做到无积油、无积水、无杂物，地上油罐应定期检查防腐涂层，及时进行修补。

（2）油舱管理（水上加油站）。

① 经常检查舱壁、船体外板有无变形、渗漏。

② 清洗油舱或修船时要检查船体外板、构件的腐蚀、变形程度，进行船体外板测厚，外板厚度小于设计厚度的70%要挖换。

③ 每个油舱都要在油舱盖上标明所装油品的标志，防止误操作，造成混油。

（3）油罐在设计、施工、使用中应符合下列要求。

① 油罐在埋地之前应按要求做好防腐。

② 加油站的汽、柴油罐应埋地设置，严禁设在室内或地下室内。

③ 当油罐受地下水或雨水作用有上浮的可能时，应采用防止油罐上浮的措施。

④ 油罐的人孔，应设操作井。当油罐设在行车道下面时，人孔操作井宜设在行车道以外。

⑤ 油罐应按规定做好防雷防静电接地。

⑥ 加油站的油罐宜设带有高液位报警功能的液位计。

5.2.2.2 油罐的防腐及安装

（1）油罐的防腐。

① 油罐防腐表面处理。

（a）油罐的表面处理分为除油、除锈和酸洗三种，施工中应根据设计要求及具体条件选择合理的处理方法。

（b）手工除锈。只需要钢丝刷、钢丝绒、砂轮块和砂布等工具磨刷油罐的表面，除去锈层、油垢。由于所用工具简单，操作方便，尽管劳动强度较大仍被广泛应用。

② 油罐的防腐设计。

（a）油罐的外表面防腐设计应符合现行行业标准《石油化工设备和管道涂料防腐蚀设计规范》的有关规定，且防腐等级不应低于加强级。

（b）油罐的防腐采用沥青绝缘防腐时，加强级的防腐由沥青底漆－沥青－玻璃布－沥青－玻璃布－沥青－玻璃布－沥青－聚氯乙烯薄膜组成。防腐层最小厚度为5.5mm。

（2）油罐的安装。

① 油罐安装前检查。油罐在安装前应进行下列检查：

（a）油罐应进行压力试验，试验介质应为温度不低于5℃的洁净水，试验压力应为0.1MPa。升压至0.1MPa后，应停压10min，然后降至0.08MPa，再停压30min，不降压、无泄漏和无变形为合格。若油罐在制造厂已进行压力试验并有压力试验合格报告，则施工现场可不进行压力试验。压力试验后，应及时排除罐内积水。罐内不得有油和焊渣等污物。

（b）对已在制造厂完成压力试验且有完备的证明文件的压力容器，安装前可不进行压力试验，否则应按国家现行标准《压力容器》GB150的规定进行压力试验。

② 油罐安装要求。油罐在安装时应注意：

（a）埋地油罐的设计和建造，应满足油罐在所承受外压作用下的强度要求。

（b）当油罐受地下水或雨水作用有上浮的可能时，应采取防止油罐上浮的措施。

（c）应对埋地油罐基础进行沉降观测，以基础均匀沉降且6d内沉降量不大于12mm为合格。沉降观测的程序为设置观测基准点和液位观测标识；按油罐容积的1/3分期注水，每期稳定时间不得少于12h；油罐充满水后，观测时间不得少于6天。

（d）油罐的顶部覆土厚度不应小于0.5m。油罐的周围，应回填干净的沙子或细土，其厚度不应小于0.3m。

5.2.2.3 油罐的清洗

加油站油罐应按规定，每3~5年清洗一次。结合清洗油罐，要检查油罐内的腐蚀程度，检查防腐层有无破损或渗漏。根据油罐附件的检修周期及内容，按时检查，及时维修，保持性能良好。注意查看油罐观察井水面有无油花，附近植物有枯黄现象。

清洗油罐是将油罐内的油污、杂质清理出油罐的一种行为。是保证加油站油品质量的一项重要措施。油罐清洗应按规定的时间和作业程序进行。作业前必须做好安全保障和准备工作。主要包括油罐清洗计划、人员组织、安全教育、仪器检查、防护器材、排污容器等。

（1）清洗油罐的安全基本要求。

① 防火、防爆。清罐使用的工具，必须是在使用中碰撞不产生火花的金属或木制品；禁止在雷雨天进行油罐清洗作业，不准使用输油管道接引水源；当油罐及其作业场所的油气浓度超过爆炸下限的20%时，其方圆35m范围内应列为爆炸危险场所。

② 防静电。清罐人员不准穿戴化纤衣服，不准使用化纤制品；禁止采用喷嘴喷射蒸气；引入油罐内的管线及其喷嘴等金属部分，以及用于排除油品的管子和软管等，都应与油罐电气连接，并应做好可靠的接地。

③ 防中毒。罐内有人员操作时，在罐外应配有专职监护人员，进罐操作人员应定时轮换；进罐操作人员应穿戴防护衣服、靴子和手套，并戴有保护面部的呼吸器具。该呼吸器为供空气式的，必须是采取罐外供气。呼吸器具在每次使用前应作详细检查、试验、清洗；参加清罐人员在下班和吃饭前，应在指定地点洗澡更衣。

（2）清洗油罐的作业程序。

① 准备工作。在清洗作业实施之前，应制订出具体的作业方案和有关安全措施，并上报请示批准。方案批准后，先要将清洗的油罐腾空，完成进出油管、通风管等隔离封堵工作，切断与其他油罐的管线连接，用盲板封堵管口。

② 清除底油。加油站的油罐一般无排污口，只能采用机械清除底油或垫水清除底油的方法。垫水清除底油需要先测量并计算存油数量，然后向油罐注水对底油进行清除。这种方法较复杂，需要一定数量的水，同时还需要处理含油污水，因此，加油站应采用机械清除底油的方法。可先卸下进出油管线阀门，将胶管从进出油管口插入罐底（或直接从人孔插入），并用灭火毯封盖。然后利用手摇泵或电动泵（电动泵应设在距管口3m以外，配套电机应符合防爆等级要求）抽吸底油至抽不出为止。

③ 通风排除油蒸气。排除油蒸气是清洗油罐作业的一个重要环节，其周期长、危险性大，为确保安全，一定要划定安全区域，并指定专人负责。排气用电气、机械设备、管路等要满足场所安全防爆的要求，选用的通风设备，每小时通风量一般应为油罐容积的8~10倍以上。由于加油站没有污水处理设备，采用充水排气法不适用，一般宜采用机械通风排除油蒸气的方法。通风作业应连续进行直到符合要求为止。如果条件限制，没有符合防爆要求的通风设备，也可以采取自然通风的方法。

④ 入罐清洗。由于加油站清罐作业时间短，加上其他条件限制，决定了被清洗油罐的油蒸气很难彻底排净。而加油站又没有油气浓度检测设备，这样就难以确定油罐内油气浓度是否符合要求，因此入罐作业人员必须戴隔离式呼吸面具，严禁使用其他用品。进罐作业人员一般不得少于2人，同时应系上安全绳，罐外应设专职监护员，而且1人不得同时监护2个作业点。

⑤ 污物处理。清洗油罐作业中排出的含油污水必须经处理后才能排入水系。罐内清出

的污物和用过的木屑等严禁乱倒乱撒，也不得直接埋入地下。

（3）油罐清洗注意事项。油罐清洗过程中应注意下列事项：

① 抽出的底油应放入油桶或其他容器，并注意防止溢出。严禁将底油直接排入下水道、排水沟。

② 排除油蒸气之前应进一步认真检查，是否按要求排除底油，是否确实拆断、隔离、盲堵有关输油管、呼吸管、通风管和油罐。

③ 在机械通风排油蒸气前，应安装和调整好通风设备及风管，并在安全场所对设备试运行。

④ 严禁在风力 6 级以上或雷雨天进行清洗、通风作业。

⑤ 清除油污时先用特制的铜铲或者钉有硬橡胶的木耙子清除油罐底和油罐壁的油污及铁锈，再用特制的加盖铝桶盛装污水杂质，并用适宜的方法运出罐外。

5.2.2.4 油罐附件维护

油罐及附件的维护与保养如表 5-1 所示。

表 5-1 埋地卧式油罐附件检修内容及周期

附件名称	检查内容	维修内容	检查周期
人孔	是否渗油、漏气、螺栓是否齐全完整	螺栓要加油防锈	每月应检查一次
呼吸管	是否堵塞，防护网是否破坏	要清洁防护网	每季一次
阻火器	防火网或波形散热片是否清洁畅通，有无冰冻，垫片是否严密，有无腐蚀现象	清洗防火网或散热片，对螺栓加润滑油	每季一次，冰冻季节每月一次
量油孔	盖与座间密封是否严密、老化、导尺槽磨损情况	密封垫片换新每三年一次，板式螺帽及压紧螺栓各活动关节处加油润滑	每月不少于一次
进出油阀门	检查阀门有无渗漏，阀体是否完好启闭是否灵活	螺栓加润滑油，清除底部积垢，发现关闭不严及阀体缺陷，即应更换	每年不少于一次和清洗油罐时
防静电跨接	铜扁线与螺栓接触是否紧密，螺帽是否上紧，铜线是否有破损	更换破损扁线，拧紧螺帽，清洗积垢	每月不少于一次

5.2.3 双层油罐

加油站用埋地双层油罐是采用覆土方式埋设在地下的、具有独立的内层和外层罐壳体且内外层罐壳体之间连接可靠并具有贯通间隙的存储车用燃料的卧式储罐。

为了解决油品渗漏导致的污染问题，2013 年住建部和国家质量监督检验检疫总局联合发布了 GB 50156《汽车加油加气站设计与施工规范》其中第 6.5.6 条规定：“采取防止油品渗漏保护措施的加油站，其埋地油罐采用下列之一的防渗方式：①单层油罐设置防渗罐池；②采用双层油罐。”

5.2.3.1 双层油罐的分类

双层油罐按其内外罐壁材质的不同，可以分为：SS 型（内外壁均为钢制）、SF 型（内层钢，外层 FRP 材料）、FF 型（内外壁均为 FRP 材料）三种类型。

（1）SS 型双层油罐。如图 5-4 所示，SS 型双层油罐内罐为 5～7mm 厚的 Q235 碳素结构钢，外罐由 5～7mm 钢制结构。为了确保油罐不受土壤腐蚀，SS 双层壁油罐通常采用外壁喷涂防腐漆加阴极保护的方式，SS 型双层壁油罐通常采用压力真空法测漏，该方法属于 I 级测漏系统，反应灵敏，对地下水无污染。SS 双层壁油罐目前市场主要在欧洲。针对 SS 型油罐的标准有 AQ 3020—2008《钢制常压储罐》。SS 型双层壁罐的优点在于罐体强度高、耐腐蚀性好，使用寿命长，导静电性能优异。特点是成本高，售价也贵。

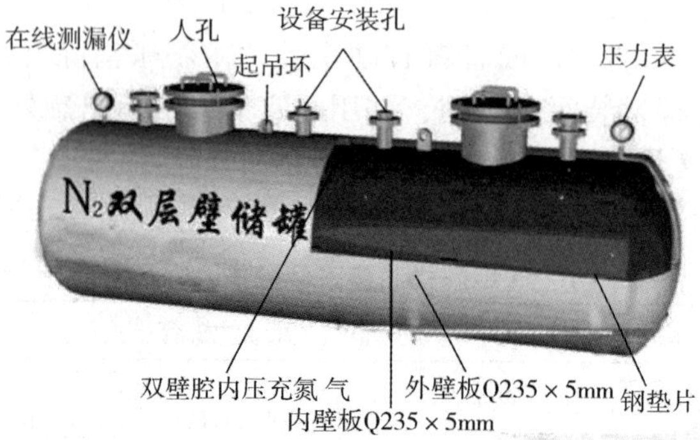

图 5-4　SS 型双层油罐

（2）SF 型双层油罐。如图 5-5 所示，SF 型双层油罐的内罐通常采用 5～7mm 厚的 Q235 碳素结构钢，外罐为不小于 4mm 的玻璃钢结构，通常采用喷涂工艺生产，即将玻璃纤维、树脂、固化剂按照一定的比例在钢罐外壁喷射成型，当达到一定厚度时用滚轮压实。

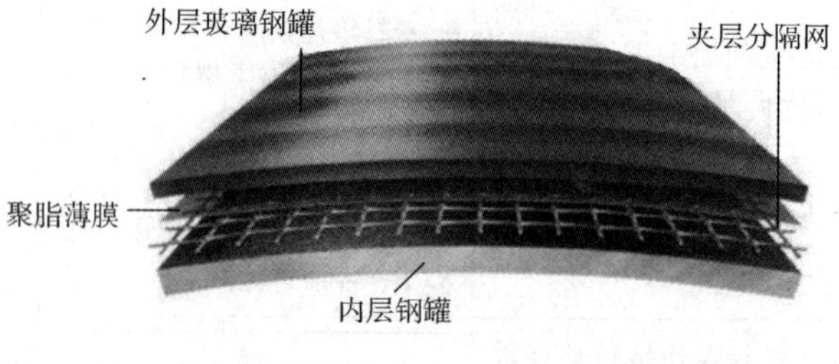

图 5-5　SF 型双层油罐罐壁结构

（3）FF 型双层油罐。FF 型双层罐其内外层均使用强化玻璃纤维制造，即均为 FRP 材料制成，此类油罐具有防腐性能优良、自重轻、安装简便等特点。

5.2.3.2　双层油罐的主要结构形式及特性比较

双层油罐的主要结构形式及特性比较见表 5-2。

表 5-2　双层油罐的主要结构形式及特性比较

类型	SS 型双层罐	SF 型双层罐	FF 型双层罐
罐体结构	内罐、外罐皆为钢制结构壁	内罐钢制结构外披 FRP 玻璃纤维层	内罐、外罐皆为玻璃钢结构壁
防腐性	易锈蚀	内罐易锈蚀	永不锈蚀

续表

类型	SS 型双层罐	SF 型双层罐	FF 型双层罐
承压能力	厚实结构壁，外压强度最高	外压强度次于钢制	需加强肋、厚实结构壁，外压强度次于钢制
渗漏检测	仅可正压测漏	真空压力法及液媒或电子传感器法测漏皆可	正负压及液媒测漏皆可
外电保护	钢至材质须阴极保护	内罐钢材须阴极保护	不须阴极保护
维修性能	若发现泄漏不易修复使用	外罐损坏可修复使用，内罐泄漏无法修复使用	若发现泄漏可修复使用

5.2.3.3 双层油罐的技术要求

双层油罐的技术要求可按现行行业标准《钢制常压储罐 第一部分：储存对水有污染的易燃和不易燃液体的埋地卧式圆筒形单层和双层储罐》AQ 3020 的有关规定执行，并应符合《汽车加油加气站设计与施工规范》GB 50156—2012 中 6.1 油罐的技术要求，下面就目前采用较多 SF 型及 FF 型双层油罐的技术要求进行简要概述。

（1）SF 双层油罐的技术要求。SF 双层油罐用材料选用应考虑使用条件（如储存温度、设计压力、储存介质特性、操作特点、使用环境、安装环境等）、材料的性能（力学性能、工艺性能、化学性能和物理性能）、制造工艺以及经济合理性。外罐使用的玻璃纤维增强塑料基体材料应采用 GB/T 8237 中的 CE 和 CEE 型液体不饱和聚酯树脂，树脂应无杂质、无悬浮物、无黏稠块状物、无分层现象，树脂含量应为 70% ±2.5%；SF 双层油罐所用玻璃纤维增强塑料（FRP）应和汽油、柴油、甲醇汽油、乙醇汽油、润滑油、柴油尾气处理液及其他有可能存储和接触的介质有良好的兼容性，且不得影响所储存介质质量。

① SF 双层油罐由内层罐和外层罐组成，内层罐为钢制壳体，外层罐为玻璃纤维增强塑料壳体；外层罐应完整包容内层罐。

② SF 双层油罐应设置不少于两个钢制吊耳，总吊耳起吊能力应不小于油罐自重的 2 倍。

③ SF 双层油罐内外罐体之间具有 0.1 ~3.5mm 的贯通间隙，并配有一个与之相通的泄漏检测仪，可以实时监测内罐、外罐是否泄漏，双层油罐的生产商应配套提供用于双层油罐测漏系统所用的仪表。

④ 应对保护空间容积和贯通性进行检测，空间容积应在 2 ~20L/m^3 储油罐容积（不含检测立管等非保护空间容积）。

⑤ SF 双层油罐设两个密封可靠、公称直径为 *DN*600、螺栓数不少于 22 个的人孔，人孔盖为钢制，厚度不小于 18mm，人孔法兰厚度不小于 20mm。除渗漏检测立管外，油罐进油接合管、出油接合管、通气接合管、潜油泵安装口、量油孔、液位仪安装立管等接合管均应设置于人孔盖上，其中潜油泵与液位仪不宜设在同一人孔盖上。人孔处应设置操作井，设在行车道下面的人孔井应采用加油站车行道下专用的密闭井盖和井座。

⑥ 油罐应满足强度、刚度、稳定性和渗漏检测的要求。

⑦ SF 双层油罐规格技术条件见表 5−3。

表 5-3　SF 双层油罐规格

项　目	规　格		
容积/m^3	20	30	50
充装系数	0.9	0.9	0.9
内直径/mm	2600	2600	2600
中间层厚度/mm	0.1～3.5	0.1～3.5	0.1～3.5
内罐壁厚/mm	≥7	≥7	≥8
封头壁厚/mm	≥8	≥8	≥8
外罐壁厚/mm	≥4.0	≥4.0	≥4.0
人孔数量	2	2	2
人孔公称直径/mm	600	600	600

⑧ SF 双层油罐技术参数见表 5-4。

表 5-4　SF 双层油罐技术参数

工作压力/kPa		实验压力/kPa		工作温度/℃	储存介质
内罐	外罐	内罐	外罐（气密）		
-2.0～3.0	常压	100	35	-40～60	汽油、柴油、乙醇汽油 润滑油、柴油尾气处理液

⑨ 测漏系统。测漏系统是检测（监测）SF 双层油罐的双层结构完好性，以达到防止油品渗漏的目的，避免污染环境。SF 双层油罐的测漏系统由测漏报警器和夹层泄漏检测仪表组成。测漏报警器应设置在营业室内，且视线明显处。泄漏检测有三种方法，包括压力/真空法、液媒法、传感器法，三种方法各有其适用范围：压力/真空法属于Ⅰ级测漏系统，适用于测漏灵敏度要求较高的场合，其本身具有安全性，且能在任何液体进入环境之前检测出渗漏；液媒法属于Ⅱ级测漏系统，其测漏灵敏度仅次于压力/真空法，存在检测液进入储罐的可能性，且要求检测液对于内、外罐无腐蚀性；传感器法属于Ⅲ级测漏系统，其测漏灵敏度较低，一旦发生渗漏，储液进入环境的可能性很高，适用于地下水位较深地区。

（2）FF 双层油罐的技术要求。

① FF 双层油罐用材料选用应考虑使用条件（如储存温度、设计压力、储存介质特性、操作特点、使用环境、安装环境等）、材料的性能（力学性能、工艺性能、化学性能和物理性能）、制造工艺以及经济合理性。用于制造 FF 双层油罐的材料均应符合有关材料标准的要求，使 FF 双层油罐的性能满足所处工况的要求，并能保证使用 30 年寿命。

② FF 双层油罐内、外罐使用的玻璃纤维增强塑料基体材料应采用 GB/T 8237 中的 CEE 型液体不饱和聚酯树脂，树脂应无杂质、无悬浮物、无黏稠块状物、无分层现象，树脂含量应为 70% ±2.5%。

③ FF 双层油罐所用玻璃纤维增强塑料应和汽油、柴油、甲醇汽油、乙醇汽油、润滑油、柴油尾气处理液及其他有可能存储和接触的介质有良好的兼容性，且不得影响所储存介质质量。

④ FF 双层油罐外壳 FRP 具有抗低温冲击能力，以及抗老化能力，在恶劣环境中，不能发生内外壳失效；FF 双层油罐其他技术要求如表 5-5 所示。

表 5-5　FF 双层油罐技术要求

序号	项目	性能参数要求	试验方法
1	FRP 内罐壁厚/mm	≥4.5	
2	FRP 外罐壁厚/mm	≥4	
3	环向弯曲强度/MPa	≥200	GB/T 1449
4	树脂含量/%	67.5～72.5%	GB/T 1449
5	弯曲强度/MPa	≥130	GB/T 1449
6	内罐内表面电阻率/Ω	不低于 1×10^9	消除内罐静电荷
7	外观	外表面应平整光滑，不应有杂质、纤维外露、裂纹、划痕、疵点、白化和严重色泽不均现象	

⑤ FF 双层油罐防雷防静电接地应符合 GB 50156 的要求。

⑥ FF 双层油罐设计耐冲击强度应不小于 $70kJ/m^2$。FF 双层罐应满足直埋要求，埋深不低于 0.9m，并能承受国标 GB 1589 规定的六轴汽车产生的载荷而不发生损坏。

⑦ FF 双层油罐技术参数见表 5-6。

表 5-6　FF 双层油罐技术参数

工作压力/kPa		实验压力/kPa		工作温度/℃	储存介质
内罐	外罐	内罐	外罐（气密）		
-2.0～3.0	常压	35	35	-40～60	汽油、柴油、甲醇汽油、乙醇汽油、润滑油、柴油尾气处理液

⑧ 表面电阻率检测。油罐内层罐壳体内表面应满足消除静电荷的要求，表面电阻率应小于 109Ω。当表面电阻率不能满足小于 109Ω 的要求时，应在罐内安装能够消除油品静电电荷的物体。消除油品静电电荷的物体可为浸入油品中的钢板或其他导电金属物，其表面积之和不应小于下式的计算值。

$$A = 0.04V_t$$

式中　A——浸没金属物的表面积之和，m^2；

V_t——油罐容积，m^3。

⑨ FF 双层油罐应逐个进行内部真空试验，试验方法如下：抽空至 35kPa 真空度，保持 5min，双层油罐各部分不得有破裂。试验介质应采用干燥、清洁的空气，温度不低于 5℃。

测漏系统是检测（监测）双层油罐的双层结构完好性，以达到防止油品渗漏的目的，避免污染环境。

⑩ 泄漏监测方法。泄漏检测有三种方法，包括压力/真空法、液媒法、传感器法，三种方法各有其适用范围：压力/真空法属于Ⅰ级测漏系统，适用于测漏灵敏度要求较高的场合，其本身具有安全性，且能在任何液体进入环境之前检测出渗漏；液媒法属于Ⅱ级测漏系统，其测漏灵敏度仅次于压力/真空法，存在检测液进入储罐的可能性；传感器法属于Ⅲ级测漏系统，其测漏灵敏度较低，一旦发生渗漏，储液进入环境的可能性很高，适用于地下水位较高地区。

5.2.4 工艺管道

5.2.4.1 工艺管道的技术要求

加油站工艺管道主要包括：出油管、进油管、通气管、量油管。其主要技术要求如下：

（1）出油管。管端装有双门底阀，距罐底 0.15m；出油管应坡向油罐，坡度不小于0.2%。

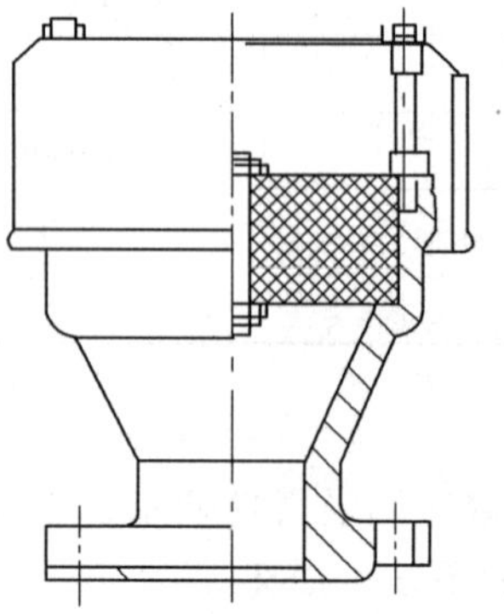

图5-6 阻火透气帽结构图

（2）进油管。管端做成伞柄形，也可开成斜口，距罐底 0.2m；为消除卸油时管内产生气阻，在卸油管根部应设有两个直径为20mm的排气孔，两孔相距50mm，油罐车卸油胶管与油罐连接处采用密封快速接头卸油。

（3）通气管。每个油罐的通气管宜单独设置，并在管口安装行之有效的阻火器（见图5-6）；通气管的公称直径不应小于50mm；管口与建筑物门窗的距离不小于4m；与加油站围墙的距离不应小于3m，当采用卸油油气回收系统时，通气管管口与围墙的距离可适当减少，但不得小于2m；管口应高出地面4m及以上；沿建筑物的墙（柱）向上敷设的通气管管口，应高出建筑的顶面1.5m及以上，防止通气管排出的油气进入建筑物内。

（4）量油管。装于人孔盖上，管内装有合金制成的量油槽，纵向长轴线靠近油罐顶端的位置。

5.2.4.2 管线防腐

（1）管线防腐的表面处理。

① 钢管的表面处理分为除油、除锈和酸洗三种，施工中应根据设计要求及具体条件选择合理的处理方法。

② 手工除锈：只需要钢丝刷、钢丝绒、砂轮块和砂布等工具磨刷管子的表面，除去锈层、油垢。由于所用工具简单，操作方便，尽管劳动强度较大仍被广泛应用。

（2）管线的防腐设计。

① 加油站埋地敷设的管道是无缝钢管。埋地敷设的钢管由于受到土壤中各种酸、碱、盐类、地下水的腐蚀，因此必须在钢管外壁采取相应的防腐措施。

② 埋地管道的防腐，主要是采用沥青绝缘防腐。防腐设计应符合现行行业标准《石油化工设备和管道涂料防腐蚀设计规范》的有关规定，并应采用不低于加强级的防腐绝缘保护层。

5.2.4.3 管线安装与验收

（1）管线的安装要求。

① 管道工程的施工应符合国家现行标准《石油化工有毒、可燃介质管道工程施工及验收规范》SH 3501 的规定。

② 与储罐连接的管道必须在储罐安装就位并经注水沉降稳定后进行安装。

③ 管道焊缝外观应成型良好，与母材圆滑过度，宽度以每侧盖过坡口 2mm 为宜，焊接接头表面质量应符合下列要求：

（a）不得有裂纹、未熔合、夹渣、飞溅存在。

（b）管道焊缝咬肉深度不应大于 0.5mm，连续咬肉长度不应大于 100mm，且焊缝两侧咬肉总长不应大于焊缝全长的 10%。

（c）焊缝表面不得低于管道表面，焊缝余高不应大于2mm。

④ 地上或管沟敷设的管道的始端、末端和分支处，应设防静电和防感应雷的联合接地装置。

⑤ 在爆炸危险区域内的管道上的法兰及胶管两端连接处应有金属线跨接，有不少于5根螺栓连接的法兰，在非腐蚀环境下，法兰连接处的连接是良好的，可不做金属线跨接。

（2）验收。

① 管道系统安装完成的压力试验。管道系统安装完成后，应进行压力试验。管道系统的压力试验应以洁净水进行，试验压力应为设计压力的1.5倍。管道系统采用气压试验时，应有经施工单位技术总负责人批准的安全措施，试验压力应为设计压力的1.15倍。压力试验的环境温度不得低于5℃。

② 管道的冲洗要求。管道系统试压合格后，应用清净水或空气进行冲洗或吹扫，并应符合下列规定：

（a）不参与冲洗或吹扫的设备应隔离。

（b）吹扫压力不得超过设备和管道系统的设计压力，空气流速不得小于20m/s。

（c）水冲洗流速不得小于1.5m/s。

（d）管道系统采用水冲洗时，应目测排出口的水色和透明度，以出、入口水色和透明度一致为合格。

5.2.4.4 管线及其附件的使用与维护

（1）管线的使用。

① 为了正确地使用管线，必须熟悉管线工艺流程的布置、连接形式、坡度方向、管线规格、技术状况、附件位置及作用等情况。

② 新投用的管线或经检修与改造的管线，其流程应能满足生产工艺要求；管线清洗、吹扫、试压合格，并有记录；管线防腐完整并符合要求。

③ 有沥青防腐层的地下管线，不准用蒸汽吹扫，以免沥青受热软化，防腐层会损坏。

（2）管线及其附件的维护。

① 埋地管线为保证工作安全可靠，使用前应对管线进行强度和严密性复检。

② 定期观察埋地管线的防腐层，如有损坏及时维修。

③ 经常检查管线及各部件的连接法兰，保持密封性能良好、无渗漏。

④ 对于使用中的管线附件应按检修的周期进行维护。

5.2.4.5 埋地热塑性塑料复合管道

（1）热塑性塑料复合管道。热塑性塑料复合管道是以热塑性塑料为主要原料，通过挤出生产过程制成的管道。其中，双层管道由输送或储存液态燃料及其油气的内层主管道与外层保护套管组成，双层管道必须具有封闭的保护空间，且该保护空间应连通，并应保证能安装在线渗漏监测系统以实现对热塑性塑料双层工艺管道保护空间进行任何部位的渗泄漏监测。热塑性塑料复合管道能够人工弯曲至管道的最小弯曲半径，且性能无任何变化。

（2）热塑性塑料复合管道类别。加油站埋地热塑性塑料复合管道分为两类，具体如下：

① 双层管道。由输送或储存液态燃料及其油气的内层主管道和外层保护套管组成，双层管道的内、外管壁间的夹层间隙应能容纳和监测主管道所输送液体燃料的渗漏。夹层间隙空间保持密闭且全线贯通，适合检测的容积应为0.02～1L/m。

双层管道根据其夹层空间的特性分为CS和CP两种：

（a）CS。内层主管道与外层套管之间为360°分隔的管道系统，其中：种类CS1为容纳任何主管道渗漏物而设计的管道系统，该系统压力为大气压力；种类CS2为容纳任何主管道渗漏物而设计的管道系统，该系统的设计满足欧洲标准EN 13160－1、EN 13160－2和EN 13160－7中规定的I级渗漏监测系统的性能标准。

（b）CP。内层主管道与外层套管之间没有360°分隔的管道系统，其中：种类CP1为容纳任何主管道渗漏物而设计的管道系统，该系统压力为大气压力；种类CP2为容纳任何主管道渗漏物而设计的管道系统，该系统的设计满足欧洲标准EN 13160－1、EN 13160－2和EN 13160－7中规定的I级渗漏监测系统的性能标准。

② 单层管道。

（3）热塑性塑料复合管道的技术要求。

① 加油站埋地热塑性塑料复合管道工作压力和测试压力根据应用场合应该符合表5－7中压力值（表5－7中所有压力为表压）。

表5－7　管道系统工作压力和实验室测试压力

<table>
<tr><th rowspan="2">应　　用</th><th rowspan="2">工作压力/MPa</th><th colspan="3">实验室测试压力/真空参数</th></tr>
<tr><th>测试真空压力/MPa</th><th>最低测试压力/MPa</th><th>最高测试压力/MPa</th></tr>
<tr><td>正压加油管道（采用潜油泵加压）</td><td>+0.35</td><td>—</td><td>+0.5 ±0.01</td><td rowspan="4">+3.0 ±0.1</td></tr>
<tr><td>负压加油管道（采用自吸式加油机和虹吸方式）</td><td>－0.06</td><td>－0.09 ±0.005</td><td>+0.5 ±0.01</td></tr>
<tr><td>油气回收管道</td><td>0.1</td><td>－0.09 ±0.005</td><td>+0.5 ±0.01</td></tr>
<tr><td>卸油管道</td><td>0.1</td><td>—</td><td>+0.5 ±0.01</td></tr>
<tr><td>外层套管种类CP1和CS1</td><td>0.05</td><td>—</td><td>+0.1 ±0.002</td><td>+0.5 ±0.01</td></tr>
<tr><td>外层套管种类CP2和CS2</td><td>－0.05～+0.45</td><td>－0.06 ±0.005</td><td>+0.5 ±0.01</td><td>+1 ±0.02</td></tr>
</table>

注：现场测试禁止使用本表参数。

② 热塑性塑料复合管道用作加油站油气回收管线时，需满足如下刚性要求，才能在管床夯实与正确回填条件下，持续保持正确坡度坡向储油罐或油气回收集液罐，确保油气回收系统正常运行。

③ 加油站埋地热塑性塑料管道应采用适于输送油品的热塑性塑料复合管道。所采用的热塑性塑料复合管道应有质量证明文件。其主体结构层应为无孔隙聚乙烯材料，且内层主管道壁厚不应小于4mm。埋地部分的热塑性塑料复合管道应采用专用焊接接头电熔连接。管线上焊接接头的电热熔插针采用专用绝缘帽密封。且热塑性塑料导静电型管道安装、测试完后，管线导电内衬应正确接地，采用不导静电的热塑性塑料复合管道时，不埋地部分的热熔连接件应保证长期可靠的接地，也可采用专用的密封帽将连接管件的电熔插孔密封，管道或接头的其他导电部件也应接地。

（4）卸油管线的公称直径不应小于80mm，潜泵式加油管线的公称直径不应小于50mm，自吸式加油管线的公称直径不应小于40mm，一次、二次油气回收管线的公称直径不应小于50mm。

（5）加油站埋地热塑性塑料复合管道最小埋设深度在车道下不应小于0.6m，非车道下不应小于0.5m。在炎热与寒冷气候下，管道埋设深度应超过上述规定。

（6）热塑性塑料复合管线宜以蛇形弯曲敷设盘管。多条管线布置宜平行铺设，如需交叉，管道间需保留至少100mm的距离并用回填砂填实。

（7）热塑性塑料复合管线宜以蛇形弯曲敷设盘管。多条管线布置宜平行铺设，如需交叉，管道间需保留至少100mm的距离并用回填砂填实。

（8）管道在人孔井内、加油机底槽和卸油口等处未完全埋地的部分，应在满足管道连接要求的前提下，采用最短的安装长度和最少的接头。

（9）采用导静电主管道时，导静电内表面电阻率不应大于$10^{10}\Omega/m$。卸油管使用热塑性塑料复合管道时，热塑性塑料复合管道与地面以上的金属管道或金属管件连接部位要做好接地连接。

（10）选用加油站埋地热塑性塑料管道时，如下工艺管道应采用双层管道：

① 从储油罐到加油机的加油管道，包括潜泵正压加油方式、自吸负压加油方式和虹吸方式；

② 从卸油点到储油罐的卸油管道。从储油罐到加油机或卸油点的油气回收管道可采用单层管道。

（11）采用不导静电加油主管道时，其主体结构层的介电击穿强度应大于100kV，且设计和安装应符合下列要求：

① 管道内油品的流速应小于2.8m/s。当新的生物组分引入燃油时，该流速应重新核定。

② 管道在人孔井内、加油机底槽和卸油口等处未完全埋地的部分，应在满足管道连接要求的前提下，采用最短的安装长度和最少的接头。

（12）非烃类车用燃料（不包括车用乙醇汽油）不得采用不导静电的热塑性塑料管道。

5.3 加油机

5.3.1 加油机简介

5.3.1.1 加油机的分类

加油机是加油站的主要设备，它起着输油、计量和保障安全供油的综合作用。加油机的种类很多，按不同的分类方法分类它的名称不同。

若按输油能力的大小可分为一般流量（输油量为45～60L/min）的加油机和大流量（75L/min以上）加油机。

按每台加油机所含加油单元的多少分单枪加油机与多枪加油机（双枪、四枪、六枪等）。在多枪加油机中，按每台加油机所能加的油品品种分单油品加油机、双油品加油机和三油品、四油品加油机等。

按加油机泵源分为自吸式加油机和潜油泵式加油机。

按加油机特殊辅助功能的不同则有移动式加油机、悬挂式无岛加油机等。

近几年根据经济市场的需要和管理的升级税控加油机、IC卡加油机、带有油气回收系统的自助加油机，在加油站普及使用。

5.3.1.2 加油机的使用

每一位加油站操作员都必须熟练掌握加油机的使用。以下主要介绍加油机的加油方式、IC卡加油操作及自助式加油操作注意事项。

（1）加油方式。加油方式主要有两种，即非定量和定量加油。

① 非定量加油操作。非定量加油操作是指预先没有在加油机上设定数量的加油操作，

其主要程序如下：

（a）取下油枪，开关板向主板发出开机信号，启动加油机。

（b）把油枪嘴插入受油容器内，提取油枪开关把即开始加油。

（c）加油金额根据所设单价自动计算出加油金额，并和加油体积数在加油机的正反面显示器上同时显示。

（d）放下油枪开关把即停止加油计数，显示器上保留已加油的计数显示。

（e）放回油枪则加油机停止工作。

② 定量加油操作。定量加油操作是指预先在加油机上设定一定金额或一定油品数量的加油操作。定量加油分金额定量和体积定量两种预置操作。其操作程序如下：

（a）在键盘上设置金额或体积数后，按“确认”键。

（b）摘下油枪，启动加油机。

（c）提取油枪开关把，加油机计数。这时预置显示器上预置数值停止闪动，但一直保留。当加油计数值接近加油预置数时，由于电磁阀的作用，加油计数从显示器上看，将有明显的变慢过程，尽管油枪阀门仍在最大开启位置，流量却明显变小，直到达到预置值时自动停机。

（d）再次定量加油时，即使是同一量值，也必须重新置入相关数字，加油时需要重复上述程序。

（2）IC 卡加油操作。

① IC 卡加油机上班操作。此时键盘显示‘加油机已下班，请插卡授权!’，插入员工卡后显示‘请上班登陆’，按上下班键显示‘上班?’，按确认键显示‘请输入员工密码’，输入后按确认键则显示 IC 卡片上的余额，可进行加油操作。

② 非定量加油操作。根据卡面提示正确插入合法 IC 卡 → 显示屏提示 → 输入个人密码按确认键（此项由顾客操作，自助加油全过程由顾客操作）→ 显示屏显示 IC 卡余额数 → 可提枪加油，主显示屏显示加油数据（L 和 P）→ 加油完毕后放回油枪，显示屏显示 IC 卡内余额数。点击退卡或抽下 IC 卡，加油结束。

③ 定量加油操作。定量加油操作与非定量加油操作区别在：插入 IC 卡显示卡片余额后请不要提加油枪，可通过键盘输入 L（升）或 P（金额）所要加入油箱的数量。然后再提枪加油，当加油数量达到所预置的数量时，自动停机，放回油枪按提示抽下 IC 卡片，加油结束。

④ IC 卡加油机下班操作。在键盘显示‘请插入 IC 卡’状态时，应操作插入员工卡按上下班键，此时显示‘下班?’按确认键后显示‘请输入员工密码’，输入密码后按确认键则显示‘加油机已下班，请插卡授权!’。下班操作完毕。

（3）自助加油操作。自助加油操作与 IC 卡加油操作程序一样，也有定量和非定量之分，设备方面区别不大，只是在加油机上增加了紧急停止按扭、操作提示图片和语音提示，有条件的可安装油气回收装置，降低加油场地油气含量使加油站更安全。为确保顾客和加油站安全，加油站需告知顾客自助加油机的安全操作要领如下：

① 减速进站，顾客应选择所需油品的车位或等候排队，进入车位时需要目测汽车与加油机油枪位的距离，应在 1.5 ~ 2m 为宜，勿靠近油机太近，同时也不能太远，并且熄火拉闸后打开油箱盖。

② 插入 IC 卡之前，应进一步确认所需油品名称再按语音提示选择预置所需油品数量或欲购油品金额，也可以不预置加油。

③ 操作时应轻拿轻放，取油枪时须握住枪把向上抬起，但不能拉动加油枪开关手柄，

使油枪离开枪座扣向外、再向下抽出油枪，抬起油枪座板开机开关或无须此操作，准确将油枪管插入油箱口，用油枪管上的螺纹簧或凸出部卡住油箱口缓慢拉启开关手柄开始向油箱注油，加油机显示屏开始计数显示。

④ 注油过程中如出现跳枪现象，说明油箱已满，请不要再补充加注以免发生溢油现象。如果自动停止加油说明预置数已到，或卡中余额用完，请关闭油枪手柄或油枪自动关闭。如须再次从油箱口取下油枪则务必用手触摸一下加油机金属部分（非油漆表面）以消除静电，再提起油枪较为安全。

⑤ 应将油枪管向上插入枪座，向下使油枪座入枪座扣，观察键盘显示提示或语音提示取下 IC 卡片，盖上油箱盖，完成加油操作。

⑥ 加油操作时遇到问题应及时与站务人员联系，同时保管好 IC 卡片。如出现意外火灾或喷油等情况应及时按下健盘上方红色按扭（紧急停止），取出加油机边柜上的灭火器进行灭火，并高声呼救，警示场地内所有加油机停止加油操作。

⑦ 关于油枪。普通油枪在自助站使用时必须取下油枪的挡板，以免顾客使用完毕后忘记关闭油枪，造成下一次提用时发生喷油事故，而使用主阀无压力自动复位的油枪可避免此类事故的发生。

5.3.1.3 加油机的维护

（1）加油机工作情况的检查。员工在交接班和当班作业中要经常地检查加油机的工作情况。检查时可采用一听，二看，三闻这三种方法进行。听：就是听加油机运转的各部分声音是否正常，有无异常杂音。（要熟悉加油机正常运转、超负荷运转及反转的声音。）看：就是看加油机各部件有无异常。如看各连接处有无渗漏、变形，显示屏是否显示数据。闻：就是闻加油机工作时及机壳内有无异味。

（2）加油机的维护和保养。加油机是加油站的主要输油设备，它的性能直接影响着加油站的安全和经济效益。因此必须对加油机经常进行维护和保养，一般要做到：

① 要对加油机的外壳经常进行擦拭，做到清洁无灰尘、无污垢。

② 对各部件进行调试。如油泵运转是否灵活均匀，皮带轮有无过度跳动及摆动等。在调试三角皮带松紧时要适当，过松皮带易打滑，造成供油不足或不供油。过紧则负荷加大，易造成轴承及油封的磨损；泵的溢流阀弹簧不可调节过紧，否则会使系统压力过大，噪声和振动增大，并加剧泵轴承的磨损。

③ 试机及清洗油罐时，不能用加油机吸水或含水的油液，以免油泵及其他部件内部锈蚀和低温时冻裂损坏。

④ 经常清洗过滤器，对新设备和管道更应加强清洗以免杂质进入油泵，过滤器的清洗至少每月一次。

⑤ 定期清洁分离器弹簧座，使用一段时间后，可适当延长清洗时间，但不超过一个月。

⑥ 定期检查加油机的内外渗漏，检查各管路接头、各部件油封、密封垫有无渗漏，如有应及时处理。

⑦ 定期自查加油机的计量准确度，如超差要及时与当地计量部门联系进行调整。

5.3.2 加油机的结构与工作原理

加油机的结构主要分为两部分，即机械部件和电子部件。机械部件主要由油泵、油气分离器、测量变换器、视油器和自封油枪等组成。电子部件主要由电源部件、主板、显示板、脉冲发生器、扩展接口电路、键盘等组成。

5.3.2.1 加油机的结构（自吸式、潜油泵式）

（1）自吸式加油机结构。

① 组成。如图5-7所示，自吸式加油机主要由油泵、油气分离器、测量变换器、加油枪、电子系统及电气、管路、视油器、机架外罩等部分构成。

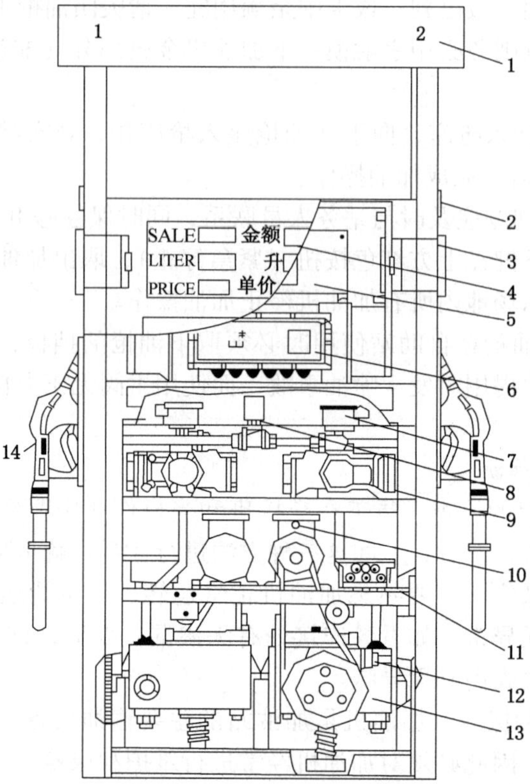

图5-7 税控加油机结构图

1—油枪编号；2—报税接口；3—键盘盒；4—显示屏；5—税控电脑主板；
6—防爆电源盒；7—信号传感器；8—防爆电磁盒；9—测量变换器；10—防爆电机；
11—防爆接线盒；12—油泵；13—油气分离器；14—油枪

② 自吸式加油机各部分作用。

（a）防爆电机。将电能转换为机械能，是加油机的动力源。

（b）油泵。虹吸油液，产生工作压力。

（c）防爆接线盒。将外电网电源安全引入加油机。

（d）键盘。用于输入数据和控制指令。

（e）防爆电源盒。将强电转变成弱电，交流电转换成直流电，供给电路使用。

（f）控显箱。实现人与机器对话的装置，其中包含很多电子板块。

（g）脉冲发生器（信号传感器）。将计量器排出的油液体积量转换成电脉冲数，供电脑主板进行运算、显示。

（h）防爆电磁盒。提高定量加油准确度的装置。

（i）测量变换器。对输出的油品体积进行计量，并将输出的油液体积量转换成流量计传动轴的角位移量。

（j）主板。加油机的指挥中心，具有计数、运算、控制、通讯等功能。

（k） 自封油枪。控制和输送油品，可防止加油中溢油。

（l） 油气分离器。将油品中的气体分离出来排出机外，滤掉油品中杂质，以保证加油机和输出的油品不含气体杂质。

（2） 潜油泵式加油机结构。

① 潜油泵式加油机的结构如图 5-8 所示，由主机、潜油泵、泵头、电气控制箱等组成。主机是潜油泵加油机的计量、控制与操作设备，内有滤网、测量变换器、电磁阀、油枪及开关、传感器、接线盒、电源盒、主板、显示器、键盘等。潜油泵是加油机的供油设备。泵头内有单向阀、压力调节阀、防爆接线盒及电容器盒等，起调节输出流量、调节出油压力和接线的作用。电气控制箱内部主要有一系列接线端子、继电器及开关等，用来沟通加油机与潜油泵之间的联系。

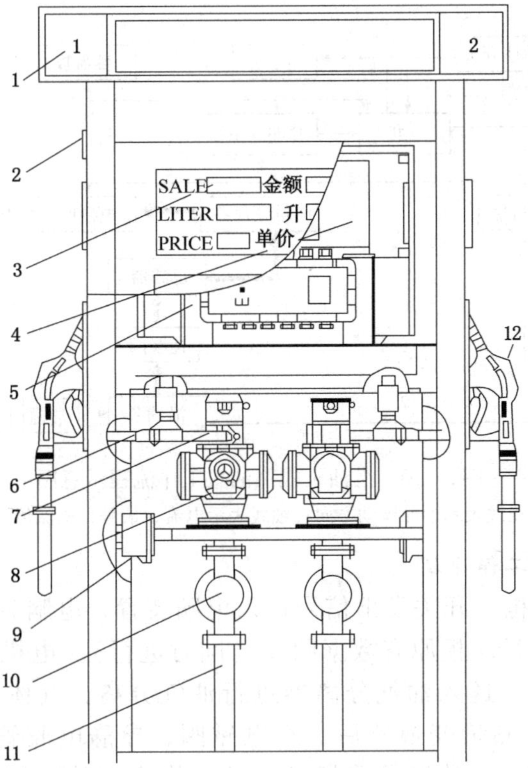

图 5-8 潜油泵式加油机的结构图

1—油枪编号；2—报税接口；3—显示屏；4—税控电脑主板；5—防爆电源盒；6—防爆电磁盒；7—信号传感器；8—流量计；9—防爆接线盒；10—过滤器；11—切断阀接盘；12—油枪

② 特点。潜油泵加油机具有结构简单、噪声低、运转平稳、故障率低、可根据不同要求带动多枪同时工作、简化加油站输油工艺等特点。

5.3.2.2 加油机的工作流程

（1） 自吸式加油机工作流程。自吸式加油机工作流程如图 5-9 所示。

（2） 潜油泵式加油机工作流程。潜油泵式加油机工作流程如图 5-10 所示。

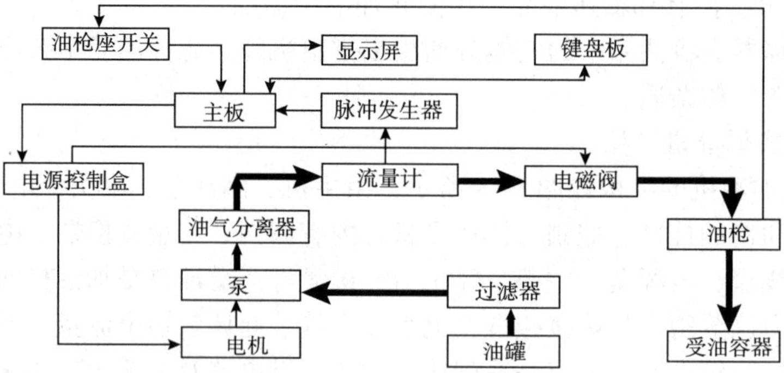

图 5-9　自吸式加油机工作流程示意图

注：粗线表示油品流动方向，细线表示电流、信号、机械传动方向

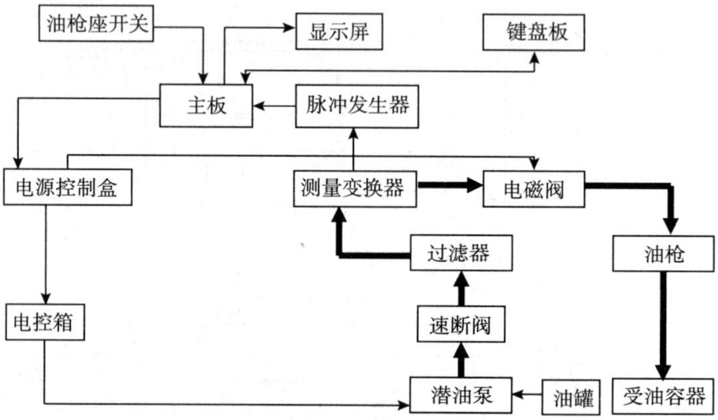

图 5-10　潜油泵式加油机工作流程示意图

注：粗线表示油品流动方向；细线表示电流、信号、机械传动方向

5.3.2.3　加油机的工作原理

当加油时，提起油枪，开关发出信号送入电脑装置，电脑装置发出开机信号，启动电机，打开电磁阀，将显示板原有数据归零（同时进行）。电机带动油泵工作，油液经过滤进入油泵，加压后，送入油气分离器进行油气分离，气体被排入空气，压力油进入计量器。压力油经过测量变换器后，经电磁阀、导静电胶管、油枪注入受油容器。压力油经测量变换器时，由传感器将机械运动转换为电脉冲信号，送入电脑装置进行运算、显示。加油完毕挂上油枪，开关中断开机信号，电脑装置发出关机信号。若为预置加油，则先由键盘输入预置数，再提枪加油，当加油量达到预置数值时，关闭电磁阀和电机，停止加油。

5.3.3　加油机液压系统

加油机液压部件性能的好坏，以及它们之间的匹配是否合理，是加油机性能优劣的主要标志。本节主要介绍加油机液压部件的结构、工作原理和常见故障排除方法。这里主要介绍油泵、油气分离器、测量变换器、电磁阀、自封油枪等。

5.3.3.1　油泵（叶片泵、齿轮泵、潜油泵）

油泵和电动机组成了加油机液压系统的动力源。按加油机的供油方式，可分为负压供油和正压供油。负压供油的加油机采用的是容积泵，一般为叶片泵或齿轮泵，它和电动机都安装在加油机内。正压供油时选用的油泵为潜油泵，它一般选用离心泵，它和电动机都安装在油罐内。

采用正压供油的加油机，由于油泵放置在油罐内，加油机的空间较大，便于多枪的设计，同时加油机的噪声低，但价格比较高。而使用负压供油的加油机对油泵维护方便，系统整体价格较低。

油泵是加油机的重要部件，衡量油泵性能的优劣有四个方面：吸油能力、稳定性、噪声、可靠性。目前，有的自吸式加油机厂商将油泵和油气分离器共用一个壳体，有的则将油泵和油气分离器分开，分别组装成油泵和油气分离器。

（1）叶片泵。

① 叶片泵的结构。图 5-11 所示是目前国内使用较为广泛的一种叶片泵，下面通过它来介绍叶片泵的结构、原理及使用维护。

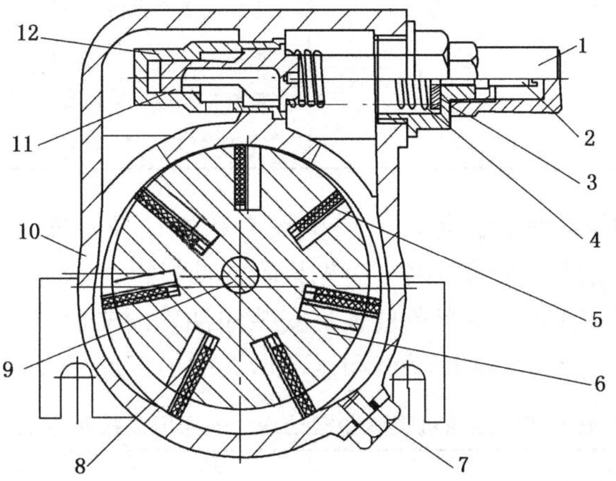

图 5-11　叶片泵结构图

1—盖形螺母；2—调整螺母；3—弹簧座；4—弹簧；5—刮板；6—转子；7—油堵；8—弹簧片；9—主轴；10—泵体；11—溢流阀；12—阀座

② 叶片泵溢流阀的作用。溢流阀是油泵内高压腔通往低压腔的阀门。它主要起限制液压系统最高工作压力和保护液压系统的作用，并能调节加油机的输出流量。

③ 叶片泵的工作原理。当电机带动转子作顺时针旋转时，叶片在弹簧力和离心力的作用下贴紧泵腔，任意两个相邻叶片与泵壳、端盖构成一个密封空间。右侧过渡区与泵的进油口相通，左侧过渡区与泵的出油口相通。转子顺时针旋转时，右侧密封容积增大，形成真空（负压），油罐内油液在大气压力作用下通过进油口进入油泵，达到吸油的目的；左侧过渡区的密封容积减小，油压升高，压力油通过出油口被排出，转子连续不断地旋转，油泵便连续不断地输出一定压力和流量的油液。

④ 叶片泵的使用与维护。

（a）经常查看叶片泵运转是否灵活均匀，有无异常杂音，轴端与泵盖处有无渗漏，皮带轮有无过度跳动及摆动。

（b）应经常清洗过滤器，一般每月不少于一次。

（c）三角皮带张紧力要适当。

（d）溢流阀弹簧不可调节过紧，否则会使系统压力过大，造成加油机噪声和振动增大，并加剧油泵轴承的磨损。

(e) 在试机及清洗油罐时，不能用加油机吸水或含水的油液，以免造成油泵及其他部件内部锈蚀和低温时冻裂损坏。

⑤ 叶片泵的常见故障及排除方法。叶片泵常见故障有不供油、供油不足、渗漏、噪声和振动增大等。

(a) 加油机不供油和供油不足。其故障分析及排除方法如表5-8所示。

表5-8　加油机不供油和供油不足的故障分析及排除方法

故障原因	排除方法
溢流阀被异物卡住封闭不严	清洗溢流阀芯和阀门，重新安装
溢流阀芯封闭不严	更换溢流阀
溢流阀座松动	用胶将阀座重新粘牢或更换油泵
溢流阀弹簧弹力不足	更换溢流阀弹簧
叶片的磨损或破碎	更换叶片
叶片弹簧的脱落或断裂	重新安装或更换弹簧
泵腔端盖螺钉拧不均匀	重新安装

(b) 加油机噪声和振动增大。加油机产生噪声和振动异常增大的原因较多，既有加油机本身的原因，也有加油机以外的原因。应先排除加油机以外的原因，(如地下油罐与加油机之间的水平距离过长、输油管线弯角过多、安装输油管时未将内部清理干净等)，然后再查找加油机的内部原因。造成加油机噪声和振动增大的内部原因及排除方法如表5-9所示。

表5-9　加油机噪声和振动增大的原因及排除方法

故障原因	排除方法
溢流阀弹簧调节过紧	重新调节弹簧压力
溢流阀芯被异物卡住打不开	清洗溢流阀芯

(c) 渗漏。叶片泵的渗漏有内、外渗漏两种，其主要故障原因及排除方法如表5-10所示。

表5-10　叶片泵的渗漏有内、外渗漏主要故障原因及排除方法

故障现象	故障原因	排除方法
内渗漏	叶片磨损	更换叶片
	弹簧片断裂	更换弹簧片
	溢流阀封闭不严	清洗溢流阀和重新调整
外渗漏	溢流阀口处渗漏	更换O型密封圈
	泵轴骨架油封失效	更换骨架油封
	泵腔端盖渗漏	更换垫片

(2) 齿轮泵。目前加油机使用的齿轮泵有两种，一种是渐开线齿轮泵，另一种是内摆线齿轮泵，渐开线齿轮泵应用较为广泛，特点是故障率低、噪声小、运行稳定、油压脉动小、使用寿命长、加工精度高、结构紧凑。下面以渐开线齿轮泵为例进行介绍。

① 渐开线齿轮泵结构。图 5-12 是渐开线齿轮泵平面结构图，平面图上端为溢流阀，并接于油泵的吸入腔（负压）和压油腔（正压），外环为内齿轮（主动齿轮），里面为外齿轮（从动齿轮）由月牙弯两端把负压和正压分隔开，其他有泵壳、泵盖、主轴和偏心轴等。

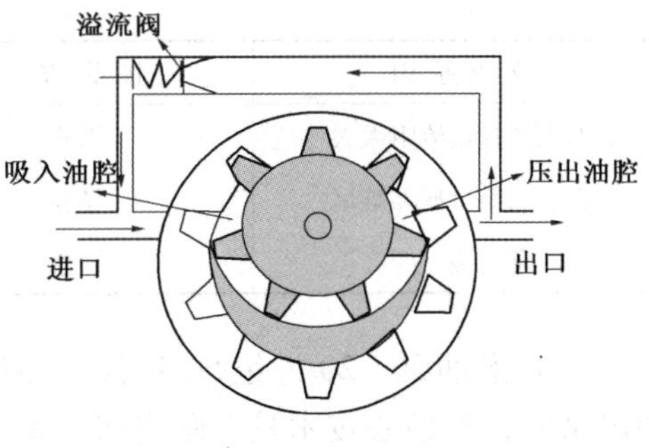

图 5-12　渐开线齿轮泵平面结构图

② 渐开线齿轮泵工作原理。当内齿轮带动外齿轮作逆时针旋转运动时，内外齿轮张开时，所处位置为吸油腔；由于内外齿轮的张开扩大空间，加上内外齿轮靠着月牙弯两个面向前运动即产生负压，把油液吸入泵内，在内外齿轮啮合时所处的位置为压油腔，将正压力油液挤出，通过油泵输出端输出；当内外齿轮的齿峰运行到月弯两个面时为密封面，将齿轮 U 形槽内的油运送到压油腔内，周而复始地旋转才保证油液连续向外输出，如果小流量加油或关闭油枪时，油泵输出端压力立刻升高，这时并接于吸入腔和压油腔之间的溢流阀阀芯被压力油液推开，从压油腔回到了吸油腔做泵内循环，当开启油枪后压油腔输出端压力下降，溢流阀芯复位关闭，油泵继续向外输出压力油液。

③ 齿轮泵的日常维护。

（a）调整 V 带张力适当。V 带太松则打滑，油泵转速低无力，输出流量小；太紧加速电机轴承和油泵轴套（轴承）的磨损。缩短使用寿命，增加电机功耗。

（b）调整溢流阀。使其每分钟达到输出流量要求，反时针退出调节杆泵压下降，输出流量小；正时针旋入调节杆泵压上升，电机吃力耗电量加大，流量超大。

（c）定期清洗过滤器。由于过滤器堵塞：油泵运转吃力，电机耗电量增大。过滤器穿孔：杂质进入泵内造成卡泵，卡测量变换器等，甚至烧毁电机。限制油灌积水，水一旦吸入齿轮泵极易造成泵件生锈锈死，运转不灵活无法正常工作。

④ 齿轮泵常见故障与排除。

（a）不出油。其故障分析及排除方法见表 5-11。

表 5-11　齿轮泵不出油故障原因及排除方法

故障原因	排除方法	故障原因	排除方法
底阀关闭不严	检查	油罐低液位	进油
管道法兰泄漏	检查	出口单向阀卡死	维修
溢流阀阀芯不复位	清理	电磁阀不工作	检查
过滤器盖板失密	换垫	油枪自封后未复位	维修
回油阀未复位	检修		

（b）流量小。其故障原因及排除方法见表 5-12。

表 5-12　齿轮泵流量小故障原因及排除方法

故障原因	排除方法	故障原因	排除方法
底阀滤网脏堵	清理	电磁阀膜片穿孔	更换
输油管道渗漏	检查	油枪滤网堵塞	清出

续表

故障原因	排除方法	故障原因	排除方法
气温太高管道流阻太大	改造	加油胶管老化内脱皮	更换
一级、二级过滤器脏堵	清洗	溢流阀密封不严	检修
一管双泵安装	改造		

（3）潜油泵。20 世纪 50 年代，加油站潜油泵是从美国富兰克林生产的防爆屏蔽电机发展出来的，其核心技术是屏蔽电机。富兰克林的加油站潜油泵俗称“兰牌”或“兰夹克”。美国“红夹克”加油站潜油泵是世界知名品牌，但它采用的屏蔽电机也是富兰克林制造的。我国生产的绿牌加油站潜油泵产品从 559.3W（0.75hp）的小功率到高扬程、大流量、变频潜油泵、鹤管潜油泵和 PLC 可编程控制的智能潜油泵，它几乎满足了所有用户的需求。潜油泵的优点是从根本上杜绝了气阻现象，利用正压推送的原理，从根本上解决了高温环境、高扬程、远距离条件下管道泵、容积泵、叶片泵等负压原理工作的泵不能解决的问题。

潜油泵主要由控制器、连接管、油泵三部分组成，如图 5-13 所示。潜油泵控制器结构如图 5-14 所示，油泵结构如图 5-15 所示。

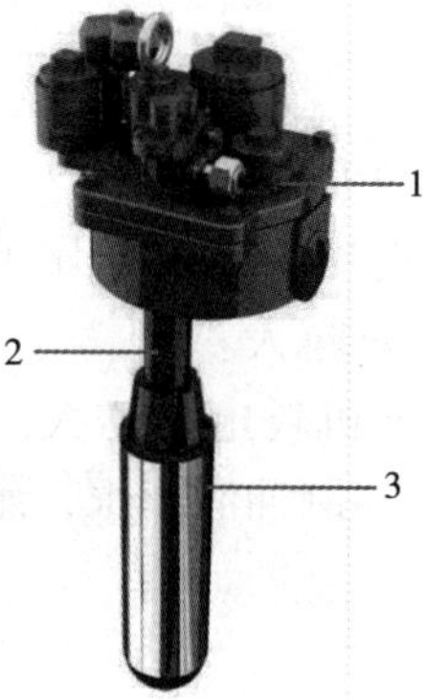

图 5-13　潜油泵结构图

1—控制器；2—连接管；3—油泵

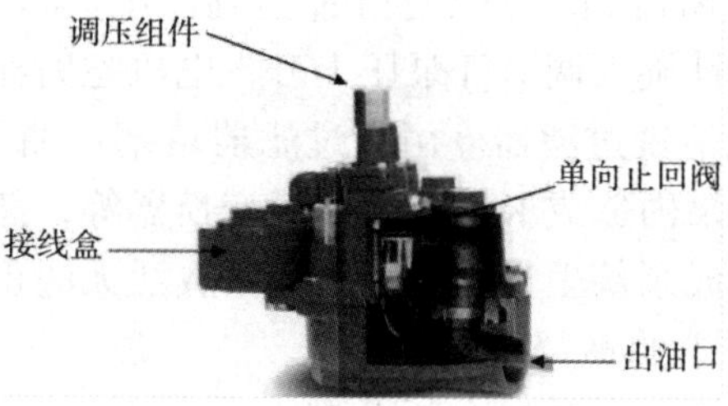

图 5-14　潜油泵控制器结构

从功能上，潜油泵可分为标准型、增强型、变频型和大流量型。标准型潜油泵可满足一般要求；增强型潜油泵的流量较标准型有所增加，还可用于乙醇汽油的混合液体输送；变频型潜油泵根据管道压力变化来判断流量是否符合要求，如果流量不足，压力过低，它会通过电脑调高输给电机的电源频率，提高电机转速，进而提高流量，管线内压力增高时，它会降低电源频率来调节电机转速，使油泵流量适中。大流量型潜油泵适用于快速加油的场所，民用加油站使用较少。

① 工作原理。潜油泵在使用中应完全浸没在油品中。电机启动后，潜油泵电机带动叶轮高速旋转，驱使叶轮流道内的油品转动，转动的油品依靠惯性在叶轮叶片的作用下向叶轮外缘流去，对叶轮吸入口的油品产生吸力，使叶轮吸入口处的油品填充流向叶轮外缘的油品所占有的空间。流出叶轮的油品直接进入导壳的压出室，部分动能转化为压能后，再将这部分引入导壳的吸入室，供下级叶轮汲取。油品逐级流过泵内所有的叶轮、导壳，每流过一级叶轮、导壳，其压能就提高一次。经过逐级压能叠加后，在潜油泵的出口处就获得一定的能

量增值，即产生一定的扬程，从而达到抽送油品的目的。

② 潜油泵运行与维护。

(a) 日常维护。检查其外观完好性，各连接部位是否渗油，接地线是否连接有效，防爆挠性管、防爆接线盒等是否可靠，判断油泵运行的声音、振动是否正常，发现异常及时上报维修，不得自行调节潜油泵泵头部分功能部件。

(b) 定期维护。定期组织技术检查，需拆卸潜油泵的功能元件时首先应确认断开潜油泵电源；拆卸前应对潜油泵进行泄压，测试与该泵相连的输油管线、油罐的压力及密闭性能，通过调压组件调整压力，调整拧紧连接螺栓和部件；对各密封部件、单向阀进行检查、清洗。

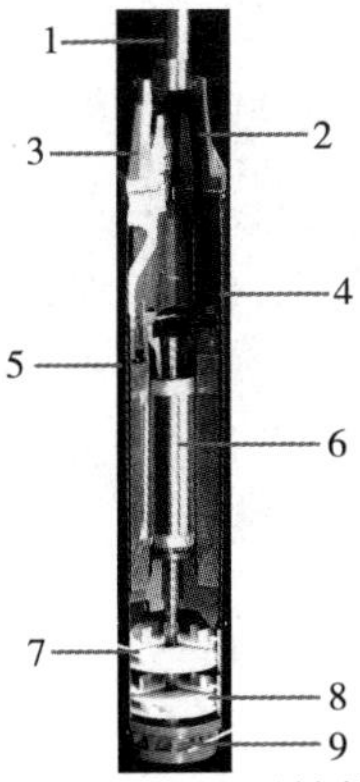

图 5-15　油泵结构

1—柱形管；2—导线管接头；3—泵马达座；4—外壳；5—过热保护器；6—转子；7—叶轮；8—扩散器板；9—进油口

③潜油泵常见故障与诊断。

(a) 泵运转但不出油或出油慢。产生该现象的原因及解决方法主要包括：单向阀关闭，此时需打开单向阀；潜油泵与油枪之间存在泄漏，此时需进行排查，主要检查各密封部件（包括单向阀密封圈、泄压阀密封圈、测漏器密封等）是否完好，检查管道是否泄漏；检查滤网是否堵塞、叶轮进口是否堵塞。

(b) 泵不启动。产生该现象的原因及解决方法主要包括：电容器损坏，电机卡死，需拔出潜油泵更换电机，拔取潜油泵时需有多人配合和监护，时刻保证其竖直，动作要轻，速度要慢，避免产生撞击，取出后需用灭火毯对其安装口进行封盖，以防罐内大量油气外溢。

经验与建议：潜油泵式加油机由于正压出油，在泵头内宜安装机械测漏器，不仅可用于判断潜油泵出油压力，同时也是判断供油管道是否出现泄漏的重要安全附件。如果系统中存在较大的泄漏（在0.07MPa压力下，泄漏量约为11L/h），则管线压力不会进一步增加，流速会保持在受限状态。如果测漏器打开时间过慢，即远远超过规定时间，有可能是以下原因：

a. 管线弹性过大；

b. 存在微渗漏；

c. 超出测漏器设计范围；

d. 热油品进入冷管道会产生热收缩。

潜油泵在使用过程中偶尔会发生一些故障，为保证安全使用，如遇疑难问题应请有经验的专业技术人员或厂家维修人员进行检测、维修。

5.3.3.2　油气分离器

油气分离器的主要功能是将油泵排出油液中的气体分离并排出，使输入到测量变换器的油液不含气体，保证计量准确。

油气分离器的主要技术指标有油气分离能力和稳定性。在油气分离器和测量变换器之间要设止回阀（又称出口阀）。有些厂商将止回阀安装在油气分离器和测量变换器之间的管路中，也有的厂商将止回阀安装在油气分离器内。下面介绍使用比较广泛的油气分离器的结构、工作原理和故障排除方法。

(1) 液面式油气分离器。

① 结构。其结构如图 5-16 所示。

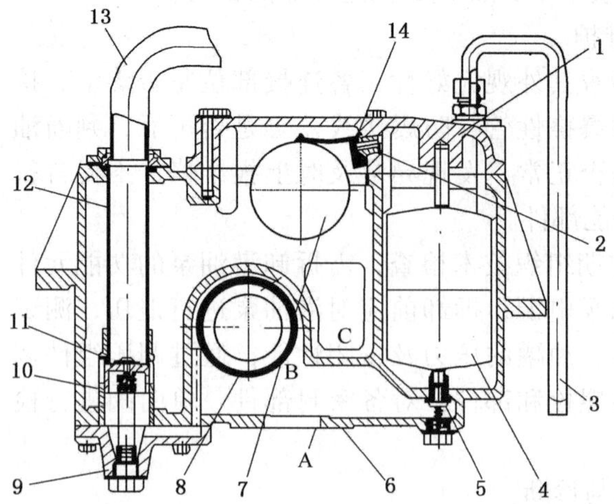

图 5-16　油气分离器结构

1—上盖；2—出气阀座；3—出气管；4—回油浮漂；5—平行阀；
6—分离器体；7—球形浮漂；8—过滤器；9—弹簧座；10—出口（油）阀；
11—出口（油）阀座；12、13—出油管；14—出气阀

（a）油气分离器内有三个腔，过滤器 8 所在的空间为低压腔，球形浮漂 7 所在的空间为高压腔，回油浮漂 4 所在的空间为常压腔。

（b）三腔之间通过四个阀相连通，低压腔与高压腔之间有出口阀 10，高压腔与常压腔之间有出气阀 14，常压腔与低压腔之间有锥形阀和平形阀 5。

（c）出气阀的作用。当高压腔内油液少，气体多时，能迅速排气；当高压腔内油液多，气体少时，能增高油压，同时保持排气通畅。

（d）出口（油）阀的作用。是保证向计量器输出一定压力的油液，防止液体中气体进入计量器及防止计量器的油液倒流（当油泵不工作时）。

② 工作原理。液面式油气分离器的工作原理是油气分离器体下部的孔 A 与与输油管相连，低压腔的孔 B 与油泵进油口相通，高压腔的孔 C 与油泵出油口相通。启动电机，油泵工作油泵低压腔形成负压，油罐内油液在大气压力作用下，经过输油管分离器孔 A，过滤器 8、孔 B、油泵负压区、油泵正压区孔 C 进入分离器高压腔。油液进入高压腔后，开始液面较低，球形浮漂下垂，高压腔内大量气体通过出气孔排到常压腔；高压腔液面升高，球形浮漂浮起，阀与阀座端面贴合，高压腔内气体只能通过阻尼槽进入出气孔被除排到常压腔，高压腔内油压迅速增大，压力油顶开出油阀 10 通过出油管 13 进入计量器。

③ 常见故障与排除方法。液面式油气分离器常见故障主要有油气不能分离、排气管冒油等。

（a）油气不能分离。油气不能分离的故障原因及排除方法见表 5-13。

表 5-13　油气不能分离的故障原因及排除方法

故障原因	排除方法
油气分离器出气孔堵塞	清理出气孔
油气分离器低压腔漏气	检查低压各密封垫的性能和安装位置

续表

故障原因	排除方法
油气分离器出油阀不能封闭	清洗或更换出油阀
油罐到加油机之间的输油管线漏气	检修管线与有关接头、阀件的密封性

(b) 排气管冒油。排气管冒油的故障原因与排除方法见表 5-14。

表 5-14　排气管冒油的故障原因与排除方法

故障原因	排除方法
加油站使用高架罐	堵塞排气管
回油浮子或球形浮子破损、不能浮起	更换或修复回油浮子、球形浮子
出气阀失效	修理或更换出气阀
平形阀不能开启或堵塞	清理或修复平形阀

(2) 管式油气分离器。

① 结构。

(a) 与加油机进油管相连，并经过过滤器至油泵吸入口称为低压腔，它与溢流阀、回油阀相连。

(b) 油泵输出口到油气分离管、出油阀称为高压腔，并与溢流阀、常压腔相通，油和气是在分离管内部进行分离的。

(c) 常压收集油气混合物析出分层后（气在上油在下）将气体通过排气管排除与大气相通，油液则通过回油阀回到低压腔油泵吸入端。

② 工作原理。如图 5-17 所示，当电机带动油泵旋转时，油液通过底阀和油罐的出油管线，经过过滤器吸入油泵（负压过程），油泵输出压力油液后有两条路径可走，一条通往油气分离管进行气液分离：压力油液经过窄扁通道加速，沿着分离管壁高速旋转，离心式分离，重的油液在外环向分离管的另一端靠着管壁的出口出去，经出油阀（单向阀）二级过滤，进入测量变换器。而气体（气液混合物）较轻分离在分离管的中心位置也同时向分离管的另一端正面出口出去进入常压腔内，在常压的气液混合物析出气体后通过常压腔的排气管排出，油液则留在常压腔内，当常压腔的液面上升到一定的高度时，油浮子就被油液浮

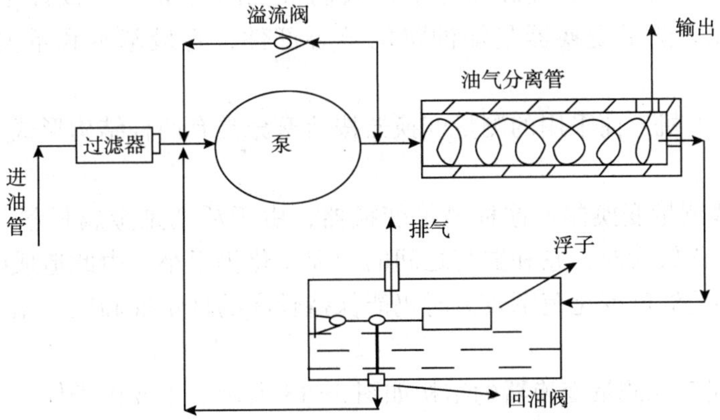

图 5-17　管式油气分离器原理图

起，固定浮子的杠杆就提起回油阀芯，常压腔内的油液被油泵吸出常压腔，回到了油泵的吸入端（进口）。第二条路就是油液通过溢流也回到了油泵的吸入端，但有个条件：在加油作业时，未打开油枪或小流量加油时，油泵所输出的流量大于加油枪输出的流量，此时油液压力必然上升方能推开溢流阀阀芯，油液回到了泵的吸入口进行循环，这样即稳定了油泵的输出压力又保护了机内油管路及油气分离、测量变换器、电磁阀和机外的加油胶管、视油镜等不被压力油液所破坏。

③ 故障分析与排除。

（a）排气管出油。排气管出油的故障分析与排除方法见表5-15。

表5-15　排气管出油的故障原因与排除方法

故障原因	排除方法
高位油罐	封堵排气管或接入低压腔
提枪时间太长	缩短提枪时间
常压腔浮子进油	更换
回油阀堵塞	清堵

（b）油气不分离。其故障分析与排除方法见表5-16。

表5-16　油气不分离的故障原因与排除方法

故障原因	排除方法
常压腔排气孔堵塞	清除
高压腔出气孔脏堵	清除
油罐出油管至油泵吸入端失密	排查
由于维修等原因造成压力油不在分离管内旋转	检查纠正

5.3.3.3　测量变换器

根据中华人民共和国计量检定规程JJG 443《燃油加油机检定规程》的定义，加油机采用的容积式流量计由测量变换器和指示装置组成。一般来说，流量计应包含计量和显示两部分，但在国家新检定规程颁布之前，人们常说的流量计（或计量器）只有计量功能，没有显示功能。测量变换器是加油机的核心部件，它最基本和重要的技术指标是计量准确度。

目前，国内加油机厂商采用的测量变换器按活塞分类有两种结构形式，即金属活塞式和软活塞式。

（1）金属活塞测量变换器。这种测量变换器，由于活塞是金属材料，它的膨胀系数很小。在环境温度变化较大时，它和缸套之间的间隙变化仍很小，由此造成的渗漏量变化也很小。所以，它在环境温度变化范围较大时仍能保持较高的计量准确度。温度适应范围大是它的突出优点。

① 结构。金属活塞测量变换器的结构如图5-18所示。主要由壳体、活塞、连杆、连接板、尼龙轮、传动弯头、调量装置和端盖等组成。

② 工作原理。经油气分离的纯净油进入测量变换器后，活塞在油压差的作用下往复运

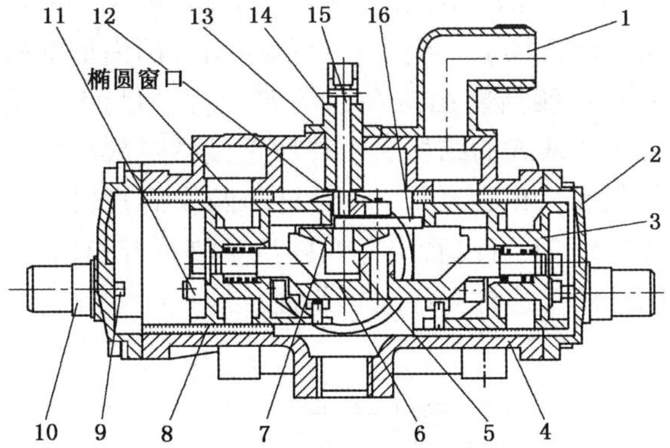

图 5-18　金属活塞测量变换器结构图

1—出口弯头；2—端盖；3—活塞；4—壳体；5—连接板；6—下连杆；7—上连杆；8—缸套；9—调量螺钉；10—盖形螺母；11—调量活塞；12—传动弯头；13—铜套；14—O 形密封圈；15—转数输出轴；16—尼龙轮

动。这时，图 5-19 中 1、3（或 2、4）两个活塞的端面和上连杆上的两个台阶面依次推动尼龙轮转动。尼龙轮上的小轴带动传动弯头转动，使转数输出轴输出转数。与此同时，经计量的油液由测量变换器的出口排出。它输出的转数与输出的油液体积相对应。四个活塞在油压差的作用下，完成一个工作循环，流经测量变换器的油液体积是一个稳定的常数，转数输出轴恰好转动一圈。

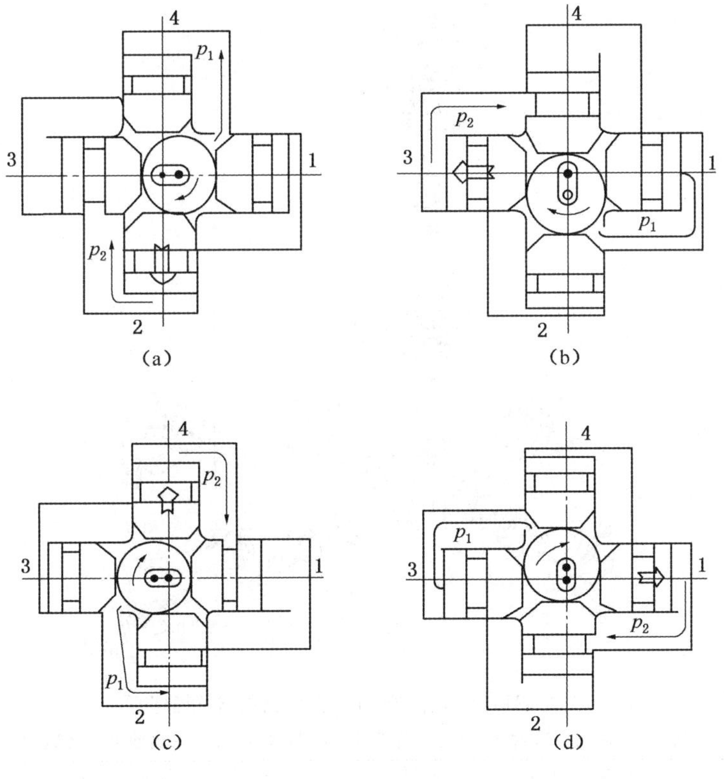

图 5-19　金属活塞测量变换器工作原理图

（2）软活塞测量变换器。软活塞测量变换器具有体积小、重量轻、计量准确和活塞互换性好等优点，在国内加油机市场上得到了广泛的应用。国内加油机厂商选用的软活塞测量变换器的结构大致可分两种：四活塞结构和双活塞结构。目前，厂商选用四活塞结构的较多。因此，以下主要介绍四活塞式的结构、工作原理及常见故障的排除。

① 结构。图 5-20 和图 5-21 是国内一种常见的四软活塞测量变换器的结构剖面图和立体分解图。由图 5-20 和图 5-21 可以看出，四软活塞测量变换器主要由密封盖、上盖组件、输出轴、壳体组件、活塞组件、连杆和端盖等组成。

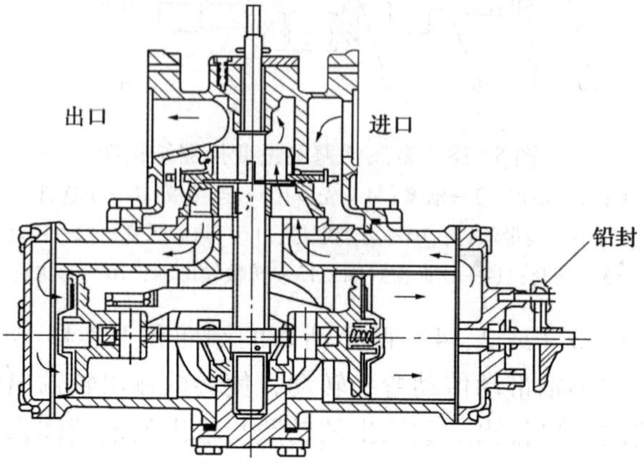

图 5-20　四软活塞测量变换器结构剖面图

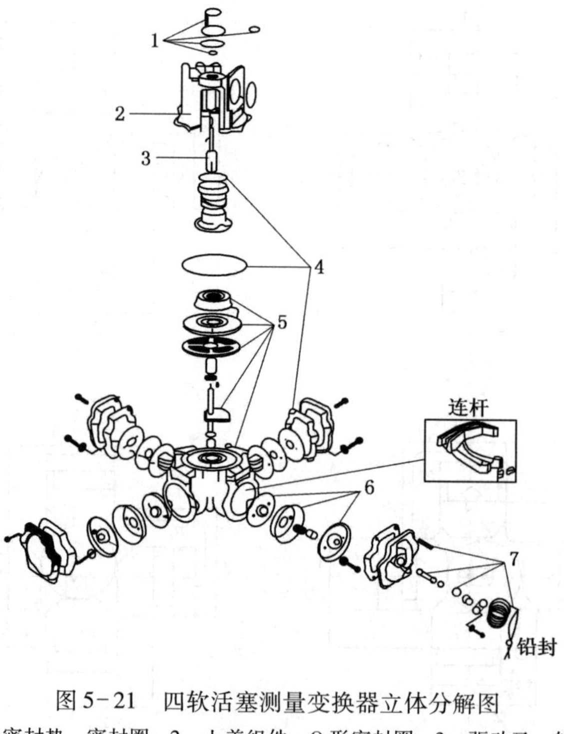

图 5-21　四软活塞测量变换器立体分解图

1—密封盖、密封垫、密封圈；2—上盖组件、O 形密封圈；3—驱动叉、转数输出轴；4—弹簧、O 形密封圈、阀盖、密封圈、垫片；5—壳体、分配阀、阀座、连杆、凸轮、凸轮轴；6—活塞、夹板、销轴；7—端盖、调整螺杆、垫、调整轮

② 工作原理。来自油气分离器或潜油泵的压力油经测量变换器从油口进入分配阀，再经壳体上方的长方形通道进入相对应的油缸，推动活塞运动。该活塞通过连杆推动对面的活塞，将油液经油缸上方的通道和分配阀内侧口，再经位于上盖的出口排出。活塞做往复运动时，通过滚轮组件推动凸轮轴转动，凸轮轴又带动分配阀和转数输出轴转动。当分配阀转过一定角度后，另一组油缸和活塞进油、排油。四个活塞在其进出口油压差的作用下完成一个工作循环，凸轮轴和转数输出轴旋转一周。一个工作循环排出的油液体积是一个稳定的值。

以图 5-22 来说明四软活塞测量变换器的工作循环状态。

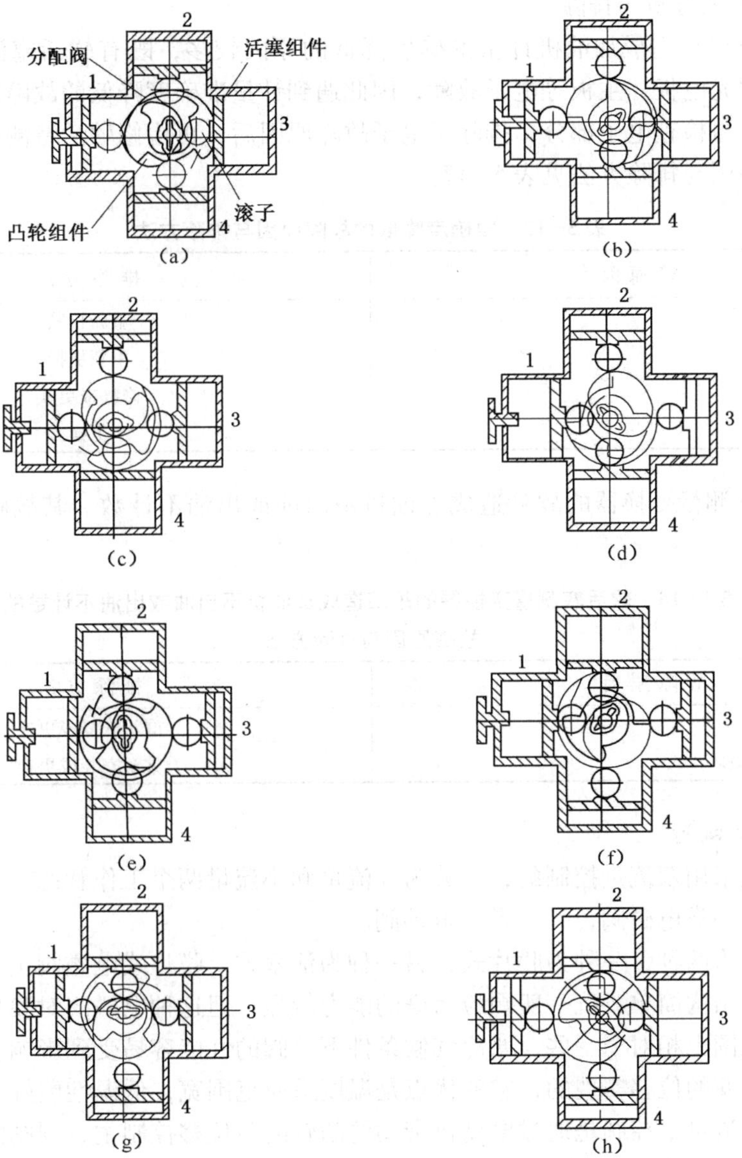

图 5-22　四软活塞测量变换器工作原理图

（a）图 5-22（a）状态。高压油经分配阀外侧进入 4 号缸，推动 4 号活塞向中心移动，4 号活塞通过连杆推动 2 号活塞运动，将 2 号缸端的油液经分配阀的内侧口排到出口。4 号活塞在运动的同时，通过滚子推动凸轮作顺时针旋转，凸轮轴又带动分配阀作同步旋转。凸轮和分配阀转到场45°时，进入图5-22（b）状态。

（b）图5-22（b）状态。4号油缸继续进油，2号油缸继续排油，同时1号油缸开始进油，3号油缸开始排油，4号滚子和3号滚子共同推动凸轮作顺时针旋转，当凸轮和分配阀转过45°时，进入图5-22（c）状态。

（c）图5-22（c）状态。1号油缸继续进油，3号油缸继续排油，1号滚子推动凸轮作顺时针旋转，当凸轮和分配阀再转过45°时，进入图5-22（d）状态。

（d）图5-22（d）~图5-22（h）状态是前面所述状态的延续，不再重复。

③ 常见故障的分析与排除。

（a）准确度降低造成加油机计量准确度降低的原因较多，既有软活塞测量变换器的机械故障，也有双光电板，主板等电子故障，因此遇到计量准确度降低的故障时，一般先重新调整流量系数，再检查电子部分，排除了电子故障原因后，再检修软活塞测量变换器。准确度降低的故障原因与排除方法见表5-17。

表5-17　准确度降低的故障原因与排除方法

故障原因	排除方法
调节螺钉螺母松动	重新拧紧
传动轴铜套磨损	重新更换
缸套及活塞磨损	修复或更换
凸轮磨损	更换

（b）软活塞测量变换器的故障造成加油机不出油或出油不计数。其故障原因与排除方法见表5-18。

表5-18　软活塞测量变换器的故障造成加油机不出油或出油不计数的故障原因与排除方法

故障原因	排除方法
活塞卡死	重新修复或更换
传动轴销脱落或损坏	重新安装或更换

5.3.3.4　电磁阀

电动阀一般采用双流量控制的，它分为大流量和小流量两个工作状态。加油机使用的电动阀分为两类，一类电磁阀，另一类为电动阀。

电磁阀分又为两种，一种为膜片式，另一种为活塞式。膜片式电磁阀主阀的启闭是通过膜片实现的，其结构简单，抗一般颗粒污染的能力较强，但这种电磁阀对膜片的技术要求较高，温度适应范围也相对窄一些，寒冷气候条件下，阀的性能容易受到影响。活塞式电磁阀的启闭是通过活塞的位移实现的，它的优点是温度适应范围宽，低温性能好，但抗颗粒污染的能力较差。双流量电控阀是通过电动机带动的凸轮的角位移控制主、副阀的打开与关闭来实现大、小流量控制的，它的优点是温度适应范围宽，低温性能好，抗颗粒污染的能力较强。

目前，加油机制造商使用双流量膜片式电磁阀，有的制造商开始使用双流量电控阀，下面分别加以介绍。

(1) 双流量电磁阀。

① 结构和工作原理。目前，加油机制造商多使用膜片电磁阀。图5-23是一种电磁阀的结构原理图，图5-24是它的分解图。这种电磁阀称为双流量控制电磁阀。

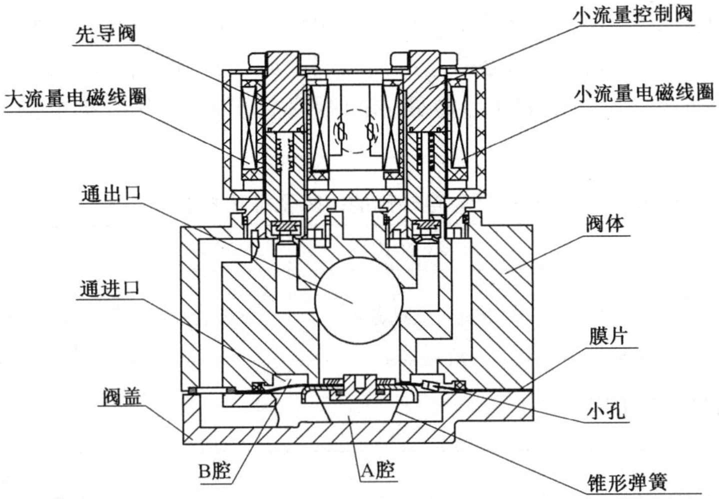

图5-23　双流量电磁阀结构原理图

通过图5-23和图5-24可以看到这种电磁阀的结构。它主要由阀体、膜片、锥形弹簧、阀盖、先导阀、小流量控制阀、复位弹簧、先导阀电磁线圈和小流量控制阀电磁线圈等组成。

从图5-23可以了解双流量电磁阀的工作原理。当电磁阀断电时，先导阀和小流量控制阀关闭，膜片控制的主阀也关闭，电磁阀没有流量通过。当两个电磁线圈都通电时，先导阀和小流量控制阀都打开，电磁阀进口油压向下推膜片，A腔的部分油液经先导阀和小流量控制阀流向电磁阀出口，膜片克服弹簧力向下运动打开主阀，电磁阀处于大流量工作状态。先导阀电磁线圈断电后，先导阀关闭，油液经膜片上的小孔也进入A腔使油压升高，推动膜片向上，主阀关闭。这时油液只经小流量控制阀到电磁阀出口，电磁阀处于小流量工作状态。小流量控制阀电磁线圈断电后，小流量控制阀关闭，电磁阀没有流量。由上可知：通过先导阀和小流量控制阀可以使电磁阀有大流量和小流量两个工作状态，因此，这种电磁阀被称为双流量电磁阀。

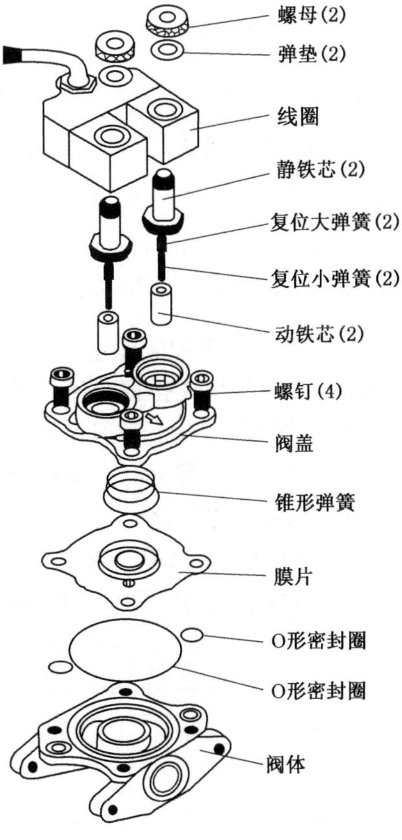

图5-24　双流量电磁阀分解图

加油时，通过加油机控制键盘预置加油量，接着按加油键，电机启动，先导阀、小流量控制阀和主阀打开，加油机以较大的流量加油。当接近预置加油量时，电脑命令先导阀电磁线圈断电，主阀关闭。此时小流量控制阀工作，加油机以小流量加油。当加油量达到预置值时，电脑命令小流量控制电磁线圈断电，电磁阀关闭，加油结束。

② 常见故障及排除。加油机在工作过程中出现的一些故障可能和电磁阀有关，也可能和其他液压部件有关。例如：加油机流量小或不出油时，有可能是电磁阀的问题，也可能是其他部件出了故障。电磁阀的故障会引起加油机的故障，但加油机出了故障不一定是电磁阀出了问题。因此，加油机出现故障后要具体问题具体分析。电磁阀的故障及排除方法见表5-19。

表5-19　电磁阀的故障及排除方法

故障现象	故障原因	判断方法	解决方法
加油机通电，正常加油时不出油，电磁阀线圈外形异常	电磁阀线圈烧坏	电磁阀通电后无吸力	更换电磁阀线圈
通电后工作正常，但有交流噪声			清洗先导阀和小流量控制阀，拧紧静铁芯
外渗漏			拧紧螺钉或更换密封件
电磁阀断电后不能关闭	内泄漏		清洗先导阀、小流量控制阀或更换膜片
电磁阀通电后油枪出口流量增加缓慢			清洗先导阀和小流量控制阀
预置加油时没有小流量	线圈接反或先导阀未关严		检查接线方式，清洗先导阀、小流量控制阀和膜片
加油机流量小或不出油	膜片或先导阀未完全打开		清洗或更换先导阀及清洗油路

③ 维修注意事项应注意。电磁阀维修时应注意以下事项：

（a）维修前应先排掉液压系统中的油液，切断电源。

（b）维修前应认真学习产品使用维护说明书，并由专业维修人员操作。

（c）维修电气部分时，要用清洁、干燥的布擦净零件，不得用任何溶剂。

（2）双流量电控阀。

① 结构和工作原理。双流量电控阀的方块图如图5-25所示，图中S1和S2分别为大流量与小流量控制信号。图5-26和图5-27分别为双流量电控阀的立体分解图和剖面图。

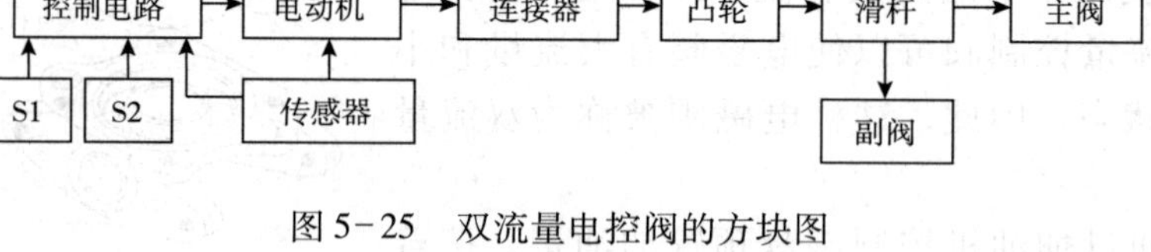

图5-25　双流量电控阀的方块图

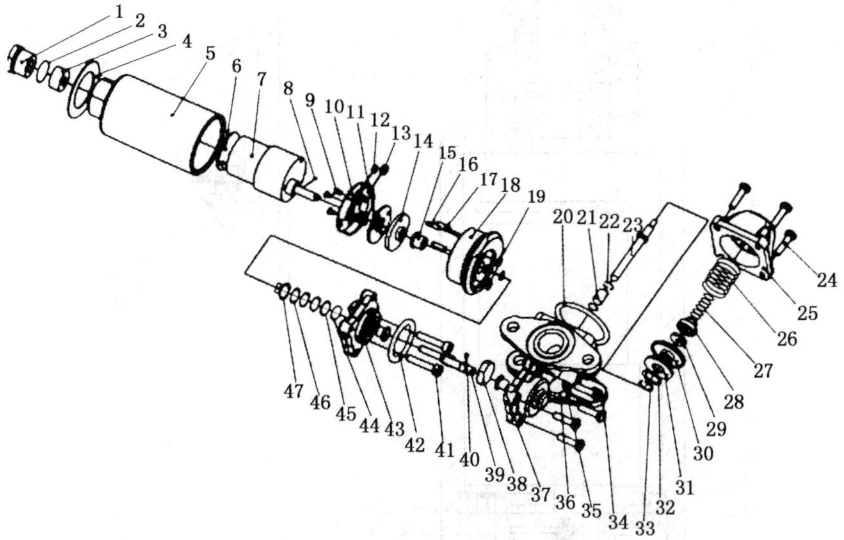

图 5-26　双流量电控阀的立体分解图

1—压紧螺母；2、45—垫圈；3—密封垫；4—铭牌；5—壳体；6—主板；
7—电动机组件；8—钢球；9、16、17、24、35、41—螺钉；10—连接盘；11—传感器板；
12、13—螺母；14—传感器；15—电机轴套；18—底座；19、20—O 形圈；21、37—轴套；
22、33、46—挡圈；23—滑杆；25—端盖；26—主阀弹簧；27—副阀弹簧；28—副阀；
29—副阀密封垫；30—主阀；31—主阀密封垫；32—主阀垫圈；34—阀体；36—接地标牌；
38—凸轮；39—传动轴；40—钢球；42、44—密封圈；43—压盖；47—十字连轴器

双流量电控阀的控制电路控制电动机旋转，传感器把电动机旋转的角位移信号反馈给控制电路，使电动机转过的角度满足 S1 和 S2 的要求，同时电动机带动凸轮转动，凸轮又带动滑杆做轴向移动，滑杆控制主阀和副阀打开与关闭。这样，它就完成了对加油机所需两个流量的控制。

双流量电控阀共有四个工作状态：

（a）关闭状态。如图 5-28 所示，关闭状态下 S1 和 S2 为高电平，主阀和副阀关闭，经过双流量电控阀的油路被切断。

（b）前小流量状态。如图 5-29 所示，前小流量状态下 S1 为高电平，S2 为低电平，主阀被关闭，副阀打开，经过双流量电控阀的流量为小流量。

（c）大流量状态。如图 5-30 所示，大流量状态下 S1 为低电平，S2 为低电平或高电平，主阀和副阀都被打开，经过双流量电控阀的流量为大流量。

（d）后小流量状态。如图 5-31 所示，后小量状态下 S1 为高电平，S2 为低电平，主阀被关闭，副阀依然打开，经过双流量电控阀的流量为后小流量。

在加油过程中，关闭状态、前小流量状态、大流量状态和后小流量状态是依次进行的。后小流量状态结束即加油过程完成。

②故障及排除方法。双流量电控阀的故障及排除方法如表 5-20 所示。

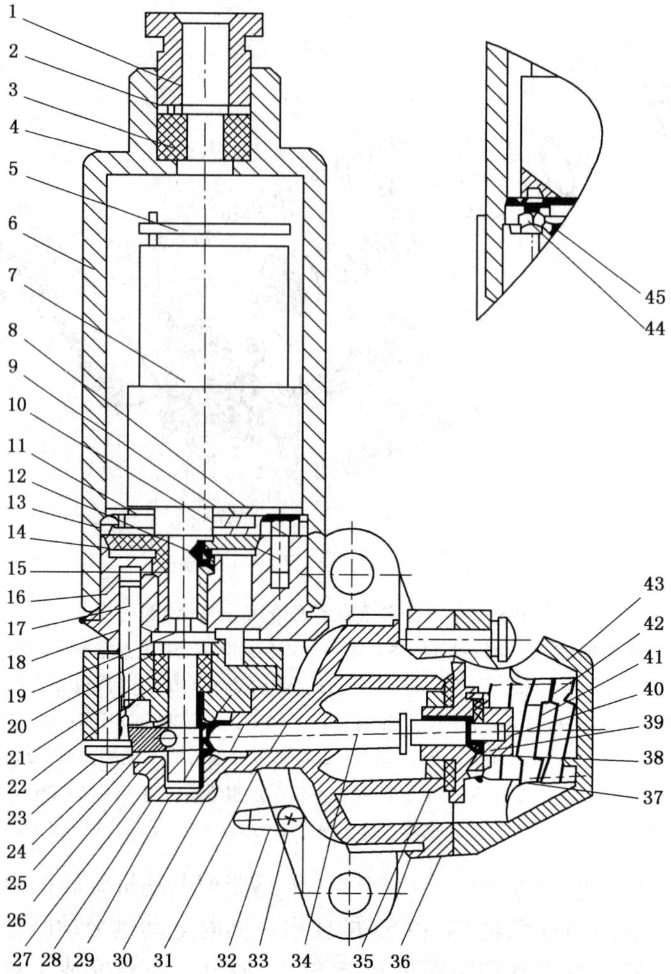

图 5-27　双流量电控阀剖面图

1—压紧螺母；2、22—垫圈；3—密封垫；4—铭牌；5—主板；6—壳体；7—电动机组件；8、36、44—螺母；9、17、23、45—螺钉；10—螺柱；11—连接盘；12、26—钢球；13—传感器板；14—传感器；15—电机轴套；16—底座；18、30、35—O 形圈；19—十字连轴器；20—挡圈；21—密封圈；24—轴套；25—凸轮；27—阀体；28—传动轴；29—压盖；31—滑杆；32—接地标牌；33—盘头螺钉；34—滑杆；37—主阀；38—主阀传动轴；39—副阀密封垫；40—副阀；41—副阀弹簧；42—主阀弹簧；43—端盖

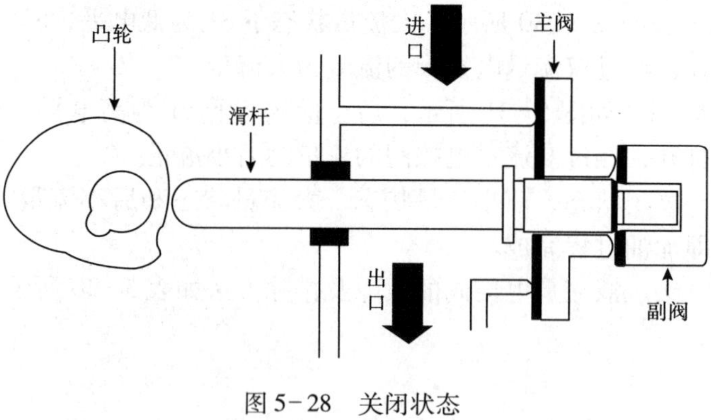

图 5-28　关闭状态

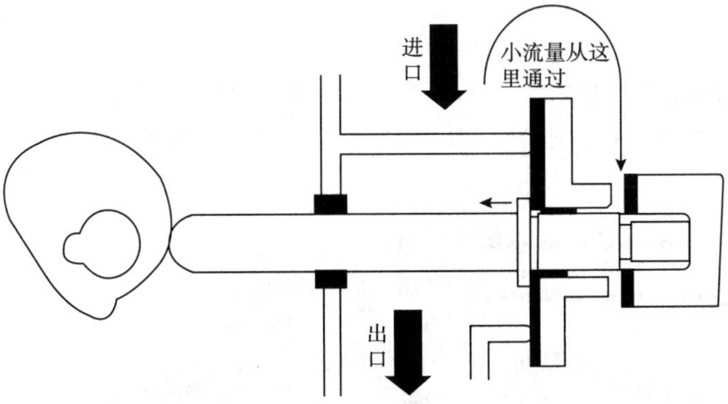

图 5-29　前小流量状态

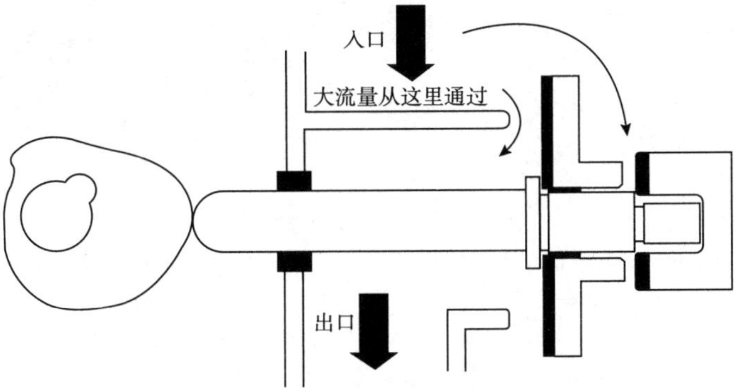

图 5-30　大流量状态

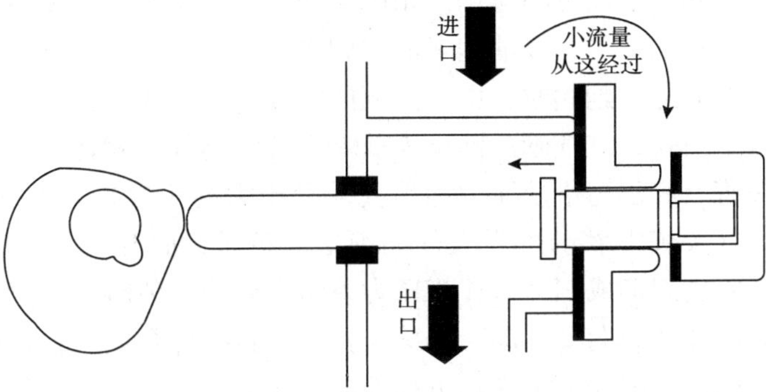

图 5-31　后小流量状态

表 5-20　双流量电控阀常见故障及排除方法

故障现象	故障原因	判断方法	解决方法
电控阀的电压正确，但改变 S1、S2 的电平，电控阀没有任何动作	电动机内的控制板损坏	分解下端盖，通电后，观察主阀有无动作	更换电动机组件
V 电控阀的电压正确，但改变 S1、S2 的电平，电控阀动作混乱	电动机内的传感器损坏	分解下端盖，通电后，观察主阀是否打开	更换电动机组件
没有小流量	副阀变形		更换副阀
关阀后仍有渗漏	主阀、副阀变形		更换变形的主阀、副阀
结合面渗漏	紧固螺钉松动		拧紧紧固螺钉

5.3.3.5 油枪

（1）自封油枪的结构。如图5-32所示，自封油枪主要由枪体1、主阀7、顶杆3、开关膜9、自封杆10、自控杆21、副阀芯20、油枪嘴17等部件组成。

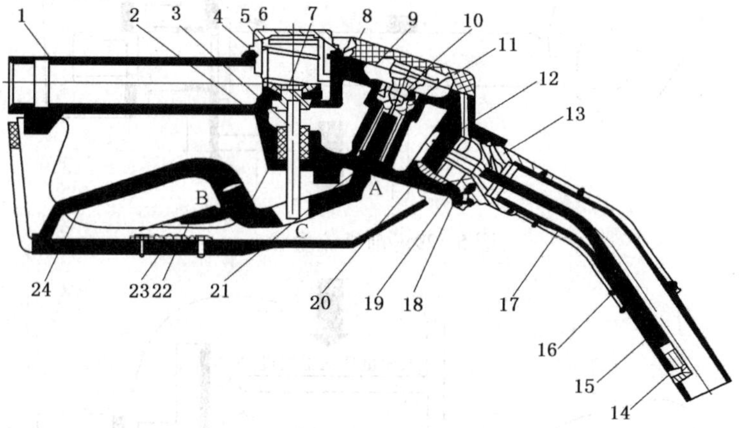

图5-32 自封油枪结构图

1—油枪体；2—压母；3—顶杆；4、18—O形密封圈；5、16、19—弹簧；6—压盖；7—主阀；8—上盖；9—开关膜；10—自封杆；11—钢球；12—副阀座；13—转接套；14—进气嘴；15—进气管；17—油枪嘴；20—副阀芯；21—自控杆；22—自控杆及挡片；23—限位板；24—开关把

（2）自封油枪的工作原理。供油时，主阀开启，压力油进入枪体内主副阀间空腔、并克服副阀弹簧力推开副阀，经油枪嘴排出。副阀的作用是防止主阀关闭后枪体内主副阀间空腔内的油液外流；在预置加油中，加油完毕而主阀未关闭时，副阀可防止枪体及导静电输油胶管内的油液外流。油液经过副阀时，由于液流的空吸作用，使开关膜上腔压力降低，但因开关膜上腔通过转接套斜孔，进气管、油枪嘴前端进气嘴与外界相通，外界空气不断地补充开关膜上腔，故开关膜上腔仍与下腔压力相等（均等于大气压力），开关膜处平衡位置，当油液淹没进气嘴时，开关膜上腔与外界大气隔绝形成负压，而开关膜下腔仍保持一个大气压，因而开关膜上下腔之间形成压力差，当压力差增大到一定值时，开关膜及与之固定的自封杆克服开关膜上腔的弹簧力向上移动，钢球被挤落到自控杆孔内，自控杆在开关把的拉力作用下向下移动，主阀顶杆因开关把支点下移而向下移动，主阀关闭，供油停止。

（3）自封油枪的使用与维护。

① 在使用自封油枪加油时，应轻拿轻放，主阀杆应经常加注润滑油以保证灵活可靠。

② 保持自封油枪内油路、气路通畅，防止杂物阻塞油路、气路，防止自封功能失效。

③ 借助限位板加油时，虽然油枪具有加满油自关枪功能，但放枪时一定要使挡片脱离限位板。

④ 由于加油过程中，空气不断从枪口小孔中补入，故注油时产生的泡沫较多，当泡沫将枪口淹没时，油箱未满也会自动关枪，需要补注。

（4）自封油枪的常见故障。自封油枪的常见故障主要有：油枪不能关闭或关闭后少量漏油、油枪不自封、油枪频繁自封、油枪开枪不出油或出油量小。自封油枪的常见故障原因与排除方法见表5-21。

表 5-21　自封油枪的故障原因与排除方法

故障现象	故障原因	排除方法
关闭不严或关闭后少量漏油	主阀与阀座间有异物 副阀弹簧失效	清洗主阀 拉长副阀弹簧或更换副阀弹簧
油枪不自封	上腔塑盖压丝未拧紧 转接套“O”形密封圈损坏 开关薄膜的破损	重新拧紧 更换“O”形密封圈 更换开关薄膜
油枪频繁自封	进气孔被脏物堵塞 开关膜上腔弹簧力过小	清除进气孔内污物 适当拉伸自封弹簧或更换弹簧
开枪不出油或出油量小	油枪滤网堵塞 油管接头被异物堵塞	清洗滤网 重新截换，安装胶管

5.3.3.6　拉断阀和速断阀

加油设备发展到今天已有近百年的历史，随着经济发展和科学技术进步，加油设备正向快捷、智能和安全可靠的方向发展。拉断阀和速断阀就是加入到加油机上的安全性保护元件，即使在意外发生它能自动关闭输油系统，避免油液外喷造成损失，同时也防止了火灾的出现。

（1）拉断阀。拉断阀又叫脱离器，如图5-33所示，它的参考拉断拉力为141～159kg，拉断阀安装在加油枪与胶管之间或胶管中间位置为宜，但是靠近加油枪效果更好。安装拉断阀必须考虑安装位置，拉断阀安装具有方向性，胶管接头和油枪接头应分别连接在胶管和油枪上。拉断阀这两个部分的对接点，即是断开关在它对接时就将阀内的自动开关顶开，此开关阀处于常开状态，拉断后靠开关阀的弹簧推动阀芯复位关闭，确保油液不再输出。对接后应确保连接处不渗漏，用O形密封圈密封接合处，两阀体的对接采用铆钉或螺丝销钉来固定。

图 5-33　拉断阀

（2）拉断阀的维护。拉断阀是保护性元件，为确保其在意外事故发生时能顺利拉断，在使用中避免与地面摩擦、被挤压等现象，要求每周检查两次，主要检查是否有腐化锈死现象，拉断结合处的间隙是否加大等。

图 5-34　速断阀

（3）速断阀的结构与原理。速断阀又叫安全阀或紧急截止阀，是一次性保护阀，如图5-34所示。速断阀是用铸铁浇铸而成，在制作过程中留下了一个薄弱点，在冲击力作用下很容易断裂，它适用潜泵加油机和地上储油罐的自吸泵加油机，安装于加油机的进油和输油之间。速断阀的安装一定要做硬性连接，确保意外发生时，能在速断阀的薄弱点处掰断，这样固定在薄弱点上端的小钩离位，速断阀下端的阀门柄在小钩脱离后由弹簧力的作用下将阀门复位关闭，保证油液不外泄。

（4）速断阀的维护。为了确保速断阀处于良好保护状态，应在3~6个月对速断阀进行数次开关试验使其截止阀门灵活，避免被油污杂质粘住或卡死。在操作时如果截止阀门被压力油顶住关闭打不开时，不能强扳阀门柄，应立刻关闭潜油泵电源，松开速断阀的排压丝堵或将潜油泵的单向阀顶开将管线压力油回罐即可。然后进行速断阀的开关试验，结束后将速断阀的排压丝堵换上生料带装回或将潜油泵的单向阀螺丝退回恢复单向阀功能，要检查一切正常后方可送电试机加油。加油机内地坑填沙时不能高于速断阀下端螺丝接口，更不能积水，避免速断阀的阀柄根部腐蚀锈死，有意外不动作，应点一些润滑油防腐。在检修加油机液压管路或清洗过滤器时应手动关闭速断阀以防潜油泵误送电造成喷油事件发生。

5.3.4 加油机电气控制系统

5.3.4.1 电子板块的关联

电子板块主要由电源板、主板、开关板、控制板、传感器板、显示板、键盘板等组成。电源板向其他板块提供直流电源，开关板、传感器板、键盘板等向主板提供输入信号，主板根据接收到的信号、经过整形、运算、检测、储存处理后，向控制板、显示板发出相应的操作指令信号。

5.3.4.2 电子板块的作用和原理

（1）电子板块的作用。

① 主板是加油机电气控制系统的核心，对加油机的启停控制、计算、累计、数据的生成和存储等功能，都是在主板控制下进行的。

② 键盘板和开关板是人机对话的工具，主要是通过键盘和开关板向加油机输入控制指令。

③ 显示板主要功能是显示信息和数据。

④ 脉冲发生器（又称传感器）是将加油机输出的油品数量转换成电脉冲信号，供主板进行运算，生成数据。

⑤ 控制板主要是对电机、电磁阀的启停进行控制。

⑥ 电源板是加油机电气系统的能源，是将引入的交流电转换成直流电，供给各电子板块使用。

（2）电子板块的工作原理。

① 外电网电源由配电室经防爆接线盒进入防爆电源盒，经防爆电源盒内变压器降压，电源板的整流、滤波、扩充输出后，通过接线板向主板和其他板块输出稳定的直流电。这时各电路板进入待工作状态，主板对键盘进行扫描程序，等待接收键盘输入的信号，同时通过显示板显示相关数据。

② 提起油枪，开关板通过接线板向主板发出开机电流信号，主板接收到开机信号后，向显示板发出清屏指令，同时向电源盒内的控制板发出打开电磁阀和启动电机的指令信号，这时电机启动，加油机进入待加油状态。

③ 开启油枪，油液经加油机内的油泵、油气分离器、计量器、电磁阀、视油器、油枪被注入受油容器。当油液流入计量器时，推动计量器内活塞作往复运动，排出固定体积的油液，并通过一系列传动机构使计量器的输出轴转动，输出轴带动传感器内的分度盘转动，切割光槽，产生计数脉冲信号。

④ 挂上油枪，开机信号中断，主板发出关机指令，同时保持显示屏上显示的加油数据不变，一次加油过程结束。

⑤ 上述加油过程为非预置加油，若为预置加油，则先由键盘向主板输入预置量（升或金额），当加油数量达到预置量时，主板发出关机指令，完成一次预置加油。

5.3.5 整机的故障与排除

加油机在实际维修工作中，判断故障原因和部位并不是一件简单的事。因为加油机是由机械部件与电子元件所组成的一个有机整体，同一故障可能是多种原因引起的，同一种原因，也可能引起多种故障。另外，加油机本身不是孤立地工作，它必须与外部装置（如外接电源、油罐、输油管等）联系起来才能工作，而外部装置故障也能造成加油机不能正常工作。因此，要较熟练地判断出故障部位，必须有理论知识的支持，了解原因与现象之间的关系，还要不断地总结实践经验。加油机不出油，首先应分析故障原因：先易后难、逐段检查。其次分辨故障是由机械故障还是电气故障所引起的，判别方法是看电动机是否转动，如电动机转动，则初步判断是机械故障，电动机不转动是电气故障。

5.3.5.1 机械故障的判断与排除

（1）加油机不出油。加油机不出油的故障原因及排除方法见表5-22。

表5-22　加油机不出油的故障原因及排除方法

故障原因	排除方法
电动机不转	检查线路、开关、熔丝、继电器、电动机等
电动机三角皮带太松	调整皮带张力或更换三角皮带
油泵转动方向与箭头所示方向不符	调整电动机电源的相序
油罐中存油不足	油罐要进油
底阀有渗漏	检查、修理或更换底阀
油罐与加油机连接管线渗漏	检修管线与有关接头、阀件的密封性
过滤器堵塞	清洗或更换过滤器
油泵溢流阀不能封闭	清洗溢流阀或更换弹簧
油泵卡死不转（叶片或弹簧卡在槽内）	清洗并更换叶片或弹簧
油泵叶片破碎	清洗并更换叶片
油气分离器出油阀卡死	清洗出油阀
油气分离器球形浮子、回油浮子破损或脱落	重新安装或更换
油气分离器平形阀不能开启	清洗、重新安装
计量器卡死	检修计量器
电磁阀不能开启	检修电磁阀或更换
油枪不出油	清洗、检修油枪

（2）加油机噪声大、震动大。加油机噪声大、震动大的故障原因及排除方法见表5-23。

表5-23　加油机噪声大、震动大的故障原因及排除方法

故障原因	排除方法
油罐底阀开启太小	清洗、修理或更换油罐底阀
油气分离器内过滤器堵塞	清洗过滤器

续表

故障原因	排除方法
溢流阀调整不当	正确调整溢流阀
溢流阀卡死或弹簧太紧	修复或更换溢流阀
叶片泵轴与转子松动	修复或更换转子
叶片泵轴套磨损，间隙太大	更换轴套

5.3.5.2 电气故障的判断与排除

电气故障是加油机较易发生的故障。特别是加油机形式、电路、应用元器件不尽相同，还有强弱电、软硬件等之分，技术要求较高，一般应由专业人员处理。以避免发生扩大故障范围，损坏其他元器件，防止发生人身伤害事故或设备损坏事故。在维修时必须注意安全。

（1）加油机的常见电气故障原因与排除方法见表5-24。

表5-24 加油机的常见电气故障原因与排除方法

故障现象	故障原因	排除方法
电动机不转或运转不正常	三相电源故障 继电器损坏 电脑输出驱动电路坏 电脑主板坏 防爆电动机坏 启动开关坏或调整不当	检查供电电压、线路、开关、熔丝等 更换继电器 更换损坏件或主板 更换电脑主板 维修或更换防爆电动机 更换或调整开关
关机后电动机不停机	继电器断电后不释放 电脑输出驱动电路坏 电脑主板坏 计算机存在程序错误	维修或更换继电器 更换损坏件或电脑主板 更换电脑主板 更换计算机主板或升级计算机程序
加电前后显示板均无显示	无交流电或交流电不合格 机内电源坏或接触不良 显示板损坏或接触不良	检查电源、线路、稳压器、开关、熔丝等 检查机内电源电路和接插件等 更换显示板或排除接触不良
显示屏缺笔划	显示板坏或接触不良	更换显示板或排除接触不良
键盘失灵	键盘受潮或损坏、接触不良	更换键盘、排除潮气或接触不良
数据易丢失	电池电压不足或主板损坏	更换电池或主板

（2）电磁阀的故障原因及排除方法见表5-25。

表5-25 电磁阀的故障原因及排除方法

故障现象	故障原因	排除方法
电磁阀打不开	电脑主板损坏 电磁阀控制板损坏	更换主板 更换控制板
电磁阀关不住	电脑主板损坏 电磁阀控制板损坏	更换主板 更换控制板
没有小流量	电磁阀的控制信号线装错 电磁阀主、副阀引出线装反	检修、重新安装 检修、重新安装

（3）传感器的故障原因及排除方法。

传感器板是测量变换器重要组成部分，它的故障现象主要有加油机出油不计数和计量准确度降低。造成出油不计数和计量不准的原因较多，除了双光电板故障外，还有机械故障电脑主板故障等，在检修时要注意正确判断。表 5-26 为传感器的故障原因及排除方法。

表 5-26 传感器的故障原因及排除方法

故障现象	故障原因	排除方法
出油不计数	双光电板接触不良或损坏	检修或更换
	主板损坏	更换主板
计量不准	分度盘倾斜或松动	重新调整分度盘，紧固松动部分
	双电光板的光槽内有污物	清除污物或更换光槽

5.3.5.3 加油机的维修注意事项

（1）更换主板时的注意事项。

① 首先通电记录原板的参数（流量系数、提前量、累计数）及主板编号。

② 断电更换新主板并记下主板编号，检查其他有关连接部件及连线。

③ 通电恢复原板的参数（流量系数、提前量），记下新板的累计数，改变成原板的单价及密度。

④ 加油测试其精确度（与技术监督局协作）。

（2）维修加油机注意事项。

加油机处于易燃易爆的场所，故在维修加油机时一定要注意安全，维修人员在维修加油机时，必须遵循以下要求：

① 不能穿带铁钉的皮鞋和易产生静电的化纤服装。

② 维修加油机之前要切断电源，摘下皮带轮上的皮带，以免造成人身伤害事故。

③ 所需工具须摆放整齐，严禁乱扔乱摔，以防产生火花，引发事故。

④ 维修时要注意不要划伤各金属零件、密封结合面，以免造成泄漏。

⑤ 在维修电气时，要仔细检查线路是否接错，以免造成新的故障。

5.3.6 加油机的安装

加油机的安装与调试是加油站运行的一部分，它关系到加油站的安全和正常营业，是防止加油站事故发生的重要环节。

5.3.6.1 加油机开箱后的验收

加油机开箱验收应进行下列检查：

（1）检查随机出厂的检验合格证是否齐全。

（2）核对加油机的名称、型号规格、包装箱号、箱数并检查包装状况。

（3）检查随机技术资料及专用工具。

（4）对主机、附属设备及零、部件进行外观检查，并核实零、部件的品种、规格、数量等。

5.3.6.2 加油机的固定

（1）加油机应安装在室外的雨棚下，雨棚的大小应保证在任何季节都不会使加油机遭受雨淋和正午太阳光直射，加油机与周围建筑物间要有足够的距离，保证载货卡车驶入后畅通和加油员的安全操作。

（2）加油机应安装在加油岛上，加油岛一方面避免车辆对加油机的碰撞，另一方面，加油机底座高于地面，有利于提高防爆安全性能。

（3）加油机主机座应安装在水泥基础上，用地脚螺栓固定好，水泥基础应设孔，以便引入输油管线和接地线。

（4）加油机成排安装，应划定共同的安装基准线，其平面位置偏差不应大于2mm。

5.3.6.3 加油机管线与油罐安装

（1）加油机单机管线一般应为40mm镀锌管，管道的法兰两端均应跨接导线，整个油罐及管道系统应有良好的接地，并进行耐压试验。

（2）如果采用自吸式加油机，管线拐角应尽可能少，加油机与地下油罐的水平距离一般不应超过30m，油罐最低液面与加油机进油口的垂直距离应不大于4m，以免影响吸程。如加油机安装不能满足上述要求则应采用潜油泵加油机。进油管线口与加油机进油管线间的三角法兰处加入耐油密封垫。

（3）油罐内的出油管线底部应安装40mm的单向阀（双门底阀），单向阀下端距罐底15cm，安装单向阀前应仔细清理油罐和单向阀内杂物，并用油液测试单向阀密封性能，以免加油机启用时发生单向阀堵塞和漏油情况。

（4）不要两台加油机或双枪加油机的两台油泵公用一条管线分支供油，以免互相干涉。若一台加油机抽取两个或更多油罐的油品，则应设置阀门，使用时只开使用罐阀门，其他罐的阀门应有效关闭。如图5-35所示。

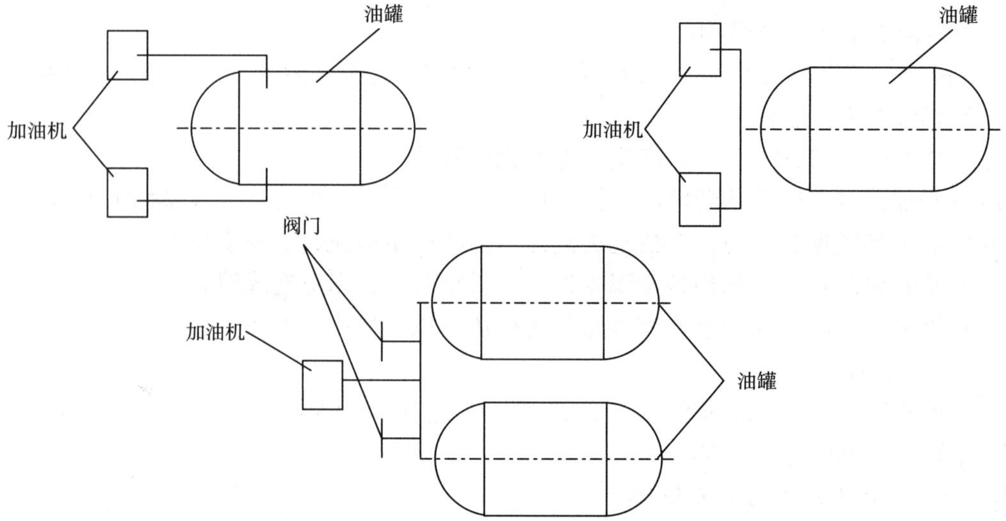

图5-35 加油机管线安装示意图

（5）加油机是按室外安装和采用地下直埋油罐的使用条件而设计的，因此加油机应避免使用高位油罐（油罐液位高于加油机进油口），如使用高位油罐，应把油气分离器排气孔封死以免溢油。

5.3.6.4 加油机的电源安装

（1）加油机的电源总开关应设在室内，开关保险应根据电机启动时电流来确定（约6A）。电源线应选用耐油、耐腐蚀性能好的四芯多股铜芯的两次保护电缆，禁止使用单股导线和铝芯线。

（2）配电室与加油机连接线采用穿钢管敷设，防止车辆轧断电线。在从加油机底座孔中穿入的电缆出口处，设下开口的耐油弯头，防止油液滴入钢管腐蚀电缆，禁止在电缆出口处至接线盒的中途再设任意接头，以免发生打火危及加油站安全。

（3）用户电源线接入加油机防爆接线盒内，应与本机接线盒的三相电源和零线相对应，电缆线接入盒后应拧紧丝套，务必把电缆夹紧，以保证接线盒的防爆性能。如油泵转向不正确，只需将 A、B、C 三条相线中任意两条调换即可，也可在电动机防爆接线盒内调线，效果相同。如图 5-36 所示。

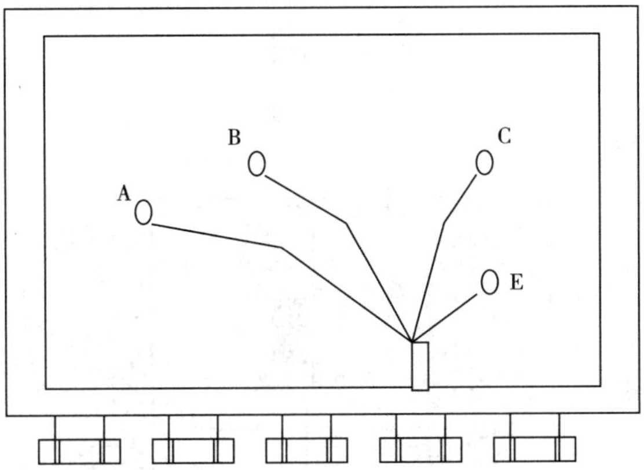

图 5-36　加油机接线图（三相）

（4）加油机应设单独地线，测试接地电阻不大于 4Ω，油枪对地电阻不大于 10Ω。

5.3.6.5　潜油泵加油机的安装

潜油泵加油机主机的安装方法与自吸式加油机安装方法类似。主机到地下油罐的水平距离一般不超过 50m，垂直距离不超过 5m，输油管线应坡向油罐，且坡度不小于 0.2%，电源线与控制线、通信线应分别走管。

潜油泵加油机的安装必须配备安全阀，安全阀与输油管道的连接采用不锈钢波纹管；安全阀应安装在固定水泥基础的角钢上，并与上下管连接，安全阀与角钢连接应牢固，如图 5-37所示。

（1）主机电气安装。电气部分的安装主要是加油机电源的安装、加油机与电气控制箱的连接等。加油机电源的安装（以 D421 接线盒为例，见图 5-38）：电源线应选用耐油、耐腐蚀性能好的 3 芯塑料护套铜芯电缆，导线截面积不小于 1.5mm^2，电缆外径约 8mm，用户电源线（单相三线）及信号电缆接入加油机的防爆接线盒内，电源进线分别接火线（L）、零线（N）和地线（PE）；T1、R1、G 分别和中央电脑集线器中 TXD1、RXD1、GND 连接，其他类推；M1、V1 分别和控制箱 1RV-1、1RH1 连接，其他类推。

电气控制箱内有电源接线柱、电源断路器（即总电源开关和加油机开关）、启泵接触器、热过流保护继电器、低控高压通用继电器、启泵控制信号接线柱以及潜油泵控制板等。其安装步骤参考相关的电气控制图进行。

（2）潜油泵的安装。潜油泵是正压方式供油的设备，潜油泵由控制器和防爆电机及其共轴连体的叶轮泵构成。潜油泵吸油口的底部距离油罐底部的高度在 150～250mm。在控制器上部的电容器盒内接好潜油泵电机线，在控制器下部的接线盒内接入外接电源，检查无误后，将潜油泵、导油管通过控制器下部套入支承管，放到油罐内，用螺钉将控制器的上部与下部连接好即可。

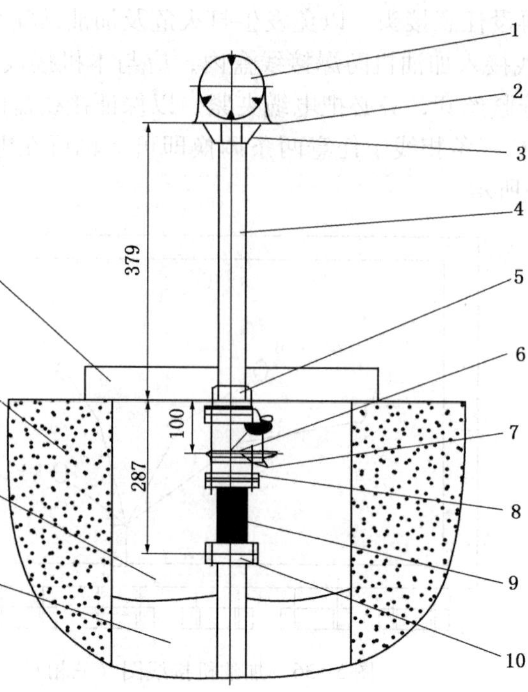

图 5-37　加油机进油口连接示意图

1—油滤端盖；2—垫；3—单向阀；4—油管；5—安全阀；
6—U 形卡；7—角钢；8—上法兰；9—波纹管；10—下法兰

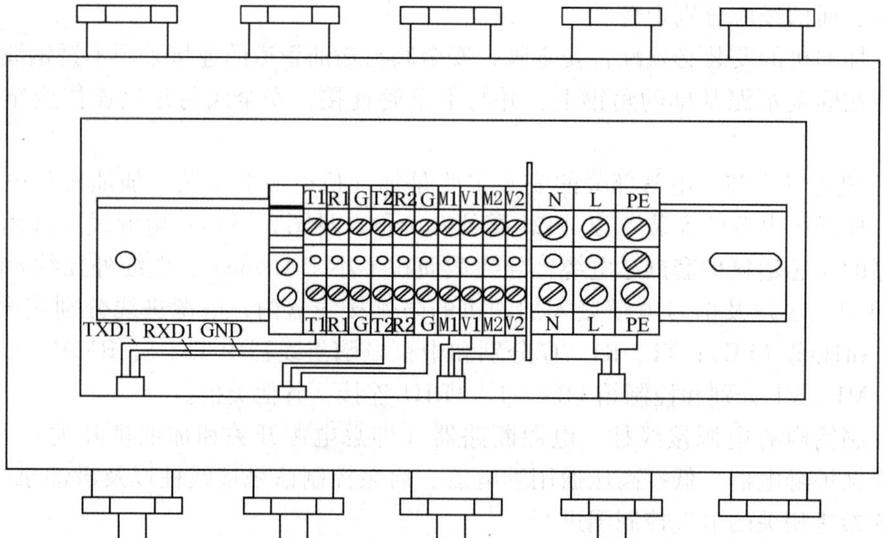

图 5-38　D421 接线盒图

5.3.6.6　加油机的调试

（1）绝对禁止以水试机，应以实际燃油试机。

（2）第一次试机前应对加油机进行一次普遍检查，将运输中松动的螺栓螺母拧紧。

（3）整机流量过大或过小，可调试油泵溢流阀的调整螺钉。若是由于新管线而引起的流量开始正常，后来流量变小，则应反复清洗加油机油气分离器滤网，然后再找其他部位的原因。

（4）进行电气安装和维修时，必须切断电源，防爆接线盒必须按规定安装完毕封盖后，才能接通电源，严禁开盖试机。

5.4 电气设备

5.4.1 供配电气设备

5.4.1.1 设备简介

加油站供电、发电、配电设备有：电力变压器、发电机组、配电柜（箱）及架空线路、避雷器、计量表、输送线路、接地体等。

5.4.1.2 电源

加油站供电，就是指加油站所需电能的供应和分配问题。我们知道，电能是现代工业生产的主要能源和动力。加油站生产离不开电能，做好加油站供电工作对于保证生产的正常进行，具有十分重要的意义。加油站供电系统的任务是把动力电源（通常指高压电源）引入加油站，经过变电、配电，将适合使用的电力输送到各用电设备、设施。供电系统的另一任务是通过仪表指示电力的各项指标，通过各种保护装置保护设备、设施的正常运行和待运行。日常工作中，习惯对电气系统称为：三相三线制、三相四线制、三相五线制等，国际电工委员会对供电系统作了统一规定，将低压电网的配电制式及保护方式分为TN系统、TT系统、IT系统。其中TN系统又分为TN－C、TN－S、TN－C－S系统。加油站380/220V供配电系统宜采用TN－SN系统，当外供电源为380V时，可采用TN－C－S系统。TN－S供电系统，把工作零线N和保护零线PE严格分开，独立布线，两者仅在变压器中性点处有电气连接，如图5－39所示。

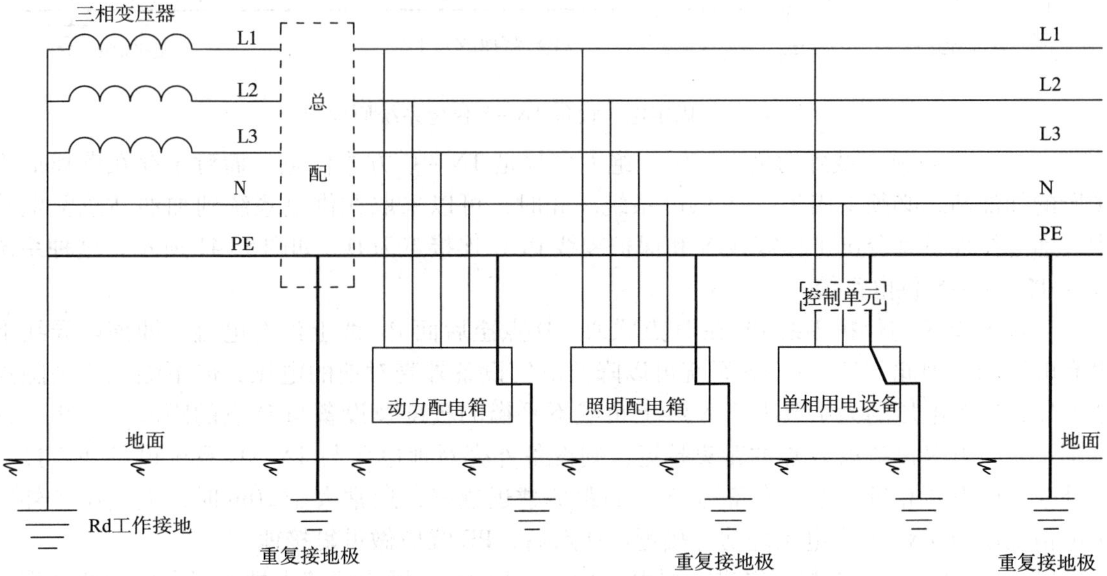

图5－39 TN－S供电系统

TN－S 供电系统的特点如下：

系统正常运行时，保护零线 PE 上没有电流，只是工作零线 N 上有不平衡电流。PE 线对地没有电压，所以电气设备金属外壳保护接零是接在专用的保护零线 PE 上，安全可靠。

工作零线只用作单相照明负载的回路。保护零线 PE 不能断线，也不能进入漏电开关。

（1）TN－S 供电系绕供电干线可以安装漏电保护器。由于工作零线 N 没有重复接地，因此如有需要，在供电系统干线任何位置均可安装漏电保护器。

TN－S 供电系统安全可靠性高，被广泛应用于爆炸危害场所和建筑工程临时施工用电。

图 5－39 为常见建筑施工临时用电 TN－S 供电系统中电气设备的接线原理图，每个配电箱处均需设 1 组重复接地极，接地极采用双线与配电箱内 PE 排连接。

对于固定设备，TN－S 供电系统中电气设备的接线原理图如图 5－40 所示。PE 线进入区域配电箱后，经重复接地极进入地面下，形成接地干线，在需要接地处引出接地桩与电气设备外壳连接。固定电气设备 PE 导线接入配电箱内 PE 排或电气设备接线盒内的 PE 接线点，PE 排、设备外壳经接地桩与接地干线连接，构成双 PE 线保护模式，安全可靠性极高。

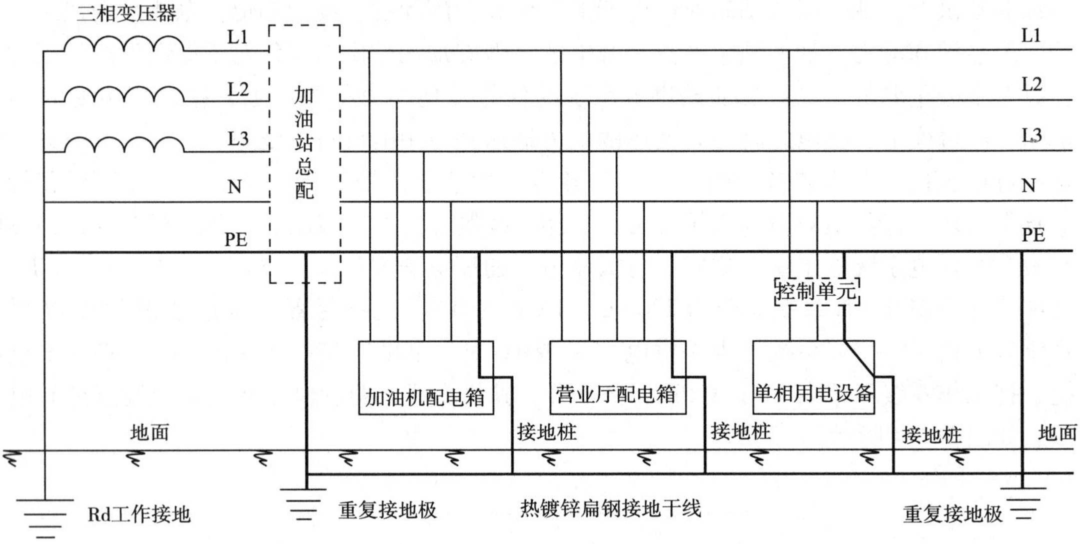

图 5－40　固定电气设备 TN－S 供电系统原理图

（2）处于乡村、城郊的供电系统，绝大多数是 TN－C 方式供电，而对于存在爆炸危险场所的加油站，必须采用 TN－S 供电系统。此时，可以采取在供电系统到加油站总配电箱中，通过接地桩处分出工作零线 N 和保护零线 PE，连接点为 D，如图 5－41 所示，这种系统称为 TN－C－S 供电系统。

工作零线 N 与保护零线 PE 在 D 点联通。D 点至后面 PE 线上没有电流，即该段导线上没有电压降，因此，TN－C－S 系统可以降低电气设备外壳对地的电压，但不能完全消除这个电压，这个电压的大小取决于 N 线上负载不平衡的程度及设备与 D 点的距离。三相负载越不平衡，电气设备离 D 点的距离越近，则设备外壳对地电压与 TN－C 系统设备外壳接零时外壳带电电压相近。电气设备与 D 点的距离越远越好，通常大于 20m 时，电气设备外壳带电情况就与 TN－S 供电系统功能接近。D 点后，PE 线应做重复接地。

PE 线在任何情况下都不得进入漏电保护器（RCD），因为线路末端的漏电保护器动作会使前级漏电保护器跳闸造成大范围停电。

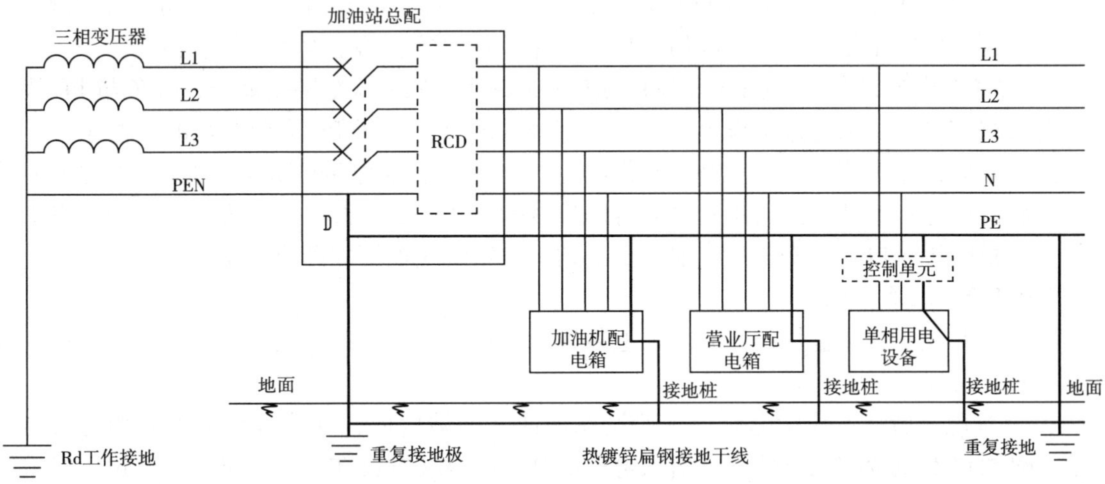

图 5-41　TN - C - S 供电系统

特别强调，D 点必须在漏电保护器前，否则漏电保护器无法合闸。

对 PE 线除了在总配电箱处必须和 N 线相接以外，其他各分箱处均不得把 N 线和 PE 线相联，PE 线上不许安装开关和熔断器，也不得用大地兼作 PE 线。

通过上述分析，TN - C - S 供电系统是在 TN - C 系统上临时变通的作法。当三相负载比较平衡时，TN - C - S 系统作为加油站供电系统还是可行的。但是，在三相负载不平衡严重时仍然存在设备外壳带电现象。因此，采用 TN - S 供电系统是最安全可靠的供电方式。

（3）加油站供配电方式应采用 TN - S 供电系统。TN - S 供电系统中，设备外壳与 PE 线连接。正常运行时，PE 线（保护零线）上没有电流，PE 线对地没有电压。N 线（工作零线）不平衡电流与设备外壳没有联系。当设备发生短路故障时，短路电流通过 PE 保护零线形成短路通道，触发设备控制回路上的保护电器（空气断路器、熔断器等）动作，切断故障电路。TN - S 供电系统安全可靠，广泛应用于爆炸危险场所、施工临时用电。

TN - S 供电系统的技术要求如下：

① 保护零线 PE 在正常情况下不通过电流，有人便误以为可将该线截面减小并一律采用 2.5 ~ 4mm^2 的铜线。这是不正确的。因正常工况下它虽不通过电流，但事故时却有电流通过并应能使保护电器迅速动作。故保护零线的截面选择应与工作零线相同。

② 应实行分级安装漏电保护器。从系统保护和防止火灾考虑，要求装设两只以上的漏电开关，同时还必须保证各级线路漏电开关动作的选择性（即级间配合）。

③ 配电系统中的主干线及支干线应装设短路和过负荷保护，支线的保护可采用断路器、熔断器或带有漏电保护的自动断路器。

④ 在 TN - C 供电系统的 PEN 线、TN - S 供电系统的保护零线 PE 上，从变压器到干线、支干线及插座的接地插孔上，均不得装设熔断器和开关。

⑤ 室内用电宜采用单相三线制（三根导线）配电，即单相三极插座配电方式，其中保护零线 PE 必须接到单相三极插座的 PE 孔上。在相线和零线上设能同时切断的保护电器，如空气断路器。工作零线 N 在插座处或其他地方均不应与保护零线 PE 相连。单相三线制中，只有在保护零线 PE 断开且设备发生相线碰壳这两者同时出现时电气设备外壳才会产生危险电位。

⑥ 为便于识别各种导线的不同用途，相线、工作零线 N 与保护零线 PE 均应采用规定颜色加以区别，以防止相线与零线混用，从而为保证各种插座的正确接线提供方便。

⑦ 移动式电气设备（便携式设备），应采用多股软铜线作专用接地线，颜色与 PE 线相同，此线严禁同时用来通过工作电流；工作零线 N 和保护零线 PE 应分别与电源相连。

加油站的供电负荷等级为三级，器供电电源宜采用电压为 380/220V 的外接电源或专用变压器将高压进行变换，当引用外电源有困难或确需要第二电源时，可设置小型柴油发电机组。内燃机的排烟口，应安装阻火器。加油站信息系统应设不间断供电电源。

5.4.1.3 配电系统

加油站的配电系统包括：电源、配电装置、保护装置、电线、用电设备等，它是保证加油站工作正常运行的必配系统。

（1）配电装置。低压配电装置一般设在加油站的站房内，并装有配电柜可燃通过监测仪表盘观察供电质量和用电情况。引入电源的高压配电装置设在高压配电室内，也可以采用室外变压器安装方式将低电压引入发、配电间内。

（2）保护装置。在供配电系统中的保护装置有：高压和低压避雷器、接地装置、限流保护、超压和欠压保护、漏电、缺相和相序等保护装置。

（3）电力线路。电源与加油机连接的电力线路采用电缆，一般是直埋敷设，电缆穿越行车道部分应穿钢管保护。当采用电缆沟敷设电缆时，电缆沟内必须充沙填实。电缆不得与油品、液化石油气和天然气管道、热力管道等敷设在同一沟内、进入操作井和加油机内的电缆应选用耐油电缆。

（4）用电设备。加油站爆炸危险区域内的电气设备选型、安装、电力敷设等，应符合现行国家标准《爆炸和火灾危险环境电力装置设计规范》GB 50058 的规定。加油站爆炸危险区域以外的站房、罩棚等建筑物内的照明灯具可选用非防爆型，但罩棚下的灯具应选用防护等级不低于 IP44 级的节能型照明灯具。

5.4.1.4 配电箱的保护措施

对配电箱（盘）的维护保养应做到：经常保持配电箱（盘）整体清洁、无灰尘、无脱漆；各部件连接螺栓紧固可靠，接地装置完好有效；保持仪表完好有效，开关启闭灵活灭弧罩不缺失：电气设备维修时，配电箱断开工作回路的开关上悬挂警示牌；经常检查配电箱的自动保护系统，使其保持良好的技术状态，并做好防鼠防潮工作。

5.4.2 发电机组

发电机组是加油站的备用电源，以燃烧燃油换取电能的一种补充供电方式。加油站配备的发电机组大多数以柴油机作为原动机，再通过联轴器与发电机相连接，用底盘将其结合成为机组。

5.4.2.1 发电机组的使用操作

为防止供电系统停电，加油站应设置小型内燃柴油发电机组。单机发电的柴油发电机组的使用操作一般按启动前的准备工作→启动与送电→运行监护→停机四个步骤来进行。

（1）准备工作。为了保证发电机启动后能长期地安全运行，在启动前必须对有关的设备和系统进行检查，确知都处于良好状态时方可启动。为此，操作人员应该做好以下三项工作：

① 查机组仪表是否完好正常，电源输出开关是否关闭，冷却水、燃油和润滑油是否充足。避免使用矿物质较重的水，不使用含水和杂质的燃油或沉降后再用。

② 拔出机油针观察机油在上、下刻度线之间为最佳。

③ 蓄电池每格酸液都应该在最低线和最高线之间，蓄电池的接线应无腐蚀。

（2）启动与送电。

① 将原动机油门拉至略大于怠速位置

② 电启动机组（冷启动可使用减压阀给其运转惯性再关闭），每次启动时间在10s以内，与第二次启动间隔时间相差2min。手摇机组必须使用减压阀。冬季启动机组时，要考虑采用启动喷雾或加热、预热的办法来配合机组启动。

③ 机组运转后机油压力在0.2MPa以上（手摇式机组有浮标指示），充电指示在15A左右。

④ 怠速运行2～3min后将转速逐步提高，使频率指示50Hz后锁紧油门，再调整励磁电压（手动或自动）观察电压指示在380～400V之间即可。

⑤ 待永动机水温指示到60℃以上时方可带负荷，合上机组电源输出开关，禁止带负荷调整油门。

⑥ 送电。先关闭配电屏（箱）分路开关，再将总闸切换至“发电”挡位，然后逐个合上分路开关。

⑦ 加油站使用自备小型内燃柴油发电机组时，一定要等发电机组运转平稳后再向加油机供电，并保证电压在220V±10%或380V±10%范围内，以免发电机启动时的高峰值电压烧坏加油机电脑元件。

（3）运行监护。

① 每20min对发电机组巡查一次，观察仪表指数是否正常，特别注意在整个运行过程中，应保证输出电压为额定值，频率为50Hz；

② 从发电机端盖窗口中观察电刷与滑环之间有无光强烈的火花；

③ 发电机温度不应超过额定值（铭牌规定），若用手摸外壳觉得烫手时就已达到或接近额定值。查看原动机排烟的颜色是否正常。

④ 经常注意发电机组的声音，特别是金属敲击声和轴承声音有无异常；

⑤ 按规定对操作和观察情况进行登记，便于通过记录掌握发电机情况，做到正确使用，及时维修，使发电机组随时处于良好的备用状态。运行记录一般应两个小时登记一次。

（4）柴油机的停机。

① 先检测供电质量，再关闭分路将总闸切换至“市电”档位，合上分路开关观察用电设备是否正常。

② 验证供电正常后可关闭发电机组电源输出开关，降低原动机转速至怠速，待水温达70℃以下时可搬动减压阀或关闭油门停车

③ 做好下次开车的准备工作：清洁发电机组并注意烫伤，紧定各部螺丝。用布遮盖，做好使用记录。需紧急停车时，可先拉主开关，再按停车步骤操作其他开关。

5.4.2.2 发电机组的维护

为了保证发电机可靠地长期运行，除了正确的运行管理以外，还必须定期地进行检修和保养，以便能及时发现和消除设备存在的同题，延长设备的使用寿命。

发电机组定期检查和日常维护保养的主要内容有：

（1）季度（月）检查。

由于各加油站所处地区不同，使用时间不同，可以每月或每季进行一次检查，主要内容为：

① 清洁换向器和滑环，并检查换向片间绝缘物有无突出，在正常情况下应低于换向片

0.5～1mm；

② 检查电刷弹簧压力。按一般规定换向器与电刷压力为100～150g/cm²，滑环与电刷压力为300g/cm²左右；

③ 测量绕组绝缘电阻，绝缘电配达到零值时应进行除尘、烘干；

④ 检查各部接线、接地线、开关触点及机械部分有无松动、锈蚀；

⑤ 不常用的发电机组每周必须进行一次试运转

（2）年度检查。

① 打开端盖清洁发电机内部；

② 清洗轴承，更换新润滑脂（润滑油）。对转速为1500r/min的发电机，应采用钠钙基润滑脂；1000r/min以下的可采用钙基润滑脂。

（3）发电机组日常维护保养。

① 经常对发电机组进行擦拭，保持发电机清洁；

② 对应该润滑的部位进行顶起润滑，保证其正常工作；

③ 对发电机的连接部位及地脚螺丝应经常检查，发现松动，及时拧紧；

④ 内燃机的排烟管口和阻火器应经常检查，使之符合安全要求；

⑤ 不经常启用的发电机组，每周必须空载运行一次（10～15min），以确保处于良好状态。

⑥ 确保机房通风干燥，机组水箱不漏水，才能保证电气设备绝缘良好。

5.4.2.3 发电机的结构及工作原理

（1）发电机的结构。

① 定子。定子铁芯上开有沟槽，用于装置绕组（包括电压输出绕组和谐波绕组）。

② 转子。俗称运动部分，靠原动机带动其转子轴旋转，上面有磁极和磁场绕组并通过滑环将直流电压导入转子绕组。

（2）工作原理。

① 励磁方式。发电机采用谐波方式励磁。励磁电源取自定子槽中设置的谐波绕组，其输出电压经整流器Z1～Z4转换成直流，通过滑环送入磁上场绕组F。自动电压调节器控制与磁场绕组并联的可控硅，其分流大小就能改变转子磁场的强弱，使发电机输出电压保持稳定。励磁方式工作原理见图5-42。

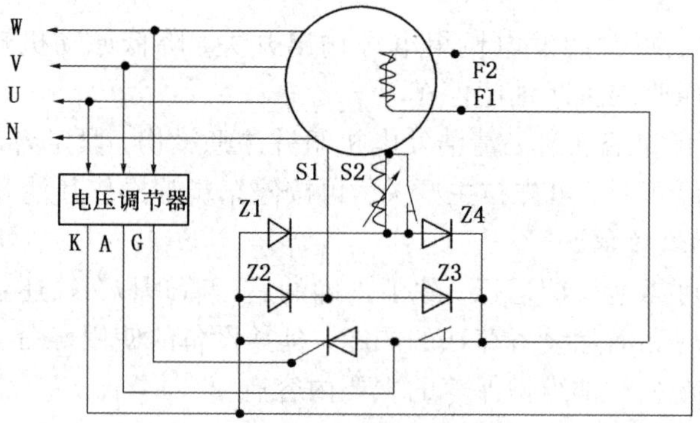

图5-42 励磁方式工作原理图

② 励磁回路。由谐波绕组 S1S2、硅整流二极管 Z1 ~ Z4、磁场绕组 F、滑环和碳刷等组成。

（3）电压调节方式。调节方式有两种，自动调节和手动调节可选择，小功率机型只有一种，有的机型无需调整，只调节原动机油门达到电压 380V 即可。

5.4.3 防爆电气设备

汽油、溶剂油、煤油、轻柴油等轻质油品挥发出来的油蒸气与空气混合后，极易形成爆炸性气体混合物并存在于一定的区域内。因此处于该区域内的电气设备，不能产生电火花或危险的表面温度，换句话说电气设备必须采取防爆技术。

5.4.3.1 防爆基本要求

（1）用电区域的划分。

① 爆炸危险区。易燃油品和闪点低于或等于环境温度的可燃油品生产作业区及其周围的有限空间。

② 火灾危险区。具有闪点高于环境温度的可燃液体，在数量和配置上能引起火灾危险的环境；具有固体状可燃物质，在数量和装置上能引起火灾的环境。

③ 一般用电区。除爆炸危险区和火灾危险区外的其他用电区。

（2）爆炸危险区。汽油、煤油、柴油等油品挥发形成的爆炸性气体混合物爆炸浓度极限范围为 0.5% ~6%。根据爆炸性气体混合物在生产作业区出现和积聚的可能性，我国国家标准《爆炸和火灾危险环境电力装置设计规范》（GB 50058）中将爆炸性气体环境危险区域划分为三个区域：

① 0 区连续出现或长期出现爆炸性气体混合物的环境。

② 1 区在正常运行时可能出现爆炸性气体混合物的环境。

③ 2 区在正常运行时不太可能出现爆炸性气体混合物的环境，或即使出现也仅是短时存在的爆炸性气体混合物的环境。

加油站内存在 0 区的区域：埋地油罐气相空间、隔油池液面上方至池顶气相空间。

加油站内存在 1 区的区域：油罐操作井、加油机液压区、通气管附近有限区域，没有油气回收改造的加油站加油时油枪口附近有限区域、罩棚下沟与坑。

加油站内存在 2 区的区域：接卸口、通气管附近区域、加油机附近有限区域。

（3）爆炸性气体混合物的类、级、组。爆炸性混合物分：Ⅱ类为爆炸性气体混合物，Ⅲ类为爆炸性粉尘。Ⅱ类爆炸性气体混合物又分为 A、B、C 三级，汽油等成品油挥发形成的爆炸性混合物为Ⅱ类 A 级。

能引起可燃性物质燃烧的最低温度即为引燃温度。根据爆炸性气体混合物的引燃温度，我国分为 6 组，表示为 T1 ~ T6，其中 T3 组的引燃温度为 $200℃ < T \leqslant 300℃$，汽油等成品油挥发形成的爆炸性混合物处于 T3 组内，即设备的外壳温度达到此范围，即使没有明火，也可能引燃或引爆达到浓度范围的油气混合物。

汽油、溶剂油、煤油、轻柴油等轻质油品挥发形成的爆炸性气体混合物属于ⅡA 类 T3 组。

5.4.3.2 常用防爆电气设备介绍

防爆电气设备在石油、化学、煤炭工业中占有很大的比例，这些设备用于爆炸危险场所中，是由于我们对这些设备的结构采取了一些适当的措施，使之能消除或引起周围易爆介质爆炸的可能性减至最小。这些防爆措施分为两大类：

第一类防爆措施是允许在电气设备内部有爆炸的可能，但不允许爆炸传递到设备外周围介质中去。经受得住爆炸压力的隔爆外壳就是这种措施的基本要求。爆炸和燃烧的传播实质是能量的传播，隔爆外壳的隔爆面使得当机壳内部发生爆炸时，向外逸出的火焰及爆炸生成物能冷却到安全温度。爆炸生成物以及火焰的冷却是由足够窄而且长的缝隙（间隙）来保证。

第二类防爆措施又可分为 2 组：第一组是用液体、粒状填料、纯净空气或惰性气体把点燃源与周围的爆炸性混合物隔离开来。其危险部分浸在绝缘液体内（通常为变压器油）的电气设备称为充油型电气设备；如埋在粒状填料中（石英砂）则称为充砂型电气设备；如果通过保持电气设备内的空气或惰性气体压力大于大气压来防止爆炸性混合物向内渗透，这种电气设备称为防爆通风充气型电气设备。第二组是在电工产品上采取一些安全措施，如加强壳体防护等级、降低负荷电流、降低温升、增大导电部件的空气间隙和绝缘零件表面的漏电距离以及相应的电气保护等方法，使其最大限度地阻止电气设备运行时产生火花、电弧或危险的表面温度，如增安型电气设备；或者采取保护性元件，限制设备不能产生火花和高温，即使在故障情况下有可能产生的火花和高温，由于功率所限而不能点燃周围的爆炸性气体混合物，这就是本质安全型电气设备。

我国目前使用的防爆类型有：隔爆型、增安型、充油型、充砂型、正压型、本质安全型、无火花型、浇封型、特殊型等。

加油站使用的防爆类型主要为隔爆型、本质安全型、增安型三类。

（1）隔爆型电气设备（d）。

① 防爆原理。隔爆型电气设备是指设备外壳能承受内部爆炸性气体混合物的爆炸压力，并可阻止火焰向外部传播的电气设备。

隔爆型电气设备是电气设备中使用最多的防爆电器，它的外壳承担着两项任务：一是外壳内部发生爆炸时不能损坏及变形，二是不能将壳内的爆炸扩散到壳外。壳内发生爆炸时会产生很大的压力，如汽油按标准试验测得最大爆炸压力为 0.85MPa，我们要求所有隔爆型电气设备能承受 1.5 倍的爆炸压力而不损坏或永久性变形。隔爆性也称不传爆性，是隔爆型电气设备的基本性能，它是由外壳的法兰结合面（隔爆面）来实现的。

② 隔爆型电气设备的安装和维护。隔爆型电气设备在安装和维护前，应进行下列检查：

（a）设备的型号、规格应符合设计要求，铭牌及防爆标志应正确、清晰。

（b）隔爆结构及间隙应符合要求，设备的外壳无裂纹、损伤。

（c）接合面的紧固螺栓应齐全，弹簧垫圈等防松设施应齐全完备，弹簧垫圈应压平。

（d）接地标志及接地螺钉完好。

隔爆型电气设备不宜拆卸。需要拆卸时，应符合下列要求：应妥善保护隔爆面，不得损伤；隔爆面上不应有砂眼及机械伤痕；无电镀或磷化层的隔爆面，经清洗后应涂磷化膏、电力复合脂或 204 号防锈油，严禁刷漆；组装时隔爆面上不得有锈蚀层等。

（2）增安型电气设备（e）。

① 防爆原理。增安型电气设备是指在正常运行时不产生火花、电弧或在易产生危险的表面温度的部件上采取适当的措施，以提高其安全性能的电气设备。

根据增安型电气设备的防爆原理，能够制成这类防爆形式的设备，在正常工作时，必须没有电弧、火花或危险的表面温度产生，像开关之类工作时会产生火花的设备是不宜制成增安型的。而接线盒、灯具、异步电机等适用于制成这种防爆形式。为了预防点燃源的产生，要求凡是能够与可燃气体接触的部位都不允许出现超过爆炸性气体混合物级别对应的温度值。因此，只有对设备进行精心的选择以及对设备安装、使用维修采取一定措施，才能实现防爆的目的。

② 增安型电气设备的使用和维护。在使用和维护，不得破坏外壳的防护性能，以免灰尘和水分进入壳内降低绝缘性能，形成漏电事故。为此，密封垫圈不能随意拆卸，丢失的应及时补上。外部导线的引入要注意做好密封，不能草率处理。

必须设置可靠的专用接地线与设备的接线端子相连接。接线要采用防松螺栓（或螺母），连接方式应能避免由于运行中的振动而松动或发生火花及过热现象。

（3）本质安全型电气设备（ia、ib、ic）。

① 防爆原理。本质安全型防爆电气设备，是指电气系统或设备在正常或故障状态下产生的电火花或表面温度不能引起爆炸性气体混合物爆炸的电气设备。

带电体在空气中的距离足够近或带电体之间的电位足够大，都会造成空气被击穿，电能释放产生火花。在电气设备中，开关的通断、接点的开闭、短路等都会造成火花或电弧，就可能点燃爆炸性气体混合物。点燃与否取决于多种因素，其中一个重要因素就是火花的能量。高能量的放电火花能导致点燃，能量小到一定程度则不会点燃爆炸性气体混合物。如果火花的出现不可避免，那么我们一定要采取技术措施，将火花能量限制在较低的范围内，使其即使产生火花，也不可能把爆炸性气体混合物点燃。本质安全型设备就是选择适当的电路参数，限制火花的能量，从而达到防爆目的。

（a）ia 级。在正常工作、一个故障和二个故障存在时均不能点燃爆炸性气体混合物的电气设备。

（b）ib 级。在正常工作和一个故障存在时均不能点燃爆炸性气体混合物的电气设备。

（c）ic 级。在正常工作时不能点燃爆炸性气体混合物的电气设备。

② 安装与维护。在爆炸危险场所安装及维护本质安全型电气设备应注意：

检查设备的防爆标志和铭牌是否与使用场所的环境条件相符。如爆炸性气体混合物的级别、组别、环境温度、湿度、海拔高度、设备防护等级、防腐、振动冲击、供电电压等级等。

确定接地方式。根据产品说明书及现场情况、安全栅电路结构形式而定。

在调试设备时，应严格检查场所内是否有爆炸性气体混合物的存在，调试中的仪器仪表是否影响安全。一般调试只限于机械调零，不得触动或更改线路；除规定的调试设备外，不得用其他任何电表或仪器。调试工作尽可能在安全场所进行。

5.4.3.3 防爆电气设备的基本要求

除了符合普通电气设备电气性能的基本要求外，防爆电气设备还应满足以下几方面的要求：

（1）防爆必备标志。

① 防爆电气设备必须有明显的永久性的“Ex”防爆标志。

② 铭牌上必须标明电气设备适用的爆炸性气体混合物场所的类别、级别和组别，如 dⅡBT4。

③ 铭牌上必须标明国家指定的检验单位发给的防爆合格证号。

上述三个条件缺一不可。

（2）外壳表面温度。外壳表面温度，其数值不得超过对应级别的下限值，否则将引燃对应爆炸性气体混合物。如表 5-27 所示。

表 5-27　防爆电气设备外壳表面的最高温度

温度组别/℃	T1	T2	T3	T4	T5	T6
最高温度/℃	450	300	200	135	100	85

5.4.3.4　爆炸危险区域的电气线路

（1）通用要求。

① 钢管（镀锌）配线，导线耐压不少于 500V，0 区、1 区采用铜芯线（不能用铝芯），2 区宜采用铜芯。无护套的电线不应作为供配电线路。

② 最小截面积要求。导线允许载流量不少于 1.25 倍电气设备额定工作电流。

（2）电缆线路。

① 1 区、2 区宜采用铠装电缆（防爆电缆）。

② 敷设方式。直接埋地：深度≥0.7m，沿路边或墙根敷设；电缆沟敷设：细砂充填电缆沟，排水通畅；电缆穿过承压路面，穿钢管保护。

③ 接头要求。1 区内严禁线路有中间接头，2 区内不应有中间接头。非正常情况下，必须在防爆接线盒或分线盒内连接和分线。

④ 跨区域。电缆穿过二个爆炸等级的区域时，必须用阻燃堵料密封孔洞。如导线埋地（穿管）进入加油机，必须堵塞保护管与导线间的孔洞。

⑤ 室内敷设。处于爆炸危险区域内的电气线路，室内敷设时必须穿（镀锌）钢管保护，照明和控制线路一般采用明敷形式，电机动力线路一般采用暗敷形式，螺纹连接扣数≥6 扣。

要在适当处加装防爆挠性连接管（如电气线路进防爆配电箱处，加油机内电气线路）。

⑥ 钢管配线的电气线路，应做好隔离密封。直径 50mm 以上的钢管，距引入的接线箱 450mm 以内、距点火源外壳 450mm 范围内应做隔离密封。

隔离密封材料可以采用阻燃胶泥或专用防爆隔离件。

5.4.3.5　电气整体防爆

所谓电气设备的整体防爆是指在爆炸危险区域内的所有电气设备、线路、附件、安装方式及安全管理均应符合该区域的防爆要求。

在整体防爆中，不但要求构成整体，即在爆炸危险区域内设置的全部电气设备、线路和附件、建构筑物的建设构成一个完整的电气防爆体系；而且要求全过程防爆，即电气设备自设计、选用、施工、安装、交接验收、运行维修、更新改造直至停用报废前的全过程中，应始终保持完好的电气防爆性能。

5.4.3.6　防爆电气设备的选用

（1）根据危险区域的分区、电气设备的种类、防爆结构要求选相应防爆设备。1 区、2 区的电气设备如电机、低压开关、灯具、电气连接件应选用隔爆型。

（2）防爆设备的级别、组别不应低于使用场合爆炸性气体混合物的级别、组别。有两种以上易燃物质形成的爆炸性混合物时，应按危险程度较高的级别和组别选用防爆电气设备。

（3）爆炸危险区域内的电气设备，应符合周围环境对电气设备防水、防尘及防潮等的要求。加油站气体爆炸危险区域用电设备的选用，应按照爆炸危险区域等级、防爆电气结构等要求进行选型。

1区、2区使用的电气设备，如电机、低压开关、灯具、电气连接件应选用隔爆型，信号、报警装置等电气设备防爆结构选型见表5-28。

表5-28　信号、报警装置等电气设备防爆结构选型

区域设备	0区	1区				2区			
	ia	ia，ib	d	p	e	ia，ib	d	p	e
信号报警装置	○	○	○	○	×	○	○	○	○
插接装置			○				○		
接线箱（盒）			○		△		○		○
电气测量表			○	○	×		○	○	○

注：○适用；△慎用；×不适用。

加油站配电箱所在房物的门窗与加油机、油罐、通气管口密闭卸油口的距离大于5m时才能选用普通型电器，否则应按爆炸危险性环境考虑。罩棚的灯具可选用防护型灯具，主要是防尘防雨雾，防护等级不低于IP44。其他照明灯具的选型视离爆炸性气体释放源的距离而定，5m以外可采用常规电器。

柴油发电机组属于非防爆电气设备，其排烟口应安装阻火器，防止火星引燃油蒸汽，发生火灾爆炸事故。排烟口到各爆炸性气体释放源的水平距离为：4.5m以下时不应小于5m，排烟口高出地面4.5m及以上是不应小于3m。

另外，加油站电气设备还应符合整体防爆要求。整体防爆是指在爆炸危险区域内的所有电气设备、线路、附件、安装方式及安全管理均符合该区域的防爆要求。在整体防爆中，不但要求构成整体，即在爆炸危险区域内的全部电气设备、线路、附件，建筑物的建设构成一个完整的电气防爆体系；而且要求全过程防爆，即电气设备自设计、选用、施工、安装、交接验收、运行维修、更新改造直至停止报废前的全过程中，应保持良好的防爆性能。

5.4.3.7　防爆电气设备的维护与保养

（1）保持防爆电气设备外壳及环境的清洁，清除有碍设备安全运行的杂物和易燃物品。

（2）设备运行时应有良好的通风散热条件，检查外壳表面温度不得超过产品规定的最高温度和温升的规定。

（3）设备运行时不应受外力损伤，应无倾斜和部件摩擦现象。声音应正常，振动值不应超过规定。

（4）运行中的电机应检查轴承部位，须保持清洁和规定的油量，检查轴承表面温度，不得超过规定。

（5）检查外壳各部位固定螺栓和弹簧是否齐全坚固，不得松动。

（6）检查设备的外壳有无裂纹和有损防爆性能的机械变形现象。电缆进线装置应密封可靠。不使用的线孔，应用厚度不小于2mm的钢材密封。观察窗的透明板应完整，不得有裂缝。

（7）设备上的各种保护、联锁、检测、报警、接地装置应齐整完全。

（8）防爆电气的接地线应牢固，接地端子无松动，无明显腐蚀，无折断，铠装电缆的外绕钢带无断裂。

5.5 监控设备

加油站属于经营服务单位，是面向社会的窗口，进出车辆人员较多，又是经营化学危险品，特别是油罐区域是防止非工作人员进入的场所，在这种复杂的场所，意外、偷盗等问题都有可能出现，所以监控设备进入加油站是必然的，其主要监控于油罐区、开票室（便利店收银区）、加油作业区和便利店商品自选区等目标。在这些风险区域一旦发生意外，监控系统便可在事前或事中报警告知，在事后提供视频、音频依据。

5.5.1 监控设备简介

加油站监控设备的种类较多：早期有油罐区、保险柜区域等采用探测报警装置或110联网紧急按钮等此类单一的电子防盗报警系统，之后又增加了视频监视，发展到视频监控联动报警系统。随着监控技术的不断发展，数字监控技术的出现，它取代了传统的模拟录像技术，信息记录大容量自动化，具有运行稳定、使用寿命长、功能多、适应各种设置要求、操作简便等特点。视频监控行业共经历了三个阶段，分别是模拟视频监控阶段、数字视频监控阶段、网络视频监控阶段。中国视频监控市场正从高清数字视频监控向网络高清视频监控过渡，网络高清视频监控逐渐成为市场的主流。

5.5.1.1 监控系统的功能需求

当前，对于监控系统而言，用户对其功能的需求已经体现出多元化与系统化。主要表现在以下几个方面的要求：

（1）远程访问。传统的视频监控一般是在小范围内进行，而用户普遍要求访问地点不受地域限制，能随时随地访问被监控地点。

（2）多人同时访问同一个监控点。传统上，一个监控点一般是被一个监控中心（用户）所访问。同一个监控点很可能会同时被多个用户所访问，并且这些用户之间可能毫无关系。用户访问的复杂化将要求系统强化对访问权限的管理。

（3）监控点趋向分散，同时监控趋向集中。属于同一用户的监控点越来越分散，不受地域所限。而对这些分散的监控点，需要集中的管理与控制。

（4）要求监控系统具有开放性和扩展性。同一系统应当支持多种不同类型的监控设备，用户数、被监控点的数量可以方便地增减。

（5）海量数据存储。网络化使得传统的本地录像功能可以转移到远程服务器上来实现，使得海量数据存储成为可能。同时，也要求系统具备更强的存储、检索和备份等功能。

（6）信息安全。系统复杂化，用户的多元化，加上视频监控本身的业务特点必然要求对系统对信息安全提供有力的保证。

（7）智能视频监控。未来的视频监控系统将不仅仅局限于被动地提供视频画面，更要求系统本身有足够的智能，能够识别不同的物体，发现监控画面中的异常情况，以最快和最佳的方式发出警报和提供有用信息，从而更加有效地协助安全人员处理危机，并最大限度地降低误报和漏报现象，成为应对袭击和处理突发事件的有力辅助工具。

5.5.1.2 安装监控系统要考虑安装原则

（1）监控系统实时性，这点尤为重要。也正是由于监控系统的实时性才显得监控系统是那么的必要。

（2）安全性，监控系统具有安全防范和保密措施，防止非法侵入系统及非法操作。

（3）可扩展性。监控系统设备采用模块化结构，系统能够在监控规模、监控对象或监控要求等发生变更时方便灵活地在硬件和软件上进行扩展，即不需要改变网络的结构和主要的软硬件设备。

（4）开放性。监控系统遵循开放性原则，系统提供符合国际标准的软件、硬件、通信、网络、操作系统和数据库管理系统等诸方面的接口与工具，使系统具备良好的灵活性、兼容性、扩展性和可移植性。整个网络是一个开放系统，能兼容多家监控厂家的产品，并能支持二次开发。

（5）标准性。监控系统所采用的设备及技术符合国际通用标准。

（6）灵活性。监控系统组网方式灵活，系统功能配置灵活，能够充分利用现有视频监控子系统网络资源。系统将其他子系统都融入其中，能满足不同监控单元的业务需求，软件功能全面，配置方便。

（7）先进性。监控系统是在满足可靠性和实用性的前提下尽可能先进的系统。整个系统在建成后的十年内保持先进，系统所采用的设备与技术能适应以后发展，并能够方便地升级。将成为一个先进、适应未来发展、可靠性高、保密性好、网络扩展简便、连接数据处理能力强、系统运行操纵简便的安防系统。

（8）实用性。视频监控系统具备完成工程中所要求功能的能力和水准。系统符合本工程实际需要的国内外有关规范的要求，并且实现容易、操作方便。从用户角度出发，充分利用现有资源，尽量降低系统成本，使系统具有较高的性能价格比。

5.5.2 数字监控报警系统的原理与主要设备部件

5.5.2.1 数字监控报警系统的原理

（1）数字监控系统包括了表现层、控制层、处理层、传输层、执行层、支撑层、采集层七层，是一个比较复杂的结构。表现层展现了整个安防监控系统的品质。比如在监控电视墙、监视器上的运用等等，控制层是整个安防监控系统的核心，通常控制方式有两种——模拟控制和数字控制。模拟控制是早期的控制方式，这种控制方式成本较低，但是故障率却较小。数字控制不是那么完美，控制主机的价格昂贵，控制比较滞后。它将由传输层送过来的音视频信号加以分配、放大、分割、将表现层与控制层加以连接。传输层设备是视频线、音频线等等类似于此的设备。执行层设备就是我们所说的受控对象之类。支撑层用于后端设备的支撑，保护和支撑采集层、执行层。采集层是整个安防监控系统品质好坏的关键因素，也是系统成本开销最大的地方。它包括镜头、摄像机、报警传感器等。

（2）数字监控系统主要由摄像部分、传输部分、控制部分以及显示记录部分四大部分组成。摄像部分是通过摄像机把监视到的内容变为图像信号而音频信号，是通过传输部分将数字音视频信号传送到控制主机和存储设备上，电视监控系统的传输部分主要是图像信号的传输、声音信号的传输，以及对摄像机、镜头、云台等进行控制的控制信号的传输。控制部分有两种方案可选，一种是采用电脑控制主机的鼠标和键盘进行控制，另一种是采用专用控制键盘和矩阵主机来控制。显示部分的主要设备是计算机显示器和大屏幕电视，其中大屏幕电视用作主显示，计算机显示器用作辅助显示，记录部分主要由硬盘录像机组成。每台硬盘录像机可以对16路音视频进行同步存储，可以设定存储主机按时间计划录像等录像模式，以节省硬盘。

它的原理简单来说就是一个是通过同轴电缆完成信号传输，一个是通过网络完成信号传输。

图5-43为数字监控系统原理图。

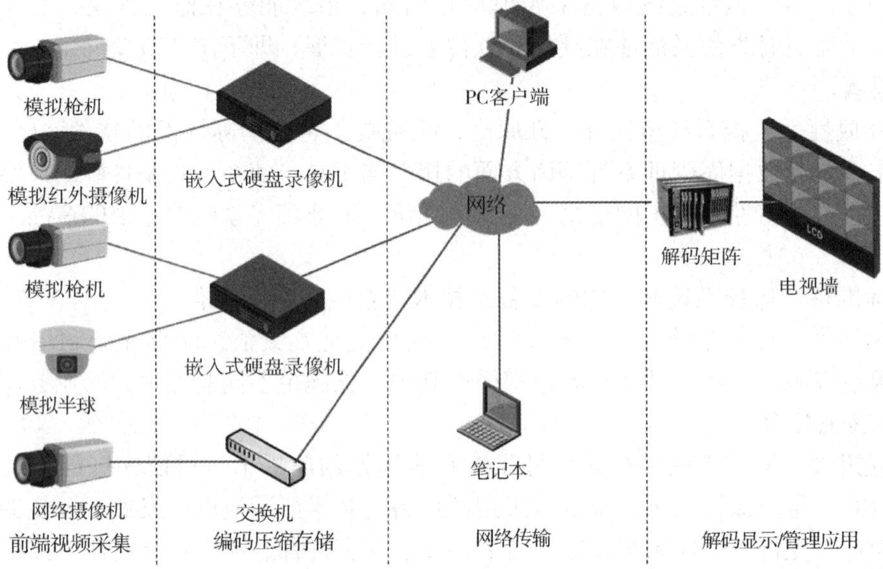

图 5-43　数字监控系统原理图

5.5.2.2　视频监控的主要设备部件

（1）前端设备。前端设备包括有云台，护罩，摄像机，支架，镜头，本地像机硬盘等设备。支架用来固定摄像机，护罩用来保护摄像机和镜头工作稳定并延长其使用寿命；云台用来承载摄像机进行水平和垂直转动的装置；解本地硬盘录像机是本地视频监控的控制中心及图像储存，且命令并驱动云台、镜头和摄像机工作。如图 5-44 所示。

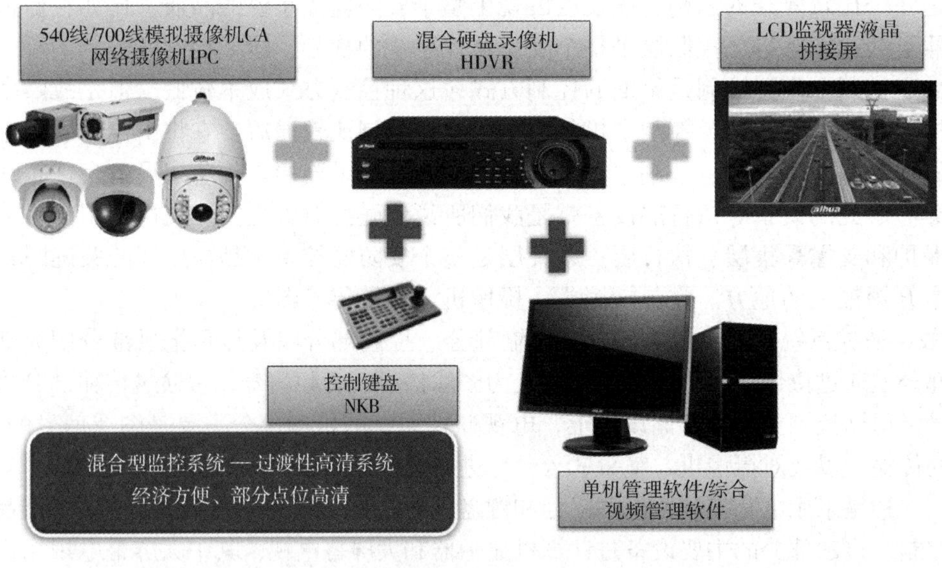

图 5-44　油站视频监控系统设备组成

前端信息采集点位设置要求：

① 加油站进、出口的配置。加油站进、出口应分别配置一台高分辨率智能一体化摄像机。

② 加油区的配置。加油区应根据加油机的数量配置一定数量的高分辨率智能一体化摄

像机和拾音器，应能全面监控加油加气操作工位中加油人员具体操作及现金交易情况，并能在某一焦点清晰看清汽车车牌。

③ 卸油口油罐区的配置。应在站房外墙上或单独设置的立杆上安装红外一体化摄像机，应能对卸油口及整个油罐区域进行全面监控，并能清晰看到卸油员具体操作动作。如图5-45所示。

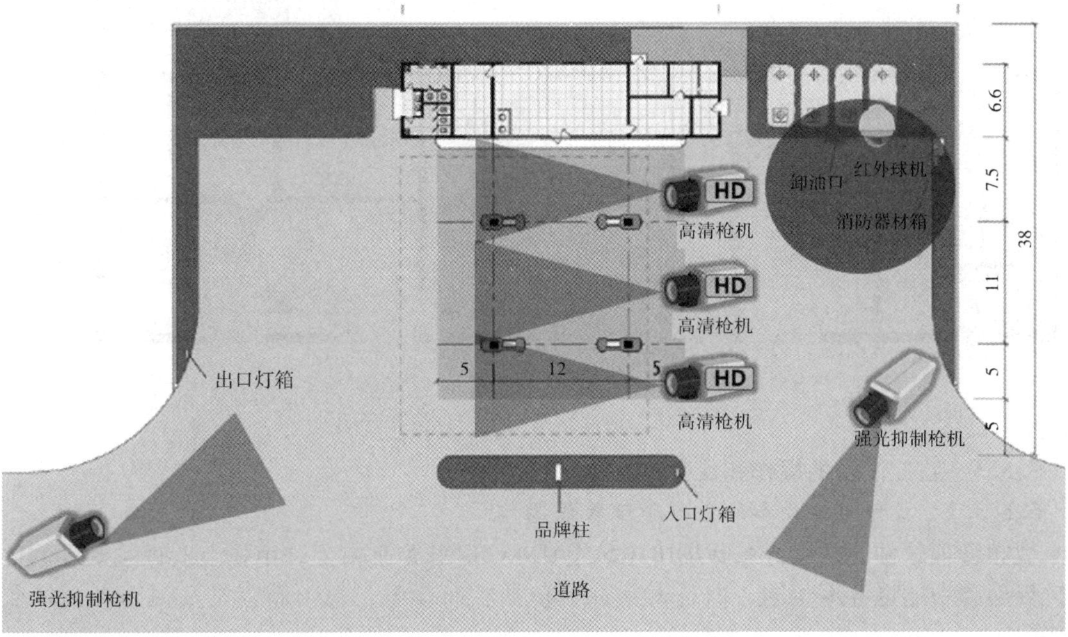

图5-45　加油站信息采集点示意图

④ 财务办公室的配置。应在财务办公室内墙顶部，与办公室入口成斜对角的适当位置安装高分辨率日夜转换变焦半球摄像机一台，全面监控办公区域、保险柜及工作人员开启情况、办公人员进出情况；应在室内适当位置安装手动报警按钮。

⑤ 便利店收银服务区的配置。应在便利店内墙顶部，与收银服务区成斜俯视角度的适当位置安装高分辨率日夜转换变焦半球摄像机一台。

⑥ 便利店销售区的配置。应在便利店内墙顶部安装一定数量的高分辨率日夜转换变焦半球摄像机，全面监控便利店商品、顾客选择商品的动作、便利店人员进出及流动情况，如图5-46 所示。

（2）传输部分。视频监控系统的传输部分主要功能是将音视频信号和指令上传下达。传输部分通过光纤、宽带 VPDN、3G 无线网络作为传输媒介，将视音频数字信号进行压缩编码由本地硬盘录像机传送到视频监控中心解码展示的显示大屏。同时，将视频监控中心控制端发出的控制信号回传给站级前端本地硬盘录像机设备，进行相应的控制动作。

（3）后端监控设备。后端监控设备包括控制主机服务器，数字视频矩阵，监视器等设备。控制主机负责对前端监控设备发送指令，获取前端监控设备的反馈的一些参数，从而达到控制前端监控设备的作用，监视器则是用来显示视频信号的设备。由于监控中心的工作人员也不能完全可以兼顾到如此多的监视器，所以就使用数字视频矩阵来对 N 个监视器进行切换，从而使得既可以监控到所有的现场，又可以节约成本。

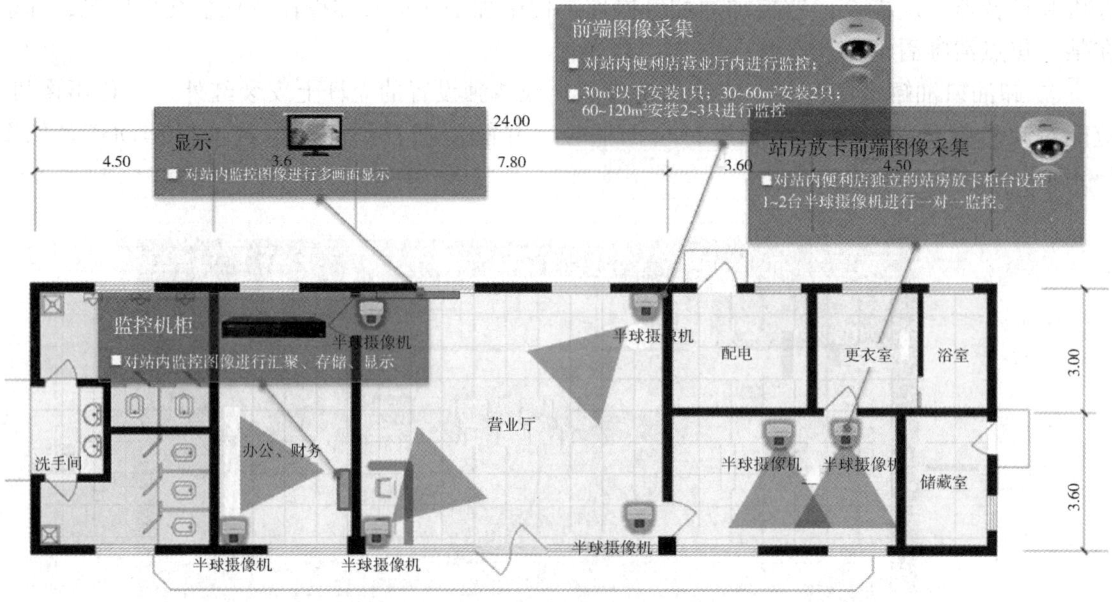

图 5-46　加油站站房监控点位布置图

5.5.3　监控设备的操作和维护

5.5.3.1　视频监控设备的视频管理软件操作

视频管理软件通常运行在 WINDOWS 或 UNIX/LINUX 平台上，市场上的视频管理软件很多，界面和功能也各不相同，但是通常都会包括实时观看、视频储存以及视频画面抽取等功能。

（1）主界面。

① 关机键。需要输入密码才能退出系统。进入与退出设置键。输入密码才能开启设置功能。

② 辅助控制键。摄像辅助灯光等操作。

③ 镜头控制键。光圈、变焦操作。

④ 云台控制键。调节摄像机（上、下、左、右）动作。

⑤ 显示方式键。可选择单画面或多画面显示。

（2）系统设置。

① 视频源、音频源键。选择录像、录音、制式等。

② 系统时间设置键。可进行系统时间调校。

③ 色彩设置键。亮度、色度、饱和度、对比度的强弱设置。

④ 硬盘设置键。可设置硬盘录制剩余时间或空间报警，也可以选择自动覆盖硬盘。

⑤ 备份设置键。可对音视频段进行备份以便回放。

⑥ 密码设置键。有必要可以重新设置密码。

⑦ 退出键。以上操作完毕后即可操作此键。

（3）其他。除以上介绍外还有：通信上传连通、视频回放、报警录像、报警记录查询等功能。

5.5.3.2　安全运行与维护

（1）日常维护。结合每周的设备检查，沿敷设线路检查摄像头安装位置牢靠稳固、电缆连接是否松动、是否有障碍物遮挡，重点监控范围是否都可监视；检查各路摄像头信号是否正常、清晰；硬盘录像机接接收现场的摄像头信号功能正常，信号存储功能正常，软件控制摄像头的各项功能正常，各类通道指示灯显示正常、准确；监视器画面是否清晰，是否产生花屏、震屏等故障情况；对显示器、录像机、镜头、线路进行故障处理、卫生清洁和摆放位置调整等。

（2）定期维护。摄像机捕捉现场画面的功能正常，信号传送到硬盘录像机功能正常，远近变焦正常；硬盘录像机接收现场的摄像头信号功能正常，信号存储功能正常，软件控制摄像头的各项功能正常，各类通道指示灯显示正常、准确，可保存 30 天以上的历史记录；检查接线端子与外壳的绝缘是否良好；检查内部接线是否紧固、端子是否氧化腐蚀；云台的水平、垂直转动角度符合设计要求，且转动灵活；硬盘录像机网络配置正常，具备安全保护措施；进行设备线路的防腐、清理；一般每年应对硬盘进行一次校验调整，包括地址码、波特率、IP 地址设置等，以及硬盘坏道检测。

5.6 加油站油气回收设备

5.6.1 油气回收工艺流程

随着经济的快速发展，大中型城市汽车的普及率也越来越高，它已成为城市道路的一部分，居民工作场所与生活社区周围出现了更多的加油站，所以油站的安全和环保问题变得更为重要。

在加油站存在的安全及环境隐患中，油气是最为突出的一个问题，油气渗漏和无控制的排放将给油站造成火灾、爆炸的可能，给加油站的工作人员和周边居民带来健康、安全隐患，污染环境以及资源浪费。

加油站油气回收，主要在储罐卸油区和加油区，通过油气回收装置减少储罐区和加油区的油气浓度，提高加油站安全系数和环保作用。

5.6.2 卸油油气回收工艺

加油站的卸油必须采用密闭卸油系统。柴油密闭卸油系统是将卸油胶管两端分别与储罐卸油管端和油罐车卸油口连接，在卸油过程中，产生的油气经通气管排出。汽油罐车卸油油气回收是油品经进油管流入储油罐，在卸油过程中，产生的油气由油罐车与地下油罐加设的油气回收连通管道回收到油罐车内，油品卸完后，把油气带离加油站。密闭卸油方式和卸油油气回收工艺的主要不同之处是油罐车与地下油罐之间加设了一条油气回收连通管道和地下油罐的油气管管口安装真空压力阀。卸油油气回收工艺如图 5-47 所示。

5.6.3 加油油气回收工艺

（1）加油机内加装油气回收真空泵，采用油气回收专用加油枪和专用的同轴反向胶管加油，并铺设专门的油气回收管至油罐。加油油气回收工艺如图 5-48 所示。

（2）加油油气回收系统的工作原理：加汽油时专用加油枪枪嘴根部的胶碗扣在汽车油箱口处并将其完全封闭，油气回收泵同时启动，将油品进入油箱从其中顶出的油气抽到反向同轴胶管的内管中，通过专门的油气回收管路送入低标号汽油罐内，罐内压力超过一定值，P/V 阀打开，排气降压保证油罐安全。

（3）当采用卸油油气回收系统和加油油气回收系统时，汽油罐通气管管口应安装真空压力阀。真空压力阀的工作压力宜按表 5-29 确定。

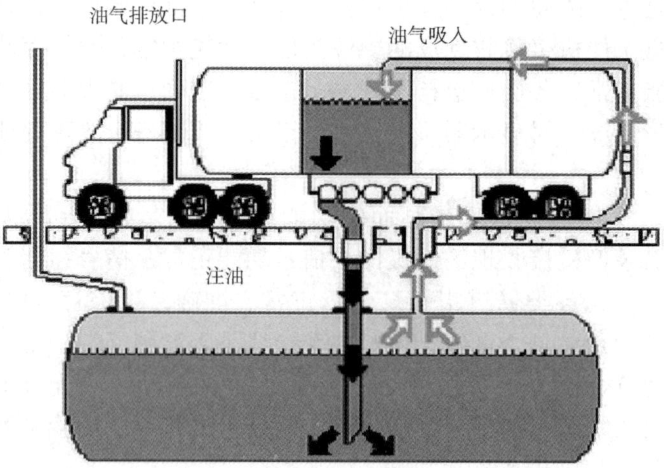

图 5-47　卸油油气回收工艺

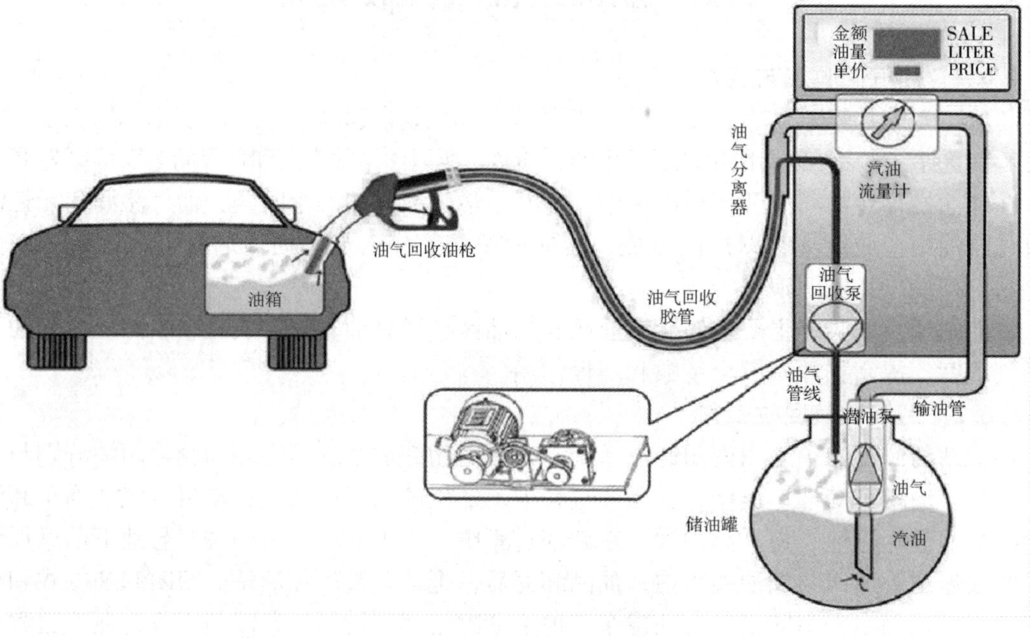

图 5-48　加油油气回收工艺

表 5-29　真空压力阀（P/V）的工作压力

工作压力 / 设计使用状态	正　压/Pa	负　压/Pa
仅卸油采用密闭油气回收系统	2000～3000	200～500
卸油和加油均采用密闭油气回收系统		1500～2000

5.6.4　油气回收装置

5.6.4.1　卸油油气回收装置

（1）油罐车上的油气回收管道接口，应装设手动阀门。

（2）密闭卸油管道的各操作接口处，应设快速接头及闷盖。在站内油气回收管道接口前设手动阀门。

（3）加油站卸油管道接口，油气回收管道接口宜设在地面以上。

（4）油罐应设带有高液位报警功能的液位计。

5.6.4.2 加油油气回收装置

（1）油气回收设备配置的类型。加油油气回收设备各品牌的配置不同，主要在于设备对油气量/加油量比的处理不同而有所区别，可分为下列三种类型：

① 采用油气流量控制调节阀。此方式是利用加油时的流速产生压力，控制调节阀的进气量，加油快速时进气量多，反之加油慢时进气量少，以达到约（1∶1）～（1.2∶1）的油气回收比率。

② 采用传感器的电子信号。此方式是利用加油时电子传感器的信号控制变频电机即真空泵电机转速，当加油快时电子传感器得到信号，控制变频电机同时提高转速。反之则降低转速。如此方式来实现将油气回收比率控制在（1∶1）～（1.2∶1）内。

③ 采用末端油气回收处理装置。即油气排放处理装置。处理的是带有回收油气功能的加油枪在气液比大于1时多收集从排气管路排放的油气，还有埋地油罐随大气压和气温变化产生正压时排放的油气。末端油气回收一般有吸附、吸收、冷凝、膜分离四种方法。

（2）加油油气回收设备介绍。加油油气回收系统主要包含真空泵、油气分离接头、拉断阀、反向同轴胶管、油气回收油枪。

① 辅助真空泵有两种，一种是集中式回收真空泵；另一种是分散式回收真空泵。

② 油气分离接头如图5-49所示。主要功能是将同轴胶管的油气与油路分离。

（a）油气分离接头

（b）拉断阀

图5-49　油气分离接头和拉断阀

③ 可重复使用同轴拉断阀。主要功能是防止车辆将加油机拉倒，可重复使用。当外力达到140～160kg（310～350lb）的拉力时，拉断阀自动脱开，并将两端的油路及气路关闭。

④ 反向同轴胶管如图5-50所示。将油路与气路同在一条胶管，内管为气路，外管为油路。

图5-50　反向同轴胶管

⑤ 油气回收油枪如图5-51所示。油气回收枪与传统油枪不同处，在于油枪内多了气路的阀门及枪管为双层。

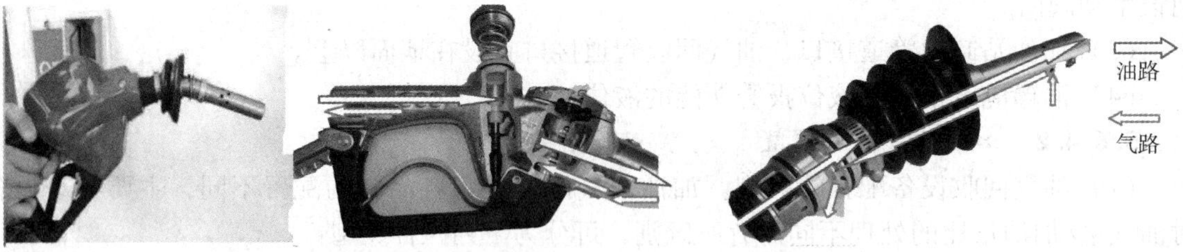

图 5-51　油气回收油枪

5.6.4.3　末端油气回收装置及在线监测

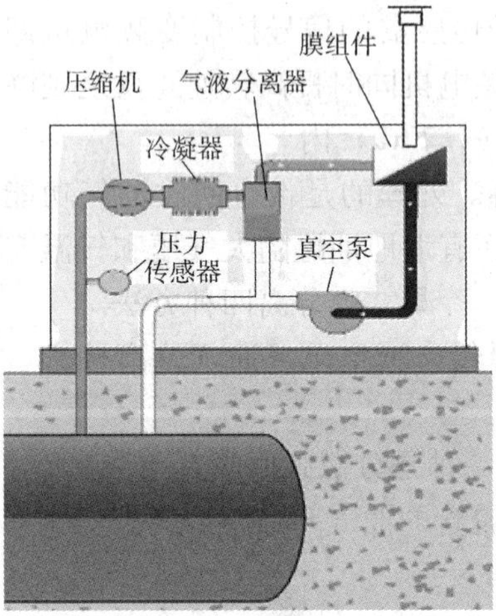

图 5-52　末端油气回收装置

加油站末端油气回收装置主要由冷凝部分和膜分离部分组成。冷凝部分有压缩机、冷凝器、气液分离器，膜分离部分有真空泵、膜组件等。组合后由真空、压力传感器、排气检测装置控制运行，有连接油罐抽气管、回液回气管及控制阀，还有排出清洁空气的排气管做辅助工作，全套设备采用机柜形式组合如图 5-52 所示。

在线监测即在线实时监测加油油气回收过程中的气液比及油气回收系统的密闭性和管线液阻是否正常的系统，可记录、储存、报警和传输监测数据，如图 5-53 所示。

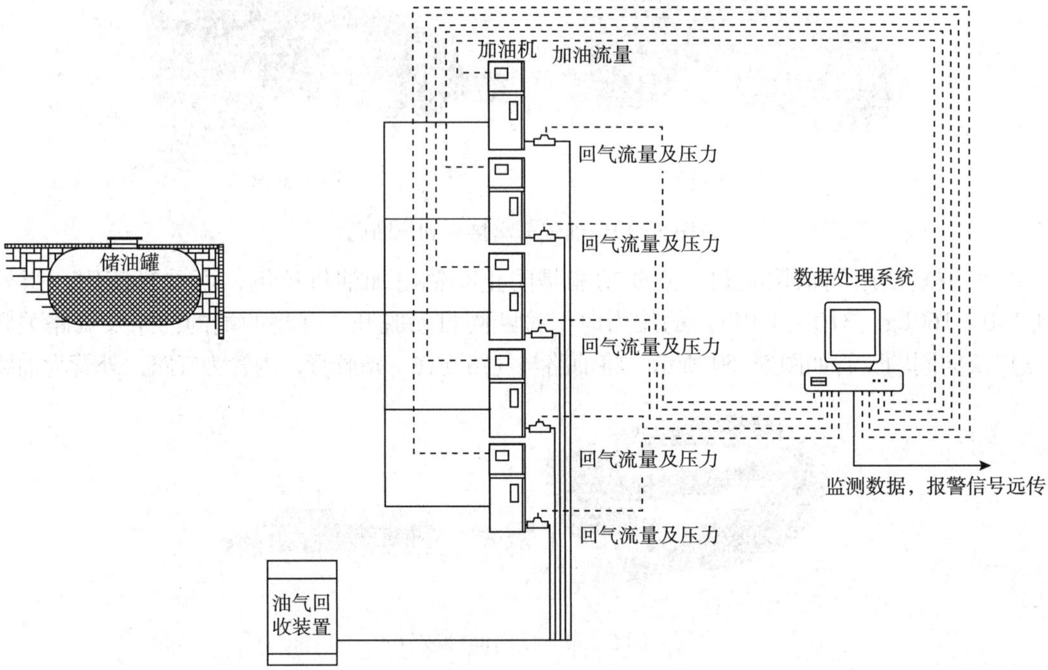

图 5-53　加油站在线检测系统

5.7 加油站自动计量——液位仪

加油站液位仪是一种适应现代加油站管理需要的智能化系统，由液位探棒，控制台，管理软件组成，能够反映油罐的油位、水位、温度及进销存信息，起到环保安全监测作用，液位仪最初都是以计量、进销存管理为初衷而被广泛采用的。随着对加油站网络化、精细化、安全环保化管理的日益重视，加油站液位仪由传统的计量管理、日益精细的进销存管理，逐步向加油站设施运行状态的安全监测的管理工具和网络化管理基础数据采集工具进行转变，可以通过网络将多个加油站的信息结合起来，形成严密的加油站实物库存监管体系，从而为管理决策提供科学依据。

5.7.1 加油站液位仪的工作原理

加油站液位仪一般由以下几部分组成：磁致伸缩探杆、系统控制台、客户端网络端应用软件等组成。其中磁致伸缩探杆与系统控制台作为加油站液位仪的核心部件，是加油站液位仪的产品性能及技术参数的关键。

磁致伸缩探杆是根据磁致伸缩测量原理设计的一种磁致伸缩液位探棒（见图 5-54），它包括探棒杆体，位于探棒杆体后部的电子仓，依次套装在探棒杆体上的带有磁性材料环的液面浮子和界面浮子，浮子可沿探棒随液位的变化而上下移动，探棒杆体内装有用于进行电/机能量转换的波导丝和温度传感器，电子仓内装有电子测量传感器。它按照本安型防爆要求，可以应用在多液面测量场合，并具有精度高、重复性好、安装方便，环境适应性强的特点。

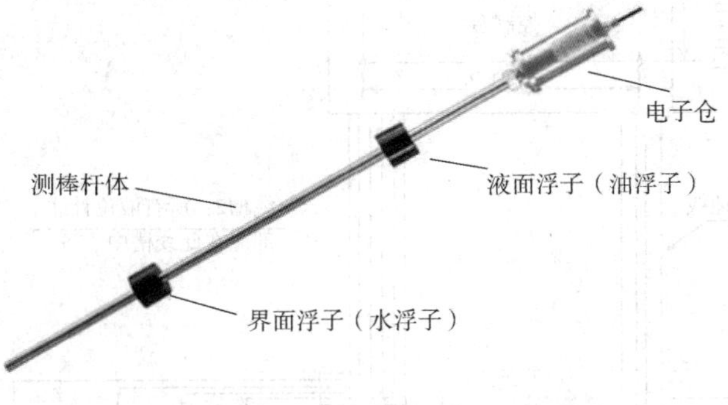

图 5-54 磁致伸缩探棒结构示意图

加油站卧罐自动测量液位仪主要采用磁致伸缩液位传感技术（见图 5-55），测量时，电路首先在波导丝上瞬时通电，产生一个电脉冲，这个电脉冲会在波导丝周围产生一个环形磁场，该磁场与浮球内磁铁的磁场相作用，会在波导丝上产生一个小的扭曲变形，这个变形沿着波导丝向丝的两段移动，当移动到信号拾取线圈时，由于磁致伸缩效应，会向外发出一个微弱的变化磁场，位于探棒上端的拾取线圈可以检测到这个变化磁场。由于扭曲变形是一个恒定速度沿波导丝移动，因此，从发出驱动电脉冲开始，至拾取到变化磁场结束所经历的时间长短，表示了浮球距离拾取线圈的位置，也反映了液位的高低，从而实现了对液位的精确计量。同时探棒上分布着 5 个不同测量点的热敏电阻，液面以下的测温点的平均值就是卧罐内油品计量温度。

系统控制台从磁致伸缩探杆发出的测量数据进行分析得出结果，并在操作页面显示水

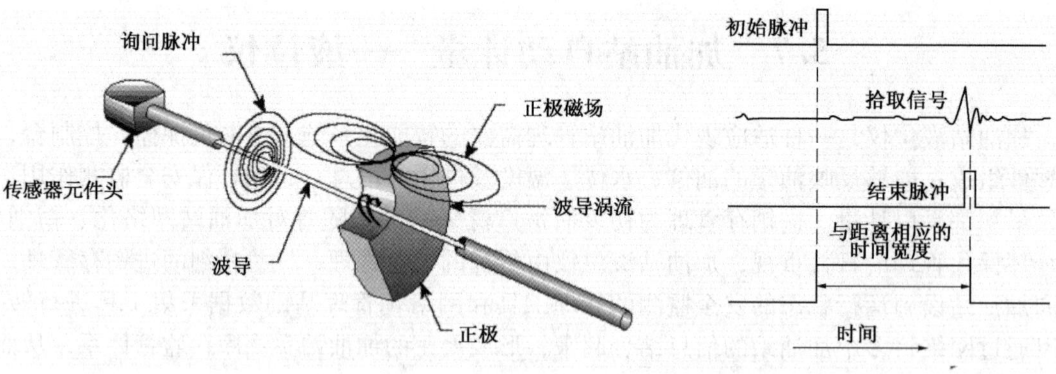

图 5-55　磁致伸缩探棒工作原理示意图

位、油位、温度高低，具有油位高低位报警、水位高低位报警、油温高低位报警功能。同时还可以将分析数据通过网络端口上传至远程数据中心以便储存、分析查看。控制台同时具有动静态漏及自动/人工卸油功能。

5.7.2　加油站液位仪的安装

5.7.2.1　控制台安装

液位仪控制台应安装在室内，且固定安装在墙面上，不适于任何室外位置。安装位置应远离火源、气源等危险隐患。如图 5-56 所示。

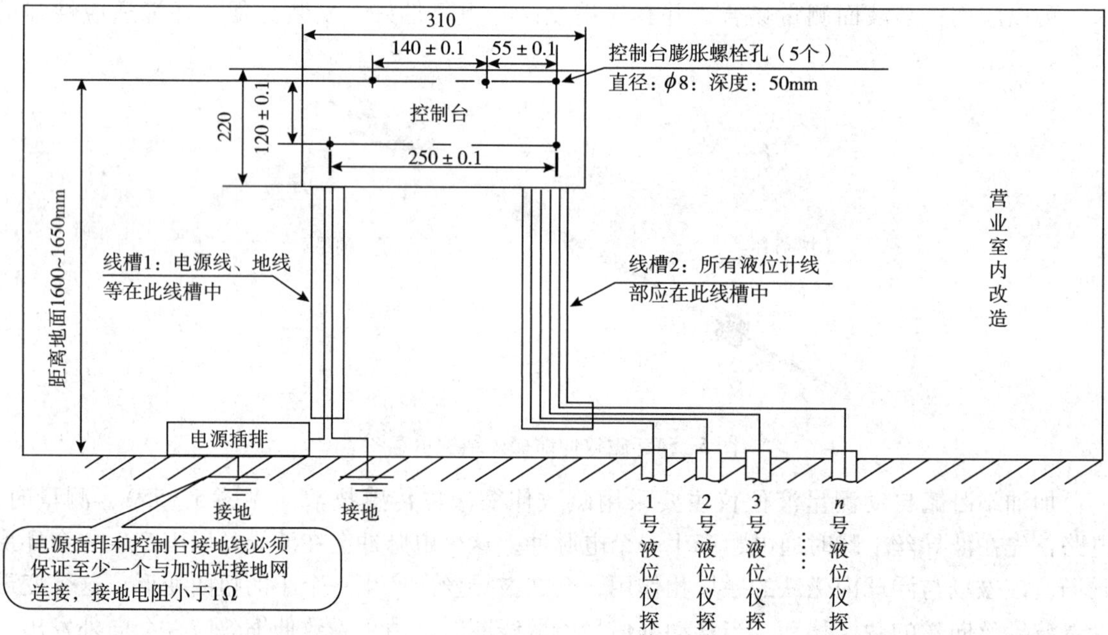

图 5-56　液位仪控制台安装示意图

5.7.2.2　电源接线

给液位仪控制台供电的电源须连接到配电柜的独立供电线路上，必须安装 5A 断路器或 5A 保险丝，断路器和保险丝必须安装在火线上。

电源线必须与探棒信号线独立分开从穿线管走线。液位仪采用交流供电，需要根据加油站供电电源是否稳定在液位仪额定电源工作范围内，而决定是否采用交流电源保护器或 UPS 不间断电源。位于市郊和边远地区的加油站，或加油站自备发电机的地方，须配置交流电源保护器，否则会因外供交流电源电压的超高损坏液位仪。交流电源保护器或 UPS 电源应具备电源电压高于液位仪使用范围时可自动降压保护功能。

5.7.2.3 安全栅接地

控制台的安全栅接地端，必须接至良好的接地极，要求该接地电压为 0V，接地电阻不大于 4Ω，如果控制台地线接至加油站交流配电柜的保护接地母线排上，该保护接地必须与配电的工作零线完全分离不能混接。

如果上述接地条件加油站不能提供，液位仪将不能使用该接地系统。需要为液位仪单独做一个接地极引出接地线与液位仪连接。控制台接地端与接地线排之间的连接导线的电阻小于 1Ω。

5.7.2.4 通讯电缆和光电隔离器

（1）串口通讯线一根。控制台通过 RS232 串口与中控系统或计算机作本地通讯时，需 RS232 的带屏蔽层的通讯电缆一根，长度不超过 15m。如果超过 15m 可以采用 RS485 转换器进行通讯。

（2）串口光电隔离器一个。在液位仪控制台和其他电气设备两通信端口之间需增加光电隔离器，使得两个系统没有电气的直接连接；同时可防护雷电，减少由此带来的电气损坏。

如果控制台是属于本质安全防爆型，在与非防爆的电气设备连接时两设备间的电位差可能损坏控制台或所连接电气设备的串口端口，并可能影响设备的安全性，因此串口光电隔离器必须使用。

5.7.2.5 网络连接设备

在加油站已具备网络通讯条件的情况下，控制台可以利用厂商提供的软件实现远程联网通讯，通过电话线、TCP/IP 的形式实现，通过内置调制解调器和 TCP/IP 接口连接远程通讯，如图 5-57 所示。

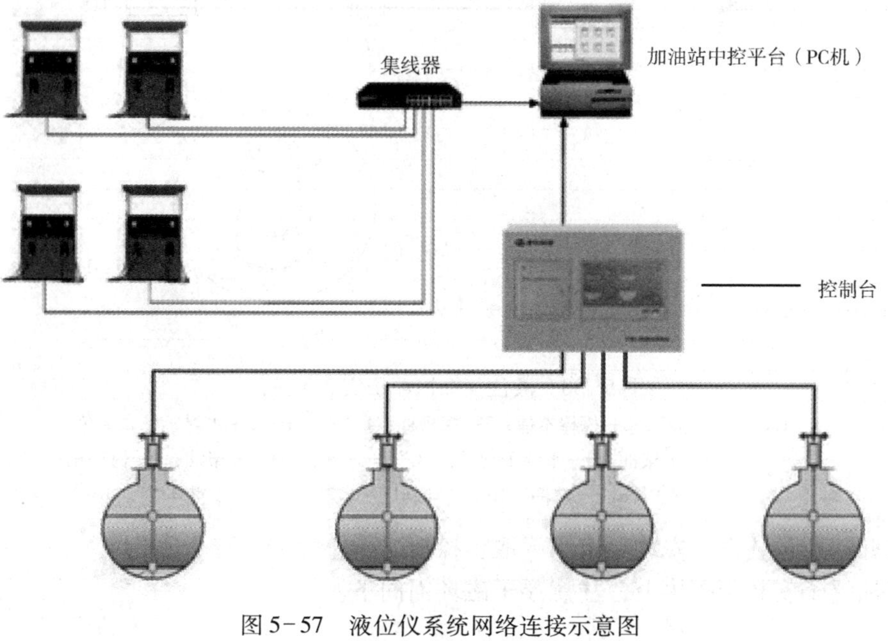

图 5-57　液位仪系统网络连接示意图

如果利用 RS232 端口连接外置调制解调器或 TCP/IP 数据转换单元进行远程数据通讯时，需要增加相关的外置网络数据通讯转换设备。

5.7.2.6 信号线屏蔽层

信号电缆进入液位仪控制台指定的进线口和输入端子接线完成后，应将全部信号电缆的屏蔽层连接到控制台的接地端子处。

在罐区端需将屏蔽层剪尽，不得外露。需要将屏蔽层和电缆接线接头（用随机附带的接线帽连接）同时浸入随机附带的环氧树脂胶内。

5.7.2.7 电缆导线孔密封

当完成全部电缆的连接，控制台的全部电缆导线入口用电缆导线孔密封件妥善密封，防止粉尘、灰尘和小动物爬入损坏控制台。

5.7.2.8 安装立管的要求

液位仪安装立管材质一般采用 *DN*100 的钢管，立管底部焊接相对应 *DN*100 的法兰或螺纹与油罐的人井大法兰连接。

立管顶部焊接相对应的法兰或螺纹与立管帽连接焊接处需要打磨平整。立管长度要求能包容探棒电子仓和电缆插头部分。

立管必须垂直焊接，伸入人孔盖内不能超过 300mm，立管内壁光滑、无焊渣；液位仪安装立管应尽量保持与量油口在同一纵轴线上，并尽量靠近，以减少量油时的比对误差。不能让进油管弯头直对该位置，避免卸油时受到冲击。

立管正下方至罐底（以立管轴线为中心、半径 100mm 内）应无障碍物，否则容易造成浮子移动不畅；

5.7.2.9 探棒及通讯电缆安装

（1）探棒浮子的安装如图 5-58 所示。

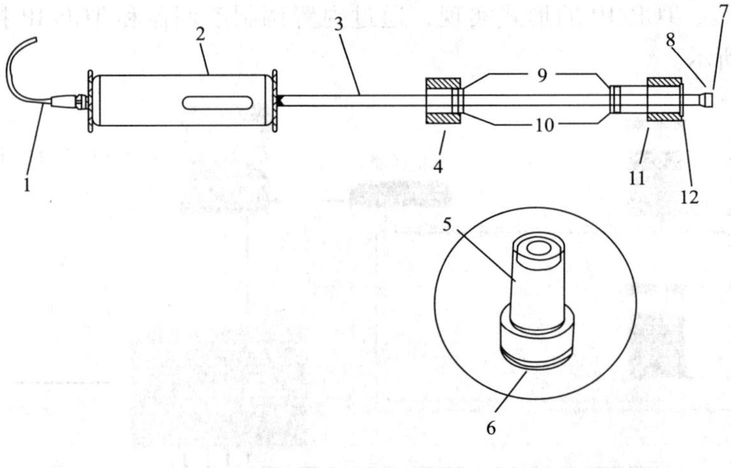

图 5-58 液位仪探棒浮子安装示意图

1—1.8m 三芯电缆；2—探棒本体；3—探棒杆；4—油浮子；5—水浮子外壳颜色；白 = 气油；黑色 = 柴油；6—水浮子配重："G" = 汽油；"D" = 柴油；7—保护靴；8—保护圈；9—垫圈；10—磁环；11—水浮子；12—配重环

① 打开探棒包装盒，安装要求水平取出探棒，防止探棒变形、刮伤。

② 将油浮子安装到探棒上，注意浮子磁环面向下。

③ 安装水浮子，确保浮子磁环面向上。

④ 安装探棒末端的保护靴。

（2）探棒接线与安装。

① 将探棒信号电缆与探棒头部的接线头接好。

② 小心缓慢地将探棒放入立管，直到将其垂直放到罐底。当心不要损伤浮子。

③ 将探棒线从法兰垫片和立管法兰盖的预留的 *DN*15 小孔中穿出，用螺栓将法兰盖与立管法兰拧紧。

④ 将探棒电缆穿过电缆夹紧接头，并将电缆夹紧接头拧在立管的管接头上。用聚四氟乙烯密封带将探棒电缆增粗以使电缆被夹紧。

⑤ 探棒信号线自立管法兰盘的引出处，必须采用铜制密封夹紧接头密封，并保证没有油气泄漏。

⑥ 将探棒电缆穿过防护软管，防护软管的一端接在内外丝接头上。

⑦ 将油站预埋的屏蔽电缆穿过穿线盒。将穿线盒一端接在油站预留的穿线管上，将位于穿线盒中心位置处的电缆小心去皮，并用防爆胶泥塞实，以防止油气沿线渗漏。

⑧ 用内螺纹转接头一端接在穿线盒上，另一端接防爆接线盒。

⑨ 将防爆接线盒的另一端接在防爆软管上，两端拧紧。

⑩ 将探棒电缆和预敷电缆一一对应连接，并用密封胶密封。

图 5-59 为液位仪探棒安装示意图。

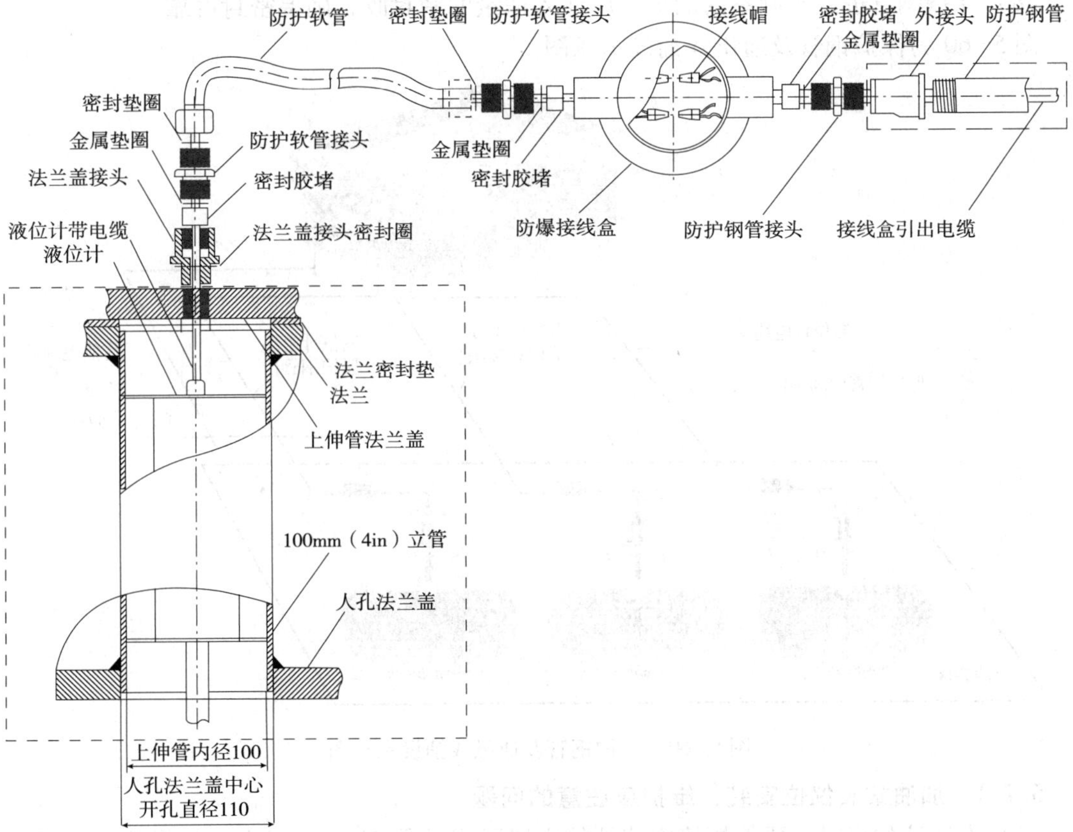

图 5-59　液位仪探棒安装示意图

（3）注意事项。

① 加油站预留穿线管末端需加工长度大于25～30mm的螺纹。

② 人孔井伸出的留穿线管周围100mm范围内不得有障碍物；正前方400mm范围内不得有障碍物。

③ 盲板中心应开 *DN*15 的孔并焊接上六分镀锌管以便安装通讯电缆。

④ 法兰和盲板之间加入密封垫，并用铜排跨接。

5.7.2.10 保护钢管及通讯线的铺设

（1）油罐每根探棒需要一根液位计通讯线，不允许有接头，所有线路必须穿在镀锌管中，镀锌管连接处要用导电密封胶密封（电力复合脂），镀锌管在室内及罐区两端必须可靠接地。

（2）铺设保护钢管时，埋管必须保证在300mm以下，各管线之间保证200mm的间隔。

（3）埋管时转向要采用大弧度，以便于穿线。

（4）每根保护钢管只能穿入一根电缆。罐区改造之前可能存在其他线路，液位计通讯线不能与这些线路穿在同一根导管内，且距离应大于300mm。

（5）从控制器端到液位探棒端的电缆必须为完整的一根，中间不能有接头。

（6）通讯电缆建议采用RVVP4×0.75mm^{2}以上的屏蔽电缆。控制器端的屏蔽层应接入控制器的接地端子，防爆接线盒端的屏蔽线应用黑胶布包好，不得与接线盒有接触。

（7）保护钢管要接入加油站接地系统。

（8）保护钢管进入控制室内的头部应注入适量的密封胶，确保密封可靠。

图5-60为保护钢管及通讯线铺设示意图。

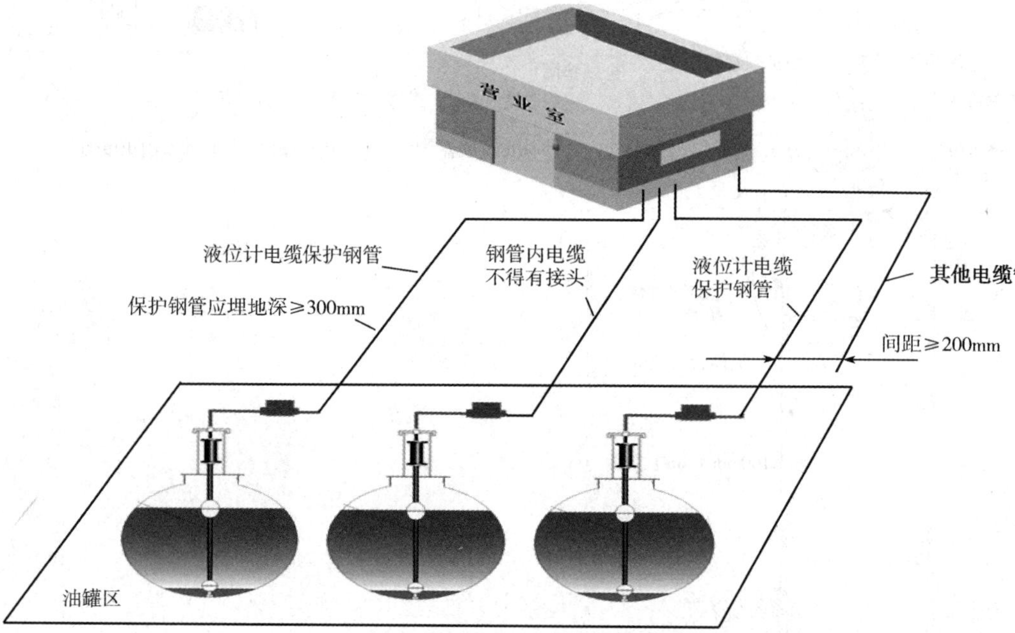

图5-60 保护钢管及通讯线铺设示意图

5.7.3 加油站液仪位安装、维护应注意的问题

（1）安装液位仪时，要使探棒安装处的立罐距潜油泵600mm以上。如果距离太近，潜油泵发油引起液面漩涡影响液位仪油浮子的上下浮动，从而影响液位仪的计量准确度。

（2）更换油罐汽、柴油品时，应更换水浮子。

（3）清洗油罐时，应拆除探捧，取出探棒时要慢慢小心取出，并按先后顺序拆下卡环、卡套、密封垫、接头、浮子等，对浮子、探棒上的油淤泥进行清洗。清洗油罐后，再按相反顺序将各配件安装回去。连线、安全密封。

（4）重新安装探棒后都要确定量油尺量得油高度与液位仪显示高度的偏差，在液位仪控制台上对液位仪测得液高进行修正。

重新编制容积表、更换品名等后，要对液位仪参数进行重新设置。

5.7.4　加油站液位仪的应用

5.7.4.1　液位仪系统应用的主要功能

（1）计量管理。液位仪系统在设置好基本运行参数后（如探杆高度校正值、罐容表等），即可进行昼夜不间断的自动测量。实时显示各油罐当前油面高度、当前水位高度与当前油品温度，还可显示根据罐容表自动计算出的油品存量，方便油站管理人员随时掌握油罐存油量动态。

由于液位测量探杆位置与人工测量孔不同，往往会在液位仪测量值与人工测量值间产生一个固定的高度误差，可记录此误差值对液位仪进行高度校正，从而得出与人工测量基本一致的测量数据。

（2）安全环保。液位仪系统在设置好报警参数后（如油位高限值、油位低限值、水位高限值以及溢出报警值等），即可对探杆动态测量数据进行自动监测，当超过设置的报警参数值时，立刻通过液位仪控制台前面板的双色 LED 灯与蜂鸣器发出声光报警信号，也可触发外部大功率报警装置，从而杜绝进油冒罐事故与水位超高事故的发生。

目前各加油站在用的液位仪都具有油罐静态泄漏检测功能，能够按每天、每周、每月或每年进行泄漏测试，并提供报警和历史报警记录。

（3）库存管理。液位仪系统具有自动按交接班时间记录罐存量的功能，便于油站管理人员抄录下来与“交接班报表”进行比较，再根据各班进油记录，即可计算出各班的油品损溢，以及每日油品损溢。

（4）配送管理。液位仪系统大都具有油品罐存量低限报警功能，根据加油站日常销售动态及规律，正确设置低限报警参数，可自动提醒油站管理人员通知配送中心送油。

5.7.4.2　液位仪系统的参数设置

（1）加油站基础数据设置。液位仪进入“设置”功能，可以对液位仪各项参数进行设置。这些参数为加油站固定参数，不得随意修改。进行基础数据设置前，加油站须提供正确的油罐基础数据：油罐数量、油罐尺寸、油罐容积表。

① 油品配置。必须配置完整的油品类别及名称，以应对市场需求及天气变化进行更改。

② 油罐参数设置。设置油罐数量、油罐形状、直径、容积，以及进行水位盲区、油位盲区、浮子尺寸的设置。

③ 报警设置。液位仪需要设定声音及视觉告警、渗漏报警功能必须开启。

“高液位预警值”指油罐油位接近高液位报警极限前系统发出预警的油位高度。

“高液位报警值”指防止油罐溢油的安全高度，通常设为油罐容积表的最大高度。

“低液位预警值”指油罐油位接近低液位报警极限前系统发出预警的油位高度。

“低液位报警值”指当油罐的油位过低，需要补充油品时，系统发出报警的油位高度。

“水位报警值”指当油罐中的水位过高，系统发出报警的水位高度。

各液位报警推荐值为：

安全库存 = 总容积 ×97%

高油位 = 油罐直径 ×95%

低油位 = 油罐直径 ×20%

超低油位 = 油罐直径 ×12%（需参考潜油泵安装位置）

超高水位 = 油罐直径 ×3%（一般不超过 50mm）

高水位 = 油罐直径 ×2%

④ 初始油位修正：在送电后，需要逐个油罐核对液位仪与手工检尺的油位高度，如有偏差应该进行修正，使两个高度保持一致。

⑤“系统时间”“补偿值”等设置。

（2）罐容表输入。各厂商的液位仪由于功能的不同罐容表取值数量不一，如维德路特系列液位仪通常采用 20 点输入法，也可以全部输入。后期也可以根据油罐使用情况对油罐容积表进行在线编辑。

如果液位仪具备自动罐容表校正的功能，在满足该功能运行的条件具备后，液位仪可自动生成新的罐容表。

5.7.4.3 液位仪系统的操作

加油站日常可以点击屏幕下方的“设置”、“操作”、“查询”、“测漏”、“翻页”，按钮进行对应操作。

（1）读取油罐数据。查看或记录油罐数据。查看某油罐信息，可点击该油罐区域，进入该油罐详细信息界面。如需查看其他油罐的信息，可以点击“翻页”即可进行其他油罐信息的查看。

想了解某一个油罐罐存的详细信息时，只需要在监控屏幕上点击该油罐的显示区域即可进入该油罐罐存信息屏幕，读取各个油罐的油高、水高、油温、容积等计量数据。

温度：指油罐内油温，为油面以下的平均温度值；

空容：指油罐在当前温度下，油面以上空间的容量，可以据此作为最大可进油量；

体积：指目前温度下罐内油品的库存体积数；

水高：指油罐内含水或杂质的高度（在液位仪测量点处）；

油高：指油罐油品的高度（在液位仪测量点处）。

（2）交接班操作。

① 手工交班。如需交班，点击油罐监控屏幕下面功能栏的［操作］按钮，点击［手工交班］。即可进行手工交接班操作。

② 自动交班。可以根据加油站交班时间设置几个不同时间，液位仪系统将在设置的时间自动交班，并记录数据。

（3）“查询”操作。如需查询罐存记录、卸油记录和报警信息。可通过点击［查询］按钮，选择需要查询的选项，即可进行对应的查询操作。

（4）容积表校正。有些型号的液位仪具有容积表校正功能，油罐容积表校正的原理：通过持续对加油机每笔加油量与油罐容积变化量的对比，得到两者之间的误差曲线，同时针对油罐倾斜、偏移和油罐变形进行自动分析，修正原有油罐容积表，并可重复进行油罐容积表校正，最终得到精确的油罐容积表。在液位仪进行罐容表校正期间，加油站的操作须遵守以下要求，否则会影响校正后罐容表的准确性。

① 加油机的精度决定了罐表校正的精度，需确保加油机流量计的精确。

② 核对油罐的最大高度，如果原罐表的最大高度与实际的高度不符合需要，在现场进行修正使其与油罐的高度必须一致。

③ 校罐期间内需要控制油罐内的液面高度范围不小于在10% ~90%变化，获得尽可能宽的罐容表校正范围，至少要有3次以上的循环。

④ 确保为液位仪提供校罐所需的实时加油机数据。

⑤ 确保油罐、管线无渗漏。

⑥ 在校正期间，不得脱机加油，如有必须脱机加油的，其对应的油罐将无法校正。

⑦ 对于安装油气回收系统的加油站，需要对回罐气体与液位仪浮子进行隔离或关闭集中式油气回收设备，防止回气引起油罐液面的波动影响到罐表校正。

⑧ 校罐期间应避免回罐油的操作，如果油品必须回罐可以在进油期间与进油同时返回油罐中。

（5）液位仪罐内测漏。大多数型号的液位仪都具有利用探棒进行地下储油罐泄漏监测的功能，油站操作时须遵守以下要求，否则会影响测漏过程顺利完成。

测漏规格：一般具有测漏功能的探棒实现的是0.38L/h、0.76L/h的静态测漏；

适用液体：汽油、柴油、混合油等一切体积膨胀系数已知的液体；

油罐容积：油罐装油量在50% ~95%，推荐95%；

测漏前的准备时间：油罐进油后根据进油前后油温差大小，最多静待8h，静待期间不能再向油罐内注油，但在此期间加油机可以加油；

测试时间：测试时间随着油罐容积的大小、油罐的装油量以及测漏期间油面的波动情况而不同，一般在3h以上，测漏期间油罐不能发油和进油，否则会影响测漏的准确性；

其他要求：测漏的油罐必须要有准确的容积表，测漏参数必须正确，否则会影响测漏的准确性；

特殊说明：液位仪系统只能对油罐的装液部分进行测试。

5.7.4.4 液位仪的日常维护

（1）日常使用。

① 如果外线供电不稳，或需使用发电机供电时，需配置电源保护器或UPS。

② 液位仪为24h不间断连续工作，不要人为停电。

③ 用指尖轻轻接触显示屏，勿用力按，以免显示屏破损。触摸液位仪液晶面板前，请注意防止静电放电，最好先触摸一下其他金属体，释放人体静电荷。在对液位仪日常操作时，禁止用力太大或者用尖锐物体触碰液晶屏，以免损坏触摸屏，造成设备无法使用。

④ 避免控制台遭受严重的震荡、极端的温度和湿度、严重的电磁干扰等。

⑤ 安装、拆卸液位仪控制台、探棒前，须断开所有电源。

⑥ 在转换供电电源或启动自备发电机前，最好先断开液位仪电源，待发电机正常工作后再开启液位仪电源。

⑦ 正在工作储罐动态监测仪的主板上有电压，请勿用手直接接触，也不可用金属或导体接触主板。

⑧ 控制台主板上有高压电容，断电后请不要立即上电或拆卸主板，以防危险。

⑨ 当检查和维修人井其他设施设备时，注意保护液位仪探棒、信号线、防爆接线盒等相关部件。如防护软管、通信屏蔽电缆、防爆接线盒（防风雨盒）等损坏时，要及时更换。

⑩ 当与液位仪配套的抗浪涌稳压器和串口光电隔离器损坏时，请及时恢复，不要直接将液位仪在脱离抗浪涌稳压器和串口光电隔离器的状况下使用。

⑪ 液位仪出现故障时，须正确记录发生故障时的环境现象、其他设备运行状况等信息，这将有利于判断液位仪的故障原因。

（2）日常清洁。

① 需定期对液位仪控制台表面清洁。清洁时，用干净的干布擦拭，请勿使用任何液体。禁止使用酒精、汽油等有机溶剂擦拭液晶屏，以免造成屏幕的永久性损坏。

② 如用湿布清洁，必须关闭控制台电源。在开启液位仪电源前，必须确保液位仪表面已经干燥，并且液位仪内部无任何液体才能开启电源。

③ 需定期对液位仪探棒进行使用环境检查，在关闭电源状态下，将液位仪探棒抽出油罐外，用汽油擦拭或清洗探棒杆，使液位仪探棒杆上没有油污泥附着物。用汽油清洗油浮子和水浮子，以保证浮子清洁。液位仪探棒放回油罐后，要将密封盖恢复好，不要造成油气的泄漏。

（3）检查液位仪日常检查。

① 液位仪运行状态是否正确，检查液位仪是否显示“所有功能正常”或液位仪上显示的其他自检信息。如不是，检查警报菜单中的设备报警记录，如果有报警，要注意报警的信息并加以处理，重大情况及时上报。

② 液位仪出现故障应及时联系厂家维护，其他任何人不准在未经允许的情况下改变设备现状。

③ 严禁踩踏人井内的电缆。

（4）设备维护。

① 清罐时需联系液位仪厂商或其授权服务商提供服务。

② 更改液位仪参数时，应通由相关管理人员进行操作，并保留更改纪录。

（5）电工检查。

① 应定期检查站级供配电情况。

② 检查电源电压是否稳定。

③ 检查电源的零线与接地线不能够混接在一起。

④ 检查液位仪保护地线上电压，应为0V。

⑤ 检查液位仪保护地线接地电阻，应小于4Ω。

⑥ 检查室外防爆盒，要注意防水、防雨。

5.7.5 液位仪常见故障检测与处理

5.7.5.1 日常运营警报

（1）高液位警报。

① 警报含义。油罐内液面高于预设的警报值。

② 处理方法。立即停止进油，并注意观察油罐，防止油品冒出；尽快将高于安全油位部分的油品抽出或销售。

（2）溢出警报。

警报含义。进油过程中，液面高于预设的警报值，表示油罐存在溢出风险。

处理方法。立即停止进油。

（3）进油提示警示。

① 警报含义。油罐内液面偏低。

② 处理方法。联系进油，无需停止油罐。

（4）低液位警报。

① 警报含义。油罐内液面很低，将要低于出油管线入口。

② 处理方法。该油罐停止加油，等待进油后再重新启用。

注：对于使用潜油泵的加油站，低油位报警线是潜油泵安全工作范围，低于这个油位高度运行会损坏潜油泵。

（5）高水位警报。

① 警报含义。油罐内水位高于设定值（一般设置为50mm）

② 处理方法。该油罐停止加油，进行抽水操作，待水位下降后，重新启用油罐

5.7.5.2 设备警报

（1）探棒信号中断。

① 警报含义。探棒信号不能传输到室内控制台。

② 处理方法。联系运维人员进行检测。

（2）无效油品高度。

① 警报含义。油罐内油浮子和水浮子距离过近，当前显示的油位和水位不是有效值。

② 处理方法。联系运维人员进行检测。

（3）温度异常警报。

① 警报含义。油罐内油品温度低于－15℃或高于正常范围。

② 处理方法。联系运维人员进行检测。

5.7.5.3 常见故障现象及原因

（1）油品高度数字不变动。

① 现象。进油时液面高度不随进油而上升；或加油时液面高度不随加油而下降。

② 可能原因。若在进油或出油时液面一直保持不动，很有可能是浮子在罐内被卡住。液位仪的浮子需要在罐内沿探杆自由浮动，要确保在其行程范围内无任何障碍。若油罐内其他的管线有较大倾斜，这些管线可能阻碍浮子的运动，卡住浮子。某些油罐内部有加固横梁，其位置刚好在浮子行程内，也有可能卡住浮子。对于此类情况，需要在选择液位仪的安装位置时对罐内情况有充分了解，选择合适的位置，或移动可能造成阻碍的管线，来保证液位仪的正常工作。

③ 处理方法。记录浮子每次卡住的高度。找出浮子卡住的因素，制定下一步改正措施。

注：在冬季，部分地区的柴油浮子会因为柴油结蜡而将浮子粘在探棒杆上。

（2）高度和手工测量有偏差。

① 现象。手工测量值和液位仪显示的高度值有偏差。

② 可能原因。

（a）检查手尺的定位锁紧件是否松动。重新定位消除手尺本身的误差。

（b）手检尺的测量不准确。可以通过进行3次手检尺测量（3次测量值间差异不超过1mm），取平均值来减少误差。有经验的计量员可以将手工检尺误差控制在1mm以内。

（c）液位仪所安装的测量点和手检尺点不在油罐的同一纵向轴线上。由于油罐底部的弧形造成两者的测量值相差较大。此种油位的误差可通过液位仪中的倾斜度修正来消除。水位应该以液位仪的实际测量为准。

（d）手检尺孔和液位仪探棒分别在油罐的两端。由于油罐两端的不均匀沉降，造成油

罐的倾斜。此时手检尺和液位仪测量值间相差较大，严重时可能达到几厘米。在此情况下，可以通过调整液位仪内部的油罐倾斜度值，对所测量的油位进行软件修正，以保证液位仪的测量值和油罐内部真实液位高度相同，减少测量误差。水位应该以液位仪的实际测量为准。

（e）可查看液位仪内部设定的浮子尺寸，看是否和实际安装的浮子尺寸一致，如不一致修改为一致。

（f）如果以上检查没有发现问题，请再次分别检查液位仪和手检尺，看是否有未触及罐底的情况发生。可以在探棒的安装位置用手检尺进行测量，来判断问题的真正所在。

③ 处理方法。可以通过液位仪内偏差调整值进行更改。

注：此操作影响到油品体积，需上级公司同意才能进行。

（3）体积有偏差。

① 现象。在同一高度下，手工查表和液位仪显示的体积值有较大差异。

② 可能原因。容积表有偏差；液位仪输入的容积表有差异；油站基础数据错误。

③ 处理方法。记录多次液位仪显示高度值，手工查表体积值和液位仪显示体积值，进行数据核对修正容积表。

（4）液位仪不显示。

① 现象。屏幕黑色，无任何显示，操作不反应。

② 可能原因。无外供电；液位仪故障。

③ 处理方法。检查外供电是否正常，接线是否松动。若非供电原因可能为液位仪故障，需要报修处理。

（5）串口通信故障。

① 现象。信息系统无法采集液位仪数据

② 可能原因。连接电缆故障；液位仪系统接口损坏；信息系统故障；接口协议错误；不同设备信号干扰。

③ 处理方法。检查连接电缆、液位仪系统接口，检查系统设置通信协议，排除干扰源等

（6）油罐内有水但不显示水位高度。手工检测有水，但水位低于浮子盲区［75mm（3in）浮子16mm；50mm（2in）浮子22mm］，水位都将显示为0mm，当实际水位超过该设定值时，即显示实际测量值。

手工检测水位和液位仪显示水位有偏差。主要原因如下：

① 手工检测点和液位仪探棒安装点不在同一位置，由于油罐下部的弧形和油罐的倾斜这两个测量点之间存在高度差，造成两者的测量值不同。

② 可能浮子的尺寸设置有误。

③ 油罐底部有异物或杂质，造成水浮子不能落到罐底，产生水位显示。

④ 罐底情况异常，造成探棒没有落到罐底，产生水位测量误差。

5.8 设备管理

设备管理主要包括档案管理和技术管理，为设备在使用中提供操作、维护保养的要求，为编制设备维修计划和配件采购计划提供技术、数据支持等方面的作用，设备管理是十分重要而又细致的工作。

5.8.1 设备档案管理

设备档案是指设备的随机资料，以及反映其安装、运行、保养、维修等情况的记录和设备台账所组成的存档文件。

5.8.1.1 设备档案的内容

加油站每台设备均应有齐全、准确、保管良好的设备档案。设备档案包括以下资料：

（1）设备基本资料：名称、主要性能、购进价格、使用日期、设备照片等。

（2）原始技术资料：加油站施工平面布置图、产品出厂合格证、说明书、随机附件和配件清单、售后服务卡、油罐容积检定表。

（3）试运行记录：安装、试压及试运转记录。

（4）检维修记录：检修记录、清罐及维修记录、计量检定证书。

（5）报废记录。

5.8.1.2 设备档案管理的要求

（1）加油站档案存放规定。

① 分组的一般规定。

第一组：文件资料（卷号1）。

第二组：业务与财务的账、表、单（卷号2）。

第三组：管理台账（卷号3）。

第四组：加油站证件、票据、印章（卷号4）。

② 存放的一般规定。

（a）加油站统一配置标准规格的档案柜，所有的文件资料、档案均有序地放入柜内。

（b）卷内文件要分门别类，设置类别排序号。存放时从左至右，按序号排放。

（c）各组的立卷排序目录要粘贴在相应的左侧柜门内。

（d）文件盒或文件夹的侧面应设：文件名称、卷序号标签；卷序号标签要统一规格、颜色、字体。

5.8.2 设备技术管理

设备技术资料应全面如实地反映设备技术状况，记载的数据和内容要真实准确，资料要全面，时间上要有连续性，对管理工作要有指导性。

加油站设备技术管理应做到以下几点：

① 要对加油站设备器具进行设备编号，建立加油站设备器具总目录档案。加油站设备器具编号，主要包括：加油站设备（如加油机、储油罐、液位仪、中控机、监控、电脑、传真机、照明、电力变压器、发电机、潜油泵、水泵和手摇泵等）、主要计量器具（标准容器、量油尺等）、消防器材、电气设备（控制箱、配电柜、稳压电源、防雷防静电设施等）、生活电器（电视机、微波炉、开水桶、空调、电扇等）。

② 填列的设备器具所有说明书和技术资料等都要分类、保管，不得丢失。

③ 加油站设备器具检修记录要填写设备名称、编号与档案目录一致，加油站的设备和器材在进行检测、检查、保养和修理时，均要记录在案，同时维修（保养）人员要签名。

5.8.3 设备验收内容

5.8.3.1 加油站设备验收的分类

加油站设备验收分为物质验收和性能验收。

（1）加油站设备的物质验收包括：外包装检查、数量清点、是否原装、全新、根据设备详细装箱清单核对规格型号、主配件、随机资料验收。

（2）加油站设备的性能验收包括：安装、调试运行、设备验收期的运行状况、设备验收期的主要指标。

5.8.3.2 加油站设备验收的内容

（1）外包装检查。外包装无破损。

（2）数量清点。大件数量相符。

（3）开箱验收。是否原装、全新、根据设备详细装箱清单核对规格型号、主配件、随机资料（设备说明书、合格证、检定证书、检定表等）。

（4）安装调试。安装试运行。

（5）技术性能验收。设备验收期的运行状况、主要指标。如：加油机的开箱验收，应进行下列检查：

① 随机出厂的检验合格证和使用维护说明书是否齐全。

② 检查外观在运输中有无损坏，各部件连接点是否松动。

③ 整机铭牌和防爆电器的铭牌是否齐全。

④ 随机备件及附件是否符合出厂配置的规格、型号、数量等。

第6章　健康、安全、环境

6.1　加油站健康、安全、环境基础知识

加油站是具有储油设施，使用加油机为机动车加注汽油、柴油等车用燃油并可提供其他便利性服务的场所。其经营的石油产品具有易燃易爆、易挥发、易产生静电积聚性、热胀性、流动性和具有一定的毒性等危险特性。同时，加油站在经营作业过程中可能泄漏的油品、排放的含油污水及释放出来的油气一方面污染水源及大气，另一方面对加油站作业人员的身体健康产生不利影响。

6.1.1　相关概念

6.1.1.1　健康

健康（Health）是指人在身体上没有疾病，在心理上（精神上）保持一种完好的状态。事实上，人的一生或多或少、或大或小都会生病，而人生病的原因太多，跟人的生活、工作、精神压力、是否坚持锻炼等有关。为确保员工的身体健康，首先要辨识工作过程中、工作场所存在的影响员工身体健康的因素，必须从管理上、技术上采取有效措施来消除和控制生产过程中影响员工身体健康的因素。

6.1.1.2　安全

安全（safety）是指免遭不可接受的风险的伤害。安全与危险这两个概念是相对的，密不可分的。当通过采取有效措施将“不可接受的风险”变为“可接受的风险”之后，危险性就降低了，也就是安全了。要想免遭不可接受的危险的伤害，就必须事前预知预测到危险，同时采取措施消除和控制这些危险。因此，安全也可以理解为预知生产过程中的各种危险和消除危险。

6.1.1.3　环境

环境（environment）即环境保护，找出影响环境的因素。既包括以大气、水、土壤、植物、动物、微生物等为内容的物质因素，也包括以观念、制度、行为准则等为内容的非物质因素；既包括自然因素，也包括社会因素；既包括非生命体形式，也包括生命体形式。环境是相对于某个主体而言的，主体不同，环境的大小、内容等也就不同。

6.1.1.4　风险

风险（risk）是指特定危害性事件发生的可能性与后果的结合。危险是对有可能造成损失的事件而言的，危险的概念包含可能性和后果两个要素，而“后果”是指可能的后果，要根据具体情况而定。一个事件是否造成损失，造成多大的损失，在很大程度上是随机的，带有一定的偶然性。如人骑车上班途中跌倒的后果可能是：人未受伤，车亦未受损；车损坏但人未受伤；人或附近的其他人受伤；人受轻伤但车未受损；人受轻伤车亦受损；人受重伤车未受损；人受重伤车亦受损；最严重的是车毁人亡。

6.1.1.5　事故

事故（accident）是指造成死亡、职业病、伤害、财产损失或环境破坏的事件。

6.1.1.6 危害

可能造成人员伤害、职业病、财产损失、环境破坏的根源或状态。

6.1.2 加油站经营与安全

6.1.2.1 安全生产

安全生产（safety production）是指消除或控制生产过程中的危险因素，保证生产顺利进行。安全生产工作包括安全管理和安全技术两个方面。安全生产是安全与生产的统一，安全是为了更好地生产，生产则必须安全。做好安全工作，改善劳动条件，一方面可以极大地调动员工的工作积极性；另一方面可减少人身伤亡和财产损失，提高企业经济效益和社会效益，这无疑会促进生产的发展。生产必须安全，则是因为安全是生产的前提条件，没有安全就无法生产。

我国政府非常重视安全生产工作，并以法律（《中华人民共和国安全生产法》）的形式确定了“安全第一、预防为主”的安全生产基本方针。党的十六届五中全会通过的“十一五”规划《建议》，首次提出了“安全第一、预防为主、综合治理”的安全管理工作方针。

6.1.2.2 加油站安全特性

加油站是油品销售的终端环节。油品的危险性、加油站特定的经营环境以及加油站经营的特点决定了加油站在经营过程中存在以下主要风险。

（1）发生火灾爆炸。加油站火灾爆炸危险性是由其经营的油品的危险特性所决定的，油品具有易燃易爆性、易蔓延扩散性及易产生静电等特性。油品火灾具有突发性、破坏性、先爆炸后燃烧或先燃烧后爆炸、热辐射强、火焰及火场温度高、不易扑救等特点。加油站在经营作业过程中只要某一个环节失控，某一项制度、规定、操作规程没有贯彻执行或缺失都有可能引发火灾爆炸事故。

（2）污染环境。加油站运营过程中，会产生含油废水，排放挥发性有机物非甲烷总烃，易导致大气、水体和土壤污染。在当前环境状况依然严峻的形势下，对点多面广的加油站，不能小视其环境污染。应提高其污染物排放标准，严格环保对策措施，防治各类环境污染，维护群众的生命财产安全。

（3）引发社会治安事件。加油站点多面广、线长、地理位置相对偏僻、晚上营业、人员较少、加油站24h营业现金存放等是诱发加油站社会治安事件的主要原因，主要有抢劫、盗窃、敲诈、恶意逃单（加完油不付款就跑）、打架等社会安全事件。

6.1.2.3 加油站安全基本要求

虽然加油站是一个危险场所，但只要依法按章办事，严格按照设计标准进行设计，严格按照施工规范施工，加强安全管理，加油站的危险性就会大幅降低，其经营工作就能安全顺利开展。加油站安全基本要求主要体现在设计和管理两个方面。

（1）设计施工过程中的防火防爆要求。加油站应严格按照《汽车加油加气站设计与施工规范》［GB 50156—2012（2014年版）］、《建筑设计防火规范》（GB 50016—2014）等国家标准、规范要求进行设计与施工，主要有：

① 加油站的选址、平面布置应满足安全距离要求；

② 加油站的建（构）筑物设计施工应满足相应的耐火等级要求；

③ 加油站的工艺设计应满足相应的防止油气泄漏，减少油气挥发和不会产生油气积聚的要求；

④ 加油机、用电设备、供电设备、发配电设备应满足相应的防火防爆等级要求；

⑤ 加油站的设计、施工必须选择具有相应资质的设计单位和施工单位来实施，且严格按照设计要求进行施工，同时采取监督措施确保施工质量。

（2）加油站安全管理要求。

加油站在经营过程中主要应做好防火防爆，防中毒、防静电、防雷电、防设备带病作业、防油品渗漏、防跑油、防混油、防溢油、防自然灾害、防抢劫、盗窃、恶意逃单等社会治安事件等。具体应做好以下几项工作：

① 贯彻实施安全生产责任制，建立健全安全管理组织、管理制度、操作规程、安全防范措施等；

② 建立健全设备、设施使用、维护保养制度和设备技术档案。落实安全检查工作，及时检维修设备，确保设备、设施处于完好的技术状态；

③ 加强对员工的安全教育培训，提高员工安全防范意识、安全操作水平和安全管理水平；

④ 完善应急防范预案，并经常性的开展演练，提高员工应急处置能力。

6.2 安全管理

现代事故致因连锁理论认为：管理上的缺陷会造成人的行为不安全和“物”处于一种不安全状态，这两者结合会产生意外能量的释放或有害物质的产生而引发事故，造成人员伤亡、财产损失或使环境遭到破坏等。例如管理不到位造成计量器发生渗漏，渗漏的油品挥发成油气并产生火源、引发火灾爆炸。

原因其实很简单，那就是我们在管理上还存在缺陷。因此，加强安全管理是防止事故发生的最主要途径。

6.2.1 安全管理概述

6.2.1.1 安全管理及内容

（1）安全管理。安全管理是为消除和控制危险有害因素，实现系统安全目标而进行的有关决策、计划、组织、控制等活动。重点在于防范事故的发生，主要手段是贯彻国家、上级的安全生产法律、法规、标准、规范、规程、条例、命令等。

安全管理是管理科学的分支，是企业管理的重要组成部分，遵循企业管理的普遍规律，服从企业管理的基本原理和方法，主要研究人、物、环境与事故发生之间的内在联系，找出人、物、环境造成的各种危险有害因素，从而从组织体制上、管理上、技术上采取措施消除和控制危险有害因素，达到防范事故发生的目的。这里的“人”是指所有的企业职工及与企业的生产活动有关联的其他人员；“物”是指与生产活动有关的设备、设施、工艺、场地、工具等；“环境”是指生产作业环境，包括设备布置、温度、湿度、大气、噪声、照明、信号、标志、色彩等。

安全管理的核心在于预测生产过程中存在的危险有害因素以及为消除这些危险有害因素所进行的决策。

（2）安全管理的内容。安全管理的基本内容包括安全管理组织体制与安全管理制度建设、安全管理措施的落实、员工安全教育、安全监督检查、隐患治理与事故管理等。

6.2.1.2 安全管理的基本原则

企业在开展管理活动过程中应遵循以下基本原则：

（1）“管经营必须管安全”的原则。这一原则体现了加油站安全与经营的统一。为确保加油站安全经营，要求在经营过程中计划、布置、检查、总结、评比经营工作时，同时计划、布置、检查、总结、评比安全工作。

（2）安全具有否决权的原则。坚持这一原则是体现安全的极端重要性。加油站经营管理职能在保证安全的前提下进行，当安全与经营发生冲突时，应将安全放在第一位。

（3）“三同时”的原则。所谓“三同时”就是对一项工程的建设，保证安全卫生设施、环境保护设施与主体工程同时设计、同时施工和同时投产使用。

（4）“三不施工作业”的原则。“三不施工作业”是指没有批准的安全作业票或施工作业时间、地点、部位不符不施工作业；没有安全监护人或安全监护人不在施工作业现场不施工作业；安全防范措施没有落实、没有检查确认不施工作业。坚持这一原则是确保施工安全的首要条件。

（5）“四定”、“三不交”原则。“四定”是指“定整改方案、定资金来源、定项目负责人、定整改期限”。“三不交”是指“班组能整改的不交车间，车间能整改的不交厂，厂能整改的不交上级”。这是事故隐患整改治理中必须坚持的原则。对于加油站，在事故隐患整改治理工作中必须做到“自己能整改的自行整改，自己不能整改的报上级公司，同时采取切实有效的防范措施”。

（6）“四不放过”的原则。所谓“四不放过”是指事故发生后进行事故处理时必须坚持的原则，即“事故原因没有查清不放过；事故责任者没有严肃处理不放过；广大职工没有受到教育不放过；防范措施没有落实不放过”。

6.2.1.3 现代安全管理

现代安全管理变过去的事故发生后的处理为事前对安全生产进行评估，即事前安全管理。

（1）事前安全管理特点。

① 把安全管理引申到一项工程的全部过程，即从总体出发，施行系统的安全管理。

② 以预防事故为中心，进行预先安全分析与评价。

③ 利用数学统计方法对安全进行定量分析。

④ 应用现代多学科领域的知识和专门技术，采取管理、技术和教育的综合对策，有效地组织和避免事故。

⑤ 把企业安全工作同经济效益联系起来，建立企业安全管理同财产保险和安全咨询相结合的体制，并从社会上取得高水平的技术与知识服务，大大提高企业安全工作水平。

（2）现代安全管理的基本方法。有安全信息管理、安全标准化管理、预期型安全目标管理和全面安全管理。

① 安全信息管理。所谓安全信息管理是指用信息管理能量，使能量按程序或轨道正常运行，保障生产的安全。

信息是指物质——能量在时间上、空间上定量和定性的状态，信息是一个物理状态的基本量，在生产中对劳动者和物质的安全起作用的信息，诸如安全生产的方针政策、法令标准、规章制度、操作者的文化技术素质及其适应差异等的集合，称为安全信息。如加油站储油罐安装的液位仪，当油罐内油位、水位超高或超低时自动发出报警信号，帮助加油站及时发现并作出处置，防止事故的发生。这里的油位、水位就是一个定量的物理信息。信息的收集、整理、利用对于加油站提高管理水平、防范事故的发生具有相当重要的作用。

② 安全标准化管理。制定、修改、完善并依照安全标准（包括安全技术规程、安全生产制度、设备维护检修规程、安全操作规程等）开展安全管理工作，同时，建立一整套安全管理工作标准，使整个安全管理有标准、有系统、有秩序地进行，这种安全管理方法称为安全标准化管理。

③ 预期型安全目标管理。预期型安全目标是依据信息系统的资料和情报，结合生产现场实际，事先拟设安全生产目标或计划性成果，把目标建立在切实可行而又具有吸纳进行的安全技术基础上。

预期型安全目标管理从信息情报开始，拟定安全目标→问题落实→查明障碍主要原因→障碍主要原因评价→研究排除障碍→实施对策→评价七个步骤来进行。

④ 全面安全管理。所谓“全面”是指“全员、全过程、全方位、全天候”。

（a）“全员”是指全员参与。

（b）“全过程”是指一项工程从计划、设计开始，就要对安全问题进行控制，包括基建、试运转、验收、使用等，一直到该工程的更新、报废等全过程都要进行安全管理。

（c）“全方位”是指对所有生产工作、工作的环节、工作场所都要实行安全管理，即全部工作安全管理。

（d）“全天候”是指任何时间都要实行安全管理。

6.2.2 安全管理组织

建立健全安全管理组织，明确组织的目标、任务和要求是保障加油站经营管理工作顺利进行，预防各类事故发生的首要任务。加油站应成立的安全管理组织主要有加油站安全领导小组、义务消防组织、联防组织等。

6.2.2.1 安全领导小组

加油站应成立以站长为第一责任人、有关人员参加的安全领导小组。这里的有关人员一般由加油站的安全员、班（组）长、计量保管和账务人员组成。安全小组的主要任务有：

（1）贯彻落实安全生产责任制。

（2）定期召开安全会议，传达、贯彻国家、上级公司有关安全会议、文件精神；分析安全隐患，总结安全工作经验，解决工作中存在的实际问题。

（3）定期开展安全教育、培训，强化员工的安全意识，提高员工的安全操作技能。

（4）在上级公司及安全、消防有关部门的指导下，组织制订（修订）应急防范元。

（5）定期组织安全检查，查找站内设备、设施及安全管理工作存在的问题或隐患，并依据隐患治理的原则进行隐患治理。

（6）开展形式多样的安全活动。如事故案例、未遂事故（未遂事件）分析，安全知识竞赛、应急防范预案演练等。

6.2.2.2 群众性义务消防组织

我国《消防法》第五条规定：任何单位、个人都有维护消防安全、保护消防设施、预防火灾、报告火警的义务。任何单位、成年公民都有参加有组织的灭火工作的义务。因此，依法成立以站长为消防安全责任人，全体员工参加的加油站群众性义务消防组织对做好加油站的安全防火工作具有十分重要的意义。

（1）站长的消防安全职责。站长是加油站的消防安全责任人，对加油站的消防安全工作全面负责，并应履行如下职责：

① 组织建立消防安全例会制度，每月至少召开一次消防安全工作会议。

② 组织防火检查，每月至少参加一次检查。

③ 组织火灾隐患整改工作，负责筹措整改资金。

④ 组织建立消防组织，每半年至少组织一次消防宣传教育、灭火和应急疏散演练。

⑤ 定期组织对消防设施、器材的检验与维修，确保消防设施和器材完好、有效。

⑥ 贯彻执行法律法规，保障加油站消防安全符合规定。

（2）其他成员的消防安全职责。

① 熟悉消防安全制度、消防安全操作规程。

② 学习消防安全知识。其主要内容包括《中华人民共和国消防法》、《机关、团体、企业、事业单位消防安全管理规定》等消防法规；消防安全制度和安全操作规程；加油站所经营油品的火灾危险性及火灾预防等基础知识；消防器材的性能、使用、与维护保养的基本方法；加油站重点要害部位的防火要求；报火警、油品及电气初起火灾的扑救及安全疏散引导常识以及其他消防安全知识等。

③ 进行防火检查，发现火灾隐患应及时报告，并采取有效的防范措施。

④ 维护消防设施和器材，积极参加消防演练，掌握消防预案和灭火技能。

6.2.2.3 联防组织

加油站点多面广、位置相对偏僻、进站人员复杂、工作人员相对较少、管理难度大。一旦发生火灾爆炸、抢劫、盗窃等事故，依靠自身力量很难应付。如能与毗邻单位建立联防组织，制定治安防范预案，签订联防协议，定期开展活动，保持通讯畅通，群策群力，群防群治，不但能达到预防事故发生的目的，而且可以增加应急救援力量，将事故损失控制在最小范围内。因此，联防组织对做好加油站防火、防盗、防破坏等工作起着相当重要的作用。

（1）组织机构。加油站联防组织机构包括组长、副组长、组员。组长由加油站站长担任，副组长由加油站副站长和毗邻单位联防组织组长担任，组员又依据加油站班组情况分成若干小组，成员主要由班组成员和毗邻单位员工组成。

（2）任务。加油站联防组织的任务主要有：

① 与毗邻单位保持密切联系，了解社会治安状况和最新动态，共同探讨、研究对策，维护加油站安全。

② 定期与毗邻单位开展治安防范预案及消防预案演练，确保事故发生时能共同支持、协同作战。

③ 协同做好安全宣传教育工作，提高员工安全防范意识和应对突发事件的能力，共同做好防火、防盗、防自然灾害等安全防范工作。

④ 在公安机关的统一部署下，积极参加站外的巡逻值班，做好治安联防工作，维护加油站及周围区域的治安秩序。

（3）具体要求。

① 每年至少组织一次联防演习活动，总结、分析演练过程中存在的问题，剔除解决办法，并做好记录。

② 与毗邻单位共同进行的安全教育活动必须进行考核，确保效果。

③ 加油站治安联防组织机构必须上墙。

6.2.2.4 安全管理人员

加油站各班组应设专（兼）职安全员，并佩戴统一的安全员标志上岗。安全员应履行下列职责：

（1）检查各岗位人员执行安全管理制度和操作规程情况。

（2）检查督促作业现场安全管理措施的落实，发现不安全行为及时制止，发现事故隐患要及时报告并采取防范措施。

6.2.3 安全教育

安全教育是事故预防与控制的重要手段之一。美国人海因里希把事故致因的两个根本原因“人的不安全行为和物的不安全状态”的出现归结为人不正确的态度、身体不适和技术、知识的不足以及不良的工作环境这四个方面的问题。因此，海因里希提出了事故预防控制的“3E”对策，即工程技术（Engineering）、教育（Education）和强制（Enforcement）对策。

事实上，物的不安全状态大多是因物在设计、制造（建造）、选型、安装、调试、使用、维护保养、维修等过程中的某一个环节出了问题，而这些环节又是由人来掌控的。因此，加强对人的管理是预防事故发生的最主要手段。

不可否认，用安全技术手段来控制或消除事故时解决安全问题的最佳选择。但人的行为仍会收到某些因素（如人的态度、技术、技能、知识、身体状况等）的制约。安全教育是采用一种缓和的说服、教导来提高人的认知，变“要我安全为我要安全”，使之自愿接受管理、自我约束，从而达到预防事故的目的一种手段。相对于强制管理（采用强制管理的手段来控制人的思想、约束人的行为的管理）更容易为大多数人所接受，更能从根本上起到消除和控制事故的作用。

我国《安全生产法》对安全教育提出了基本要求。其第二十五条到第二十七条规定：生产经营单位应当对从业人员进行安全生产教育和培训，保证从业人员具备必要的安全生产知识，熟悉有关的安全生产规章制度和安全操作流程，掌握本岗位的安全操作技能。未经安全生产教育和培训合格的从业人员，不得上岗作业；生产经营单位采用新工艺、新技术、新材料或者使用新设备，必须了解、掌握其安全技术特性，采取有效的安全防护措施，并对从业人员进行专门的安全生产教育和培训；生产经营单位的特种作业人员必须按照国家有关规定经专门的安全作业培训，取得特种作业操作资格证书，方可上岗作业。

6.2.3.1 安全教育的内容

安全教育的内容可概括为安全态度教育、安全知识教育和安全技能教育三个方面。

（1）安全态度教育。要想改变人的安全态度，必须提高人们对安全工作的认识，强化人的安全意识。因此，安全态度教育应从强化人的安全意识入手。安全态度教育包括思想教育和态度教育两个方面。

所谓安全意识是指人们在长期的生产、生活实践活动中逐渐形成的对安全工作的认识和看法。安全意识的高与低、正确与否、科学与否直接影响着安全管理工作。因此，通过安全教育手段灌输科学的安全观，使人们对安全工作行成科学的、统一的认识正是安全教育的主要目的。安全意识教育应从以下几个方面入手：

① 安全生产方针、政策教育。企业安全生产方针、政策是在贯彻国家安全生产方针、政策的基础上，结合企业实际总结提炼出来的。只有深刻理解、充分认识其含义，才能提高安全生产的责任感与自觉性，才能改变自己的错误认识，才能在实际工作中正确处理好安全与生产、个人与集体之间的关系。

② 安全生产法纪教育。其内容主要包括安全法规、安全规章制度、劳动纪律等。安全生产法纪教育对于提高员工安全生产法律意识、责任意识、加强劳动纪律、认真执行安全生产规章制度、确保生产安全具有重要意义。

③ 职业道德教育。所谓职业道德，就是同人们的职业活动紧密联系的符合职业特点所要求的道德准则、道德情操与道德品质的综合。它既是从业人员在职业活动中的行为标准和要求，同时又是本行业对社会所承担的责任和义务。加强职业道德教育可提高从业人员的道德水准，规范和约束人的行为、调节员工与员工及员工与服务对象之间的关系，提高员工的责任意识。

④ 工作场所、工作岗位危险有害因素辨识及其危害说明。目的让员工知道自己的工作场所、工作岗位上存在何种危险有害因素及其可能诱发的事故及事故发生后可能造成严重后果有充分的认识，从而达到提高员工责任感、使命感的目的。

⑤ 典型的事故案例分析。

（2）安全知识教育。安全知识教育包括安全管理知识教育和安全技术知识教育。安全知识教育有助于提高人对安全生产工作的认识，特别有助于发现哪些潜藏的、人的感觉不能直接感知的危险有害因素。

① 安全管理知识教育。安全管理知识教育包括安全管理组织、安全管理制度、安全管理方法、安全管理的原理与原则、事故致因理论与事故预防等。

② 安全技术知识教育。主要指加油站应用到的安全技术知识。如防雷防静电技术、防火防爆技术、电气安全技术等。

（3）安全技能教育。安全技能教育就是提高员工安全操作技能水平，确保安全操作，达到防范事故发生的目的。

安全技能教育包括正常工作条件下的安全技能训练和异常情况下的安全技能即应对各种事故和突发事件能力的训练。

加油站的安全技能教育的内容主要包括加油作业，油品接卸作业，计量作业，加油站内设备、设施、工具的使用、维护保养、维修以及各种应急防范预案的演练等。这些安全技能的训练必须按照程序化、标准化的作业来进行。

6.2.3.2 安全教育的类型

依据教育的对象不同，将安全教育分为管理人员的安全教育、生产岗位员工的安全教育。

（1）管理人员安全教育。管理人员安全教育是指对企业安全管理干部、工程技术人员和行政管理干部开展的安全教育。

管理人员是企业生产经营的管理者、决策者，他们管理水平的高低、安全意识的强弱、对国家安全生产方针、政策理解的深浅、对有关法规、标准的熟悉程度、对安全知识掌握的多少直接决定了企业的安全状态。因此，我国《安全法》第二十四条规定：生产经营单位的主要负责人和安全生产管理人员必须具备与本单位所从事的生产经营活动相应的安全生产知识和管理能力。危险物品的生产、经营、储存单位以及矿山、金属冶炼、建筑施工单位的主要负责人和安全生产管理人员，应当由主管的负有安全生产监督管理职责的部门对其安全生产知识和管理能力考核合格后方可任职。

对加油站安全管理人员的安全教育培训的内容如下：

① 国家、企业安全生产工作方针、政策、加油站安全管理相关法规、标准、制度、规范等。

② 加油站的安全技术、安全管理、职业安全卫生、安全文化等知识。

③ 油品的火灾危险特性及防火防爆知识。

④ 有关事故案例及事故应急管理等。

⑤ 加油站各岗位安全生产职责。

加油站主要负责人和安全管理人员，必须参加由主管部门认可的机构进行安全生产知识和管理能力的培训，并由有关主管部门对其安全生产知识和管理能力考核合格后方可任职；并根据规定，接受再培训。

（2）生产岗位员工安全教育。生产岗位员工安全教育一般有三级安全教育、特种作业人员安全教育、日常安全教育、转岗安全教育等。

① 三级安全教育。三级安全教育是指“厂级、车间级、班组级”这三级安全教育。是厂矿企业必须坚持的基本安全教育制度。

厂级安全教育是对新员工的厂一级安全教育。教育内容主要包括职业安全卫生、法律法规、通用安全技术、安全文化、本单位的安全管理制度、劳动纪律、有关案例分析等基本知识。

车间级安全教育是对新员工或转岗人员到车间后所进行的车间一级安全教育。教育内容主要包括车间职业安全卫生、规章制度、主要危险有害因素及注意事项、预防措施、事故应急处理等。

班组级安全教育是新调动工作人员到达班组之前的安全教育。教育内容主要包括遵章守纪、岗位安全操作规程、典型事故案例、劳动防护用品的性能与正确使用等。

作为加油站的新员工、转岗员工同样要开展上级公司级、加油站级、班组级“三级”安全教育。

上级公司安全教育时间一般不少于 24 学时，其主要内容有：国家、上级公司有关安全生产和职业安全卫生法律、法规；通用安全技术、职业卫生基本知识；加油站安全生产现状、特点和危险要害部位的介绍；上级公司和加油站安全生产规章制度；典型事故案例分析，事故预防等。

加油站级安全教育实践一般不少于 24 学时，其主要内容有加油站的主要危险危害因素分析，安全技术操作规程和安全生产规章制度；加油站的安全设施、个人防护用品、急救器材性能和使用方法，预防工伤事故和职业病的主要措施；典型事故案例分析及事故应急处置措施等。

班组级安全教育实践一般不少于 8 学时，其主要内容有岗位工作流程、工作特点和安全注意事项；岗位职责及相关应知应会；岗位安全技术操作规程，岗位工作衔接安全注意事项；岗位事故预防措施，安全防护设施、个人防护用品的性能、作用和使用操作方法等。

② 特种作业人员安全教育。凡从事特殊工种如电工作业的人员，应按国家有关要求进行专业性安全技术培训，经考试合格，取得特种作业操作证后方可上岗，并定期参加复审。

③ 日常安全教育。由于加油站的设备、经营环境、人员及其心理状态等都处于变化之中，安全教育不可能一劳永逸。因此，加油站应开展日常性安全教育。日常安全教育要做到经常化、制度化、规范化，防止流于形式和走过场。日常安全教育大多采用加油站级和班组级安全教育相结合的方式来进行。一般要求班组级活动时间每月不应少于两次，每次不少于 1 学时；加油站级按全活动每月一次，每次不少于 2 学时。安全活动时间不应挪作它用。加油站日常安全教育的内容主要有学习国家和政府颁发的有关安全生产法令和法规；学习有关安全生产文件、安全通报、安全技术规程、安全管理制度及安全技术知识；讨论分析典型事

故包括未遂事故，总结和吸取事故教训；开展防火、防爆、防中毒及自我保护能力训练，以及异常情况紧急处理和应急预案演练；开展岗位安全技术练兵、比武活动；开展查隐患、纠违章活动；开展安全技术座谈，观看安全教育电影和录像等。

6.2.4 安全管理制度

加油站的安全管理制度主要包括安全生产责任制、岗位安全职责、安全操作规程等方面。

6.2.4.1 安全生产责任制

建立、健全安全生产责任制是做好安全工作的关键，我国《安全生产法》第四条对此作出了明确规定。安全生产责任制是各单位各项安全生产规章制度的核心，是以制度的形式明确规定各级领导和员工在生产活动中应负的安全责任。贯彻落实安全生产责任制就是要明确各级、各部门、各岗位人员的岗位安全职责，实行一岗一责制，做到有岗必有责，上岗必守责。

安全为了生产、生产必须安全，安全为我、我为安全，安全生产人人有责。因此，加油站应贯彻执行安全生产责任制。

站长是加油站安全生产第一责任人，全面负责加油站的安全工作，班组长负责本班组的安全工作，其余人员对各自的岗位安全负责，共同实现加油站的安全生产。

6.2.4.2 岗位安全职责

岗位安全职责是对岗位人员在各自岗位上应承担的安全方面的责任作出的具体规定。加油站各岗位人员的岗位安全职责虽互不相同，但一般包括贯彻安全生产方针、政策、法规、标准、制度，遵守岗位操作规程、按章操作；组织安全教育培训；维护设备设施；掌握基本的消防知识和技能；确保岗位安全；事故应急处理等几个方面的职责。下面是某公司加油站站长、班组长、安全员、加油员、计量员、收银员六个岗位的安全职责：

（1）站长岗位安全职责。

① 贯彻执行国家、地方政府和上级公司的安全管理方针、政策、法律、法规和标准。

② 保证上级各项安全标准、制度在加油站的贯彻执行，对加油站的安全工作全面负责。

③ 负责员工的加油站级安全教育、培训和考核工作，提高全站员工的安全意识和安全操作技能。

④ 建立加油站的安全例会制度，并定期召开安全例会，及时总结安全管理工作中存在的问题。

⑤ 参加并指导班组级安全教育活动。

⑥ 定期对加油站进行安全监督检查，及时制止违章行为，积极做好隐患整改和事故预防工作。

⑦ 发生事故立即上报，组织抢险，保护现场，参加事故调查、分析，落实防范措施。

（2）班组长岗位安全职责。

① 贯彻执行国家、地方政府和上级公司的安全管理方针、政策、法律、法规和标准。

② 贯彻落实岗位安全生产责任制，对本班组的安全工作负责。

③ 负责班组级安全教育培训工作，定期开展班组安全活动，学习掌握安全技术操作规程。

④ 负责班组日常性安全检查，主要检查班组内各岗位作业中的安全措施执行情况，发现违章及时制止，发现隐患及时报告并采取相应的防范措施。

⑤ 做好有关安全防护设施、防护用品的检查维护工作，使其处于完好状态。

⑥ 发生事故时抢救伤者、保护现场、并立即报告，对事故处理予以积极协助。

⑦ 熟悉站内消防器材的配备及摆放情况，并会使用、会维护保养。

（3）安全员岗位安全职责。

① 贯彻执行国家、地方政府和上级公司的安全管理方针、政策、法律、法规和标准。

② 检查、督促、指导班组开展安全活动，协助站（班组）长对员工和顾客进行安全宣传教育。

③ 深入现场巡回检查，对直接作业环节进行监督，及时纠正违章和失职行为，督促检查隐患整改，遇有紧急情况立即责令停止作业。

④ 及时向站（班组）长反映问题、提出建议，对加油站安全管理工作提出合理化建议。

⑤ 参加加油站安全检查及事故的调查处理。

⑥ 熟悉加油站防火要求及措施，做到“四懂四会”。

⑦ 负责班组有关安全管理记录、台账、资料的整理、归档和上报工作。

（4）加油员岗位安全职责。

① 贯彻执行国家、地方政府和上级公司的安全管理方针、政策、法律、法规和标准。

② 积极参加班组安全活动，自觉接受安全教育培训，增强自身安全意识和防护能力。

③ 严格遵守自己的安全承诺、严格按加油作业安全技术规程操作，不违章作业，对加油作业负直接责任。

④ 正确使用、维护保养、检查加油设备设施，发现问题立即停止使用，并及时报告。

⑤ 对加油作业现场进行安全监督，发现不安全行为应及时劝阻和制止。

⑥ 熟悉加油站应急防范预案，发生事故时按预案要求迅速做出处理，并保护现场。

⑦ 熟悉加油站防火要求及措施，做到“四懂四会”。

（5）计量员岗位安全职责。

① 贯彻执行国家、地方政府和上级公司的安全管理方针、政策、法律、法规和标准。

② 积极参加班组安全活动，自觉接受安全教育培训，增强自身安全意识和防护能力。

③ 严格遵守自己的安全承诺、严格按计量作业、接卸油作业安全技术规程操作，不违章作业，对计量作业、接卸油作业负直接责任。

④ 正确使用、维护保养、检查计量器具，发现问题立即停止使用，并及时报告。

⑤ 对接卸油作业现场进行安全监护，坚守岗位。

⑥ 熟悉加油站应急防范预案，发生事故时按预案要求迅速做出处理，并保护现场。

⑦ 熟悉加油站防火要求及措施，做到“四懂四会”。

（6）收银员岗位安全职责。

① 贯彻执行国家、地方政府和上级公司的安全管理方针、政策、法律、法规和标准。

② 积极参加班组安全活动，自觉接受安全教育培训，增强自身安全意识和防护能力。

③ 严格遵守自己的安全承诺、遵守收款、开票安全管理规定，对收款、开票工作负直接责任。

④ 正确使用、维护保养、检查加油站内防抢、防盗、安全监控及人身安全防护设施，发现问题要及时报告。

⑤ 对营业室进行安全监督，发现不安全行为应及时劝阻和制止。

⑥ 熟悉加油站应急防范预案，发生事故时按预案要求迅速做出处理，并保护现场。

⑦ 熟悉加油站防火要求及措施，做到“四懂四会”。

6.2.4.3 安全操作规程

安全操作规程是加油站各项作业安全、顺利进行的最有力保障。因此，加油站应制定并不断修改完善各项作业的安全操作规程。下面介绍的是加油站应用最多的加油作业安全技术规程、接卸油作业安全技术规程、计量作业安全技术规程。

（1）加油作业安全技术规程。

① 加油员上岗时应穿防静电工作服、鞋。这样做的目的主要是防止人体静电引发燃烧爆炸事故。

② 引导车辆时，加油员不得站在车道上，而应站在加油岛上。这样做的目的主要是防止进站加油车辆撞击人身，从而引发人身伤亡事故。如2007年10月3日，某加油站员工刘某站在入口处车道上正面引车入站时，被后面一辆加完油后出站的农用车撞到，送医院后经抢救无效死亡。

③ 进站加油车辆停稳后，发动机熄火后，方可加油。

④ 摩托车熄火进站加油，加完油后推离加油机4.5m（3m）后方可启动，司机坐在摩托车上不得加油。摩托车如不熄火进站，其尾气管排出的火星遇到油气和空气的混合气有可能引发燃烧爆炸事故，造成人身伤亡或财产损失。加完油后推离加油机4.5m（3m）后方可启动，4.5m（3m）的距离是根据汽油加油机爆炸危险区域划分而定的，括号中的（3m）为采用加油油气回收系统的加油机。

司机坐在摩托车上加油是一种很不安全的现象，而这种现象又屡禁不止。究其原因，主要是因为摩托车司机认识不足，图省事、快捷，加油站宣传工作不到位，且缺乏持之以恒的宣传所致。加油站应想方设法来杜绝这种现象。

（a）从思想上重视这种不安全现象。

（b）加强宣传。首先，站长要从维护顾客人身安全及利益的角度说话：“加油时，您坐在上面，如果油品不小心滴、洒、溢在热的摩托车发动机上，有可能引发闪爆、燃烧事故，这样首先受到伤害的就是您了；如果在加油过程中油品喷溅到您身上，对您、对我们来说都不好。”将心比心，站在自己利益的角度说法：“我这么做事违反加油站安全管理制度的，将受到处罚。”

（c）宣传工作要持之以恒。

（d）有可能的话，请求公安、交警部门的协助。

只要把道理讲清楚、注意宣传的方式与方法，且持之以恒地宣传，若能影响到一个或几个司机，通过他们再影响其他的司机，不久的将来，摩托车司机将会主动地配合加油站的安全管理，这种现象将会彻底消除。

⑤ 不得直接向塑料桶等非金属容器加注油品。油品在流动过程中会产生大量的静电，而塑料是不导电的，为防止静电引发燃烧爆炸事故，故有此规定。目前，有些城市规定加油站不得为塑料桶（壶）加油，哪怕是先加到金属桶，通过金属桶将油提到加油站外再灌入塑料桶（壶）也不允许。

⑥ 不得向汽车的汽化器加注汽油。

⑦ 高强电闪、雷击频繁时，应停止加油作业。

（2）接卸油作业安全技术规程。

① 接卸人员计量人员上岗时应穿防静电工作服、鞋。

② 油罐车进站后，卸油人员应检查油罐车的安全状况（刹车、消防器材、罐体渗漏、阀门渗漏等），连接静电接地装置，摆好消防器材。静电接地装置应连接在罐车专用静电接地端子上，否则应连接在罐车的钢体上，但应离开罐车卸油口 1.5m 以上，且不应连接在罐车轮胎的钢圈上；消防器材应摆放在上风或侧风取用方便处，不应摆在罐车下面。

③ 油罐车熄火并静置15min后，方可进行计量验收作业。油罐车在行驶过程中会因震动、摩擦产生大量的静电，静置15min是为了消除静电，同时稳定油罐车油面，利于计量结果的准确性。

④ 核对接卸油品的品种、牌号与储油罐储存的油品品种、牌号一致后，连接卸油胶管，卸油快速接口应连接紧固，胶管保持自然弯曲。

⑤ 再一次核对卸油胶管连接正确后，停止与收油油罐连接的加油机加油作业，缓慢开启卸油阀门卸油。

⑥ 卸油过程中，加油站接卸人员与司机必须同时在现场进行监护。

⑦ 卸油完毕，关闭卸油阀，拆卸卸油胶管，盖严卸油帽，整理静电导线，清理卸油现场，将消防器材等设备、工具归位。

⑧ 雷雨天不得进行卸油作业。

（3）计量作业安全技术规程。

① 计量人员上岗时应穿防静电工作服，防静电、防滑鞋。

② 计量作业使用的工具需满足防爆、防静电、防碰撞要求。如照明用的手电筒必须是防爆手电筒，开盖用的工具必须是软金属（铜或铝）材料制成的等。

③ 登上油罐车进行计量作业时，应注意防止滑倒，同时选择上风或侧风方向站立。

④ 打开计量孔盖后，应等待几秒钟，让油气散发浓度下降后方可开始计量作业。

⑤ 计量作业过程中，工具应轻拿轻放，计量结束工具应擦拭干净。

6.2.5 安全管理措施

安全管理措施是消除和控制危险有害因素，防止事故发生的具体规定和要求，为确保安全，加油站应制定、落实相应的安全管理措施。

6.2.5.1 顾客进站须知

加油站车流量大、人员复杂，进站加油顾客的行为安全与否与加油站的安全密切相关。因此，加油站需制定“顾客进站须知”，用它来规范和约束顾客的不安全行为，确保加油站的经营安全。“顾客进站加油须知”主要围绕控制火源来制定，因油品是一种易燃易爆、易挥发的危险品，任何微小的能量都有可能引爆油气和空气的混合气。如引爆汽油蒸气与空气的混合气所需能量仅为 0.1 ~ 0.2mJ。其主要内容有：

（1）站内严禁烟火。

（2）严禁在加油现场使用手机等通讯工具。手机在接听、拨打过程中有电流和电磁波能量释放，这些能量足以引爆油气和空气的混合气。

（3）汽车进站后熄火加油。摩托车熄火进站加油，加完油后推离加油机 4.5m（3m）以外发动。

（4）严禁在作业现场穿、拍、脱衣服。

（5）严禁在加油作业现场进行检修车辆、敲击铁器、碰撞等易产生火花的作业。

（6）顾客不得随意在加油站内走动，穿越车道应注意前后车辆，以保护自身安全。

加油站应将“顾客进站加油须知”的内容制作成规范的安全警示标志，并应悬挂在油站入口醒目之处。

6.2.5.2 储油区域安全措施

储油区是加油站油品集中存放的场所，是加油站的重点保卫部位，因此，要重点加强对这个区域的安全防范与管理。

（1）储油罐区严禁烟火。

（2）严禁堆放易燃、易爆和其他可燃物品。

（3）接卸油口要保持干净，不能留有油污及积水。

（4）接卸油口要上锁。

（5）罐区的杂草、枯草应及时清除。

6.2.5.3 营业室安全措施

营业室安全管理规定的内容主要有：

（1）加油站应安装防盗、防抢门窗，并配备必要的防盗、防抢自卫器材，有条件的加油站应安装电视监控系统、自动连锁报警装置等。

（2）闲杂人员等不得随意进入营业室。

（3）未经批准和允许，任何人不得随意进入营业室。

（4）营业室工作人员要提高警惕，留意观察，加强对营业室的安全防范，确保资金、票证安全。

6.2.5.4 发配电房安全措施

发、配电房安全管理规定的内容主要有：

（1）发、配电房应设“有电危险”、“正常运行”、“严禁合闸”等安全警示标识或警示牌。

（2）发电机组应由专（兼）职人员操作及保养。

（3）发电机房应保持干净整洁，不得有油污、积水，严禁乱堆、乱放杂物。

（4）发、配电房门应随时关闭，闲杂人员等不得随意进入。

（5）发配电房门、窗应向外开。

6.2.6 直接作业环节安全管理

为加强高风险作业的管理，避免作业过程中发生事故，造成人员伤害和财产损失，要遵循作业许可规定。按照“谁的工作谁负责、谁的业务谁负责、谁签字谁负责”的原则，对高风险作业实施许可管理制度，未经许可禁止相应作业。

作业现场负责人在作业许可前，必须组织人员运用 JSA 等方法进行危害识别及风险分析。作业许可的审批人必须在现场确认和审批，作业过程全程视频监控。作业许可审批人、监护人应经过作业许可管理培训合格、取得相应资质。作业许可过程中，要从严控制作业次数、作业时限、作业人员和许可审批。

作业许可需按一定范围划分并执行。凡涉及用火、临时用电、进入受限空间、高处、动土、起重和盲板抽堵等作业必须实行作业许可管理。承包商在企业生产区域内的其他临时性作业（日常及有程序指导的维修作业除外）必须实行许可管理。应结合作业活动特点确定需要增加实行作业许可管理的范围，制定相应的作业许可管理程序。

作业许可管理包括作业前的风险辨识、许可条件确认、许可证的申请、审批、实施和核验以及作业许可证管理。安全监管部门是作业许可的监管责任主体。要对作业许可管理的执行情况实施监督管理；负责作业许可审批人、监护人的资质培训和认定；负责作业许可证的定期归档管理。各级业务主管部门是作业许可的管理责任主体，提供业务技术咨询和现场管理，对作业许可全过程的管理负责。生产基层单位是作业许可的实施责任主体。负责参加作业人员的安全教育和作业现场的工艺、环境处理，满足作业安全要求；协助作业单位做好作业前的JSA分析和现场安全交底，落实现场监护和作业条件确认；按照审批权限进行作业许可审批；负责现场作业监护和作业结束的核实、关闭、现场恢复。

作业许可管理包含“三性”：

（1）同一性。人的同一性，即现场作业人与招投标资料上提供的作业人必须一致；物的同一性，即施工方案涉及现场施工所需要的设备设施必须一致。

（2）完好性，即物的完好性，要求施工用设备设施工具材料符合规范要求，确保完好有效。

（3）有效性。即安全措施必须有效落实，包括施工方案中涉及的安全技术措施、JSA分析提出的补充控制措施、作业票填写的安全措施等。

6.2.6.1 用火作业安全管理

用火作业系指在具有火灾爆炸危险场所内进行的涉火施工过程，包括气焊、电焊、铅焊、锡焊、塑料焊等各种焊接作业及气割、等离子切割机、砂轮机、磨光机等各种金属切割作业；使用喷灯、液化气炉、火炉、电炉等明火作业；烧（烤、煨）管线、熬沥青、炒砂子、铁锤击（产生火花）物件，喷砂和产生火花的其他作业；生产装置和罐区连接临时电源并使用非防爆电器设备和电动工具；使用雷管、炸药等进行爆破作业。加强用火作业安全管理是有效预防火灾爆炸事故发生的重要手段。

（1）用火作业分级。用火作业按其作业范围、危害程度可划分为特级、一级、二级用火作业。

① 特级用火作业。在生产运行状态下易燃易爆的生产设施、输送管道、储罐、容器等部位上及其他特殊危险场所进行的用火作业；带压不置换用火作业按特级用火作业管理。

② 一级用火作业。在易燃易爆场所进行的除特级用火作业以外的用火作业。。

（a）对从加油站拆除，已运到安全地点，并经过吹扫处理检验合格的储油罐、管线、附件进行的用火作业。

（b）储油罐区的非防爆区域以及发配电房、润滑油储存间等火灾危险性区域进行的用火作业。

（c）加油站超过设备设施防火间距以外的区域所进行的用火作业。

③ 二级用火作业。除特级用火作业和一级用火作业外的用火作业。凡生产装置或系统全部停车，装置经清洗、置换、分析合格并采取安全隔离措施后，可根据其火灾、爆炸危险性大小，经所在单位安全管理部门批准，用火作业可按二级用火作业管理。

加油站生活固定用火点必须符合《汽车加油加气站设计与施工规范》［GB 50156—2012（2014年版）］相关规定的安全距离要求。

（2）用火作业的危害识别。用火作业前，应针对作业内容，作业范围进行危害识别。同时，制定相应的作业程序及安全措施，并将安全措施填入“用火作业许可证”内，其式样如表6-1所示，可参照调整。

表 6-1　用火作业许可证

用火作业许可证（级）　　　　　　　　　　　　　　　　第　　联

<table>
<tr><td>记录编号</td><td></td><td>申请单位</td><td colspan="3"></td><td>申请人</td><td></td></tr>
<tr><td>用火装置、设施部位及内容</td><td colspan="7"></td></tr>
<tr><td rowspan="2">用火人</td><td colspan="2"></td><td>特殊工种类别及编号</td><td colspan="4"></td></tr>
<tr><td colspan="2"></td><td></td><td colspan="4"></td></tr>
<tr><td rowspan="2">监火人及证号</td><td colspan="2"></td><td>监火人员工种</td><td colspan="4"></td></tr>
<tr><td colspan="2"></td><td></td><td colspan="4"></td></tr>
<tr><td>采样检测时间</td><td></td><td>采样点</td><td></td><td>分析结果</td><td></td><td>分析人</td><td></td></tr>
<tr><td>用火时间</td><td colspan="7">年　月　日　时　分至　年　月　日　时　分</td></tr>
<tr><td>序号</td><td colspan="5">用火主要安全措施</td><td colspan="2">确认人签字</td></tr>
<tr><td></td><td colspan="5">开展 JSA 风险分析，并制定相应作业程序和安全措施</td><td colspan="2"></td></tr>
<tr><td>1</td><td colspan="5">用火设备内部构件清理干净，蒸汽吹扫或水洗合格，达到用火条件</td><td colspan="2"></td></tr>
<tr><td>2</td><td colspan="5">断开与用火设备相连接的所有管线，加盲板（　）块</td><td colspan="2"></td></tr>
<tr><td>3</td><td colspan="5">用火点周围（最小半径 15m）的下水井、地漏、地沟、电缆沟等已清除易燃物，并已采取覆盖、铺沙、水封等手段进行隔离</td><td colspan="2"></td></tr>
<tr><td>4</td><td colspan="5">罐区内用火点同一围堰内和防火间距内的油罐不得进行脱水作业</td><td colspan="2"></td></tr>
<tr><td>5</td><td colspan="5">高处作业应采取防火花飞溅措施</td><td colspan="2"></td></tr>
<tr><td>6</td><td colspan="5">清除用火点周围易燃物、可燃物</td><td colspan="2"></td></tr>
<tr><td>7</td><td colspan="5">电焊回路应接在焊件上，把线不得穿过下水井或与其他设备搭接</td><td colspan="2"></td></tr>
<tr><td>8</td><td colspan="5">乙炔气瓶（禁止卧放）、氧气瓶与火源间的距离不得少于 10m</td><td colspan="2"></td></tr>
<tr><td>9</td><td colspan="5">现场配备消防蒸汽带（　）根，灭火器（　）台，铁锹（　）把，灭火毯（　）块</td><td colspan="2"></td></tr>
<tr><td>10</td><td colspan="5">视频监控已落实</td><td colspan="2"></td></tr>
<tr><td>11</td><td colspan="5">特级及一级用火已告知上一级业务和安全管理部门</td><td colspan="2"></td></tr>
<tr><td>12</td><td colspan="5">其他补充安全措施：</td><td colspan="2"></td></tr>
<tr><td>危害识别</td><td colspan="7"></td></tr>
<tr><td colspan="2">相关单位会签意见</td><td colspan="2">申请用火基层单位业务管理人员意见</td><td colspan="2">用火基层单位领导审批意见</td><td colspan="2">二级单位业务主管领导审批意见</td></tr>
<tr><td colspan="2">年　月　日</td><td colspan="2">年　月　日</td><td colspan="2">年　月　日</td><td colspan="2">年　月　日</td></tr>
<tr><td colspan="2">完工验收</td><td colspan="2">年　月　日　时　分</td><td colspan="2">签名</td><td colspan="2"></td></tr>
</table>

（3）用火作业安全措施。

① 对储油罐、输油管道、加油机用火，应首先切断油品来源并加好盲板，经彻底吹扫、清洗、置换后，打开人孔、通风换气，经用火分析合格后方可用火；若间隔时间超过 1h 继续用火，监护人、用火人和现场负责人应再次进行用火分析，或在管线、容器中充满水后，方可用火。

② 在正常运行生产区域内，凡可用可不用的用火一律不用，凡能拆下来的设备、管线都应拆下来移到安全地方用火，严格控制特级、一级用火。

③ 用火审批人应亲临现场检查，落实防火措施后，方可签发“用火作业许可证”。

④“用火作业许可证”特级、一级许可证有效时间不超过 8h，二级许可证不超过 48h。固定用火作业区，每半年检查认定 1 次；一张用火作业许可证只限一处用火，实行一处（一个用火地点）、一证（用火作业许可证）、一人（用火监护人），不应用一张“用火作业许可证”进行多处用火。

⑤ 用火分析。凡需要用火的储油罐和管线，应进行内部和环境气体化验分析后，应有分析数据，并填入“用火作业许可证”中，分析单附在“用火作业许可证”的存根上，以备存查和落实防火措施。当可燃气体爆炸下限大于 4% 时，分析检测数据小于 0.5% 为合格；可燃气体爆炸下限小于 4% 时，分析检测数据小于 0.2% 为合格。

⑥ 在用火前应清楚现场一切可燃物，并准备好消防器材；施工单位应做好施工前的各项准备工作。

⑦ 用火作业过程的安全监督。用火作业实行“三不用火”，即没有经批准的用火作业许可证不用火、用火监护人不在现场不用火、防火措施不落实不用火。安全监督管理部门和消防部门的各级领导、专职安全和消防管理人员有权随时检查用火作业情况。在发现违反用火管理制度的用火作业或危险用火作业时，有权收回用火作业许可证，停止用火，并根据违章情节，对违章者进行严肃处理。

⑧ 用火作业涉及进入受限空间、临时用电、高处等作业时，应办理相应的作业许可证。

（4）用火作业人职责。用火作业人员的职责是持有有效的本岗位工种作业证，严格执行“三不动火”的原则，对不符合的，有权拒绝用火。

（5）用火监护人职责。

① 用火监护人应有岗位操作合格证；应了解用火区域或岗位的生产过程，熟悉工艺操作和设备状况；应有较强责任心，出现问题能正确处理；应有处理应对突发事故的能力。

② 应参加由安全监督管理部门培训组织的用火监护人培训班，考核合格后由安全监督管理部门发放用火监护人资格证书，做到持证上岗。

③ 在接到“用火作业许可证”后，应在安全技术人员和单位领导的指导下，逐项检查落实防火措施；检查用火现场的情况；用火过程中发现异常情况应及时采取措施；监火时应佩戴明显标志；用火过程中不应离开现场。

④ 当发现用火部位与“用火作业许可证”不相符合，或者用火安全措施不落实时，用火监护人有权制止用火；当用火出现异常情况时有权停止用火；对用火人不执行“三不动火”又不听劝阻时，有权收回“用火作业许可证”，并报告上级或安全生产监督部门。

6.2.6.2 进入受限空间作业安全管理

“受限空间”是指生产区域内炉、塔、釜、罐、仓、槽车、管道、烟道、隧道、下水道、沟、坑、井、池、涵洞等封闭、半封闭的设施及场所。在进入受限空间作业前，应办理

“进入受限空间作业许可证”。加油站的进入受限空间作业一般指进入油罐进行油罐的清洗和修理作业。

（1）受限空间的危害识别。进入受限空间作业前，应针对作业内容，对受限空间进行危害识别，制定相应的作业程序及安全措施。同时，对“进入受限空间作业许可证”有关安全措施逐条确认，并将补充措施填入相应栏内并确认。

（2）进入受限空间作业安全措施。

① 加油站与施工单位现场安全负责人应对现场监护人和作业人员进行必要的安全教育。安全教育的内容应包括所从事作业的安全知识、紧急情况下的处理和救护方法等。

② 应制定安全应急预案，内容包括作业人员紧急状况时的逃生路线和救护方法，现场应配备的救生设施和灭火器材等。现场人员应熟知应急预案的内容。在设备外的现场应配备一定数量符合规定的应急救护器具和灭火器材。设备的出入口内外不得有障碍物，保证其畅通无阻，便于人员出入和抢救疏散。

③ 无“进入受限空间作业许可证”和监护人，严禁进入作业。当受限空间状态改变时，为防止人员误入，在受限空间的入口处设置“危险！严禁入内”警告牌。

④ 为保证受限空间内空气流通和人员呼吸需要，可采用自然通风，必要时采取强制通风方法，但严禁向内充氧气。进入受限空间内的作业人员每次工作时间不宜过长，应安排轮换作业或休息。

⑤ 在进入受限空间作业前，应切实做好工艺处理，与其相连的管线、阀门应加盲板断开。不得以关闭阀门代替安装盲板，盲板处应挂牌标示。

⑥ 进入油罐罐内进行油罐清洗或修理作业时，应使用防爆电筒或电压不大于12V的防爆安全行灯，行灯变压器不应放在油罐内或油罐上；作业人员应穿戴防静电服装，使用防爆工具。

⑦ 取样分析应有代表性、全面性。应保证油罐内任何部位的可燃气体浓度和氧含量合格。油罐内温度宜在常温下，作业期间应至少每隔4h取样复查一次，如有一项不合格，应立即停止作业。

⑧ 在特殊情况下，作业人员可戴长管式面具、空气呼吸器等，但佩戴长管式面具时，一定要仔细检查其气密性，同时防止通气长管被挤压，吸气口应置于新鲜空气的上风口，并有专人监护。

⑨ 出现有人中毒、窒息的紧急情况，抢救人员必须佩戴隔离式防护面具进入设备，并至少有一人在外部做联络工作。

⑩ 以上措施如在作业期间发生异常变化，应立即停止作业，待处理并达到安全作业条件后，方可再进入设备作业。

⑪ 进入受限空间涉及用火、高处、临时用电等作业时，应办理相应的作业许可证。

（3）作业监护人的资格与职责。

① 作业监护人应熟悉作业区域的环境和工艺情况，有判断和处理异常情况的能力，懂急救知识。

② 作业监护人在作业人员进入受限空间作业前，负责对安全措施落实情况进行检查，发现安全措施不落实或安全措施不完善时，有权提出拒绝作业。

③ 作业监护人应清点出入受限空间作业人数，并与作业人员确定联络信号，在出入口处保持与作业人员的联系，严禁离岗。当发现异常情况时，应及时制止作业，并立即采取救

护措施。

④ 作业监护人应随身携带进入受限空间作业许可证，并负责保管。

⑤ 作业监护人员在作业期间，不得离开现场或做与监护无关的事。

（4）作业人员职责。

① 持有经审批同意、有效的“进入受限空间作业许可证”方可施工作业。

② 在作业前应充分了解作业的内容、地点（位号）、时间、要求，熟知作业中的危害因素和“进入受限空间作业许可证”中的安全措施。

③“进入受限空间作业许可证”所列的安全防护措施应经落实确认、监护人同意后，方可进入受限空间内作业。

④ 对违反本制度的强令作业、安全措施不落实、作业监护人不在场等情况有权拒绝作业，并向上级报告。

⑤ 应服从作业监护人的指挥，禁止携带作业器具以外的物品进入受限空间。如发现作业监护人不履行职责时，应立即停止作业。

⑥ 在作业中如发现情况异常或感到不适合呼吸困难时，应立即向作业监护人发出信号，迅速撤离现场，严禁在有毒、窒息环境中摘下防护面罩。

（5）进入受限空间作业许可证式样。进入受限空间作业许可证式样如表 6-2 所示。

表 6-2　进入受限空间作业许可证

作业证编号：　　　　　　　　　　　　　　　　　　　　第　　联，共　　联

申请单位				施工单位		
设备所属单位				受限空间名称		
原有介质				主要危险因素		
作业内容						
作业人						
监护人						
采样分析数据	分析项目	氧含量	可燃气	有毒有害介质	分析人	采样时间
	分析结果					
开工时间	年　　月　　日　　时　　分					
序号	主要风险及安全措施					确认人签名
1	开展 JSA 风险分析，并制定相应作业程序和安全措施					
2	盛装过可燃有毒液体、气体的受限空间，所有与受限空间有联系的阀门、管线加盲板隔离，列出盲板清单，并落实拆装盲板责任人					
3	盛装过可燃有毒液体、气体的受限空间，设备必须经过置换、吹扫、蒸煮					
4	设备打开通风孔进行自然通风，温度适宜人员作业；必要时采取强制通风或佩戴空气呼吸器，但设备内缺氧时，严禁用通氧气的方法补充氧					
5	相关设备进行处理，带有搅拌机的设备应切断电源，挂“禁止合闸”标示牌，设专人监护					

续表

序号	主要风险及安全措施	确认人签名
6	在进入受限空间作业期间，严禁其他与该设备相关的试车、试压或试验工作及活动	
7	检查受限空间内部，具备作业条件，清罐时应使用防爆工具	
8	检查受限空间进出口通道，不得有阻碍人员进出的障碍物	
9	盛装过可燃有毒液体、气体的受限空间，应分析可燃、有毒有害气体含量	
10	进入受限空间作业人员（首先进入人员和最后出来人员）要携带与作业环境相适应的报警仪（包括可燃气、氧、硫化氢等报警仪）	
11	作业人员应清楚受限空间内存放的其他危害因素，如内部附件、集渣坑等	
12	作业监护人应清楚出入受限空间作业人数、工具	
13	作业监护措施：视频监控（ ）消防器材（ ）、救生绳（ ）、气防装备（ ）	
14	严禁无防护救援	
15	其他补充措施	
施工作业负责人	基层单位技术人员	二级单位分管负责人（或基层单位主要负责人）审批
签名：	签名：	签名：
完工验收时间	年 月 日 时 分 签名：	

备注：许可证一式四联，第一联存放在签发部门，第二联由作业负责人持有，第三联由监护人持有，第四联存放在作业点所在的操作控制室或岗位。

6.2.6.3 临时用电安全管理

临时用电是指在正式运行的电源上连接的一切临时性用电。加油站临时用电应办理“临时用电作业许可证”。

（1）临时用电危险识别。在作业前，应针对作业内容进行危害识别，制定相应的作业程序及安全措施，并将安全措施填入“临时用电作业许可证”内。

（2）作业安全措施。

① 在运行的设备、罐区和具有火灾爆炸危险场所内一般不允许接临时电源。

② 有自备电源的施工和检修队伍，自备电源不应接入公用电网。

③ 安装临时用电线路的电气作业人员，应持有电工作业证。

④ 临时用电设备和线路应按供电电压等级和容量正确使用，所用的电气元件应符合国家规范标准要求，临时用电电源施工、安装应严格执行电气施工安装规范，并接地良好。

（a）临时用电架空线应采用绝缘铜芯线。架空线最大弧垂与地面距离，在施工现场不低于2.5m，穿越机动车道不低于5m。架空线应架设在专用电杆上，严禁架设在树木和脚手架上。

（b）对需埋地敷设的电缆线线路应设有“走向标志”和“安全标志”。电缆埋地深度不应小于0.7m，穿越公路时应加设防护套管。

（c）对现场临时用电配电盘、箱应有编号，应有防雨措施，盘、箱、门应能牢靠关闭。

（d）临时用电设施，应安装符合规范要求的漏电保护器，移动工具、手持式电动工具应一机一闸一保护。

⑤ 临时用电单位应严格遵循临时用电规定，不得变更地点和工作内容，禁止任意增加用电负荷或私自向其他单位转供电。

（3）临时用电作业许可证式样如表6-3 所示。

表6-3　临时用电作业许可证

编　　号		申请作业单位	
工程名称		施工单位	
施工地点		用电设备及功率	
电源接入点		工作电压	
临时用电人		电工证号	
临时用电时间	从　　年　月　日　时　分至　　年　月　日　时　分		

序号	主要安全措施	确认人签名
1	开展 JSA 风险分析，并制定相应作业程序和安全措施	
2	安装临时线路人员持有电工作业操作证	
3	在防爆场所使用的临时电源、电气元件和线路达到相应的防爆等级要求	
4	临时用电的单相和混用线路采用五线制	
5	临时用电线路架空高度在装置内不低于2.5m，道路不低于5m	
6	临时用电线路架空进线不得采用裸线，不得在树上或脚手架上架设	
7	暗管埋设及地下电缆线路设有“走向标志”和安全标志，电缆埋深大于0.7m	
8	现场临时用电配电盘、箱应有防雨措施	
9	临时用电设施安有漏电保护器，移动工具、手持工具应一机一闸一保护	
10	用电设备、线路容量、负荷符合要求	
11	行灯电压不应超过36V，在特别潮湿的场所或塔、槽、罐等金属设备内，不得超过12V	
12	视频监控措施已落实	
13	其他补充安全措施	

临时用电单位意见	供电主管部门意见	供电执行单位意见
年　　月　　日	年　　月　　日	年　　月　　日
送电开始	签名：　　　电工证号：	年　　月　　日　时　分
完工验收	签名：	年　　月　　日　时　分

6.2.6.4　高处作业安全管理

高处作业是指距离坠落高度基准面2m以上（含2m），有坠落可能的位置进行的作业。高处作业分为4个等级：Ⅰ级（$2m \leq h_w \leq 5m$）、Ⅱ级（$5m < h_w \leq 15m$）、Ⅲ级（$15m < h_w \leq 30m$）、Ⅳ级（$h_w > 30m$）。经过危害分析，由于作业环境的危害因素导致风险度增加时，高处作业应进行升级管理。Ⅱ级以上高处作业时，必须办理作业许可证。凡经高处作业特殊培训的岗位人员（如油田企业井架工、供电线路外线工等）在进行正常岗位作业时、以及在正式巡检路线进行正常高处检查的人员不需要办理高处作业许可证。

（1）高处作业危害识别。进行高处作业前，应针对作业内容进行危害识别，制定相应的作业程序及安全措施，并将安全措施填入“高处作业许可证”内。

（2）作业人员的基本要求。凡患高血压、心脏病、贫血病、癫痫病、精神病以及其他不适于高处作业的人员，不得从事高处作业。作业人员应熟悉高处作业应知应会的知识，掌握操作技能。

（3）作业安全措施。

① 加油站与施工单位现场安全负责人应对作业人进行必要的安全教育。安全教育的内容应包括所从事作业的安全知识、作业中可能遇到意外时的处理和救护方法等。

② 应制定应急预案，内容包括：作业人员紧急状况时的逃生路线和救护方法，现场应配备的救生设施和灭火器材等。现场人员应熟知应急预案的内容。

③ 高处作业人员应系用与作业内容相适应的安全带，安全带应系挂在施工作业处上方的牢固构件上，不得系挂在有尖锐棱角的部位。安全带系挂点下方应有足够的净空。安全带应高挂（系）低用。

④ 劳动保护服装应符合高处作业的要求。对于需要戴安全帽进行的高出作业，作业人员应系好安全帽带。

⑤ 高处作业严禁上下投掷工具、材料和杂物等，所用材料应堆放平稳，必要时应设安全警戒区，并设专人监护。工具在使用时应系有安全绳，不用时应将工具放入工具套（袋）内。在同一坠落方向上，一般不得进行上下交叉作业，如需进行交叉作业，中间应设置安全防护层，坠落高度超过24m的交叉作业，应设双层防护。

⑥ 高处作业人员不得站在不牢固的结构物上进行作业，不得高处休息。脚手架的搭设必须符合国家有关规程和标准。高处作业应使用符合安全要求的吊笼、梯子、防护围栏、挡脚板和安全带等，跳板必须符合要求，两端必须捆绑牢固。作业前，应仔细检查所用的安全设施是否坚固、牢靠。夜间高处作业应有充足的照明。

⑦ 供高处作业人员上下用的梯道、电梯、吊笼等应完好；高处作业人员上下时应有可靠安全措施。

⑧ 在邻近地区设有排放有毒、有害气体及粉尘超出允许浓度的烟囱及设备的场合，严禁进行高处作业。如在允许浓度范围内，也应采取有效的防护措施。遇有不适宜高处作业的恶劣气象（如六级风以上、雷电、暴雨、大雾等）条件时，严禁露天高处作业。在应急状态下，按应急预案执行。

⑨ 高处作业涉及用火、临时用电、进入受限空间等作业时，应办理相应的作业许可证。

（4）作业人员的职责。

① 持有经审批同意、有效的“高处作业许可证”方可进行高处作业。

② 在作业前充分了解作业的内容、地点（位号）、时间、要求，熟知作业中的危害因素和“高处作业许可证”中的安全措施。

③ 对“高处作业许可证”上的安全防护措施确认后，方可进行高处作业。

④ 对违反本制度强令作业、安全措施不落实的，作业人员有权拒绝作业，并向上级报告。

⑤ 在作业中如发现情况异常或感到不适等情况时，应发出信号，并迅速撤离现场。

（5）高处作业许可证式样如表6-4所示。

表6-4　高处作业许可证

<table>
<tr><td>编　　号</td><td colspan="2"></td><td>施工单位</td><td colspan="2"></td></tr>
<tr><td>所属单位</td><td colspan="2"></td><td>施工地点</td><td colspan="2"></td></tr>
<tr><td>作业内容</td><td colspan="2"></td><td>填写人</td><td colspan="2"></td></tr>
<tr><td>作业人</td><td colspan="5"></td></tr>
<tr><td>监护人</td><td colspan="2"></td><td>监护人证号</td><td colspan="2"></td></tr>
<tr><td>许可证有效期</td><td colspan="5">年　　月　　日至　　年　　月　　日</td></tr>
<tr><td>开工时间</td><td colspan="5">年　　月　　日　　时　　分</td></tr>
<tr><td>序号</td><td colspan="4">主要安全措施</td><td>确认人签名</td></tr>
<tr><td>1</td><td colspan="4">开展JSA风险分析，并制定相应作业程序和安全措施</td><td></td></tr>
<tr><td>2</td><td colspan="4">作业人员身体条件负荷要求、着装符合工作要求</td><td></td></tr>
<tr><td>3</td><td colspan="4">作业人员佩戴符合要求的安全带</td><td></td></tr>
<tr><td>4</td><td colspan="4">作业人员携带有工具袋，所用工具系有安全绳</td><td></td></tr>
<tr><td>5</td><td colspan="4">交叉作业已落实错时错位硬隔离要求</td><td></td></tr>
<tr><td>6</td><td colspan="4">使用的脚手架、吊笼、防护栏、梯子等符合安全要求</td><td></td></tr>
<tr><td>7</td><td colspan="4">临边及洞口四周设置防护栏、警示标志或覆盖，垂直分层作业中间有隔离设施</td><td></td></tr>
<tr><td>9</td><td colspan="4">在石棉瓦等轻型材料上方作业时需铺设牢固的脚手板</td><td></td></tr>
<tr><td>10</td><td colspan="4">高处作业有充足照明</td><td></td></tr>
<tr><td>11</td><td colspan="4">15m以上进行高处作业配备通讯、联络工具</td><td></td></tr>
<tr><td>12</td><td colspan="4">作业人员佩戴：A. 空气式呼吸器 B. 过滤式呼吸器</td><td></td></tr>
<tr><td>13</td><td colspan="4">视频监控已落实</td><td></td></tr>
<tr><td>14</td><td colspan="4">其他补充安全措施</td><td></td></tr>
<tr><td>危害识别</td><td colspan="4"></td><td></td></tr>
<tr><td colspan="2">施工作业负责人意见</td><td colspan="2">基层单位现场负责人意见</td><td colspan="2">基层单位领导审批意见</td></tr>
<tr><td colspan="2">年　　月　　日</td><td colspan="2">年　　月　　日</td><td colspan="2">年　　月　　日</td></tr>
<tr><td>完工验收</td><td>年　月　日　时　分</td><td></td><td>施工单位签名：</td><td></td><td>基层单位签名：</td></tr>
</table>

6.2.6.5　动土作业安全管理

动土作业是指在生产运行区域（含生产生活基地）的地下管道、电缆、电信、隐蔽设施等影响范围内，以及在交通道路、消防通道上进行的挖土、打桩、钻探、坑探地锚入土深度在0.5m以上的作业；使用推土机、压路机等施工机械进行填土或平整场地等可能对地下隐蔽设施产生影响的作业。动土作业必须办理许可证，动土作业涉及到用火、临时用电、进入受限空间等特殊作业时，应办理相应的作业许可证，许可证审批人和监护人应持证上岗，安全监督部门负责组织业务培训，颁发资格证书。作业期间应全程视频监控。

（1）管理职责。

① 许可证由动土作业所属基层单位提出申请。

② 项目负责部门组织地下设施主管单位联合进行现场交底，根据施工区域地质、水文、地下供排水管线、埋地油气及燃气管道、埋地电缆、埋地电信、测量用的永久性标桩、地质和地震部门设置的长期观测孔、不明物、沙巷等情况向施工单位提出具体要求，经水、电、气（汽）、通信、工艺、设备、消防与动土区域所属基层单位等部门会签后，由项目负责部门签发。

③ 施工单位根据工作任务、交底情况及施工要求，制定施工方案，落实安全作业措施。

④ 施工方案经施工现场负责人、建设基层单位现场负责人签署意见及工程总图管理等有关部门确认签字后，由施工区域所属单位的工程管理部门负责人审批。

（2）管理内容及要求。

① 作业危害识别（JSA）。作业前，项目负责部门要组织施工单位，针对作业内容，进行JSA分析，制定相应作业程序及安全措施。安全措施要填入动土许可证，并附动土作业点示意图。

② 作业安全措施。作业前，施工单位要对作业现场及作业涉及的设备（设施）、现场支撑等进行检查，发现问题应及时处理。挖掘坑、槽、井、沟等作业，应遵守下列规定：

不应在土壁上挖洞攀登；不应在坑、槽、井、沟上端边沿站立、行走；在坑、槽、井、沟的边缘安放机械、铺设轨道及通行车辆时，应保持适当距离，采取有效的固壁措施，确保安全；拆除固壁支撑应从下而上，更换支撑应先装新的，再拆旧的；不应在坑、槽、井、沟内休息。在沟（槽、坑）下作业应按规定坡度顺序进行，使用机械挖掘时，作业人员不应进入机械旋转半径内；严禁在离电缆1m距离以内作业；深度大于2m时，应设置应急逃生通道；两人以上同时挖土时应相距2m以上，防止工具伤人。作业人员发现异常，应立即撤离作业现场。在化工危险场所动土时，应与有关操作人员建立联系。当生产装置突然排放有害物质时，操作人员应立即通知动土作业人员停止作业，迅速撤离现场。施工结束时应及时回填土石，恢复地面设施。

（3）作业过程管理。

① 动土前，施工单位应按照施工方案，逐条落实安全措施，做好地面和地下排水工作，严防地面水渗入作业层面造成塌方，对所有作业人员进行安全教育和安全技术交底；作业人员在作业中应按规定着装和佩戴劳动保护用品。动土作业过程中施工单位应设专人监护。

② 动土开挖时，应防止邻近建（构）筑物、道路、管道等下沉和变形，必要时采取防护措施，加强观测，防止位移和沉降；要由上至下逐层挖掘，严禁采用挖空底脚和挖洞的方法进行挖掘。使用的材料、挖出的泥土应堆放在距坑、槽、井、沟边沿至少0.8m处，堆土高度不得大于1.5m。挖出的泥土不应堵塞下水道和窨井；在动土开挖过程中应采取防止滑坡和塌方措施。

③ 作业前应了解地下隐蔽设施的分布情况，动土临近地下隐蔽设施时，应使用适当工具挖掘，避免损坏地下隐蔽设施，如暴露出电缆、管线以及不能辨认的物品时，不得敲击、

移动，应立即停止作业，妥善加以保护，报告动土审批单位处理，按要求采取措施、重新审批后方可继续动土作业。

④ 在道路上（含居民区）及危险区域内施工，施工现场应设围栏、盖板和警告标志，夜间应设警示灯。在地下通道施工或进行顶管作业影响地上安全，或地面活动影响地下施工安全时，应设围栏、警示牌、警示灯。

⑤ 根据土壤性质、湿度和挖掘深度设置安全边坡或固定支撑。作业过程中应对坑、槽、井、沟边坡或固定支撑架随时检查，特别是雨雪后和解冻时期，如发现边坡有裂缝、松疏或支撑有折断、走位等异常情况，应立即停止工作，采取可靠措施并检查无问题后方可继续施工。

⑥ 在施工过程中出现下列情形，应及时报告建设单位，采取有效措施后方可继续进行作业：

需要占用规划批准范围以外场地；可能损坏道路、管线、电力、邮电通信等公共设施；需要临时停水、停电、中断道路交通；需要进行爆破的。

在动土开挖过程中，出现滑坡、塌方或其他险情时，要做到立即停止作业；挂出明显标志的警告牌，夜间设警示灯；划出警戒区，设置警戒人员，日夜值勤；通知设计、工程建设和安全等有关部门，共同对险情进行调查处理；使用电动工具应安装漏电保护器；在消防主干道上的动土作业，必须分步施工，确保消防车顺利通行。如影响消防通道，必须向上级主管部门与消防主管部门报告。

（4）许可证管理。

① 许可证一式三联，第一联交签发单位留存，第二联交施工单位，第三联交现场施工管理人员随身携带。

② 一个施工点、一个施工周期应办理一张作业许可证。

③ 严禁涂改、转借动土作业许可证，不得擅自变更动土作业内容、扩大作业范围或转移作业地点。

④ 许可证保存期为 1 年。

⑤ 其他区域的动土作业参照执行。

（5）动土作业许可证式样如表 6-5 所示。

表 6-5　动土作业许可证

作业证编号：　　　　　　　　　　　　　　　　　　　　　　第　　联共三联

申请单位		申请人	
监护人			
作业时间	自　年　月　日　时　分至　年　月　日　时　分		
作业地点			
施工单位			
涉及的其他特殊作业			

作业范围、内容、方式（包括深度、面积、并附简图）：

签字：　　　　　　　　　　　　　　　　　　　　　　　　　年　　月　　日　　时　　分

序号	安全措施	确认人签字
1	开展 JSA 风险分析，并制定相应作业程序和安全措施	
2	地下电力电缆已确认保护措施已落实	
3	地下通信电（光）缆、局域网络电（光）缆已确认保护措施已落实	
4	地下供排水、消防管线、工艺管线已确认保护措施已落实	
5	已按施工方案图划线和立桩	
6	作业地点处于易燃易爆场所，需要动火时已办理了用火许可证	
7	动土地点有电线、管道等地下设施，已向作业单位交底并派人监护	
8	作业现场围栏、警戒线、警告牌夜间警示灯已按要求设置	
9	已进行放坡处理和固壁支撑	
10	人员进入口和撤离安全措施已落实：A. 梯子；B. 修坡道	
11	道路施工作业已报：交通、消防、安全监督部门、应急中心	
12	备有可燃气体检测仪、有毒介质检测仪	
13	现场夜间有充足照明	
14	作业人员已佩戴防护器具	
15	动土范围内无障碍物，并已在总图上做标记	
16	视频监控措施已落实	
17	其他安全措施	

申请单位意见：

签字：　　　　　　　　　　　　　　　　　　　　　　　　　年　　月　　日　　时　　分

施工单位意见：

签字：　　　　　　　　　　　　　　　　　　　　　　　　　年　　月　　日　　时　　分

有关水、电、气（汽）、通信、工艺、设备、消防等部门会签意见：

签字：　　　　　　　　　　　　　　　　　　　　　　　　　年　　月　　日　　时　　分

项目负责部门审批意见：

签字：　　　　　　　　　　　　　　　　　　　　　　　　　年　　月　　日　　时　　分

完工验收：

签字：　　　　　　　　　　　　　　　　　　　　　　　　　年　　月　　日　　时　　分

备注：许可证一式三联，第一联交签发单位留存，第二联交施工单位，第三联交现场施工管理人员随身携带。

6.2.6.6 盲板抽堵作业安全管理

盲板抽堵作业是指在设备抢修、检修及设备开停工过程中，设备、管道内可能存有物料（气、液、固态）及一定温度、压力情况时的盲板抽堵，或设备、管道内物料经吹扫、置换、清洗后的盲板抽堵。盲板抽堵作业必须办理许可证，许可证审批人和监护人应持证上岗，安全监督部门负责组织业务培训，颁发资格证书，作业期间要全过程视频监控。盲板抽堵作业涉及到其他特殊作业，应按照要求办理相应的作业许可证。

（1）管理职责。

① 许可证由基层单位申请。

② 生产工艺岗位提出需求，绘制盲板位置图，对盲板进行统一编号。

③ 设备岗位对每块盲板设标牌标识，标牌编号应与盲板位置图上的盲板编号一致，并负责组织实施。

④ 基层单位应安排本单元岗位人员专人监护，作业全过程不得离开现场。

⑤ 盲板抽堵作业结束后由生产工艺岗位进行确认。

（2）管理内容及要求。

① 危害识别。作业前，基层单位应开展 JSA 分析，并组织对盲板抽堵作业人员、监护人员进行作业内容、作业程序及要求、作业风险与对策措施、应急方案等内容的书面交底。

按许可证规定填写并确认安全措施。特殊安全措施应填写在许可证“其他补充安全措施”栏，若内容较多、填写不下的，应另行填写作为许可证附件。

针对系统复杂、危险性大的盲板抽堵作业，基层单位应制定专项应急预案，采取有效措施，由基层单位负责人统一指挥，防止发生事故。

作业过程与控制室保持必要的通讯联系。在危及作业人员生命健康时，应立即停止盲板作业，由甲方监护人引导撤离至安全区域。

② 作业安全措施。盲板及附件选用要求：盲板选材应平整、光滑，无裂纹和孔洞。应根据需隔离介质的温度、压力、法兰密封面等特性选择相应材质、厚度、口径和符合设计、制造要求的盲板、垫片及螺栓。高压盲板使用前应经探伤合格，并符合 JB/T 450 的要求。盲板应有一个或二个手柄，便于加拆、辨识及挂牌。需要长时间盲断的，在选用盲板、螺栓和垫片等材料时，应考虑物料介质、环境和其他潜在因素可能造成的腐蚀，以满足正常生产运行需要。装置停工大检修及装置开工的盲板抽堵，应组织专项风险识别，制定和落实专项安全措施。

③ 作业过程管理。在盲板抽堵作业点流程的上下游应有阀门等有效隔断；盲板应加在有物料来源阀门的另一侧，盲板两侧都要安装合格垫片，所有螺栓必须紧固到位。

在有毒介质的管道、设备上进行盲板抽堵作业，应尽可能降低系统压力，作业点应为常压。通风不良作业场所要采取强制通风等措施，防止可燃气体积聚。

作业人员个人防护用品应符合 GB/T 11651 的要求。在易燃易爆场所进行盲板抽堵作业时，应穿防静电工作服、工作鞋；在介质温度较高或较低时，应采取防烫或防冻措施。

作业人员在介质为有毒有害（硫化氢、氨、苯等高毒及含氰剧毒品等）、强腐蚀性的情况下作业时，禁止带压操作，且必须佩戴便携式气体检测仪，佩戴空气呼吸器等个人防护用品。作业现场应备用一套以上符合要求且性能完好的空气呼吸器等防护用品。

在易燃易爆场所进行盲板抽堵作业时，必须使用防爆灯具与防爆工具，禁止使用黑色金属工具与非防爆灯具；有可燃气体挥发时，应采取水雾喷淋等措施，消除静电，降低可燃气体危害。

作业人员应在上风向作业，不得正对法兰缝隙；在拆除螺栓时，应按对称、夹花拆除，拆除最后两条对称螺栓前应再次确认管道设备内无压力。如果需拆卸法兰的管道距支架较远，应加临时支架或吊架，防止拆开法兰螺栓后管线下垂。

距作业点30m内不得有用火、采样、放空、排放等其他作业。

同一管道一次只允许进行一点的盲板抽堵作业。

每块盲板必须按盲板图编号并挂牌标识，并与盲板图编号一致。

对审批手续不全、交底不清、安全措施不落实、监护人不在现场、作业环境不符合安全要求的，作业人员有权拒绝作业。

（3）许可证管理要求。一块盲板、一次作业办理一张许可证（装置停工大检修期间的盲板拆装除外），许可证由基层单位生产管理岗位人员负责办理。许可证一式三联，第一联由签发单位留存，第二联由监护人持有，第三联由作业人员持有。作业完成后，由生产管理岗位人员在第一联签字确认。安全部门存档，保存期限为1年。涉及受限空间、用火等特殊作业的《盲板抽堵作业许可证》第一联、《盲板确认汇总表》应随相应作业许可证保存。作业许可证严禁涂改，作业内容、地点、范围等变更时，必须重新办理许可证。盲板抽堵作业许可证如表6-6所示。

表6-6　盲板抽堵作业许可证

许可证号：　　　　　　　　　　　　　　　　　　　第　联　　共三联

盲板编号						作业类型	□加□抽
施工单位						施工单位负责人	
联合装置（车间）						设备管道名称	
作业人		证件号		甲方监护人		证件号	
作业实施时间	年　月　日　时　分						
设备管道情况				盲板与垫片			
介质	温度	压力	盲板材质	盲板规格	垫片材质	垫片规格	
序号	抽堵主要安全措施					确认人签名	
1	□开展JSA风险分析，并制定相应作业程序和安全措施						
2	□关闭盲板抽堵作业点上下游阀门						
3	□盲板抽堵作业点介质排放、泄压						
4	□相关岗位知晓作业						
5	□作业现场与控制室通风畅通						
6	□已向作业人员书面作业交底与培训						
7	□距作业点30m内不得有物料排放、采样、动火等作业						
8	□作业人员持证上岗						

续表

序号	抽堵主要安全措施	确认人签名
9	□高处作业办理登高作业许可证	
10	□对于有毒介质，佩戴正压式空气呼吸器，并检查备用呼吸器状况良好	
11	□对于腐蚀性介质，佩戴防酸碱护镜或面罩等；□对于强腐蚀性介质，应穿戴全身性的防腐蚀防护用品，检查备用防护用品状况良好	
12	□在介质温度较高□或较低□时，有防烫□或防冻□措施	
13	□对于易燃易爆介质，穿防静电工作服和工作鞋，使用防爆灯具和防爆工具，禁止用铁器等黑色金属敲打，并以水雾稀释	
14	□对于必须带压（高于规定）等危险性大的作业，制定专项应急预案	
15	□同一管道上未同时进行两处或两处以上的作业	
16	□甲方监护人全程监护	
17	□盲板按编号挂牌	
18	□视频监控措施已落实	
19	□其他补充安全措施	

盲板图	监护人意见	基层单位意见
编制人签名： 确认人签名：	签名：	签名：

完工验收	
验收人签名：	验收时间： 年 月 日 时 分

备注：盲板抽堵作业许可证一式三联，第一联由签发单位留存，第二联由监护人持有，第三联由作业人员持有。

6.2.6.7 起重作业安全管理

起重作业是指利用起重机械将设备、工件、器具材料等吊起，使其发生位置变化的作业过程。起重机械是指桥式起重机、门式起重机、装卸桥、缆索起重机、汽车起重机、轮胎起重机、履带起重机、铁路起重机、塔式起重机、门座起重机、桅杆起重机、液压提升装置、升降机、电葫芦及简易起重设备和辅助用具（如吊篮）等，不包括浮式起重机、矿山井下提升设备、载人起重设备和石油钻井提升设备。

起重作业按起吊工件重量和长度划分为三个等级，一级为重量100t及以上或长度60m及以上；二级为重量40t（含40t）至100t；三级为重量40t以下。

各单位需负责建立各类起重机械台账，使用单位建立技术档案。起重机械必须具有产品合格证和安全使用、维护、保养说明书；其生产厂家必须具有政府主管部门颁发的相关资质，其安全、防护装置必须齐全、完备。设计、制造、改制、维修、安装、拆除起重机械（包括临时、三级起重机械），需由取得当地政府相应部门或其授权机构颁发许可证的单位进行。改造、安装后的起重装备，应取得当地政府相关部门颁发的使用许可证后，方可使用。自制、改造和修复的吊具、索具等简易起重设备，必须有设计资料（包括图纸、计算书等），并予以存档。自制、改造和修复简易起重设备必须严格按照图纸执行，并经具有检验资质的机构检验合格后方可使用。除机械制造厂、检维修车间、码头、油田野外施工设施搬家安装等固定起重作业和例行起重作业外，其他起重作业应办理作业许可证。

作业期间应实行全程视频监控。利用轮胎、履带和桥式起重机等定型起重机械进行吊装作业时，还应遵守定型起重机械的操作规程。

（1）管理职责。

① 起重重量大于40t的重物，或不足40t，但形状复杂、刚度小、长径比大、精密贵重、作业条件特殊的物件，必须编制起重作业方案，作业方案由施工单位负责编制。

② 基层管理单位负责其管辖范围内二级、三级起重作业许可审批。

③ 一级起重作业由二级单位业务分管负责人审批。

④ 机动和车辆管理部门负责自有起重设备、设施、机具的建账、日常维护、使用管理以及起重设备的租赁管理。

⑤ 人力资源管理部门负责起重作业人员的培训，确保作业人员持证上岗。

⑥ 安全监督部门负责许可证审批人员、监护人员的培训和资格认定，负责监督作业许可制度的执行。

⑦ 监护人会同起重指挥、司索和起重机械操作人员做好起重作业的现场监护。

（2）管理内容及要求。

安全管理。进行起重作业前，应针对作业内容进行JSA分析，确定相应的作业程序和安全措施。应按照国家标准规定对起重机械进行日检、月检和年检。发现的起重设备问题要及时进行检修处理，并保存检修档案。起重指挥人员、司索人员（起重工）和起重机械操作人员，应持有当地政府相关部门颁发的《特种作业人员操作证》，方可从事指挥和操作。一级起重作业前，各单位安全部门应会同有关技术部门对作业方案、作业安全措施和应急预案进行风险评估和审查。

起重作业前应对以下项目进行安全检查：基层单位现场负责人应对从事指挥、司索和操作人员进行资格确认。对起重机械和吊具保护装置进行安全检查确认，确保处于完好状态。对安全措施落实情况进行确认。对吊装区域内的安全状况进行检查（包括吊装区域的划定、标识、障碍）。核实天气情况。

（3）安全措施。

① 起重作业时必须明确指挥人员，指挥人员应佩戴明显的标志。

② 起重指挥人员必须按规定的指挥信号进行指挥，其他操作人员应清楚吊装方案和指挥信号。

③ 起重指挥人员应严格执行吊装方案，发现问题要及时与方案编制人协商解决。

④ 正式起吊前应进行试吊，检查全部机具、地锚受力情况。发现问题，应先将工件放回地面，待故障排除后重新试吊，确认一切正常后，方可正式吊装。

⑤ 吊装过程中出现故障，起重操作人员应立即向指挥人员报告。没有指挥令，任何人不得擅自离开岗位。

⑥ 起吊重物就位前，不得解开吊装索具。

起重操作人员应按指挥人员的指挥信号进行操作；对紧急停车信号，不论何人发出，均应立即执行。当起重臂、吊钩或吊物下面有人，或吊物上有人、浮置物时不得进行起重操作。严禁起吊超载、重量不清的物品和埋置物体。在制动器、安全装置失灵、吊钩防松装置损坏、钢丝绳损伤达到报废标准等起重设备、设施处于非完好状态时，禁止起重操作。吊物捆绑、吊挂不牢或不平衡可能造成滑动，吊物棱角处与钢丝绳、吊索或吊带之间未加衬垫时，不得进行起重操作。无法看清场地、吊物情况和指挥信号时，不得进行起重操作。起重机械及其臂架、吊具、辅具、钢丝绳、缆风绳和吊物不得靠近高低压输电线路。确需在输电线路近旁作业时，必须按规定保持足够的安全距离，否则，应停电进行起重作业。

起重机械、吊索、吊具及设备与架空输电线路间的最小安全距离，如表6-7所示。

表6-7　与架空输电线路间的最小安全距离

项　　目	输电导线电压/kV						
	<1	10	35	110	220	330	500
安全距离/m	2.0	3.0	4.0	5.0	6.0	7.0	7.5

停工或休息时，不得将吊物、吊笼、吊具和吊索悬吊在空中。起重机械工作时，不得对其进行检查和维修。不得在有载荷的情况下调整起升、变幅机构的制动器。下放吊物时，严禁自由下落（溜）；不得利用极限位置限制器停车。2台或多台起重机械吊运同一重物时，升降、运行应保持同步；各台起重机械所承受的载荷不得超过各自额定起重能力的80%。遇6级以上大风或大雪、大雨、大雾等恶劣天气，不得从事露天起重作业。

司索人员应听从指挥人员的指挥，发现险情及时报告。根据重物具体情况选择合适的吊具与吊索；不准用吊钩直接缠绕重物，不得将不同种类或不同规格的吊索、吊具混合使用；吊具承载不得超过额定起重量，吊索不得超过安全负荷；起升吊物时应检查连接点是否牢固、可靠。吊物捆绑应牢靠，吊点与吊物的重心应在同一垂直线。禁止人员随吊物起吊或在吊钩、吊物下停留；因特殊情况需进入悬吊物下方时，应事先与指挥人员和起重操作人员联系，并设置支撑装置。任何人不得停留在起重机运行轨道上。吊挂重物时，起吊绳、链所经过的棱角处应加衬垫；吊运零散物件时，应使用专门的吊篮、吊斗等器具。不得绑挂起吊不明重量、埋在地下或与其他物体连结在一起的重物。除具有特殊结构的吊物外，严禁单点捆绑起吊。人员与吊物应保持一定的安全距离。放置吊物就位时，应用牵引绳或撑竿、钩子辅助就位。

起重作业完毕，作业人员应将吊钩和起重臂放到规定的稳妥位置，所有控制手柄均应放到零位，对使用电气控制的起重机械，应将总电源开关断开。对在轨道上工作的起重机应有效锚定。将吊索、吊具收回放置于规定的地方，并对其进行检查、维护、保养。应告知接替工作人员设备、设施存在的异常情况及尚未消除的故障。对起重机械进行维护保养时，应切断主电源并挂上标志牌或加锁。

（4）许可证管理。

① 许可证一式四联，第一联存放在签发部门，第二联由基层单位留存，第三联由作业现场监护人持有，第四联由施工单位现场负责人持有。

② 起重完工验收后，许可证应由安全部门统一保存，按月归档，保存期限为1年。起重作业许可证见表6-8。

表 6-8　起重作业许可证

作业证编号　　　　　　　　　　　　　　　　　　　　　　　　第　　联共四联

申请单位		申请人	
作业地点及内容			
起重指挥人员		操作证编号	
起重操作人员		操作证编号	
司索人员		操作证编号	
监护人		操作证编号	
作业时间	年　月　日　时　分至　年　月　日　时　分		
安全措施		确认人签字	
1	开展 JSA 风险分析，并制定相应作业程序和安全措施		
2	起重操作人员、指挥人员、司索人员持有有效的资质证书；指挥人员应佩戴鲜明的标志，并按规定的联络信号统一指挥；作业人员应坚守岗位		
3	起重指挥人员必须按规定的指挥信号进行指挥，操作人员应清楚吊装方案和指挥信号		
4	起重指挥人员应严格执行吊装方案，发现问题及时与编制人协商解决		
5	正式起吊前应进行试吊，检查全部机具、地锚受力情况；发现问题，应先将工件放回地面，待故障排除后重新试吊；确认一切正常后，方可正式吊装		
6	吊装过程过程中出现故障，起重操作人员应立即向指挥人员报告；没有指挥令，任何人不得擅自离开岗位		
7	起吊重物就位前，不得解开吊装索具		
8	作业前按规定进行安全技术交底，作业人员应穿戴合格的劳保用品		
9	作业现场应实行视频监控，设定警戒线，禁止无关人员进入警戒区域		
10	补充措施：		
施工单位负责人意见	基层单位现场负责人意见	基层单位领导意见	二级单位领导审批意见
年　月　日	年　月　日	年　月　日	年　月　日
验收情况：	验收时间： 年　月　日　时　分	签名：	

备注：一式四联，第一联存放在签发部门，第二联由基层单位留存，第三联由作业现场监护人持有，第四联由施工单位现场负责人持有。

6.2.6.8　施工作业安全管理

施工作业是指在生产区域内进行新建、改扩建、检修、维修等施工作业项目。近几年来，加油站屡发施工事故，造成人员伤亡和财产损失。如 2008 年 9 月 8 日 15：40 左右，山东某加油站在安装加油机和潜油泵过程中，由于油罐人孔盖不符合安装潜油泵的条件，对油罐人孔盖进行改造，承包商某有色建设工程公司山东分公司的施工人员，擅自用自带泵将 2 号埋地罐中的注水抽空，并在无人监控的情况下，在操作井边沿用气割对油罐法兰盘、管线短管开坡口，切割过程中，引燃油罐内残余油气发生闪爆，施工人员李某当场受伤，送医院经抢救无效，于9月9日凌晨死亡。又如2008年5月，安徽某加油站改造完成后，在筹备开业期间，发现油罐内有少量水杂，5月14日下午，原施工方运通公司检维修人员利用手摇泵排除油水，但发现排不干净，就擅自违规打开人孔盖，佩戴TF型过滤式防毒面具进入油罐清理水杂，致使施工人员晕倒在油罐内，经拨打报警电话，消防人员佩戴隔离式防护面具进入油罐将其背出罐外，经送医院抢救无效死亡。清理水杂过程中，该站站长仅对防毒面具的安全性能提出质疑，但没有制止清罐作业，也未及时向有关部门报告。因此，加强对施工作业的安全管理对于确保施工人员和加油站的安全具有十分重要的意义。

（1）一般要求。

① 严把施工单位及施工人员的资质关。加油站应按照相关安全管理规定对施工单位进行安全资质审查，不合格者不得录用施工。同时，对施工人员的资质也要严格把关，没有相应资质的施工人员应拒绝进行施工作业。

② 签订施工协议，明确双方的安全责任和要求。加油站与施工单位应按《合同法》签订施工作业合同书，合同书中应有安全条款，或签定安全作业协议书。

③ 施工单位进入加油站作业现场进行检、维修作业，应严格遵守加油站的各项管理制度。

④ 施工单位应对施工作业现场的安全全面负责，加油站应对施工现场实施安全监督管理。

⑤ 施工单位和加油站应对施工人员进行必要的施工前安全教育。安全教育的内容主要有油品的火灾危险性、加油站的各项安全管理制度及规定、相应的施工作业安全要求、紧急情况下的处理和救护方法等。

（2）安全措施。

① 施工作业前，施工单位应编制施工方案、安全技术措施和进度计划，报加油站主管部门审批，并办理施工作业许可证。

② 加油站负责在施工作业现场划出安全隔离作业区，施工单位根据作业内容和作业场所环境情况制定出安全有效的作业区隔离措施方案。

（a）加油站及其有关主管部门、安全监督管理部门负责审批施工单位制订的隔离方案，并督促施工单位落实各项隔离措施。加油站和施工单位共同确认达到安全施工条件后，方可进行施工作业。

（b）与施工项目相关的工艺管线、排水沟等，应采取有效的隔离措施。工艺管线必须加盲板进行隔离；通往排水管网的沟、井等必须严密封堵；施工隔离区内凡与生产有关的工艺设备、阀门、管线等，均应有明显的禁动标志。

③ 加油站应会同施工单位组织对施工作业现场进行安全检查，发现问题及时处理。对违反安全管理规章制度的施工单位和个人实行处罚，性质严重的应停止作业直至辞退。

④ 施工作业涉及用火、临时用电、进入受限空间、高处等作业时，应办理相应的作业许可证。

（3）施工现场安全管理。

① 施工机具和材料摆放整齐有序，不得堵塞消防通道和影响人员操作与巡回检查。

② 严禁触动正在使用的管道、阀门、电线和设备等，严禁用生产设备、管道、构架及

生产性构筑物做起重吊装锚点。

③ 施工临时用水、用风等，应办理有关手续，不得使用消防栓供水。

④ 高处动火作业应采取防止火花飞溅的遮挡措施，电焊机接线规范，不得将裸露地线搭接在装置、设备的框架上。

⑤ 施工废料应按规定地点分类堆放，严禁乱扔乱堆，应做到工完、料净、场地清。

6.2.7 安全检查

安全检查实际上是对加油站的安全现状是否符合管理规范、标准要求而进行的一次评价过程。通过检查发现问题或隐患，提出解决问题的方法和整改要求，使问题或事故隐患得以消除，从而确保加油站的安全运行。

6.2.7.1 安全检查制度

安全检查制度是对加油站安全检查方针、原则、内容、方法、周期、问题和隐患处理的综合性管理制度，是加油站及时发现和消除事故隐患，确保加油站安全运营的制度保障。其具体规定是：

（1）加油站应认真贯彻“安全第一、预防为主”的安全管理工作方针，坚持自检自查为主与上级主管机关监督检查相结合的原则，定期和不定期地开展各项安全检查工作，分级落实安全工作。

（2）加油站站长每周要组织一次安全检查。

（3）当班作业人员要对作业现场进行安全监督，发现违章行为和不安全因素，要及时制止，对不听劝阻的，要及时报告。

（4）加油站主管公司每月和重大节日及季节变更前夕应对加油站进行一次安全检查。

（5）加油站安全检查的主要内容包括安全生产法律法规、上级有关安全会议精神以及安全生产责任制的落实情况，作业现场安全管理情况，设备、设施的技术状况、消防预案的演练情况，隐患整改情况等。

（6）对在安全检查中发现的问题和隐患，加油站有能力整改的，要及时整改；对无力整改的，要及时上报主管公司，同时采取有效的防范措施。

6.2.7.2 安全检查的种类

加油站的安全检查通常采取日常、定期和不定期三种类型来进行。

（1）日常安全检查。日常安全检查是以当班作业人员为主体的，每天必须进行的一种安全检查形式，其主要检查内容有：

① 员工着装是否符合规定。

② 违反“顾客进站须知”情况。

③ 有无违章动用明火、用电和进行电（气）焊的。

④ 灭火器材是否被挪作它用。

⑤ 违反劳动纪律、操作规程情况。

⑥ 接卸油口、油罐计量操作井等处是否干净，有无油污、水、杂等。

⑦ 卸油静电接地的连接是否牢固、有效，有无断裂现象等情况。

⑧ 其他违反安全管理规定的情况等。

（2）定期检查。定期检查包括周查、月查、季度检查、年度大检查以及重大节假日前检查。

① 周检查。周检查由加油站负责人组织完成，是对一周来加油站安全管理工作和设备

安全现状的评价。检查的内容由加油站负责人根据本站实际来确定。

② 月检查。月检查一般由加油站或加油站上级主管部门组织完成，对一个月来加油站安全管理工作和设备安全现状的全面评价。检查的内容由加油站上级主管部门根据实际来确定。

③ 季度检查。季度检查重点是检查季节变更前夕加油站针对季节气候特点而采取的针对性防范措施及安全教育的落实情况。一般由加油站或加油站上级主管部门组织完成。

④ 年度检查。年度安全大检查是一年一度进行的安全大检查，是对一年来加油站安全管理工作和设备安全状况的全面评价。除加油站要进行外，加油站的上级都要进行。

（3）不定期检查。不定期检查是不按规定的时间对加油站安全工作进行的检查，一般由加油站以上各级主管部门组织。检查内容有专项性，也有综合性。

6.2.7.3 安全检查方法

安全检查的方法主要有召开座谈会和听汇报会、实地检查、查阅资料、提问、抽样检查等。一般在进行安全检查时，上述的安全检查方法要综合运用。

6.2.7.4 安全检查内容

加油站安全检查主要有查思想、查管理、查隐患、查整改四个方面的内容，分安全管理检查和现场安全检查两部分。具体内容由安全生产责任制的落实情况、作业现场安全管理、设备技术状况、灭火作战预案和隐患整改情况。

（1）查思想。检查加油站经营管理人员对安全生产的认识，对安全生产的方针、政策、标准、法规及各项管理制度、规定的认识与贯彻情况，加油站员工是否有较强的安全意识，当经营与安全发生矛盾时，加油站能否将安全摆在第一位。查思想主要通过听汇报、提问、实地检查、查阅管理档案资料等方法进行。

（2）查管理。主要检查安全管理各项具体工作的实施情况，如安全生产责任制和其他安全管理组织、制度、规定、操作规程等是否健全，能否严格执行。安全教育、安全措施、事故预防与管理、消防管理等实施情况。查管理主要通过查阅档案资料、提问的方式来进行。

对贯彻落实安全生产责任制的重要性前面已经作出叙述。那么，在安全检查过程中如何判断安全生产责任制是否落实了呢？安全生产责任制是否落实应从以下三个方面来作出判断。

① 加油站是否签订安全生产责任状或安全生产承诺书。安全生产责任状或安全生产承诺书是以书面的形式对加油站员工安全思想和行为及其应承担的责任作出的具体规定，是加油站与员工之间签订的安全协约，具有一定的法律效用，对提高加油站员工的安全意识和责任心具有重要作用。

② 岗位安全生产职责、操作规程、主要的管理制度是否挂上墙。岗位安全生产职责、操作规程、主要的管理制度挂上墙主要起到时刻提醒、促进员工的作用，提醒员工记住在什么岗位做什么事，承担什么责任、如何做、做的过程应遵守和注意的事项等。

③ 通过提问了解员工是否知道自己的岗位安全职责，加油站及自己的岗位上存在哪些危险有害因素，应采取什么措施消除和控制这些危险有害因素，遇到事故应采取什么方法、措施应急处理等情况。如果员工对这些都不了解的话，就不能说明安全生产责任制落实了。

（3）查隐患。主要深入现场检查劳动条件、设备技术状况、安全卫生设施、员工的行为是否安全等情况。

（4）查整改。对加油站上一次被查出的问题和隐患进行复查。检查是否进行了及时整改和整改的效果，否则要重新提出整改要求，限期整改。

6.2.7.5 安全检查表

在对加油站进行安全检查前，可以实现编写安全检查表，以确定检查的项目、检查的内容。这样可以防止漏检，提高安全检查的质量。

（1）安全检查表的种类及内容。检查对象、检查目的不同，其使用的安全检查表亦不同。对于加油站的危险性分析，比较常用的安全检查表有设计审核用安全检查表、公司级安全检查表、加油站级安全检查表、岗位安全检查表及专业性安全检查表五种类型。安全检查表包含的主要内容有：

① 设计审查用安全检查表。其主要内容包括总平面布置、公益设施、安全消防设施、环境保护和卫生措施等，主要是设计人员对建设和技术改造工程项目进行设计审查和安全监督人员在安全审核时使用。

② 公司级安全检查表。其主要内容包括生产设施安全可靠性、重点部位和危险点安全装置与设施的完好性，消防设施的完善和可靠性，操作管理和遵章守纪等，主要是上级公司和安监部门进行日常安全检查时使用。

③ 加油站级安全检查表。其主要内容包括工艺安全、设备安全、消防设施、防护用具、安全标志及操作安全，主要用于预防性安全检查和定期安全检查。

④ 岗位安全检查表。其内容主要根据岗位的工艺与设施、危险部位、岗位安全要求等确定，内容重点应放在防止误操作或违反安全规定而引起事故，内容要具体，结合实际，简明易行有针对性。岗位安全检查表主要用于日常安全检查、自检自查和安全教育。

⑤ 专业性安全检查表。主要用于专业性的安全检查。如配电装置、防雷防静电接地等，内容要符合安全技术要求。

（2）安全检查表的编制。

① 安全检查表的编制步骤如下：

安全检查表一般要经过组成编制小组→熟悉系统→搜集资料→划分功能或结构单元→确定检查内容和检查要点→编制检查表格等步骤。

（a）编制小组。其成员由熟悉系统的各个方面人员组成。

（b）熟悉系统。包括系统的结构、功能、工艺流程、操作条件和已有的安全卫生设施等。

（c）搜集资料。资料包括有关安全的法规、规程、标准、制度及本系统发生事故的资料等，这些资料是编制安全检查表的依据。

（d）划分功能或结构单元。按照功能或结构将系统划分成若干子系统或单元，逐个分析潜在的危险因素，这些潜在危险因素就是要重点检查的对象。

（e）确定检查内容和检查要点。依据危险因素和有关安全法规、规程、标准、制度及经验确定安全检查的内容和要点。

（f）编制检查表格。将检查内容和检查要点做成表格形式，以方便检查。以下提供某加油站每周一次进行的现场安全检查表作制表参考，加油站安全检查表如表 6-9 所示。

表 6-9　加油站安全检查表

检查项目		检查内容	存在问题
加油机	1 号加油机	① 加油机进油管三角法兰、过滤器、油气分离器、计量器、视油器、油枪等部位无渗漏情况	
	2 号加油机	② 电动机、电源盒、接线盒的进线盒密封螺栓无松动，能保证电器密封	
	3 号加油机	③ 电动机、接线盒的保护接地线与接地极的连接应牢固可靠	
	……	④ 加油机进油管的接地线与接地极应连接牢固	
雨棚	雨棚整体	雨棚无破损和漏雨现象	
	照明	灯口无松动	
		防护罩无破损	
		灯具无不亮现象	
油罐及附件	计量孔	① 计量孔密封情况（盖内胶垫完好情况）	
		② 计量孔防静电导线完好情况	
	阻火器	阻火器通气有效情况	
	快速卸油接头	快速卸油接头密封情况，即盖内胶垫完好情况	
	油罐接地	接地体与地极连接螺栓无松动	
	其他	输油管线阀门操作灵活，清洁无渗漏	
		油罐人孔盖板内应无油或积水	
卸油接地		① 卸油防静电接地导线无断裂或断股现象	
		② 接地线与接地体的连接螺栓牢固可靠	
		③ 防静电接地夹能有效连接	
消防器材	灭火器	① 灭火器配置齐全、药剂有效、压力合格、无损坏	
		② 灭火器放置地点规范、合理	
	灭火毯	① 灭火毯配置数量符合规范要求	
		② 灭火毯有无破损	
	消防沙	消防沙箱内无树叶等杂物，沙粒无结块现象	
通讯报警		火灾报警和通讯设施完好、有效	
配电柜（箱）	电器元件	① 柜（箱）内电器元件的标志、编号清晰正确，无灰尘	
	元件接点	② 各种开关、熔断器和继电器的接点牢靠，有无过热变色现象	
	操作把手	③ 柜（箱）上所有操作把手、按钮牢靠，操作灵活	
	接地	④ 配电线路各连接点的接触情况良好，无腐蚀脱开和过热现象	
		⑤ 保护接地线与接地螺栓的连接牢固	

续表

检查项目		检查内容	存在问题
发电机		① 油箱无渗漏	
		② 保护接地线与接地螺栓的连接牢固	
现场		① 安全员佩戴安全员标志	
		② 加油员按规定要求着装	
		③ 无给未熄火车辆和直接给塑料桶加注油品	
		④ 卸油时，消防器材到位，计量等按操作规程操作	
		⑤ 卸油员、司机均在现场	
安全措施	查资料	加油站平面图、工艺图、消防器材布置、配电线路等图准确无误，安全资料齐全	
	查预案	应急措施切实可行	
	查记录	定期安全活动等	

受检单位：　　　　　　　　　　检查时间：　　　　　　　　　　检查人：

6.2.8　隐患治理

加油站对各种安全检查、风险评价中剔除的隐患和问题，应及时组织有关专家、专业工程技术人员对其进行隐患评估，编制和实施隐患治理整改计划。在隐患治理过程中应坚持“四定”即定整改方案、定资金来源、定项目负责人、定整改期限的原则。隐患治理的工作流程如图6-1所示。

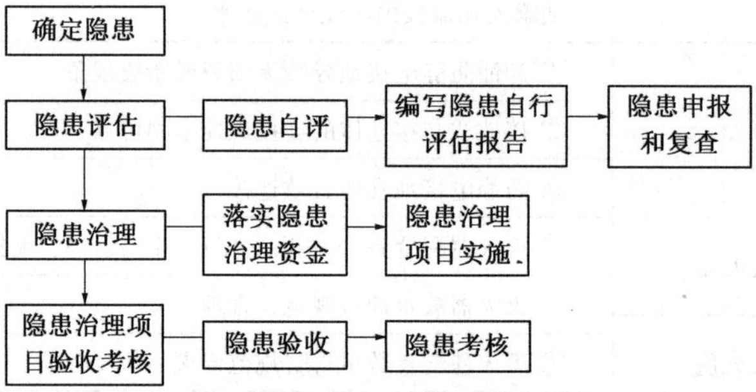

图6-1　隐患治理工作流程

6.2.8.1　隐患治理的范围

加油站隐患治理的范围主要包括以下几个方面：

（1）危及加油站经营安全的不安全因素。这些不安全因素主要来源管理的缺陷、设备设施、工艺不符合安全要求、环境因素等。

（2）导致事故发生或扩大的经营设施、安全设施隐患。如安全距离不足、消防设施、器材损坏、配置不符合规定要求等。

（3）可能造成职业病和职业中毒的劳动环境。如通风条件差、油气浓度偏高，设备运转震动、噪声大等。

（4）可能对大气、地下水资源和社区环境造成严重污染的问题。如油罐、管线防腐层损坏有可能导致油品泄漏，油罐、管线的安装、施工不符合设计规范要求等。

6.2.8.2 隐患评估

加油站的隐患评估一般包括隐患自评、申报和复查两个过程，隐患评估的内容和要求如下：

（1）隐患自评。加油站应按加油站设计与施工、加油站安全管理、消防管理、职业安全卫生等有关标准、规范、规程等对安全检查、风险评价和经营过程中暴露出的隐患和问题进行自评，自评后的隐患应撰写评估报告（包括完整、齐全的档案资料），并报送上级相关管理部门（无上级部门的加油站无需报送）。隐患自评报告的内容应包含并不限于：隐患概况；评审意见；技术结论；隐患治理方案；整改进度和责任人；资金概况预算情况等。

（2）申报和复查。加油站应根据隐患自评结果提出相应的处理办法。对加油站能够自行整改的隐患及时安排整改，对需资金投入和对加油站经营有较大影响的隐患，要及时将自评情况报告上级公司。

上级公司对加油站上报的隐患，应组织有关职能部门的工程技术人员对隐患进行复查和评估论证。

注：没有上级公司的加油站不需要本道程序，但可到国家有关安全监督评价部门进行咨询。

6.2.8.3 隐患治理

加油站的最高管理者是隐患整改的第一责任人，负责隐患项目整改治理方案的审批、整改资金的落实和整改治理工作的责任考核。

隐患治理必须依据国家、行业相关标准、规范进行。由有资质的施工单位负责施工，并对施工质量、施工安全进行监督。

6.2.8.4 隐患治理项目的验收和考核

（1）隐患治理项目验收。

① 加油站隐患治理项目由公司相关管理部门或委托有资质的单位进行验收，并出具验收报告。

② 验收合格的隐患治理项目，加油站应制定相应的管理制度，纳入正常的管理程序。

（2）隐患治理的考核。

① 加油站应建立隐患治理工作考核制度，对有关责任人的业绩和表现进行考核。

② 建立重大隐患治理项目竣工验收审计制度，对隐患项目治理资金的使用情况进行全面审计，确保隐患治理按计划完成，保证隐患治理费用能够专款专用。

③ 组织对已完成的隐患治理项目进行实际效能的验证考核。

6.2.9 安全技术

安全技术主要是针对生产设备、工艺、环境、操作人员等方面存在的问题，采取一系列技术措施，以控制合消除各种危险因素，保障生产作业安全。如：为防止静电危害，在加油站对接卸油设备、储油设备、加油设备、建（构）筑物等采取的静电接地技术就属安全技术范畴。加油站的安全技术主要包括加油站安全设计，建（构）筑物防火防爆设计，防雷、防静电技术，用电安全技术，安全检测盒监控系统的应用，加油站环境保护技术等。

6.2.9.1 加油站危险区域的划分

加油站的经营、生活场所按对安全用电的不同要求，可分为爆炸危险区、火灾危险区、一般用电区三个区域。

（1）爆炸危险区域的划分。爆炸危险区是指易燃物品及闪电低于或等于环境温度的可燃油品作业区及周围的有限空间。

我国国家标准《爆炸和火灾危险环境电力装置设计规范》（GB 50058）将爆炸性气体环境危险区域划分为0区、1区和2区三个区域。

0区：指连续出现或长期出现爆炸性气体混合物的环境。

1区：指在正常运行时可能出现爆炸性气体混合物的环境。

2区：在正常运行时不可能出现爆炸性气体混合物的环境，或即使出现也仅是短时存在的爆炸性气体混合物的环境。

在这里正常运行是指正常的开车、运转、停车、易燃物质产品的装卸、密闭容器盖的开闭、安全阀、排放阀等以及设备在其设计参数范围内工作的状态。

依据《汽车加油加气站设计与施工规范》［GB 50156—2012（2014年版）］，加油站的爆炸危险区域划分如下：

① 汽油加油机爆炸危险区域的划分。汽油加油机爆炸危险区域的划分如图6-2所示。

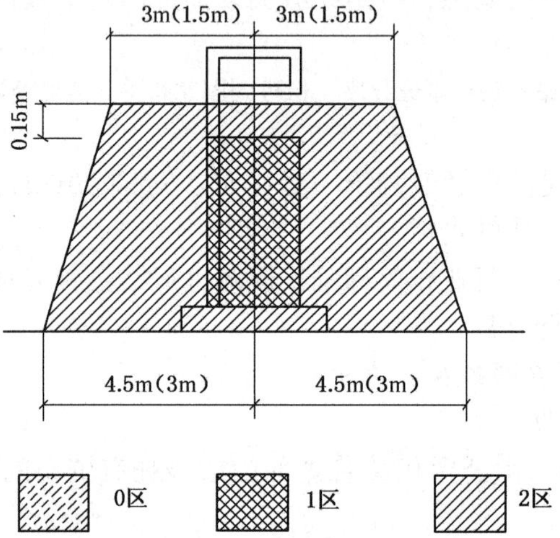

图6-2　汽油加油机爆炸危险区域划分

（a）加油机壳体内部空间划分为1区。

（b）以加油机中心线为中心线，以半径为4.5m（3m）的地面区域为底面和以加油机顶部以上0.15m半径为3m（1.5m）的平面为顶面的圆台形空间，应划分为2区。

注：采用加油油气回收系统的加油机爆炸危险区域用括号内数字。

② 卸油油罐车爆炸危险区域的划分。卸油油罐车爆炸危险区域的划分如图6-3所示。

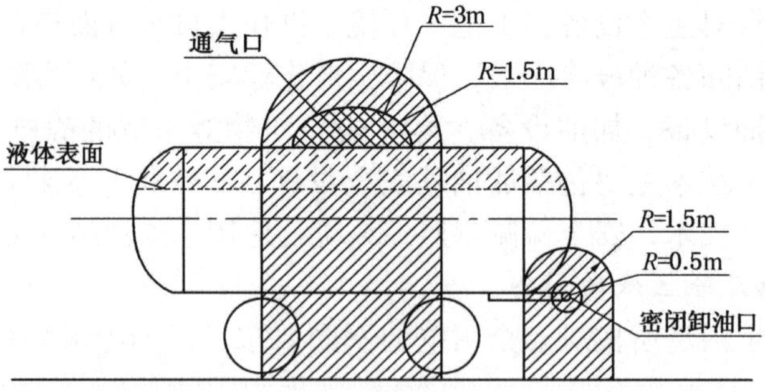

图6-3　卸油油罐车爆炸危险区域划分

（a）油罐车内部的油品表面以上空间应划分为 0 区。

（b）以通气口为中心，半径为 1.5m 的球形空间和以密闭卸油口为中心，半径为 0.5m 的球形空间，应划分为 1 区。

（c）以通气口为中心，半径为 3m 的球形并延至地面的空间和以密闭卸油口为中心，半径为 1.5m 的球形并延至地面的空间，应划分为 2 区。

③ 埋地卧式汽油储罐爆炸危险区域的划分。埋地卧式汽油储罐爆炸危险区域的划分如图 6-4 所示。

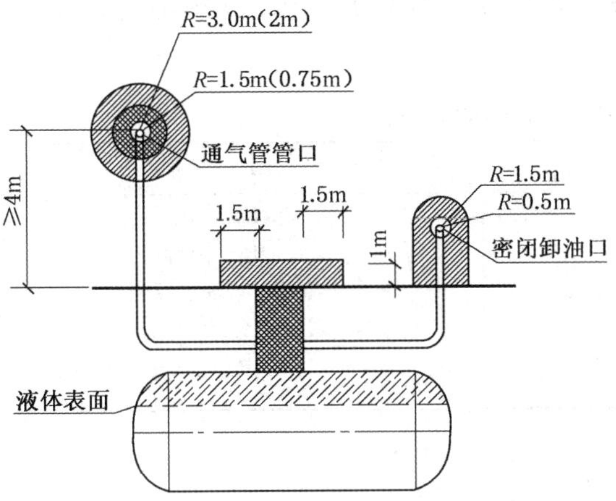

图 6-4　埋地卧式油罐爆炸危险区域划分

（a）罐内部油品表面以上的空间应划分为 0 区。

（b）人孔（阀）井内部空间、以通气管管口为中心，半径为 1.5m（0.75m）的球形空间和以密闭卸油口为中心，半径为 0.5m 的球形空间，应划分为 1 区。

（c）距人孔（阀）井外边缘 1.5m 以内，自地面算起 1m 高的柱形空间、以通气管管口为中心，半径为 3m（2m）的球形空间和以密闭卸油口为中心，半径为 1.5m 的球形并延至地面的空间，应划分为 2 区。

注：采用卸油油气回收系统的汽油罐通气管管口爆炸危险区域用括号内数字。

（2）火灾危险区域的划分。火灾危险区是指闪点高于环境温度的可燃油品作业区。火灾危险区又可分为 21 区、22 区、23 区。

① 21 区。指具有闪点高于环境温度的可燃液体，在数量和配置上能引起火灾危险的环境。

② 22 区。指具有悬浮状的可燃粉尘或可燃纤维，虽不可能形成爆炸性混合物，但在数量和配置上能引起火灾危险的环境。

③ 23 区。指具有固体状可燃物质，数量和装置上能引起火灾危险的环境。

除爆炸危险区和火灾危险区外的其他用电区是一般用电区。如营业室、休息室等。

（3）爆炸性气体的分类、分级、分组。

① 爆炸性气体混合物的性能参数。爆炸性气体混合物的诸多性能参数中，最代表爆炸性气体混合物性能的参数有最大试验安全间隙（MESG）、最小点燃电流比（MICR）和引燃温度。这三个性能参数是防爆电气设备选用的主要依据。

（a）最大试验安全间隙（MESG）。系指爆炸性气体混合物在规定的试验容器内部爆炸时，这一容器具有可以组织内部火焰向外不传播的间隙最大值。

（b）最小点燃电流比（MICR）。系指采用安全火花检验设备对爆炸气体混合物进行测试，被标准试验电路产生的火花点燃的电流最小值与点燃甲烷气的最小电流值之比。

（c）引燃温度。系指能引起可燃性物质自燃的最低温度。

② 爆炸性气体混合物的分级。根据 MESG 和 MICR 的大小，爆炸性气体混合物可分为两类三级，见表 6-10。

表 6-10　爆炸性气体混合物分级

级　别	最大试验安全间隙（MESG）/min	最小点燃电流比（*MICR*）	加油站可产生爆炸性气体混合物油品举例
ⅡA	MESG≥0.9	*MICR*>0.8	汽油、煤油
ⅡB	0.5<MESG<0.9	0.45≤*MICR*≤0.8	
ⅡC	MESG≤0.5	*MICR*<0.45	

从表中可以看出爆炸性气体混合物的危险性从大到小排序为ⅡA 级<ⅡB 级<ⅡC 级。

③ 爆炸性气体混合物的分组。爆炸性气体混合物按引燃温度分组，分组情况如表 6-11 所示。

表 6-11　爆炸性气体混合物的分组

组　别	引燃温度 *T*/℃	举　例
T1	*T*>450	甲烷、丙烷
T2	300<*T*≤450	丁烷、丙烷
T3	200<*T*≤300	原油、汽油、煤油
T4	135<*T*≤200	
T5	100<*T*≤135	
T6	85<*T*≤100	

组别越高的爆炸性混合气体，其危险性越大。

油气与空气混合气体属于Ⅱ类 A 级 T3 组，在选择防爆电气设备时应与类别、组别、级别直接对应，也可选用高组别、高级别的防爆电气设备。

6.2.9.2　防雷防静电

（1）静电。两种不同的物体（包括固体、液体、气体），通过摩擦、接触、分离等机械运动的相互作用产生的游离于物体表面或独立存在的相对于观察者是静止的正的或负的电荷，成为静电。

① 静电的产生。关于静电的产生，最具代表性的是双电层理论。该理论认为：液体介质无论是极性分子、杂质分子，还是中性分子都可以通过不同途径离解成正负离子，而杂质分子更容易直接离解成正负离子。当两种不同属性的物体接触时，由于不同物质的原子得失电子的能力不同，不同原子或分子的外层电子能级不同，在接触面处各自电荷将发生新的排列，并发生电子转移，使接触界面两侧出现大小相等、极性相反的电荷层，称为双电层，同时在接触面上形成电位差。

② 静电产生的途径。油品在储存、灌装、运输、加注的过程中，不可避免地发生搅拌、沉降、过滤、摇晃、冲击、喷射、飞溅、发泡，以及流动等接触、摩擦、分离的相对运动而产生静电。

（a）流动带电。油品在流动过程中，因油品与管道壁、油品与管件、油品流层与流层之间的摩擦而产生大量的静电。流速越高，单位时间内产生的静电量就越大。

（b）喷射、冲击带电。油品会因喷溅、冲击形成的油束、油粒或油雾与空气、水分或杂质产生摩擦或分离而产生静电。

（c）沉降带电。油品由于不同程度的含有固体颗粒杂质、水分等，这些杂质或水滴向下沉降时会与油品产生摩擦而出现静电带电现象。

③ 影响油品带电的因素。影响油品带电的因素主要有：

（a）液体内的杂质。液体内的杂质可以离解成正负离子，使液体带电，但杂质较多时，液体的电导加大，又使电荷非常容易泄漏。

（b）电导率。电阻率较高的液体静电危害大。如汽油、煤油、航空煤油静电危害大。

（c）水分。水不是直接与油品作用产生静电，而是通过与油品内所含的杂质作用间接影响。油品中含水量在1% ~6%时最危险，静电起电增加10 ~50倍。

（d）流动情况。液体的流动状态、管线材质、长度、粗糙度及油品温度都影响静电产生。流速越大，管径越大，距离越长，油品同管壁、管件摩擦越多，产生的静电也越多。油品温度越高，产生的静电也越多。

④ 静电灾害形成的条件。静电灾害是在一定条件下造成的，静电作为火源引发事故应具备以下条件：

（a）有产生静电的来源。

（b）静电积聚，并达到足以引起火花放电的静电电压。

（c）放电的火花能量达到爆炸性气体混合物的点火能量。

（d）放电周围必须有爆炸性气体混合物存在。

实际工作中，应采取措施尽可能控制和消除任一条件，都能避免因静电引发的火灾爆炸事故。

（2）雷电。雷电是一种在空气中的放电现象。当雷云接近大地时，地面感应出相反电荷，当电荷积聚到一定程度，产生雷云和大地之间放电，并迸发出光和产生巨大声响。

① 雷电的产生。雷电是一种自然现象。众所周知，水蒸气和强烈气流形成了雷云，随着电荷的积累，雷云的电位逐渐升高。当带不同电荷的雷云互相接近到一定距离，或雷云与地面凸起物接近到一定程度时，便发生激烈的放电，出现强烈的闪光。由于放电时，雷云的电场强度超过25 ~30kV/cm，放电温度高达20000℃，空气受热急剧膨胀，发出爆炸轰鸣声，这就是闪电和雷鸣。雷电所波及的范围内，会严重损坏设备和人身安全。

② 雷电种类及其危害。雷电的种类可分为直击雷、球雷、雷电感应、雷电波侵入等。

（a）直击雷。指较低的雷云与地面突起物之间的放电。这种雷击的能量很大，雷击后一般会留下烧焦、坑洞，突出部分削掉等痕迹。

（b）球雷。是一种紫色或灰色的滚动雷，它能沿地面滚动或空中飘动，能从门窗、烟囱等孔洞缝隙窜入室内，遇到人体或物体容易发生爆炸。

（c）雷电感应。雷电感应亦称感应雷，雷电感应分静电感应和电磁感应。静电感应是指雷云使地面突起物感应出大量电荷，但不与放电，雷云放电后感应电荷失去控制，以雷电波的形式传播。电磁感应是指雷击后巨大的电流在周围空间产生迅速变化的磁场，这种磁场能在附近的金属导体上感应很高的电压。其危害在于：

a. 产生强大的感应电流或电压，使附近线路和导电设备出现闪电的特征。

b. 使地电位上升，会使周围电子系统中的设备造成干扰甚至被过电压损坏。

c. 静电场增强，使空气中的放电火花也会产生告诉电磁脉冲，造成对电子设备的干扰。

（d）雷电波导入。是指雷电波在架空线路或空中金属管道上产生冲击电压，沿线路或管道的两个方向迅速传播的雷电波。

（3）防雷防静电防护。静电、雷电造成的危害极大。如上海某石化公司原油码头油罐遭雷击起火，造成原油罐被烧毁；2007年重庆开县一学校因缺乏防雷装置而遭受雷击，造成8名学生死亡，39人受伤；江西某加油站经常遭受雷击，造成加油机电路板烧毁；湖北公安县某加油站在接卸汽油过程中，因人体静电引发爆炸燃烧事故，造成 1 人死亡，1 人受重伤等。因此，加油站必须采取措施消除和控制静电、雷电对加油站形成的威胁。静电、雷电的保护主要从技术上和管理上来进行，而管理上一般通过制定管理制度、操作规程来约束和规范作业人员的行为以达到静电防护，预防事故发生的目的。

① 管理上对静电、雷电的防护。为防止静电、雷电事故的发生，加油站作业人员在作业过程中应注意从以下几个方面加强对静电、雷电的防护。

（a）人体静电防护。人体活动时，由于衣服与衣服、人体与衣服摩擦、鞋底与地面或地板摩擦而使人体带电。加油站员工在爆炸危险场所频繁作业和接触设备，可能由于带电而引发事故。因此，加油站作业人员应做到禁穿化纤服，穿防静电服或棉织品衣服；不在爆炸危险场所穿、拍、脱衣服；勿用化纤和丝绸类布去擦拭加油机、油罐口、量油口等；在爆炸危险区域设置的座椅，勿用人造革或化纤类作靠垫的座椅。

（b）操作过程中防静电、雷电。操作过程中防静电、雷电主要是要求加油站作业人员遵守相关管理制度、规定、操作规程等。应做到不对塑料桶直接加注轻质油品；罐车卸油时，应将静电接地线连接好；加油枪应尽可能靠油箱壁，放置喷溅式付油；对油罐、油罐车计量应静置一定时间（一般不小于 15min）。定期检测加油机静电接地连接是否牢固、可靠，接地电阻是否超标；高强电闪、雷击频繁时，应停止加油、卸油作业。

② 技术上静电、雷电防护。加油站最根本的防静电、防雷电技术是静电接地。《汽车加油加气站设计与施工规范》［GB 50156—2012（2014 年版）］对此作出了明确规定，主要有：

（a）加油站油罐必须进行防雷接地，且接地点不应少于两处。

（b）加油站的防雷接地、防静电接地、电气设备的工作接地、保护接地及信息系统的接地等，宜共用接地装置，其接地电阻应按其中接地电阻值要求最小的接地电阻值确定。

（c）当各自单独设置接地装置时，油罐防雷接地装置的接地电阻、配线电缆金属外皮两端和保护钢管两端的接地装置的接地电阻，不应大于 10Ω；保护接地电阻不应大于 4Ω；地上输油管道始、末端和分支处的接地装置的接地电阻，不应大于 30Ω。

（d）埋地油罐以及非金属油罐顶部的金属部件和罐内的各金属部件，应与非埋地部分的工艺金属管道相互做电气连接并接地。

（e）当加油加气站内的站房和罩棚等建筑物需要防直击雷时，应采用避雷带（网）保护。

（f）加油加气站的信息系统应采用铠装电缆或导线穿钢管配线。配线电缆金属外皮两端、保护钢管两端均应接地。

（g）加油加气站信息系统的配电线路首、末端与电子器件连接时，应装设与电子器件耐压水平相适应的过电压（电涌）保护器。

（h）380V/220V 供配电系统宜采用 TN－S 系统，当外供电源为 380V 时，可采用 TN－C－S 系统。供电系统的电缆金属外皮或电缆金属保护管两端均应接地，在供配电系统的电源端应安装与设备耐压水平相适应的过电压（电涌）保护器。

（i）地上或管沟敷设的油品管道应设防静电和防感应雷的共用接地装置，其接地电阻不应大于 30Ω。

（j）加油加气站的汽油罐车卸车场地，应设卸车时用的防静电接地装置，并应设置能检测跨接线及监视接地装置状态的静电接地仪。

（k）在爆炸危险区域内工艺管道上的法兰、胶管两端等连接处，应用金属线跨接。当法兰的连接螺栓不少于 5 根时，在非腐蚀环境下可不跨界。

（l）油罐车卸油用的卸油软管、油气回收软管与两端接头，应保证可靠的电气连接。

（m）防静电接地装置的接地电阻不应大于 100Ω。

（n）油品罐车卸油场地内用于防静电跨接的固定接地装置，不应设置在爆炸危险 1 区。

6.2.9.3 用电安全

（1）触电概念。电流通过人体或动物体而引起的病理、生理效应称为触电。触电会刺激人的中枢神经系统和心脏，可以使人的呼吸受到抑制或者血液循环中断而致人死亡。触电时间越长，后果越严重；电压越高越危险；电流越大，对人的伤害越大。

（2）触电方式。

① 按照人体触及带电体的方式和电流通过人体的途径来划分，触电可分为单相触电、两相触电和跨步电压触电。

（a）单相触电。是指人体某一部位触及一相电源或漏电的电器设备，电流通过人体流入大地造成触电。触电事故中大部分属于单相触电，而单相触电又分为中性点接地的单相触电和中性点不接地的单项触电两种。

（b）两相触电。是指人体的两个部位同时触及不同的两根相线而造成的触电，两相触电危险性比单相触电更大。

（c）跨步电压触电。是指人在接地体附近，由两脚之间跨步电压引起的触电。高压故障处或有大电流流过的接地装置附近都可能出现较大的跨步电压。

② 按照电流对人体造成的伤害来划分，触电可分为电击、电伤和电磁场伤害。

（a）电击。是指人体接触带电导线、漏电设备外壳、雷击、电容器放电引起的电流通过人体，从而破坏人的心脏、肺及神经系统的正常功能。电击是最危险的触电形式。

（b）电伤。是指电流的热效应、化学效应或机械效应对人体外部造成的局部伤害。电伤包括电弧烧伤、熔化金属溅出烫伤、电烙印等。

（c）电磁场伤害。是指在高频磁场的作用下，人会出现头晕、乏力、记忆力减退、失眠、多梦等神经系统的症状。

一般认为：电流通过人体的心脏、肺部和中枢神经系统的危险性比较大，特别是电流通过心脏时，危险性最大。触电还容易因剧烈痉挛而摔倒，导致电流通过全身并造成摔伤、坠落等二次事故。

（3）触电原因分析。触电的场合不同，引起触电的原因也不同，常见的触电原因有下面几种情况：

① 电器操作制度不严格。电器操作制度不严格主要体现在：

（a）带电操作时未采取可靠的保护措施。

（b）不熟悉电路和电器，盲目修理。

（c）救护已触电人员，自身未采用安全保护措施。

（d）使用不合格的保安工具检修电路和电器。

（e）安全距离不足，又无绝缘措施或屏护措施，造成人体和带电体过分接近。

（f）在架空线上操作，未在相线上加临时接地线。

（g）高空作业时，无可靠的防空跌落措施等。

② 用电设备不合要求。

（a）电器设备绝缘性能低或损坏，金属外壳无保护接地措施或接地电阻太大。

（b）开关、闸刀、灯具、携带式电器绝缘外壳破损，失去防护作用。

（c）开关、熔断器误装在中性线上，一旦断开，就使整个线路带电。

③ 用电不规范。用电不规范主要体现在。

（a）违反布线规程，在室内乱拉电线。

（b）随意加大熔断器熔丝规格。

（c）在电线上或电线附近晾晒衣物。

（d）未断开电源，移动用电设备。

（e）打扫卫生时，用水冲洗或用湿布擦拭带电电器或线路等。

（4）触电防范措施。

① 防止触电的基本措施。

（a）绝缘。用绝缘材料把带电体封闭起来，从而防止人体触及带电体。瓷、玻璃、云母、橡胶、木材、胶木、塑料、布、纸盒矿物油等都是常用的绝缘材料。

应当注意的是很多绝缘材料受潮后会丧失绝缘性能或在强电场作用下会遭到破坏，丧失绝缘性能。

（b）屏护。即采用遮拦、护盖等把带电体同外界隔绝开来。电器开关的可动部分一般不能使用绝缘，而需要屏护。高压设备不论是否有绝缘，均应采取屏护。

（c）间距。就是保证必要的安全距离。间距除防止触及或过分接近带电体外，还能起到防止火灾、防止混线、方便操作的作用。

（d）采用保护接地和保护接零的技术措施。

（e）装设漏电保护装置。为了保证在故障情况下人身和设备的安全，应尽量装设漏电流动作保护器。它可以在设备及线路漏电时通过保护装置的检测机构转换取得异常信号，经中间机构转换和传递，然后促使执行机构动作，自动切断电源，起到保护作用。

（f）使用安全电压。这是用于小型电气设备或小容量电气线路的安全措施。根据欧姆定律，电压越大，电流也就越大。因此，可以把可能加在人身上的电压限制在某一范围内，使得在这种电压下，通过人体的电流不超过允许范围，这一电压就叫做安全电压。安全电压的工频有效值不超过50V，直流不超过120V。我国规定工频有效值的等级为42V、36V、24V、12V和6V。

（g）加强绝缘。就是采用双重绝缘或另加总体绝缘，即保护绝缘体以防止通常绝缘损坏后的触电。

（h）使用保护用具。保护用具是保护工作人员安全操作的工具。常见的安全用电保护用具有绝缘棒、绝缘手套、绝缘套鞋等。维修电气装置使用的绝缘棒、绝缘手套、绝缘套鞋等安全用具，要定期作绝缘性能检测。超期或经检测不合格的不能使用。

② 加强用电安全管理。

（a）不得随便乱动或私自修理车间内的电气设备。

（b）经常接触和使用的配电箱、配电板、闸刀开关、按钮开头、插座、插销以及导线等，必须保持完好，不得有破损或将带电部分裸露。

（c）不得用铜丝等代替保险丝，并保持闸刀开关、磁力开关等盖面完整，以防短路时发生电弧或保险丝熔断飞溅伤人。

（d）经常检查电气设备的保护接地、接零装置，保证连接牢固。

(e) 在移动电风扇、照明灯、电焊机等电气设备时，必须先切断电源，并保护好导线，以免磨损或拉断。

(f) 在雷雨天，不要走进高压电杆、铁塔、避雷针的接地导线周围。当遇到高压线段落时，千万不要靠近。

(g) 送电运行、停电检修，配电盘要悬挂电气安全警示牌。

(h) 对设备进行维修时，一定要切断电源，并在明显处放置“禁止合闸，有人工作”的警示牌。

(i) 严格执行电气安全操作规程。停、送电操作时，实行工作票制度。高压配电系统倒闸，必须由一人操作，一人监护。

(5) 触电急救知识。对触电事故，必须迅速抢救，关键是在一个“快”字。“快”包括两个方面，一是快脱离危险；二是快作医务救护处理。

① 自救。当自己触电而又清醒时，首先保持冷静，设法脱离电源，向安全地方转移，如遇跨步电压电击时要防止摔倒、跌伤等二次伤害事故。

② 互救。对于他人触电，第一步也是使触电者脱离电源，如拉闸、断电或将触电者拖离电源灯。(将触电者拖离电源时应防止救护者被触电。)

③ 医务抢救。触电者脱离电源后，必须根据情况立即实施医务抢救。

两种常见的抢救方法：

(a) 人工呼吸法。人工呼吸的方法很多，效果最好的是口对口呼吸法。此法可以由一人实施，采用一手捏住鼻孔，掰开口后，对其口吹气使之吸气，放松鼻孔使之呼气，每分钟12 次，如掰不开口，对其鼻吹气也可以。

(b) 胸外心脏挤压法。当触电者脉搏全无、心脏停跳时，还应该在胸外施行挤压，帮助其心脏起搏。其方法是救护者双手相叠，掌根放在触电者两乳之间略下一点，用掌根向下压 3 ~4mm，每分钟 60 次左右，每次挤压后手掌迅速放松。

(6) 电器设备的保护接地与保护接零。

① 电气设备保护接地。

(a) 接地。接地是指将电气设备正常工作时不带电的某一金属部分用导线与接地体紧密地连接在一起。保护接地适用于变压器低压侧中性点不接地的电力系统中。在这种电网中，凡是由于某种可能出现较高电压引起触电的金属部件，一般都要保护接地。中性点不接地的电网系统在加油站都必须不能采用。这是因为在该系统中，电气设备外壳无论接地与否，当发生相线碰壳故障时，外壳将带电，而且故障将长期存在下去。这种情况对人体而言虽然是安全的，但如遇金属导体偶然触及时，仍可能产生足以引起蒸气、LPG、CNG 等可燃气体的电火花，导致火灾、爆炸事故。因而这种保护方式不宜在加油站爆炸危险区域内使用。其最主要的原因是故障不能及时发现和排除。在保护接地系统中只要控制接地电阻的大小即可限制漏电设备对地电压在安全范围内。

(b) 接地的分类。接地可分为检修接地、故障接地、工作接地和安全接地。

a. 检修接地，是指在检修设备和线路时，除了切断电源外，还要临时将检修的设备或线路的导电部分与大地连接起来，以防万一发生合闸等意外情况时造成触电事故。

b. 故障接地，是带电体与大地之间发生了意外的连接。

c. 工作接地，是指维持供电系统正常安全运行的接地，如三相四线制 220V/380V 系统变压器中性点的接地等。

d. 安全接地，是为了放置触电、雷击、静电火花、爆炸、电磁辐射危害而实施的接地。

（c）接地装置的日常维护。加油站接卸场地的静电接地导线、加油机接地应经常检查。要经常观察接地体周围的环境情况，防止油品及腐蚀性物质对接地体的腐蚀；明敷的接地线表面所涂的标志漆应完好无损；接地装置在接地线引入建筑物的入口处，最好有明显的标志，以便为运行维护工作提供方便；设备在每次大修后，应专门检查其接地线连接是否牢固。

② 电气设备保护接零。将电气设备正常工作时不带电的金属部分用导线与零线连接称为保护接零。适用于变压器低压侧中性点直接接地的三相四线系统中。设备接零后，相线碰线即相线与零线短路，短路电流很大，通常为额定电流的几倍至几十倍，保护装置可以迅速动作，切断故障电源，避免触点和火花事故。

采用保护接零时，还应将零线与接地体连接即将零线重复接地。重复接地可解决以下问题：

（a）降低漏电的设备对低电压。

（b）降低零序电流引起的恩对地电压。

（c）减小零线断线的危险。

（d）缩短故障持续的时间。

保护接零的安全要求：

（a）接地与接零不能混用，接地设备发生故障时会造成接零设备电压升高，故障长期存在。

（b）导电连续、防腐、机械缆绳强度好。

（c）每台设备的接零线应单独与接零干线相连，不得多台设备串联连接。

6.2.9.4 防爆电气设备

（1）防爆基本要求。加油站的防爆设备能用于爆炸危险区域中，是由于对这些设备的结构采取了适当的措施，使之能消除或将周围易爆介质爆炸的可能性减小至最小。这些防爆措施分为两大类：

第一类，允许电气设备内有爆炸的可能，但不允许爆炸传到设备外的周围介质。对这类设备外壳的要去：承受爆炸压力、合理隔爆间隙（冷却爆炸生成物及火焰到安全温度）。爆炸生成物以及火焰的冷却是由足够窄而且长的缝隙（间隙）来保证的。隔爆间隙即最大试验安全间隙。

第二类，防爆措施又分为两组：

第一组用液体、固体颗粒、纯净空气惰性气体把点燃源与周围爆炸性气体隔开。

第二组用增加安全措施的办法使不产生或最大限度地阻止电气设备运行时产生火花、电弧或危险的表面温度，或采取保护性元件，限制设备不能产生火花或高温或故障时产生的火花或高温不能点燃周围的爆炸性气体混合物。

（2）常用防爆电气设备介绍。

① 增安型设备。这类防爆形式的设备，在正常工作时必须没有电弧、火花及危险的表面温度。（在正常工作时产生的电弧、电火花不足以点爆爆炸性混合气体。）

增安型设备的结构要求：

（a）外壳防护，绝缘带电部分 IP44，裸露带电部分 IP54。

（b）极限温升，组别温度与环境温度（40℃）之差。

（c）温升时间，希望尽可能长些，但受爆炸性气体组别温度限制，温升时间不可能过长，要求大于或等于 10s，不小于 5s。要求电气设备继电保护装置在温升时间内切断电源。

② 本安型设备。本安型设备由三部分组成：现场仪表（物理量—电量变换器）、连接电缆（电源、信号、控制电缆）、关联设备。正常或故障状态下产生的电火花或表面温度不能点燃爆炸性气体混合物，选择适当的电路参数，限制火花能量达到防爆目的。本安型电气设备有 ia 和 ib 两级，ia 级在正常或一个故障和两个故障存在时，产生的电火花或表面温度不能点燃爆炸性气体混合物；ib 级在正常或一个故障存在时，产生的电火花或表面温度不能点燃爆炸性气体混合物。

③ 隔爆型电气设备。要求能承受 1.5 倍的爆炸压力，并采取适当的隔爆间隙，以阻止火焰向外部传播。

（3）防爆电气设备的选用。

① 根据危险区域的分区、电气设备的种类、防爆结构要求选相应防爆设备。1 区、2 区的电气设备如电机、低压开关、灯具、电气连接件应选用隔爆型。

② 防爆设备的级别、组别不应低于使用场合爆炸性气体混合物的级别、组别。有两种以上易燃物质形成的爆炸性混合物时，应按危险程度较高的级别和组别选用防爆电气设备。

③ 爆炸危险区域内的电气设备，应符合周围环境对电气设备防水、防尘及防潮等的要求。

加油站气体爆炸危险区域用电设备的选用，应按照爆炸危险区域等级、防爆电气结构等要求进行选型。

1 区、2 区使用的电气设备，如电机、低压开关、灯具、电气连接件应选用隔爆型，信号、报警装置等电气设备防爆结构选型见表 6-12。

表 6-12　信号、报警装置等电气设备防爆结构选型

设备	0 区	1 区				2 区			
	ia	ia，ib	d	p	e	ia，ib	d	p	e
信号报警装置	○	○	○	○	×	○	○	○	○
插接装置			○				○		
接线箱（盒）			○		▲		○		○
电气测量表			○	○	×		○	○	○

加油站配电箱所在房屋的门窗与加油机、油罐、通气管口密闭卸油口的距离大于 5m 时才能选用普通型电器，否则应按爆炸危险性环境考虑。罩棚的灯具可选用防护型灯具，主要是防尘防雨雾，防护等级不低于 IP44。其他照明灯具的选型视离爆炸性气体释放源的距离而定，5m 以外可采用常规电器。

柴油发电机组属非防爆电器设备，其排烟口应安装阻火器，防止火星引燃油蒸气，发生火灾爆炸事故。排烟口到各爆炸气体释放源的水平距离为：排烟口高出地面 4.5m 以下时不应小于 5m，排烟口高出地面 4.5m 及以上时不应小于 3m。

另外，加油站电气设备还应符合整体防爆的要求。整体防爆是指在爆炸危险区域内的所有电气设备、线路、附件、安装方式及安全管理均应符合该区域的防爆要求。在整体防爆中，不但要求构成整体，即在爆炸危险区域内的全部电气设备、线路、附件，建筑物的建设构成一个完整电气防爆体系；而且要求全过程的防爆，即电气设备自设计、选用、施工、安装、交接验收、运行维修、更新改造直至停作报废前的全过程中，应始终保持完好的电气防爆性能。

（4）防爆电气设备的维护与保养。

① 保持防爆电气设备外壳及环境的清洁，清除有碍设备安全运行的杂物和易燃物品。

② 设备运行时应有良好的通风散热条件，检查外壳表面温度不得超过产品规定的最高温度和温升的规定。

③ 设备运行时不应受外力损伤，应无倾斜和部件摩擦现象。声音应正常，振动值应不超过规定。

④ 运行中的电机应检查轴承部位，须保持清洁和规定的油量，检查轴承表面的温度，不得超过规定。

⑤ 检查外壳各部位固定螺栓和弹簧是否齐全坚固，不得松动。

⑥ 检查设备的外壳有无裂纹和有损防爆性能的机械变形现象。电缆进线装置应密封可靠。不使用的线孔，应用厚度不小于2mm 的钢板密封。观察窗的透明板应完整，不得有裂缝。

⑦ 设备上的各种保护、联锁、检测、报警、接地装置应齐全完整。

⑧ 防爆电气的接地线应牢固，接地端子无松动，无明显腐蚀，无折断，铠装电缆的外绕钢带无断裂。

6.2.9.5 安全检测

加油站的安全检测主要包括静电接地电阻的测试、作业区域内可燃气体浓度的检测和储油罐液位自动监测。

（1）接地电阻检测。接地电阻测定仪有手动式和自动式。手动接地电阻测定仪即接地摇表，主要用于直接测量各种接地装置的接地电阻和土壤电阻率。手动接地电阻测定仪本身能产生交变的接地电流，不需要外加电源，而且使用简单，携带方便，抗干扰性能较好，故应用十分广泛。常用的手动接地电阻测定仪有国产 ZC－8 型和 ZC－29 型。自动接地电阻检测仪主要有 ETCR 系列、CR 系列钳形接地电阻仪，其工作原理是利用欧姆定律 $R=U/I$，通过电压钳口在接地引线上产生一特定频率电势差 U，并通过电流钳口感应接地引线上与电压钳口同频率的电流，自动计算该接地网电阻值。

ZC－8 型接地电阻测定仪是由一只高灵敏度的检流计、手摇发电机，电流互感器及调节电位器等组成。其工作原理是：当手摇发电机的摇把按 120r/min 的速度转动时，便发生 90～98Hz 的交流电流，电流经电流互感器一次绕组、接地极、大地和探测针后，回到发电机，电流互感器便感应产生二次电流表，检流指针偏转，借助调节电位器使检流针达到平衡。

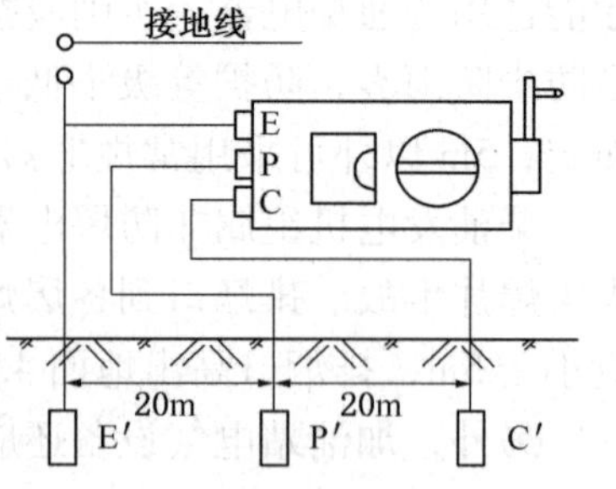

图 6－5 静电接地电阻测试图

ZC－8 型接地电阻测定仪有两种量程，范围为 0～100Ω 和 100～1000Ω。它们都带有两根探测针，其中一根为电位探测针，另一根为电流探测针。测量前，先把被检测的接地电极引线与保护体脱开，将两根探针分别插入地中（见图 6－5），其距离沿被测接地极 E′使电位探测针 P′和电流表探测针 C′，依直线相距离 20m，P′插于 E′和 C′之间，然后用专用导线分别将 E′、P′和 C′接到仪表的相应接线柱上。测量时，先将仪表放在水平位置，检查检流计的指针是否在红线上，若未在红线上，则可用“调零螺丝”把指针调整于红线。然后将等级表的“二倍率标度”置于最大倍数，慢慢转动发电机摇把，同时旋转“测量标度盘”，使指针指于红线上。如果“测量标度盘”的读数太小时，应将“二倍率标度”置于较小的倍数，再重新调整“测量标度盘”，以得到正确的读数。当指针完全平衡在红线上后，用“测量标度盘”的读数乘以倍率标度，即为所测的电阻值。

使用接地电阻测定仪时，当检流计的灵敏度过高，可将电位探针 P′插入土中浅一些；当检流计灵敏度不够时，可沿电位计指针 P′和电流计指针 C′注水使其潮湿。测量时，均应将被测接地体同其他接地体或保护体分开，以保证测量的正确性，也有利于测量工作的安全，并且能防止测量电压反馈到与被测接地体相连的其他导体上所引起的事故，还能消除离散电流引起的误差。

（2）CR86 系列钳形接地电阻仪。CR86 系列钳形接地电阻仪有长钳口及圆钳口之分。长钳口特别适宜于扁钢接地的场合，在测量有回路的接地系统时，不需断开接地引下线，不需辅助电极，安全快速、使用简便。广泛应用于电力、电信、气象、油田、建筑及工业电气设备的接地电阻测量。

① 测量原理。

（a）电阻测量原理。CR86 系列钳形接地电阻仪测量接地电阻的基本原理是测量回路电阻。如图 6-6 所示。钳表的钳口部分由电压线圈及电流线圈组成。电压线圈提供激励信号，并在被测回路上感应一个电势 E。在电势 E 的作用下将在被测回路产生电流 I。钳表对 E 及 I 进行测量，并通过下面的公式即可得到被测电阻 R。

$$R=\frac{E}{I}$$

（b）电流测量原理。CR86 钳形接地电阻仪测量电流的基本原理与电流互感器的从测量原理相同。如图 6-7 所示。被测量导线的交流电流 I，通过钳口的电流磁环及电流线圈产生一个感应电流 I_1，钳表对 I_1 进行测量，通过下面的公式即可得到被测电流 I。

$$I=n\cdot I_1$$

式中　n——副边与原边线圈的匝数比。

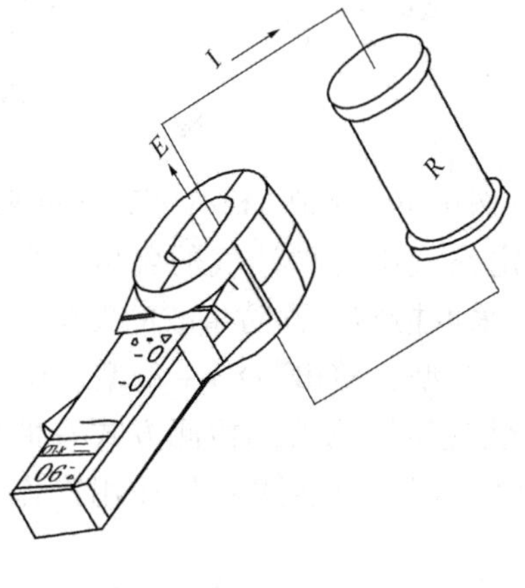

图 6-6　钳形接地电阻仪接地电阻测量原理

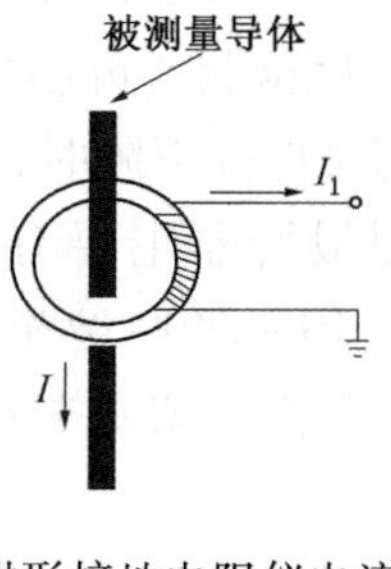

图 6-7　钳形接地电阻仪电流测量原理

② 在加油站的应用。根据 JJF 8—2014《接地式防静电装置计量检测规范》，加油站主要需测试的设备、设施的接地电阻及连接电阻见表 6-6。测试时使用的仪器必须满足 GB

3836—2000《爆炸性气体环境用电气设备》的要求。CR86B 钳表已通过防爆认证。它可应用于相应的易燃易爆环境中。

（a）储油罐、装卸点接地电阻的测量。如图 6-8 所示，在加油站接地系统中，储油罐接地极 A 与加油机相连接，装卸点接地极 C 是一个独立的接地极。再找一个独立的接地极作为辅助接地极 B（如自来水管等），按三点法用钳表分别测出 R_1、R_2 和 R_3。则可计算出：

储油罐接地电阻为：$R_A = R_1 + R_2 + R_3/2$

辅助地极接地电阻为：$R_B = R_1 - R_A$

装卸点接地电阻为：$R_C = R_2 - R_A$

注：测 R_1 时 BC、AC 间不能有导线连接。测 R_2、R_3 时类推。

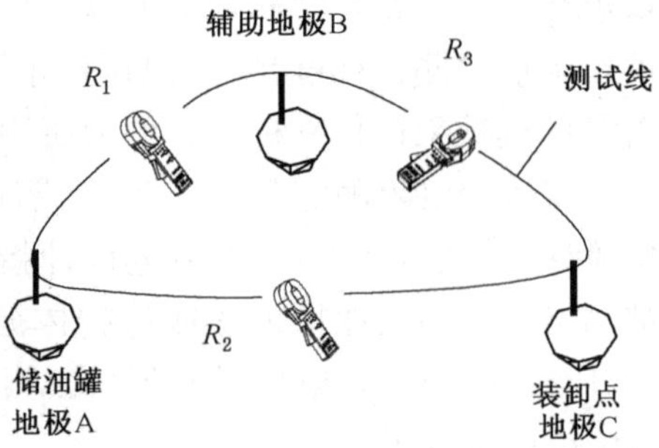

图 6-8　储油罐、装卸点接地电阻测量

（b）加油机接地电阻的测量。如图 6-9 所示，找一个与加油机接地极互相独立的接地极，如装卸点接地极等，用测试线将两点连接起来，用钳表测出读数 R_T。则可计算出：

加油机接地电阻为　　$R = R_T - R_C$

式中　R_T——钳表所测阻值；

R_C——装卸点接地电阻值。

（c）加油机输油软管连接电阻的测量。如图 6-10 所示，用一根测试线将加油枪和加油机连接起来。用钳表测出读数 R_T。则可计算出：加油机软管连接电阻为：

$$R = R_T - R_L$$

式中　R_T——钳表所测阻值；

R_L——测试线的电阻值。

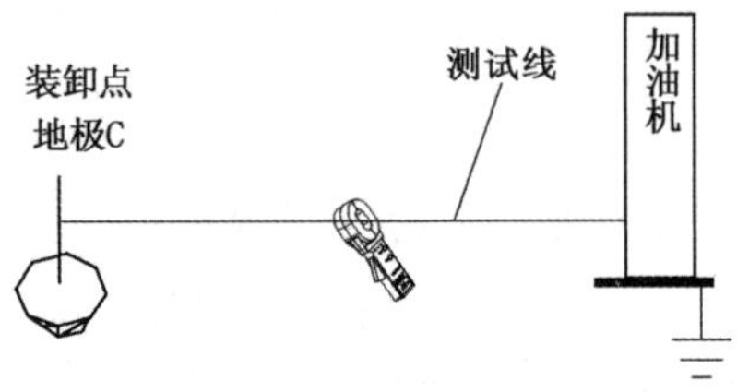

图 6-9　加油机接地电阻测量

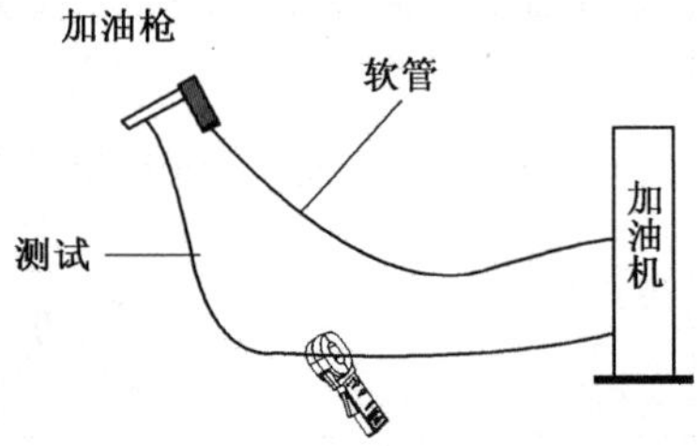

图 6-10　加油机输油软管连接电阻测量

（3）油气浓度检测。可燃性气体检测仪用于测定空气中各种油气的含量，当空气中油气浓度达到或超过爆炸下限时，发出报警信号，便于采取措施，预防事故的发生。国内可燃性气体浓度检测报警器主要有 XP－311II 型、KJB－1 型、KQB－83－2 型、BJ－3A 型、ED090 型、RB－JB－2000 型和 RB－KX 型等。可燃性气体检测仪的检测方式有催化燃烧式和泵吸式两种。下面介绍便携式可燃气体检测报警仪（催化燃烧式）的使用操作。其主要操作步骤为：

① 将一起放在新鲜空气中进行调零。开启电源开关→接上取样管→加热几分钟→将波段开关拨到所测气体档→使指针调零

② 测量。将取样管伸到所要测的地点→开启电源→待指针停留在摆动后的最大值时读

取测量值→重复测定 2 ~ 3 次→取平均值。

③ 测量结束。将仪器放置在新鲜空气中→工作几分钟后清洗气路系统→切断电源→恢复原样。

图 6-11 为油气浓度检测设备。

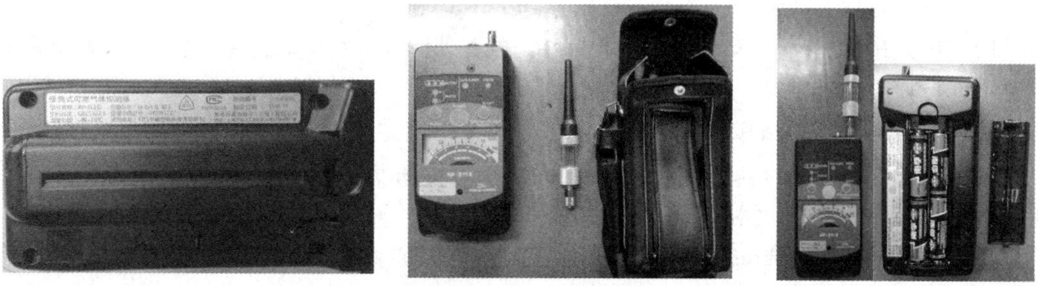

图 6-11　油气浓度检测设备

6.3　职业卫生与劳动保护

职业卫生（又称劳动卫生或工业卫生）是一门研究生产作业环境对劳动者健康的影响或危害程度，从而提出如何改善生产作业环境、工作条件，防止职业病危害因素的侵袭，预防职业病发生的学科。

6.3.1　职业卫生

6.3.1.1　职业卫生相关术语

（1）职业安全卫生（occupational safety and health）。职业安全卫生也称作劳动安全卫生或劳动保护，是以保障职工在职业活动过程中的安全与健康为目的的工作领域及在法律、技术、设备、组织制度和教育等方面所采取的相应措施。

（2）职业安全（occupational safety）。职业安全也称作劳动安全，是以防止职工在职业活动过程中发生各种伤亡事故为目的的工作领域及在法律、技术、设备、组织制度和教育等方面所采取的相应措施。

（3）职业卫生（occupational health）。职业卫生亦称作劳动卫生，是以职工的健康在职业活动过程中免受有害因素侵害为目的的工作领域及在法律、技术、设备、组织制度和教育等方面所采取的相应措施。

（4）女职工劳动保护（lab our protection of female employee）。针对女职工在经期、孕期、产期、哺乳期等的生理特点，在工作任务分配和工作时间等方面所进行的特殊保护。

（5）未成年工劳动保护（lab our protection of underage employee）。针对未成年工（已满十六周岁、未满十八周岁）的生理特点，在工作时间和工作分配等方面所进行的特殊保护。

（6）职业病（occupational diseases）。职工因受职业性有害因素的影响而引起的，由国家以法规形式规定并经国家指定的医疗机构确诊的疾病。

（7）职业禁忌症（occupational contraindication）。某些疾病（或某种生理缺陷），其患者如从事某种职业便会因职业性危害因素而使病情加重或易于发生事故，则称此疾病（或生理缺陷）为该职业的职业禁忌症。

（8）职工伤亡事故（injured and fatal accident of staffer）。职业活动过程中发生的职工人

身伤亡或急性中毒事件。

（9）急性中毒（acute poisoning）。职工在短时间内摄入大量有毒物质，发病急，病情变化快，致使暂时或永久丧失工作能力或死亡的事件。

（10）不安全行为（unsafe behavior）。职工在职业活动过程中，违反劳动纪律、操作程序和方法等具有危险性的做法。

（11）违章指挥（command against rules）。强迫职工违反国家法律、法规、规章制度或操作规程进行作业的行为。

（12）违章操作（operation against rules）。职工不遵守规章制度，冒险进行操作的行为。

（13）工作条件（working conditions）。工作条件亦称劳动条件，是职工在工作中的设施条件、工作环境、劳动强度和工作时间的总和。

（14）工作环境（working envirionment）。工作环境亦称劳动环境，是工作场所及周围空间的安全卫生状态和条件。

（15）工作场所（work place）。工作场所亦称劳动场所，是职工从事职业活动的地点和空间。

（16）劳动强度（intensity of work）。劳动的繁重和紧张程度的总和。

（17）特种设备（special equipment）。由国家认定的，因设备本身和外在因素的影响容易发生事故，并且一旦发生事故会造成人身伤亡及重大经济损失的危险性较大的设备。

（18）特种作业（special work）。由国家认定的，对操作者本人及其周围人员和设施的安全有重大危险因素的作业。

（19）特种工种（particaular wording posts）。从事特种作业人员岗位类别的统称。

（20）特种劳动防护用品（special personal protective devices）。由国家认定的，在易发生伤害及职业危害的场合供职工穿戴或使用的劳动防护用品。

（21）有害物质（harmful substances）。化学的、物理的、生物的等能危害职工健康的所有物质的总称。

（22）有毒物质（toxic substances）。作用于生物体，能使机体发生暂时或永久性病变，导致疾病甚至死亡的物质。

（23）危险因素（hazardous factors）。能对人造成伤亡或对物造成突发性损坏的因素。

（24）有害因素（harmful factors）。能影响人的身体健康，导致疾病，或对物造成损坏的因素。

（25）允许浓度（allowable concentration）。作业环境中有害物质的浓度、剂量超过国家卫生标准中该物质最高容许值的作业。

（26）有毒作业（toxic work）。作业场所空气中有毒物质含量超过国家卫生标准中有毒物质的最高容许浓度的作业。

（27）防护措施（protection measures）。为避免职工在作业时身体的某部位误入危险区域或接触有害物质而采取的隔离、屏蔽、安全距离、个人防护等措施或手段。

（28）个人防护用品（personal protective devices）。个人防护用品亦称劳动防护用品，是为使职工在职业活动过程中免遭或减轻事故和职业危害因素的伤害而提供的个人穿戴用品。

6.3.1.2 加油站职业卫生基本要求

加油站存在的职业危害因素主要是油品及其蒸气中含有的铅、苯、烯烃、硫及硫化物等有毒性物质；高温、高压等异常气象条件；噪声、灰尘；倒班制造成人体生物钟的紊乱等。

为确保员工的身体健康，加油站主要应做好以下几个方面的工作：

（1）采取措施减少油气释放，控制油气浓度。油品及其蒸气是影响加油站作业人员身体健康的主要因素。加油站减少油气释放，控制油气浓度的措施主要有油罐埋地敷设、密闭储油、密闭卸油、油气回收（包括卸油油气回收和加油油气回收）、通风措施等。

（2）做好防暑降温、保温工作。夏季高温天气，加油站加油作业人员长时间在户外工作，很容易发生中暑；冬季气温较低，容易着凉、生冻疮等。

（3）搞好加油站的美化、绿化和环境卫生。绿色植被可清新空气、减少噪声、阻挡灰尘，良好的卫生环境可有效地抑制细菌生长，同时可使人身心愉悦。

（4）合理安排作业班次，按照国家有关法律法规要求办事，确保作业人员的假期和休息时间。

6.3.1.3 职业病

职业病是指职工因受职业性有害因素的影响而引起的，由国家以法规形式规定并经国家指定的医疗机构确诊的疾病。依据《中华人民共和国职业病防治法》，构成职业病必须具备四个条件，即患者是企业、事业单位或个体经济组织的劳动者；患者必须是在从事职业活动的过程中产生的；疾病必须是因接触粉尘、放射性物质和其他有毒、有害物质等职业病危害因素引起的；疾病必须是国家公布的职业病分类和目录所列的职业病。判断患者所患疾病是否是职业病，以上四个条件缺一不可。我国最常见的职业病有尘肺、职业中毒、职业性皮肤病等。根据我国职业病目录，在加油站工作的人员有可能产生的职业病主要有：汽油中毒、中暑、高原病等。

（1）中暑。中暑俗称发痧，古称中暍。中暑是指在高温和热辐射的长时间作用下，机体体温调节障碍，水、电解质代谢紊乱及神经系统功能损害的症状的总称。是以出汗停止因而身体排热不足、体温极高、脉搏迅速、皮肤干热、肌肉松软、虚脱及昏迷为特征的一种病症。

① 中暑产生的原因。除了高温、烈日曝晒引起中暑外，工作强度过大、时间过长、睡眠不足、过度疲劳等均为常见的诱因。

② 中暑分类。中暑在我国法定职业病名单中规定有热射病、热痉挛及日射病三种，但实际常按临床表现划分为先兆中暑，轻症中暑和重症中暑三种。

（a）先兆中暑。在高温作业场所劳动过程中，作业人员有轻微头晕、头疼、眼花、耳鸣、心悸、脉搏频数、恶心、四肢无力、注意力不集中、动作不协调等症状，体温正常或略有升高，但尚能勉强坚持工作。

（b）轻症中暑。作业人员具有前述中暑症状而一度被迫停止工作，但经短时休息，症状消失，并能恢复工作。

（c）重症中暑。作业人员具有前述中暑症状被迫停止工作，并在该工作日未能恢复工作或在工作中出现突然晕厥及热痉挛。

③ 中暑预防。下列措施可以有效预防中暑。

（a）出行躲避烈日。夏季高温天气尽量少出门，如必须外出，一定要做好防护工作，如打遮阳伞、戴遮阳帽和戴太阳镜，有条件的最好涂抹防晒霜，准备充足的水和饮料；最好不要在10：00～16：00时间段内在烈日下行走，因为这个时间段的阳光最强烈，发生中暑的可能性是平时的10倍。

（b）外出时着装尽量选用棉、麻、丝类的织物，应少穿化纤类服装，以免大量出汗时不能及时散热，引起中暑。

（c）多补充水分。夏季高温天气，不要等口渴了才喝水，因为口渴表示身体已经缺水。根据天气情况，最好每天喝 1.5 ~2L 水；出汗较多时可适当补充一些盐水。

（d）注意饮食。夏季饮食，一是要多吃蔬菜如生菜、黄瓜、西红柿等和新鲜水果如桃子、杏、西瓜、甜瓜等，因蔬菜、水果含水量较高，可用来补充人体水分。二是适当吃一些乳制品，因乳制品既能补充水分，又能补充营养；三是适当饮用含有钾、镁等元素的饮料。

（e）睡眠要充足。夏天白天时间长，气温高，人的新陈代谢旺盛，消耗大，容易感到疲劳。充足的睡眠，可使大脑和身体各系统得到放松，起到预防中暑的作用。夏季人的最佳就寝时间是 22：00 ~23：00，最佳起床时间是 5：30 ~6：30，睡眠时注意不要躺在空调的出风口和电风扇下，以免患上空调病和热伤风。

（f）准备防暑降温药品。十滴水、人丹、风油精等要随身携带，以作应急之用。

④ 中暑急救。发现中暑者，应进行紧急救护，其方法步骤如下：

（a）转移患者。迅速将患者转移至阴凉、通风处，解开衣扣，抬高头部，使中暑者平卧休息。

（b）补充水分。如患者神志清醒，并无恶心、呕吐现象，可拿一些含盐的清凉饮料、茶水或绿豆汤等给患者饮用。

（c）人工散热。用电风扇、手摇扇等帮助患者散热，但要注意电风扇不能直接对着病人吹，防止造成患者感冒。

（d）冷敷。冷敷即用湿冷毛巾或冰袋（用冰块、冰棍、冰激淋等放入塑料袋内，封严密即可）放置在患者的头部、腋下、腹股沟等大血管处吸热。也可用 30% 酒精擦拭患者，直到皮肤发红。

（e）重症患者应及时送医院救治。

（2）职业中毒。

加油站作业人员最常见的是油气中毒，轻微中毒者有头晕、恶心、疲乏、食欲不振等症状，严重的会引起神经衰弱甚至紊乱或死亡。

① 中毒分类。中毒有急性中毒、亚急性中毒和慢性中毒之分。急性中毒是指人在短时间内接触高浓度的有毒物质而引发的中毒，其症状出现迅速，严重者意识丧失，甚至死亡。慢性中毒是人在长时间内接触低浓度的有毒物质，毒性在人体内积聚到一定程度而引发的中毒，症状发生缓慢而轻微，常与一般不适相混淆，易被忽视，往往随着时间的推移、病情加重时才被发现。亚急性中毒介于急性中毒和慢性中毒之间。

② 中毒发生的途径。有毒物质主要是通过呼吸道、消化道和皮肤接触侵入人体，造成人身中毒。

③ 加油站预防中毒措施。加油站预防中毒的措施主要有：

（a）尽量减少油品蒸气的吸入量。工作场所保持通风良好；确保储油罐、管线、加油设备等密封严密，如发现渗漏应及时维修，并彻底收集和清除漏洒的油品，避免油品挥发；清洗油罐时，必须严格执行《油罐清洗作业安全技术规程》的有关规定；加油作业、计量作业尽可能站在上风或侧风方向。

（b）避免口腔和皮肤与油品接触。严禁用嘴吸油品；严禁用汽油洗手、擦洗衣服；讲究个人卫生，做到勤洗手、勤洗衣服，不要将沾有油污的工作服、手套、鞋袜等带进食堂和宿舍。

6.3.2 劳动保护

6.3.2.1 *劳动保护用品配备*

加油站配备的劳动保护用品如表6-13所示。

表6-13 加油站劳动防护用品配备一览表

工作服	工作帽	工作鞋	劳防手套	防寒服	安全帽	安全带
jd	jd	fz	ny	jd	fz	fz

注：字母表示该种类必须配备的劳动保护用品应具有字母对应的防护性能，其中，fz—防砸，jd—防静电，ny—耐油。

6.3.2.2 *劳动防护用品的使用*

为确保自身的健康安全，加油站作业人员在工作期间应正确佩戴和使用劳动防护用品，具体如下：

（1）上班期间必须戴工作帽，穿防静电工作服，工作服最好同时具有反光功能，以起到防静电、防汽车碰撞的作用。

（2）进行高空作业需系安全带，戴安全帽。

（3）进行接卸油作业需戴耐油手套，上罐车进行计量验收作业需穿防滑鞋、戴安全帽。

（4）平时进行加油作业作业，最好戴白面纱手套。

（5）冬季气温较低时，应穿防寒服。

6.3.2.3 *女职工劳动保护*

为维护女职工的合法权益，减少和解决女职工在劳动和工作中因生理特点造成的特殊困难，保护其健康，国家专门制定了《女职工劳动保护条例》，加油站应认真贯彻执行。关于女职工劳动保护的具体规定详见《女职工劳动保护条例》。

6.4 环境保护

环境保护对石油石化行业也提出了更高的要求。对“三废”处理、水资源保护、环境污染等都提出了相应的要求。加油站的环境污染源主要来源于挥发的油气、排放的含油污水、泄漏的油品、车辆噪声等。因此，加油站的环境保护工作主要应从控制这些污染源入手。

6.4.1 控制油气排放

减少油品挥发，控制油气浓度一是降低油品蒸发损耗，提高经济效益；二是降低工作场所空气中的油气含量，减少吸入量，利于员工身体健康；三是降低油气造成的环境污染，提高加油站的安全系数。因此，控制加油站油气排放具有十分重要的意义。控制油气排放主要应从改善操作和改进工艺两个方面来考虑。

6.4.1.1 *改善操作*

（1）在接卸、加注油品等作业过程中，采取措施，减少因油品吸附、滴、洒、渗、跑、溢等造成的油气挥发；

（2）加强对油罐、管线、阀门、法兰、加油机等设备的维护保养，确保密封良好，做到不渗不漏；

（3）卸油时不要将油罐计量孔打开，以减少接卸过程中的油气挥发；

（4）提高计量操作技能，加快计量、采样速度，尽可能减少计量作业次数，缩短作业时间。

6.4.1.2　改进工艺

（1）采用密闭卸油工艺；

（2）采用油气回收技术，回收接卸、储存、加油过程中挥发的油气；

（3）采用油罐液位自动计量系统，减少人工计量。

6.4.2　含油污水处理

6.4.2.1　含油污水来源分析

加油站的含油污水主要来源于以下几个方面：

（1）油罐清洗、检修、排除罐底水过程中形成含油污水。

（2）输油管线清洗、检修过程形成含油污水。

（3）油罐、管线、加油机渗漏后同水混合形成含油污水。

（4）加油机及其他设备在检修过程中因清洗零部件而形成含油污水。

（5）加油、接卸等作业过程中出现跑、冒、溢、喷射、滴、洒、漏油后处理过程中形成含油污水。

（6）车辆检修、清洗过程中形成含油污水。

（7）油罐清洗出来的油污未按规定进行处理，被雨水冲刷后形成含油污水。

6.4.2.2　含油污水处理

为保护环境，加油站的含油污水须经过处理后再行排放，其排放标准为污水中石油类物质含量不超过5mg/L。加油站含油污水通常采用如图6-12所示的水封油水分离装置来进行处理。

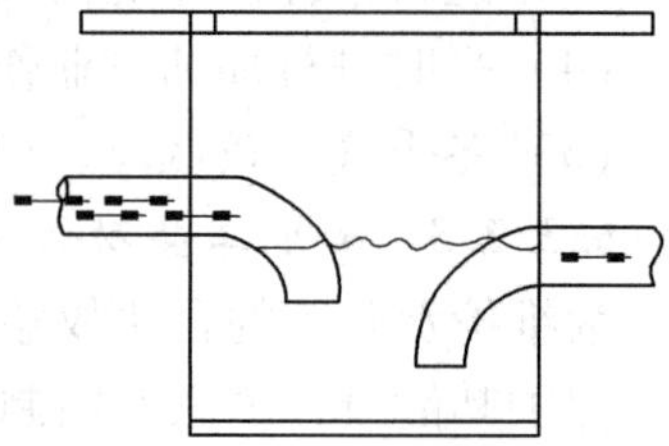

图6-12　油水分离装置

6.5　消防管理

6.5.1　消防知识

6.5.1.1　燃烧和爆炸

（1）燃烧。燃烧是一种伴随着光和热产生的快速氧化反应，其特征是：放出热量、发出光、氧化反应剧烈。依据经典的燃烧三角形理论，物质燃烧需要具备三个基本条件，即可燃物、助燃物以及着火源，三个条件，缺一不可。

依据燃烧四面体理论，物质燃烧需要具备四个基本条件，即可燃物、助燃物、着火源、活性基团。

① 可燃物。在一定条件下，凡能与空气中的氧或其他氧化剂发生剧烈反应的物质都称为可燃物。

② 助燃物。指支持物质燃烧的另一种物质，一般指空气中的氧或氧化剂。

③ 着火源。把可燃物质的一部分或全部加热到发生燃烧所需要的温度和热量的热源。加油站防火防爆最重要的手段之一就是控制加油站的火源。加油站的火源如图6-13所示。

④ 活性基团。燃烧实际上是气体分子间的活性基团相互作用，要维持燃烧，必须保证活性基团链锁反应的连续性。如果活性基团不能连续供给，燃烧就会自动中断，如干粉灭火

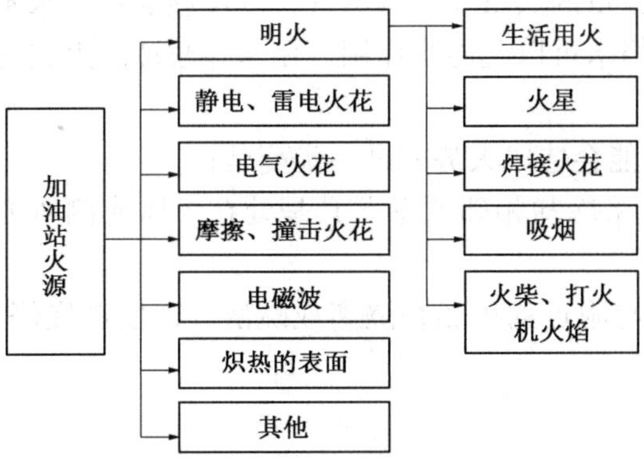

图6-13　加油站火源分析

剂对燃烧起负催化抑制作用，它会吸收大量活性基团，中止燃烧。

（2）爆炸。物质从一种状态转变为另一种状态，并在瞬间释放巨大能量，同时伴随巨大声响的现象称为爆炸。爆炸又有物理性爆炸、化学性爆炸和核爆炸之分。物理性爆炸是热能的作用。物质从液态变为气态，体积膨胀，容器内压力急剧上升，超过容器的承压能力而发生的，当爆炸发生时，物质的化学成分不发生变化，而是形状发生改变。发生化学性爆炸时，物质不但形状发生改变，而且其化学成分也会发生改变。

① 化学性爆炸的特征。化学性爆炸的特征主要表现为氧化反应速度非常快，且能量释放在瞬间完成；爆炸区域内压力非常高，发生爆炸的对象或周围物质易遭到破坏；伴随巨大的声响。

② 化学性爆炸发生的条件。化学性爆炸的发生必须具备两个基本条件即存在爆炸性混合气体，且浓度在其爆炸极限范围内；有足够的着火源。对于油品蒸气和空气的混合气其爆炸的极限范围比较小，爆炸极限的下限低，且引爆所需要的能量小，容易发生爆炸。因此，加油站要特别加强对油气浓度和火源的控制。油品蒸气和空气的混和气爆炸极限范围见表6-14。

表6-14　几种油品的爆炸极限

油品名称	浓度爆炸极限/%（体积）		温度爆炸极限/℃	
	下限	上限	下限	上限
车用汽油	1.4	7.6	-38	-8
航空汽油	1.4	7.6	-34	-4
煤油	0.6	8.0	40	86
柴油	0.6	6.5	—	—
溶剂油	1.4	6.0	—	—

注：（1）由于油品的化学组成、炼制工艺不同，油品的爆炸极限不是一个固定值。
（2）不同品种、不同牌号、不同炼厂、不同批次的油品其爆炸极限会有一定的差别，但差别很小。

6.5.1.2　灭火的基本方法

从控制燃烧的条件入手，灭火的基本方法有窒息法、冷却法、隔离法和负催化抑制法四种。

（1）窒息法。阻止空气流入燃烧区，或用不燃烧物质冲淡空气，使燃烧物质断绝氧气的助燃而熄灭。一般情况下，当助燃物空气中的氧含量低于9%～18%时，燃烧即将停止。窒息法适用于扑救密闭的房间、容器、生产装置设备内的初期火灾。采用窒息法灭火时应注意：

① 只有在燃烧部位空间较小，容易堵塞，燃烧区内没有氧化剂存在的情况下才能采用。

② 灭火后，必须在确认火已扑灭且温度下降后，才能打开孔洞进行检查，防止复燃。

（2）冷却法。将灭火剂直接喷洒在燃烧着的物体上吸收热量，使可燃物的温度降低到燃点以下，终止燃烧。泡沫、二氧化碳灭火剂的灭火机理主要是窒息和冷却燃烧物体表面而达到灭火的目的。水能灭火也是因为水能吸收大量的热量变成水蒸气，冷却燃烧物。水不能直接用来扑救密度比它小的液体如油品火灾，但水可以起冷却作用。用水扑救油品火灾时应注意：

① 水不能直接参与扑救油品火灾，否则可能会造成火势的进一步蔓延；

② 要有足够的冷却用水量，否则应重点用来冷却相邻油罐尤其是处在下风或侧风方向的油罐。

（3）隔离法。所谓隔离法就是将燃烧物体与附近的可燃物隔离或疏散开，使燃烧停止。隔离法在加油站中的具体应用有：

① 迅速关闭加油机、阀门，切断管路；

② 迅速指挥疏散车辆离开加油站；

③ 将可燃物转移到安全地带；

④ 用砂阻拦流散的油品，防止火势进一步蔓延。

（4）负催化抑制灭火法。使灭火剂参加到燃烧反应过程中去，使燃烧过程中产生的自由基消失，形成稳定的或低活性的游离基，从而终止燃烧。如干粉灭火剂喷洒到燃烧区域时，会吸收大量的活性基团，使其数量急剧减少，并中断燃烧的连锁反应，从而使火熄灭，起到负催化作用或抑制作用。采用负催化抑制灭火方法时，应注意：

① 灭火剂必须准确喷洒在燃烧区；

② 灭火速度快，但易复燃，需同时使用其他灭火剂（如泡沫或水）覆盖冷却燃烧物。

在实际灭火过程中，大多是几种方法的综合应运用。如采用泡沫灭火时，泡沫主要是将燃烧物与助燃物（一般指空气中的氧）隔离，同时，兼有有冷却降温的作用。

6.5.1.3 油品初起火灾扑救

火灾是指造成财产损失或人身伤亡的失去控制的燃烧现象，未造成财产损失或人身伤亡的燃烧现象则称为火情或火警。

火灾的发展过程一般分为初期燃烧、稳定燃烧、扩大燃烧及熄灭四个阶段。初期燃烧阶段燃烧不稳定、燃烧面积小、火焰不高、燃烧区域温度低，因此，扑救火灾的最佳时机应选在燃烧的初期阶段。

加油站发生火灾后，如火势较小，应就地取用灭火器材，将火扑灭；如火势较大，应立即启动灭火预案，按照灭火预案的分工，迅速组织灭火战斗。

（1）汽车油罐车初起火灾扑救。加油站汽车油罐车在卸油作业过程中发生火灾，可采用窒息法和使用灭火器进行扑救，一般可按照图6-14所示程序处理。

扑救汽车油罐车初起火灾时，应注意下面几个问题：

① 火势较小时，选择用灭火毯或湿棉被、工作服覆盖人孔口，使火窒息。火势较猛时，应使用灭火器扑救。

② 灭火毯从上风或侧风覆盖人孔口，动作一定要快，要准，且覆盖必须严密。

③ 确定火熄灭后，必须待油罐温度下降后

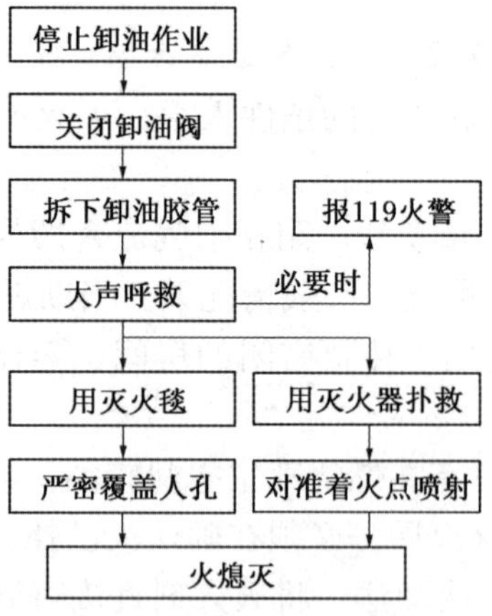

图6-14 卸油过程汽车油罐车初起火灾扑救

方可拿开灭火毯，防止复燃。

（2）加油作业过程中车辆火灾扑救。

① 车辆在加油过程中油箱口着火，应立即停止加油作业，关闭加油机，迅速用灭火毯覆盖在油箱口上，使火窒息；亦可使用灭火器扑灭。

② 如果是摩托车发动机着火，应立即停止加油作业，关闭加油机，设法盖上油箱盖，或用灭火毯覆盖油箱口，再用灭火器扑灭。

③ 车辆着火，一时无法扑灭时，应边扑救，边指挥疏散车辆，同时将着火车辆推离加油站，防止火势蔓延。

（3）加油机火灾扑救。当加油机着火时，应立即停止加油作业，关闭加油机，切断电源，再用灭火器进行扑救。

6.5.1.4 电气火灾扑救

发生电气火灾后，其扑救流程及要求如下：

（1）首先应设法切断电源，然后用二氧化碳或干粉灭火器进行扑救。

（2）扑救电气火灾应注意在电源没有切断的情况下，不可使用泡沫灭火器、水进行扑救。

（3）电气火灾应尽可能在电源切断后再行扑救，否则必须穿绝缘的鞋，防止触电。

6.5.1.5 消防演练

（1）消防训练与演习的意义。消防训练与演习并不是一种形式，而是为了提高员工消防安全意识和扑救初期火灾、自救逃生的技能和熟练程度，以便加油站发生火灾是能够有效地实施扑救，保护人员和财产安全。

消防队员一般是在高温、浓烟、缺氧、热辐射、热气流等情况下进行工作，体力消耗大，精神处于紧张状态，生理上也要承担一定压力。加油站的每一位员工都是义务消防员，都有参与灭火工作的义务和责任。

因此，加油站应经常性开展有组织的灭火训练，同时，要求自己的员工积极参加体育锻炼，使他们在技术上、体能上能够满足消防工作的要求。

（2）基本功训练。

① 基本体能训练。基本体能训练是为了全面提高消防队员的身体素质，包括力量素质、速度素质、灵敏素质和柔韧素质，以适应火场上超负荷活动要求。

虽然，加油站员工在体能要求上不是很严格，但也必须具备一定的力量和速度，否则连灭火器都提不起，推不动，怎么去灭火？又如何争取灭火时间和速度？

加油站员工的基本体能训练项目有平地3000m匀速跑、台阶跑、手提灭火器负重跑等。

② 基本技能训练。加油站消防基本技能训练项目包括报警训练、灭火训练、安全警戒、疏散训练和综合训练（消防预案演习）。

（a）报警训练。学习掌握向“119”报警要领，报火警应讲清楚着火单位名称，地址，行车路线；燃烧对象，火势发展情况，有无人员伤亡；报警人姓名，联系电话。

（b）灭火训练。熟悉掌握加油站各类消防设施、设备、器材的位置、性能和使用方法。其训练程序及内容如图6-15所示。

（c）安全警戒、疏散训练。熟练指挥加油车辆疏散和划定警戒线，禁止外面车辆和人员进入，防止火势蔓延，造成人员伤亡和更大的财产损失。其训练程序及内容如图6-16所示。

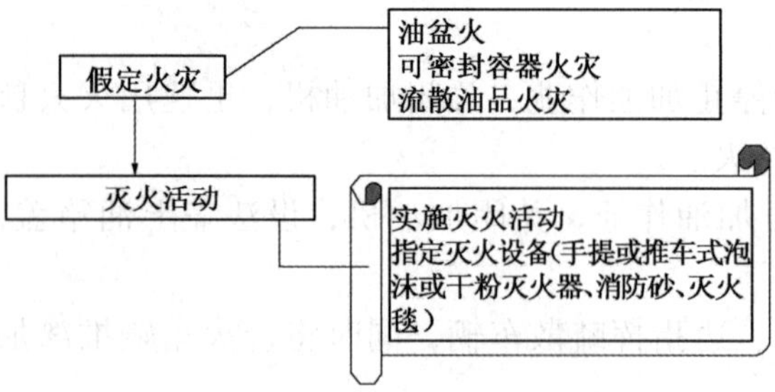

图 6-15　灭火训练程序及内容

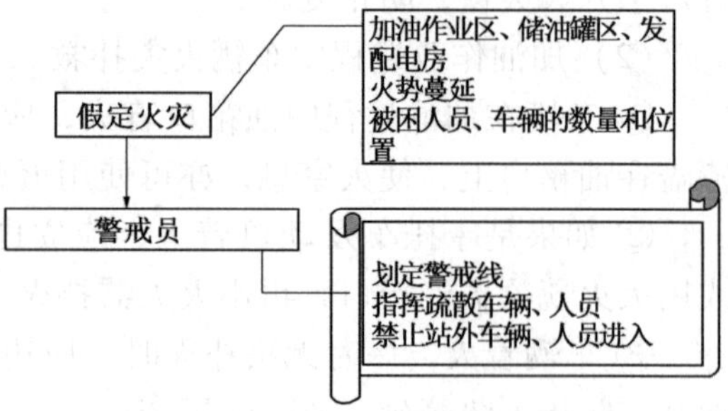

图 6-16　安全警戒、疏散程序及内容

（d）综合训练（消防预案演习）：启动消防预案，按照预案分工，各专业组和人员进行报警训练、灭火训练以及安全疏散训练，以检验货场组织和指挥系统、货场指挥部分工的合理性、各专业组的效能以及灭火作战计划的可行性等等。其演习程序及内容如图 6-17 所示。

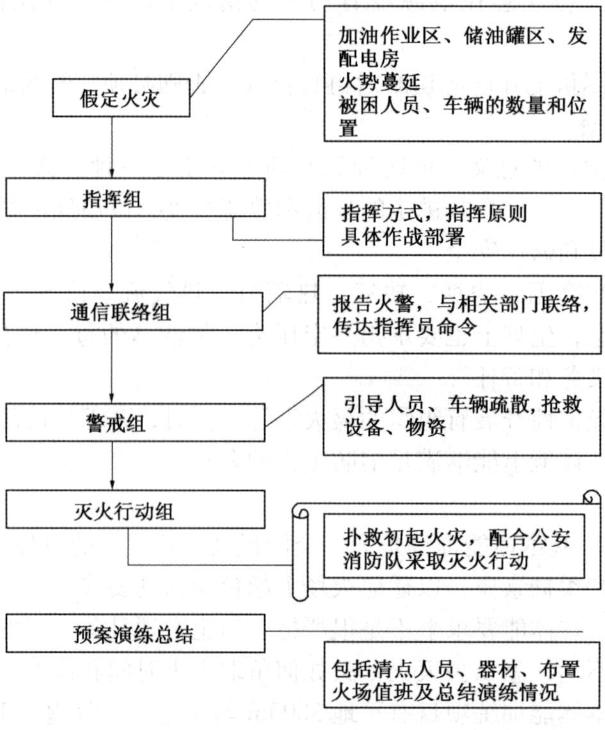

图 6-17　综合训练（消防预案演习）程序及内容

6.5.2　消防器材

6.5.2.1　火灾及其分类

（1）火灾的概念。火灾是指在时间和空间上失去控制的燃烧，并对财产和人身造成损害的燃烧现象。

（2）火灾的种类。按照 GBJ 140—90，根据物质及其燃烧特性将火灾划分为四类：

① A 类火灾。指含碳固体物质火灾，这种物质往往具有有机物质，一般在燃烧时能产生灼热的灰烬。如木材、棉、毛、麻、纸张火灾等。

② B 类火灾。指甲、乙、丙类液体火灾和可熔化的固体物质火灾。如汽油、煤油、柴油、原油、甲醇、乙醇、沥青、石蜡火灾等。

③ C 类火灾。指可燃气体火灾。如煤气、天然气、甲烷、乙烷、丙烷、氢气火灾等。

④ D 类火灾。指可燃金属火灾。如钾、纳、镁、钛、锆、锂、铝镁合金火灾等。

加油站的火灾主要是 B 类火灾、C 类火灾和带电火灾，一般不存在 D 类火灾。

6.5.2.2 消防器材的种类与选用

（1）灭火器材的种类。灭火器型号由类、组、特征代号和主要参数四部分组成。其中类、组、特征代号用有代表性的汉语拼音字母的字头表示，主要参数是指灭火器中灭火剂的充装量和单位，单位为千克（kg）或升（L），如：MFT50 表示 50 kg 的推车式干粉灭火器。加油站常见灭火器型号和含义见表 6-15。

表 6-15　加油站常见灭火器型号及含义

级别	编号	特征	代号	代号含义
泡沫	P	手提式	MP	手提式泡沫灭火器
		推车式	MPT	推车式泡沫灭火器
干粉	F	手提式	MF	手提式干粉灭火器
		推车式	MFT	推车式干粉灭火器
二氧化碳	T	手轮式	MT	手轮式二氧化碳灭火器
		鸭嘴式	MTZ	鸭嘴式二氧化碳灭火器
		推车式	MTT	推车式二氧化碳灭火器

（2）灭火器的灭火级别。灭火器的灭火效能用灭火级别来表示。灭火器的灭火级别由数字和字母组成，如 5A、8B 等，数字表示灭火级别的大小，字母表示灭火级别的单位及适用扑救火灾的种类。加油站常用灭火器的灭火级别见表 6-16。

表 6-16　各类灭火器的灭火级别

灭火器类型		灭火剂充装量		灭火级别	
		L	kg	A 类火灾	B 类火灾
泡沫 （化学泡沫）	手提式	6 9		5A 8A	2B 4B
	推车式	40 65 90		13A 21A 27A	18B 25B 35B
干粉 （碳酸氢钠）	手提式		1 2 3 4 5 6 8 10		2B 5B 7B 10B 12B 14B 18B 20B

续表

灭火器类型		灭火剂充装量		灭火级别	
		L	kg	A 类火灾	B 类火灾
推车式			25 35 50 70 100		35B 45B 65B 90B 120B
二氧化碳（CO_2）	手提式		23 5 7		1B 2B 3B 4B

（3）灭火器的使用温度范围。灭火器的使用温度范围见表6-17。

表6-17　灭火器的使用温度范围

灭火器类型		使用温度范围/℃
化学泡沫泡沫灭火器		4～55
干粉灭火器	储气瓶式	-10～55
	储压式	-20～55
二氧化碳灭火器		-10～55

6.5.2.3　*消防器材的使用与维护*

加油站配备的消防器材主要有干粉灭火器、二氧化碳灭火器和泡沫灭火器。加油站初起油品火灾范围小、火势小，如果发现得早、灭火器使用得当、扑救及时，可将一场有可能造成巨大财产损失或人员伤亡的火灾消灭在萌芽状态。因此，正确使用和维护加油站内的消防器材，确保其性能合格，工作可靠、有效就显得尤为重要。

（1）泡沫灭火器的使用。

① 手提式化学泡沫灭火器的使用。手提式泡沫灭火器的使用如图6-18所示，但在使用过程中应注意以下几点：

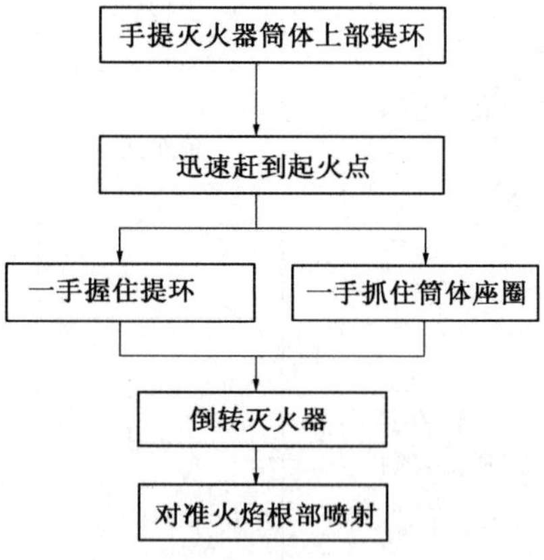

图6-18　手提式泡沫灭火器使用流程

（a）灭火器在运送过程中，要直立提运，不要过分倾斜或摇晃，亦不能横着搬运、颠倒或用肩抗运，以免泡沫提前喷射；

（b）扑救固体火灾时，应将喷嘴对准燃烧最猛烈处喷射；

（c）扑救容器油品火灾时，应将泡沫喷射到容器内壁上，使泡沫顺容器壁流下，平行流动覆盖在油面上；

（d）灭火时应注意从上风或侧风方向靠近，扑救流散油品火灾，应对准火焰根部，由近及远扫射；

（e）灭火器药液必须一次性用完，切勿中途堵住喷嘴，否则易发生爆裂事故。

② 推车式化学泡沫灭火器的使用。如图 6-19 所示，推车式化学泡沫灭火器应两人同时操作，其使用操作注意事项与手提式化学泡沫灭火器基本相同。

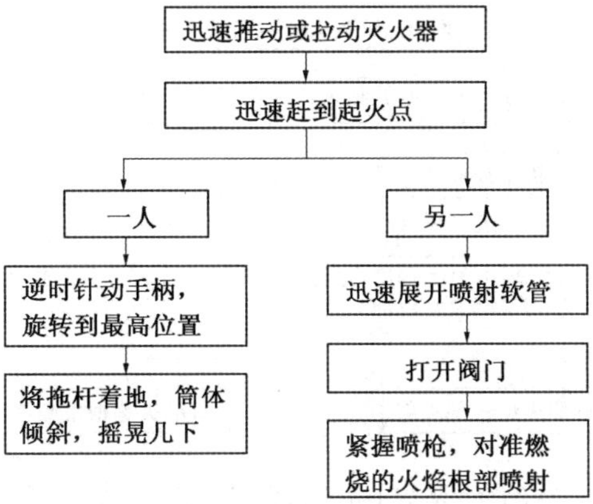

图 6-19　推车式泡沫灭火器使用

（2）二氧化碳灭火器的使用。手提式二氧化碳灭火器的使用如图 6-20 所示，推车式二氧化碳灭火器一般由两人操作，其使用如图 6-21 所示。二氧化碳灭火器在使用过程中应注意下列事项：

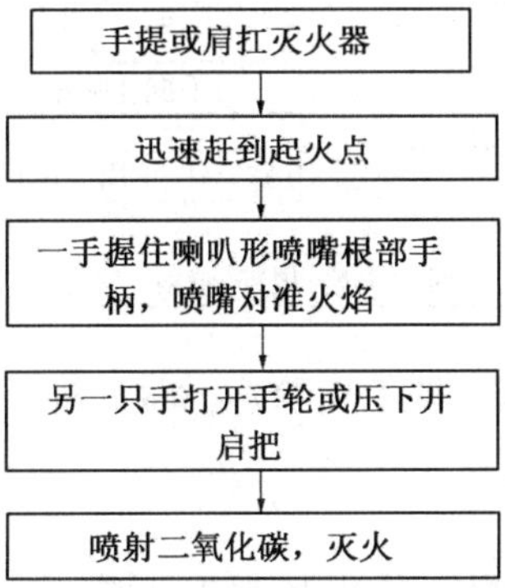

图 6-20　手提式二氧化碳灭火器的使用

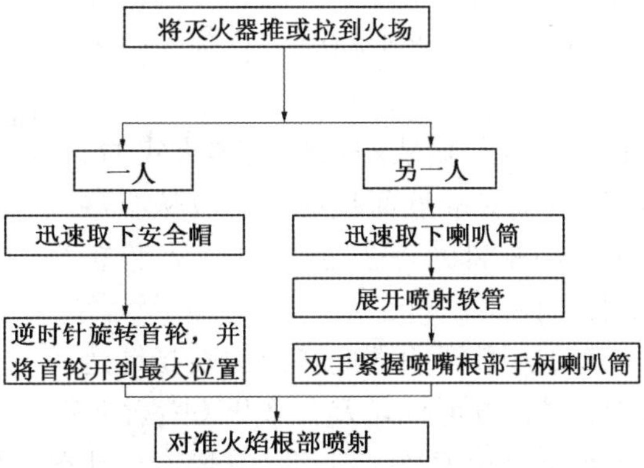

图 6-21　推车式二氧化碳灭火器的使用

① 手提式二氧化碳灭火器在使用过程中应始终保持直立状态，切不可横卧、水平或颠倒；

② 使用时，应站在上风或侧风方向；

③ 在室内空间较小的情况下使用，当火被扑灭后，要迅速撤离，以防止二氧化碳中毒；

④ 使用操作时，最好带防护手套，否则切记不要用手接触喷嘴或金属管，以防冻伤；

⑤ 使用灭火器扑就流散可燃液体火灾时，要由近及远向火焰喷射，当火火灾面积较大时，要横向摆动喷嘴扫射；

⑥ 扑救容器内火灾时，应从容器上部的一侧向容器内喷射，但不要使二氧化碳冲击到液面，以免液体冲出容器而使火灾扩大。

（3）干粉灭火器的使用。手提式干粉灭火器的使用如图 6-22 所示，推车式干粉灭火器一般由两人操作，其使用如图 6-23 所示。干粉灭火器在使用过程中应注意：

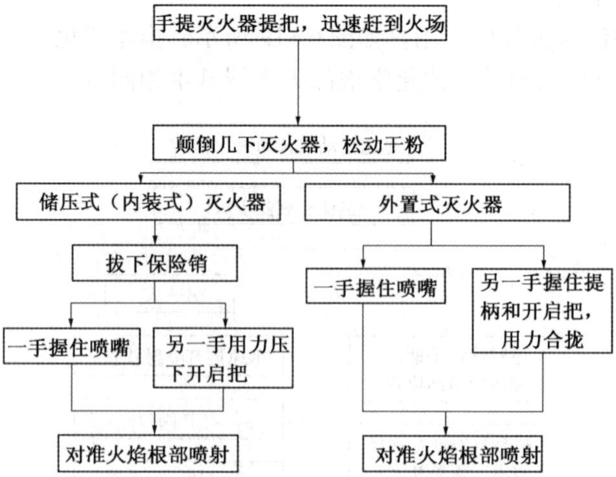

图6-22　手提式干粉灭火器的使用

① 干粉灭火器使用时，应从上风或侧风方向喷射；

② 干粉灭火器在使用过程中应始终直立，不能横卧或颠倒；

③ 扑救流散可燃液体火灾时，要对准火焰根部，由近及远，水平扫射，直到火焰被扑灭；

④ 扑救用容器盛装的可燃液体火灾时，不要将喷嘴直接对准液面喷射，而应从容器侧面对准火焰根部水平扫射，以防火势扩大，造成扑救困难；

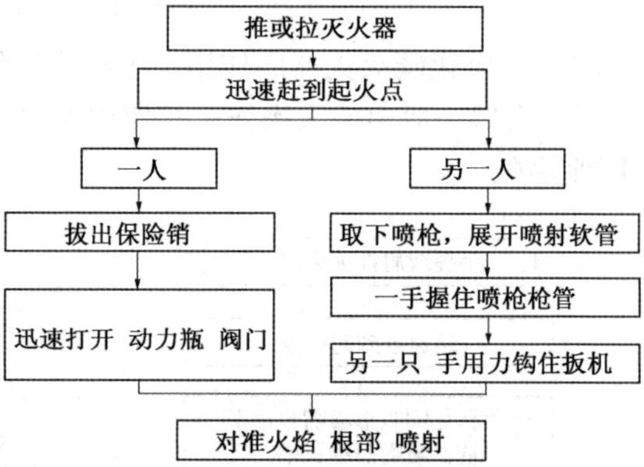

图6-23　推车式干粉灭火器的使用

⑤ 推车式干粉灭火器应待压力表指针达到0.98MPa时，方可打开灭火器开关喷射干粉；

⑥ 干粉灭火速度快，但容易复燃，火扑灭后应留守观察，待火场温度下降后，再清理火场。

（4）为保证消防器材的有效性，加油站的消防器材实行“四定”管理，即“定人员、定设备、定期维护与保养、定期换药”。

① 对灭火器材应加强日常管理和维护，建立灭火器材维护、管理档案，记明类型、数量、部位和维护管理责任人。

② 灭火器应保持铭牌完整清晰，保险销和铅封完好，应避免日光曝晒和强辐射热。冬季应采取防寒措施。

③ 灭火器材应设置在指定部位，并应摆放稳固，不应被挪作它用、埋压或将灭火器箱锁闭。

④ 灭火器每年应由具备资格的维修单位进行一次功能性检查。

⑤ 检查、维修过的灭火器，应在灭火器的筒身和储气瓶上分别贴上维修铭牌。

6.5.2.4 加油站消防器材的配备

（1）加油站分级。根据《汽车加油加气站设计与施工规范》（GB 50156—2012），汽车加油站分为一级、二级、三级（见表6-18）。

表6-18 加油站的等级划分

级别	油罐容积/m^3	
	总容积	单罐容积
一级	$150 < V \leqslant 210$	$\leqslant 50$
二级	$90 < V \leqslant 150$	$\leqslant 50$
三级	$V \leqslant 90$	汽油罐 $V \leqslant 30$，柴油罐 $V \leqslant 50$

注：V为油罐总容积；柴油罐容积可折半计入油罐总容积。

（2）消防器材的配备。加油站灭火器材配置主要依据是《建筑灭火器配置设计规范》和《汽车加油加气站设计与施工规范》（GB 50156—2012），其配置情况如下：

① 每2台加油机应设置不少于2具4kg手提式干粉灭火器加气机不足2台应按2台配置。

② 每2台加油机应配置不少于2具4kg手提式干粉灭火器，或1具4kg手提式干粉灭火器和1具6L泡沫灭火器。加油机不足2台应按2台配置。

③ 地下储罐应配置1台不小于35kg推车式干粉灭火器。当两种介质储罐之间的距离超过15m时，应分别配置。

④ 一级、二级加油站应配置灭火毯5块、沙子$2m^3$。三级加油站应配置灭火毯2块、沙子$2m^3$。

⑤ 其余建筑的灭火器材配置应符合国家标准《建筑灭火器配置设计规范》GB 50140的规定。

6.6 事故管理

在加油站经营过程中，由于存在大量的易燃、易爆、易蒸发、易泄露、易积聚静电等诸多不安全因素，危险性较大，一旦发生事故，就可能造成财产损失或人员伤亡。因此，加油站安全管理的重点之一就是要做好事故管理。加油站事故管理是指对事故的抢救、调查、分析、研究、报告、处理、统计、建档、制定预案和采取防范措施的事故发生后的一系列工作和管理的总称。

事故管理的意义在于依据科学的方法，通过对事故的调查和分析，找出事故发生和发展的规律，从而制定有效的事故预防措施和恰当的应急救助预案，预防事故的发生或重复发生，保证加油站经营安全顺利地进行。

6.6.1 事故与隐患

事故是造成死亡、职业病、伤害、财产损失、环境破坏的事件；也可以说是导致生命或财产达到特定损伤水平的不希望出现的事件；还可以说是人们在实现有目的的行动过程中，突然发生的、迫使其有目的的行动暂时或永远中断，并有时造成人身伤亡或财产损失的一种意外事件。

在生产或劳动过程中发生的或与生产过程有关的事故，简称为生产事故（包括生产过程中发生的设备事故、火灾事故、交通事故、人身伤害事故、职业中毒事故和所有与生产有关的事故）。

隐患顾名思义是隐藏的祸患，是指具有潜在的危险性，在某种情况下，能够触发事故的能力。通常在安全生产中称为事故苗子，安全系统工程学称之为危险因素或不安全因素，即在生产中存在的可能导致事故和损失的不安全条件。

事故是不正常事件的总称，是事故隐患转化的结果。危险因素是造成事故发生的直接原因，主要来自人（Men）的不安全行为、物（机械）（Machine）的不安全状态、环境（Media）的不安全条件和管理（Management）的缺陷，这四项称之为4M因素。

6.6.2 加油站事故的特性

加油站事故也同世界上任何事物一样，具有其自己的特性和规律。只有了解了事故的特性和规律，才能采取有效的措施和方法，及时消除事故隐患，预防加油站事故的发生。一般的说，事故具有以下基本特性。

6.6.2.1 事故的因果性

一切事故的发生，都是由于事故各方面的原因相互作用的结果，绝对不会无缘无故的发生。在生产过程中发生的事故，都是由于事故隐患的转化而造成的。事故隐患的存在是发生事故的原因所在，事故隐患是由物质及环境因素的不安全状态和管理缺陷相互作用而形成的。这种事故隐患一旦偶然被人的不安全行为或环境因素所触发，就必然发生事故。所以，研究事故的因果关系，根据找出的事故因果性制定事故的防范措施，防止同类事故重演或发生是非常重要的。

6.6.2.2 事故的偶然性

事故是由于生产过程中某些不安全因素的客观存在，随着时间进程而产生的某些意外情况而显现出的一种现象。所以，我们说事故的发生是随机的，即事故具有偶然性。然而，事故的偶然性寓于必然性之中，倘若生产过程中存在着危险因素或事故隐患，如果不及时治理，则必然要发生事故，至于何时发生何种事故，则是偶然的事情。

科学的安全管理，就要及时地消除生产中的不安全因素或事故隐患，就是根据事故的必然性规律消除事故的偶然性。

6.6.2.3 事故的阶段性

在生产过程中只要存在事故隐患没有被认识或没有进行治理，随着时间的推移，一旦条件成熟（被人的不安全行为或其他的因素触发），就会显现而酿成事故。事故的潜伏过程中就有可能发出种种预兆。任何事故发生都存在着三个阶段，即前兆阶段、爆发阶段和持续阶段。安全管理中的安全检查、检测和监控，就是要尽早的发现事故的前兆，从而把事故消灭在萌芽状态。

6.6.2.4 事故的紧急性

不少事故从发生到结束的速度很快，允许组织和个人作出反映的时间很短，尤其是加油站火灾爆炸事故，往往是在人们意想不到的瞬间发生，这就要求人们平时制定防范对策和救助预案，届时作出正确的决策，尽量减少事故的危害。

6.6.3 事故的分类和分级

凡在加油站区域或作业过程中发生的人员伤亡、物质财产损失均称为加油站事故。按事故类型分为：爆炸事故、火灾事故、设备事故、生产作业事故、交通事故、人身伤亡；按事故性质分为责任事故、非责任事故或破坏事故。

6.6.3.1 事故类型

事故按其性质可划分为爆炸事故、火灾事故、设备事故、生产作业事故、交通事故和人身事故六大类。

（1）爆炸事故。在生产过程中，由于各种原因引起的爆炸，并造成人员伤亡或财产损失的事故。

（2）火灾事故。在生产过程中，由于各种原因引起的失去控制的燃烧，并造成人员伤亡或财产损失的事故。

（3）设备事故。由于设计、制造、安装、施工、使用、检维修、管理等原因造成机械、动力、电气、电信、仪器（表）、容器、运输设备、管道等设备及建（构）筑物等损坏造成损失或影响生产的事故。

（4）生产作业事故。指由于违反操作规程、违章指挥及管理原因造成跑（冒、漏）油、混油或油料变质，造成经济损失或影响生产经营但没有人员伤亡的事故。

（5）交通事故。车辆、船舶在行驶、航运过程中，由于违反交通、航运规则或因机械故障等造成车辆、船舶损坏、财产损失或人身伤亡的事故；

（6）人身事故。员工在劳动过程中发生的与工作有关的人身伤亡和急性中毒事故。

6.6.3.2 事故等级划分

根据国务院颁布的自2007年6月1日起施行的《生产安全事故报告和调查处理条例》规定，按事故造成的人员伤亡或者直接经济损失，事故一般分为以下等级：

（1）特别重大事故。是指造成30人以上死亡，或者100人以上重伤（包括急性工业中毒，下同），或者1亿元以上直接经济损失的事故。

（2）重大事故。是指造成10人以上30人以下死亡，或者50人以上100人以下重伤，或者5000万元以上1亿元以下直接经济损失的事故。

（3）较大事故。是指造成3人以上10人以下死亡，或者10人以上50人以下重伤，或者1000万元以上5000万元以下直接经济损失的事故。

（4）一般事故：是指造成3人以下死亡，或者10人以下重伤，或者1000万元以下直接经济损失的事故。

6.6.4 事故报告与应急处置

事故是人们不愿意看到的，更是加油站工作人员所担心的。所以，必须防患于未然。但是，事故一旦发生，若能及时报告并采取有效的措施进行抢救，就会减少经济损失或人员伤亡。及时、准确地报告事故信息更是科学决策、果断处置，把事故损失和影响降到最低程度的重要依据。因此，加油站发生事故或未遂事故后，积极地进行抢救和及时报告，是加油站员工应承担的责任和应掌握的知识与技能。

（1）事故发生后，事故当事人或发现人应立即报告站长。加油站应按事故快报制度立即向上一级安全主管部门报告。紧急情况要报警。

（2）发生有人员伤亡或中毒事故时，加油站站长（班长）应在组织抢救伤员和报告上级的同时，积极组织事故应急处理和抢险救灾工作，并注意保护现场。

（3）发生重大火灾、爆炸、中毒事故，企业应立即组成现场指挥部，启动应急管理程序。

（4）事故发生后，按照事故的严重程度，采取必要的措施，防止事故蔓延和扩大：

① 险情严重时，组成专门的抢险队和救护队。

② 采取积极有效的安全防范措施，防止二次灾害事故发生。

③ 建立警戒线、警戒区，撤离无关人员，禁止非抢救人员人内。

④ 周围道路实行交通管制，保证抢险救灾车辆畅通无阻。

⑤ 采取防火、防爆、防毒措施，保护抢险救灾人员的安全。

（5）事故在上报上一级安全主管部门的同时，应当于1h内向事故发生地县级以上人民政府安全生产监督管理部门和负有安全生产监督管理职责的有关部门报告。

（6）事故报告的内容。加油站事故报告的内容为：

① 发生事故的公司名称。

② 发生事故的加油站名称。

③ 发生事故的时间。

④ 事故类别。

⑤ 事故经过（附事故现场示意图、工艺流程图、设备图）。

⑥ 事故伤亡情况：伤亡人数；伤亡者姓名、性别、年龄、工种、级别、本工种年龄、文化程度、直接致害原因、伤害部位及程度。

⑦ 事故直接经济损失和间接经济损失（附计算依据）。

⑧ 事故原因。

⑨ 事故教训及防范措施。

⑩ 事故责任分析及处理情况（包括直接责任、主要责任、领导责任、管理者责任的分析及对事故责任者的处理意见）。

6.6.5 加油站未遂事故报告制度

为提高加油站员工的安全意识，增强加油站及员工自我保护和处置各类突发事件的能力，近年来在加油站普遍实行了未遂事故报告制度。这是石油销售企业在安全管理方面预防事故发生的一种有效手段。

6.6.5.1 定义和范畴

加油站未遂事故是指加油站发生损害企业、员工和公众利益的事故的条件已经具备，或虽然已发生但未造成财产损失、人身伤亡等重大影响的事故。

加油站未遂事故包括所有可能危及加油站经营、财产、人身安全、设备设施以及环境保护、企业形象等方面的事故。

6.6.5.2 未遂事故报告的作用

未遂事故是指有可能造成严重后果，但由于其偶然因素，实际上没有造成严重后果的事件。也就是说，未遂事故的发生原因及其发生、发展过程与某个特定的会造成严重后果的事故是完全相同的，只是由于某个偶然因素，没有造成该类严重后果。

未遂事故虽然没有造成人身伤害和经济损失，但由于其发生的原因和发展的过程极可能造成严重伤害或重大事故，因而我们必须对其进行深入研究，探讨其发生原因和发展规律，从而采取相应措施，消除事故原因或斩断事故发展过程，达到控制和预防事故的目的。也就是说，根据海因里希法则，在同类事故中，未遂事故和轻伤事故发生的可能性要比严重伤害事故大得多，只要我们关注未遂事故，研究未遂事故，就有可能控制严重事故的发生，这也是事故预防与控制的重要手段之一。

实行加油站未遂事故报告制度的意义就在于通过对未遂事故报告、分析和共享，提高员工的安全意识，减少人的不安全行为和设施设备存在的不安全状态，防止和减少事故的发生。

6.6.5.3 未遂事故报告及处理

（1）报告内容。未遂事故报告包括事故情况简述、即时采取的措施、解决建议、处理意见、事后措施及跟踪情况等内容。未遂事故报告必须是已发生或虽未发生但事态发展可能造成严重危害的真实情况，要有具体时间、地点和真实署名。未遂事故解决建议必须是为最大限度地避免或降低未遂事故可能造成的危害所提出的建设性意见。

（2）报告及处理程序。

① 加油站员工发现未遂事故后，立即向加油站站长汇报。

② 加油站站长收到情况后，应对未遂事故进行核实和分析，如加油站内能自行解决，应采取相应措施，并将未遂事故的经验教训在本加油站内公告以示警惕，同时在零售管理系统的“安全管理”模块录入未遂事故，说明在加油站层面所采取的措施；如加油站内无法自行解决未遂事故，则应在系统中说明，并立即报片区经理（ME）。

③ 片区经理（ME）应对收到的《报告》及时做出反应，进行审批。并在本人职权范围内采取相应的控制措施，协调解决未遂事故。同时对有价值的《报告》在本片区范围内所有加油站进行公告以示警惕，并上报地级公司主管部门。如无法解决未遂事故，则应在《报告》中说明，并立即上报地级公司主管部门。

④ 地级公司主管部门对收到的《报告》及时进行处理和审批，协调相关职能部门解决未遂事故。对有价值的《报告》在全区范围内公告以示警惕。

⑤ 如地级公司仍无法解决未遂事故，应在《报告》中说明，立即上报省级公司主管部门解决，直至油品销售事业部。

6.6.5.4 未遂事故报告的共享

未遂事故报告只有通过共享，才能真正让全体员工认识到安全的重要性，避免类似事件的发生。

未遂事故报告的共享一般采取分级共享的方式，将未遂事故的内容向其他员工传达。

（1）从加油站员工到加油站站长、片区经理（ME）、地级公司主管部门、省级公司主管部门、油品销售事业部主管部门，上一级必须核实情况并向下一级及时反馈处理意见。对有代表性、有价值、影响较大的未遂事故，每一级必须向本级范围内所有加油站及员工公告，以示警惕，并及时做好预防工作。

（2）加油站和各级主管部门应建立未遂事故报告档案（包括电子文档），使其有价值的文档资料作为警示教育的案例各加油站可以共享。

6.6.6 事故调查与分析

事故调查是事故管理工作的基础，有效的事故预防措施来源于对事故原因的科学分析，而这种科学分析又来源于正确的调查。事故调查的目的是找出发生事故的真正原因，并针对事故原因采取防范措施，防止同类事故的发生。

（1）事故调查的组织。

① 事故发生后，事故单位及其上级组织应立即成立事故调查组，对事故进行调查分析，以查清事故原因，采取预防措施。

② 外包工程乙方发生的事故，由乙方负责组织调查、处理。

③ 加油站应配合事故调查部门进行调查，提供有关资料。

（2）事故调查及分析的主要内容。

① 调查事故发生时间、地点、季节、气候、经过、原因、损失、责任情况。

② 调查死伤者姓名、性别、年龄、工种、工龄、工资、级别、职称、职务、受过何种安全教育、技术培训、伤势部位和有无预防事故的措施。

③ 调查人证、物证、旁证、了解事故前的情况，事故中的变化，事故后的状况。

（3）调查方法。

① 现场勘察。保护与事故现场有关的物体、痕迹、状态，并做好标记；采用照像和录像方式保存事故现场视频资料；绘制事故现场图、工艺流程图、设备结构图。

② 物证搜集。对损坏的物体、部件、碎片、残留物、致害物进行收集和标记，注明时间、地点、名称、管理者。

③ 人证材料收集。尽快收集证人口述材料，了解事故的经过。

④ 背景资料的收集。发生事故当天的工作程序、活动情况；操作者的动作、位置；过去有否事故记录；设备、设施、材料的性能、质量；设计资料、技术文件；工作指令；规章制度的执行情况；工作环境状况；个人防护措施及出事前的健康状况。

⑤ 采样分析。采集发生事故设备、管线及空间的残余气体、液体及火灾、爆炸生成物，并对其进行分析。

⑥ 采集数据。采集事故发生期间事故单元或设备记录等历史数据，并加以分析。

（4）事故分析。

① 整理和分析有关的现场调查材料、化验分析数据、工艺操作数据、设备技术资料。

② 确定事故发生的时间、地点、经过等基本情况。

③ 确定事故的直接原因和间接原因。

④ 进行事故责任分析。

6.6.7　事故处理

（1）发生事故，无论大小，均应按“四不放过”（事故原因分析不清楚不放过、事故责任者和群众没受到教育不放过、没有制定出防范措施不放过和事故责任者没有受到处理不放过）的原则进行处理。

（2）事故单位应根据《事故调查报告》提出的预防控制措施，编制整改实施方案或申报技术措施立项报告，经有关部门审查批复后组织实施。

（3）对事故责任单位和责任人，由企业依据《事故调查报告》对事故责任人员的责任分析，对有关人员进行行政、经济处罚，对由于以下行为造成事故发生的主要责任者要严肃处理，触犯刑律、构成犯罪的，由司法机关追究刑事责任。

① 对工作不负责任，违章指挥、违章作业、违反纪律或强令冒险作业，经劝阻不听，造成事故的主要责任者。

② 对已列入安全卫生和环境保护技术措施的项目不按期实施，又不采取应急措施而造成事故的主要责任者。

③ 忽视劳动条件，削减劳动保护技术措施而造成事故的主要责任者。

④ 因设备长期失修、带病运转，又不采取紧急措施而造成事故的主要责任者。

⑤ 发现事故隐患、危险情况不采取有效措施，不积极处理而造成事故的主要责任者。

⑥ 发生事故后，不按“四不放过”的原则处理，不认真吸取教训，不采取整改措施，造成事故重复发生的主要责任者。

⑦ 发生事故后，隐瞒不报、谎报、故意拖延不报、故意破坏事故现场，或无正当理由，拒绝接受调查及拒绝提供材料的责任人。

（4）对事故造成的伤亡人员进行治疗康复和伤残鉴定，并按有关规定进行处置。

（5）事故调查结束后，事故单位应将事故调查情况和对责任人的处理结果以《事故通报》形式下发，组织全体职工学习，从中吸取教训，防止重复事故发生。

6.6.8 事故档案

事故档案是重要的技术档案，是人们研究事故的成果。事故档案对研究事故发生规律，防止发生事故有重要作用：可作为职工安全教育的素材；也可为领导机关进行安全管理决策提供依据。

（1）每起事故处理结案后，应有完整的事故档案。

（2）事故档案主要包括：事故登记表；事故调查报告和批复处理文件；现场调查记录、图纸、照片；技术鉴定和试验报告；物证、人证材料；直接和间接经济损失材料；事故责任者的自述材料；医疗部门对伤亡人员的诊断书；发生事故时的工艺条件、操作情况和设计资料；处分决定和受处分人员的检查材料；有关事故的通报、简报及文件；参加调查组的人员名单、职务、单位、专业特长等。

（3）事故档案为永久性保存资料，应分级保存。报上级部门保存的，本单位也应存档。

6.6.9 事故预防

事故破坏生产、危害员工的生命安全和身心健康，使人民和国家的财产遭受损失。因此，在加油站的经营管理中，应当尽一切可能预防事故的发生。事故预防工作包含两个方面：一是对加油站作业场所和作业过程进行危险源辨识、安全评价和安全监督检查，采取有效措施及时消除事故隐患，防止事故发生；二是在事故发生之后通过对事故进行报告、抢救、调查、分析、处理，制定防范事故的根本措施，防止类似事故重复发生。

6.6.9.1 事故预防的基本原则

实践告诉我们，在任何生产或生活中发生的事故从理论和客观上讲都是可以预防的。因此，在计划、组织、落实事故预防措施前，应掌握以下基本原则：

（1）“事故可以预防”的原则。我国制定的“安全第一、预防为主、综合治理”的安全生产方针，可以说就是在事故可以预防这一原则基础上提出来的。积极进行事故预测预防，加强事故预防对策的研究，使事故根本不可能发生，才是安全工作的重点。

（2）“防患于未然”的原则。事故与后果存在着偶然性关系，积极有效的预防办法是防患于未然。只有避免了事故，才能避免事故造成的损失。

（3）对事故原因予以根除的原则。任何事故的出现，总是有原因的，事故与原因之间存着必然的因果关系。为了使预防事故的措施有效，首先应当对事故进行全面的调查和分析，准确地找出主要原因、间接原因以及基础原因，并树立“事故的可能原因必须予以根除”的思想，制定有效的事故预防措施，将可能发生的事故消灭在未发生之前。

（4）坚持全面治理的原则。这是因为在引起事故的各种原因之中，技术原因、教育原因以及管理原因是三种最重要的原因，必须全面考虑，缺一不可。预防这三种原因的相应对策为安全技术（Engineering）对策、安全教育（Education）对策及法制管理（Enforcement）对策，即通常所说的“3E”对策。安全技术对策着重解决物的不安全状态问题，以工程技术手段预防事故发生及降低事故造成的伤害和损失；安全教育对策和安全管理对策主要着眼于人的不安全行为问题。安全教育对策主要使人知道应该怎么做，而安全管理对策则是要求人必须怎么做。这是事故预防的三根支柱，充分发挥这三根支柱的作用，事故预防就可以取得满意的效果。如果只是片面地强调某一根支柱，事故预防的效果就会受到影响。

6.6.9.2 制定事故预防措施

事故预防是事故管理的出发点和归宿。加油站要实现安全，防止事故发生或重复发生，应对加油站的危险因素和事故隐患进行全面、深入地调查，评价其危险程度，提出合理的预防对策，制定和落实防范措施。加油站事故预防措施主要有安全工程技术措施、教育管理措施，具体内容如下：

(1) 安全工程技术措施。安全工程技术措施是指对设备、设施和工程从设计阶段开始，直至安装、使用、维修等全过程，都应充分考虑其安全性、可靠性，预测危险可能导致的事故及造成的后果，然后从工艺、设备、设施、控制等方面予以改进，减少和消除不安全因素。对运行设备定期进行安全检查，采用有效安全技术，及时消除事故隐患，不断提高加油站的安全性能，将危险降低到最低限度。

安全技术措施包括预防事故发生和减少事故损失两个方面，这些措施归纳起来主要有以下几类：

① 保持一定的安全距离。生产设施合理布局，加油站内建构筑物与设备之间、设备与设备之间等都要保持一定安全距离。

② 提高设备安全程度。如在加油站爆炸危险区域选择电气设备，应根据危险区域爆炸性气体的级别和等级来选择电气设备的级别和等级，且只能用高级别的电气设备来代替低级别的电气设备。

③ 封闭。就是将危险物质和危险能量局限在一定范围之内，可有效预防事故发生或减少事故损失。

④ 降低潜在危险性的程度。潜在危险性往往达到一定的程度或强度才能施害，通过一些措施降低它的程度，使之处在安全范围以内就能防止事故发生。如加油站静电接地装置，可以有效降低静电积聚，使静电荷能量不足以点燃油蒸气，就不会引起火灾或爆炸事故。

⑤ 联锁。就是当出现危险状态时，强制某元件相互作用，以保证安全操作。例如，检测仪表显示出工艺参数达到危险值时，与之相连的控制元件就会自动关闭或调节系数，使之处于正常状态或安全应急状态。

⑥ 警告牌和信号装置。警告可以提醒人们注意，及时发现危险因素或部位，以便及时采取措施，防止事故发生。警告牌是利用人们的视觉引起注意；警告信号则可利用听觉或视觉引起注意。如加油站“严禁烟火”警示牌、静电接地报警器等，可以从视觉或听觉方面提醒人们注意。

⑦ 设置薄弱环节。在设备或装置上安装薄弱元件，当危险因素达到危险值之前这个部位预先破坏，将能量释放，保证安全。例如，电气设备上安装保险丝，潜油泵加油机输油管安装紧急拉断阀等。

(2) 安全教育措施。安全教育是对企业各级领导、管理人员以及操作人员进行安全思想教育和安全技术知识教育。安全思想教育的内容包括国家有关安全生产、劳动保护的方针政策、法规法纪。通过教育提高各级领导和广大员工的安全意识、政策水平和法制观念，使之牢固树立“安全第一”的思想。安全技术知识教育包括一般生产技术知识、一般安全技术知识和专业安全生产技术知识的教育。加油站一般技术知识教育主要包含作业规程、操作方法、设备性能及油品的危险危害特性，生产经营过程中可能出现的危险因素，安全防护的基本措施，异常情况下的应急处理方案等。专业安全技术教育是针对特别工种所进行的专门教育，例如，电气、焊接、油品计量等专门安全技术知识的培训教育。

安全寓于生产活动之中，因此，安全教育不能脱离实际。我国目前在企业中开展或实现的三级安全教育，就是一种从多年实践经验总结中得出的行之有效的方法。安全技术知识的教育应做到应知应会，不仅要懂得方法原理，还要学会熟练操作和正确使用各类防护用品、消防器材及其他防护设施。

（3）安全管理措施。安全管理措施是通过制定和监督实施有关安全法令、规程、标准和规章制度等，规范人们在生产活动中的行为准则，使劳动保护工作有法可依，有章可循。

在安全技术、安全教育、安全管理三个方面措施中，安全技术措施是提高工艺过程、设备的本质安全性，即当人出现操作失误，其本身的安全防护系统能自动调节和处理，以保护设备和人身的安全，所以它是预防事故最根本的措施。安全管理是保证人们按照一定的方式从事工作，并为采取安全技术措施提供依据和方案，同时还要对安全防护设施加强维护保养保证性能正常，否则再先进的安全技术措施也不能发挥有效作用。安全教育是提高人们安全素质，掌握安全技术知识、操作技能和安全管理方法的手段。没有安全教育就谈不上采取安全技术措施和安全管理措施。所以说，技术、教育、管理三个方面措施是相辅相成的，必须同时进行，缺一不可。

6.6.10 应急救援预案

在加油站经营中，除因油品的危险特性而极易导致发生事故灾难外，还会有可能受到自然灾害、公共卫生事件和社会安全事件的影响。如果没有可行的应急处置措施，就不能有效的预防和控制事故，减少灾害对人和财产的影响。因此，加油站应在对当前危险源和事故预测的基础上，预先制定出事故控制和抢险救灾的方案，以便在应对事故或灾难中做到有备无患，忙而不乱。制定事故应急救援预案，就是加油站目前预防事故、应对事故或灾难的一种好的方法和手段。

加油站事故应急救援预案是指加油站为降低事故发生时而造成的严重危害，对当前危险源和事故预测结果为依据而预先制定的事故控制和抢险救灾的方案，是事故救援活动的行动指南。事故应急救援预案，就是针对可能发生的重大事故（件）或灾害，为保证迅速、有序、有效地开展应急和救援行动，降低事故损失而预先制定的有关计划或方案，是事故防御系统的重要组成部分。它是在辨识和评估潜在的重大危险、事故类别、事故和灾害发生的可能性、发生过程、事故后果及影响程度的基础上，对应急机构及职责、人员、技术、装备、设备设施、物质、救援行动及其指挥与协调等方面预先做出的具体安排。

6.6.10.1 *应急救援预案制订的原则*

（1）以人为本、减少危害。应急救援的现场处置应立足加油站，充分发挥加油站的应急抢险资源的优势。把保障人民群众的生命安全和身体健康作为首要任务，最大程度地减少事故灾难造成的人员伤亡和危害。不断改进和完善应急救援的装备、设施和手段，加强应急救援人员的安全防护和人身安全。

（2）居安思危，预防为主。高度重视安全生产，加强安全检查与检测，对事故隐患及时进行评估、治理，防患于未然。

（3）统一领导、分级负责。预案启动后，应急救援指挥中心为指挥部门。加油站设立的应急组织要服从指挥中心的领导，落实应急职责，积极有效地开展应急工作。

（4）条块结合、以块为主。按照属地为主原则，实施应急救援。加油站安全实行站长负责制，把事故控制在有限范围内，避免发生次生、衍生事故。

（5）加强管理、提高素质。依据国家有关法律、行政法规和行业的有关管理制度，加强应急管理，使应急工作规范化、制度化、法制化。加强应急管理工作的宣传、培训教育和演练工作，提高广大员工自救、互救和应对各类突发事件的综合素质。

6.6.10.2 应急救援预案制订的依据

应急救援预案制订的依据主要有：

（1）法律法规和政府决定：《中华人民共和国安全生产法》《中华人民共和国职业病防治法》《中华人民共和国消防法》《中华人民共和国防震减灾法》《危险化学品安全管理条例》等。

（2）本行业有关管理制度。

（3）依据加油站的实际情况。

6.6.10.3 应急救援预案包括的内容

（1）基本情况。包括加油站位置、规模、经营油品名称及工艺条件等。油品的危险特性，紧急状态发生时对周围的影响。

（2）应急资源情况。包括周围及加油站可利用的安全、消防、个体防护的设备、器材分布情况等。

（3）应急救援组织机构、组成人员和职责划分。

（4）报警及通讯联络。

（5）事故发生后应采取的应急处理措施。

（6）培训及演练。

6.6.10.4 加油站应急预案的编制、变更与修订

根据加油站实际情况，一般应制定下列应急预案：加油站防抢劫应急预案；加油站消防预案；油品重大泄露应急预案；清罐作业人员中毒应急预案；抗台风、防洪应急预案等。

（1）加油站应按上级公司安全管理部门统一编写的各类型应急预案模板，结合实际情况进行编制。

（2）加油站应急预案为受控文件，应报上级公司安全管理部门审批。

（3）应急预案执行后，若遇加油站实际情况和危险因素发生变化，加油站应及时对应急预案进行变更并报公司安全管理部门审批。

（4）加油站每半年或一年须进行应急预案演练，根据应急预案的演练情况，针对演练中暴露的问题，对预案的可行性和实用性进行自我评估和修订，并报公司安全管理部门备案。

附：加油站火灾事故应急救援预案示例

加油站火灾事故应急预案

为预防事故发生，规范××加油站应急管理和应急响应程序，迅速有效的控制和处置可能发生的事故，降低事故造成人员伤亡和财产损失，制定本预案。

1. 基本情况

××加油站建于××××年×月，隶属于××××股份有限公司××分公司。加油站位于××市××路×××号，占地×××平方米，油罐总储量×××立方米。加油站主要经营：车用汽油、柴油、润滑油（脂）和便利店销售（日用百货、饮料等）。加油站实行24h营业，现有员工××名，共分三个班，实行两班倒工作。

2. 危险性分析

油品的危险特性：加油站主要对社会车辆提供车用燃料油，即各种汽油、柴油。汽油、柴油均为易燃、易爆、易蒸发、易渗漏、易产生静电和具有一定毒性的液体物质。油品遇到火源易发生火灾；可燃液体蒸气与空气形成的混合物，在某一浓度范围内，遇到火源将引起爆炸。

危害程度的范围：以加油站为中心，50m为半径的建筑物、设备及人员有受到危害的可能。

对人员危害程度的预测：一旦发生泄漏或爆炸，可能会导致人员中毒、烧伤及生命危险。

主要危险部位是：加油现场、卸油作业区、配电室、发电间。

可能发生火灾种类有：加油机、油罐火灾；卸油车辆、加油车辆火灾；电气火灾。

3. 应急组织机构与职责

加油站站长负责现场的总体协调指挥。

加油站安全计量员负责拉闸断电

加油站核算员负责通讯、报警联络。

加油站加油班长负责现场组织人员扑救或施救。

加油站当班员工负责执行现场指挥的调配，完成交办的任务。

4. 预警行动

工作人员发现险情，经过加油站当班班长以上任意一名管理人员确认后，即启动应急处置程序。

加油站站长（或领班）应根据现场情况，指挥负责通讯联络的人员立即上级主管领导报告，同时拨打“119”火警电话，报警时应讲清以下内容：起火单位名称，详细地址；起火部位、着火物质、火势大小、有无人员伤亡；报警人姓名、联系电话。

如果事态扩大，情况紧急，要及时与周边企业、附近居民小区街道办事处联络，告知加油站出现的紧急情况，请求配合疏散及救援。

5. 应急响应

5.1 加油机火灾处置方案（略）

5.2 卸油区火灾处置预案（略）

5.3 加油站油罐区火灾处置方案（略）

5.4 加油站电气火灾处置预案（略）

6. 应急结束

6.1 终止条件与程序

确认现场危机已经解除，确无继发可能，由站长向现场救援指挥部汇报，得到批准后由指挥部下达终止命令。救援程序终止后，加油站继续进行现场监测，直到其他扑救措施无需继续进行为止。

6.2 事件调查与处理

（1）保护现场，配合有关部门进行事故调查。

（2）按照“四不放过”原则，总结事故教训，进行安全教育，制定防范措施，防止类似事故发生。

（3）待上级主管部门批准后，恢复加油站正常经营。

7. 培训与演练

7.1 培训

加油站应根据本预案实施情况每年制定相应的培训计划，采取多种形式对应急救援人员进行应急知识或应急技能培训。

培训对象：加油站全体员工。新进员工上岗前必须经过安全知识培训。

培训时间：每年至少一次，每次培训时间不得少于4h，并要做好培训结果的评估和考核记录。

培训内容：（1）消防基本知识和加油站火灾的扑救方法；

（2）加油站岗位突发事件应急处理和疏散逃生技能。

7.2 应急演练

（1）演练准备。检查应急物质是否齐备。

（2）演练范围与频次。在上级主管部门的指导下，加油站每月组织不少于一个专项内容的应急演练，并在一年内覆盖灭火应急预案中所有内容。

(3) 演练组织。演练可采用理论学习、授课辅导、实战、模拟(图上推演)或混合演练(实战与模拟相结合)等方式，并做好演练总结和相应的记录。

8. 评估和修订

根据应急预案的演练情况，针对演练中暴露的问题，对预案的可行性和实用性进行自我评估和修订，并报公司安全管理部门备案。

9. 附件

9.1 加油站应急救援人员名单及联络电话

9.2 加油站消防器材配置表

9.3 地方医疗、消防服务及相关单位名称及联络方式

9.4 加油站位置图

9.5 加油站平面图

9.6 加油站灭火作战图

9.7 加油站应急疏散图

9.8 加油站排污管线配置图

9.9 加油站输油管线走向图

9.10 加油站电源线路走向图

6.7 特殊情况应急处理

6.7.1 火灾应急处置

火灾是指在时间和空间上失去控制的燃烧所造成财产损失或人员伤亡的事故。没有造成伤亡或只有轻微损失的燃烧现象成为火情或火警。火灾的发展过程一般可分为初期燃烧、稳定燃烧、扩大燃烧和熄灭四个阶段。初期燃烧阶段燃烧不稳定，温度低，火焰不高，燃烧面积小。因此，有效地扑灭火灾，应在火灾的初期阶段。加油站发生火灾后，应根据不同着火部位的处置要点，就地取用灭火器材，用正确的方法进行有效地扑救。

6.7.1.1 电器火灾应急处置

(1) 配电间或其他部位发生电器火灾，首先应切断电源，然后用二氧化碳(或干粉)等灭火器扑灭；扑救电器火灾严禁使用水和泡沫灭火器。

(2) 当无法切断电源时，应在确保人员不触电的情况下用二氧化碳(或干粉)等灭火器直接向闸刀、开关、电线上的火源喷射灭火剂，创造条件，用绝缘体尽快切断电源，然后全面灭火；

(3) 在自身灭火力量不足的情况下，应迅速打“119”报警。并立即组织员工将现金、票证等贵重物品转移到安全地点。

6.7.1.2 地下卧式油罐灭火

如果地下卧罐操作井内油品燃烧时，火焰较小时，首先立即用灭火毯盖住起火口。

火势较大，人员不能靠近时，加油站员工应马上站在上风处用35kg干粉灭火器对着火处根部进行喷射。

加油员应立即停止加油，领班关掉总电源，有条件时，堵住油罐通气管。

站长或领班作现场指挥，对加油车辆进行疏散。

开票员或加油员应立即打“119”报警；当消防队赶到时应立即配合消防队进行灭火。

6.7.1.3 加油车辆灭火

(1) 发现火情，加油员应立即停止加油作业并大声呼叫。

（2）若是摩托车发动机着火，首先用灭火毯捂盖油箱、发动机，然后用灭火器灭火，同时将摩托车推离危险区。

（3）车辆在加油中油箱口着火，加油员要在第一时间就近使用灭火毯、衣服或者其他适当物品在上风位或侧风面将油箱口堵严，使火窒息，或直接用灭火器扑灭。

（4）加油车辆发生火灾，值班站长（领班）或当班安全员应迅速到达现场，指挥其他员工切断电源；设置警戒线，禁止非消防车辆和人员进入加油站；指挥员工协助司机将着火车辆驶（推）离爆炸危险区。紧急疏散在站的外单位车辆、人员，保护和转移现金、票证及重要设备。对于在2min内靠加油站自身灭火力量无法扑灭的火势应立即向119报警并向上级公司报告。

6.7.1.4 加油机灭火

（1）加油机起火，加油员应立即停止加油，现场员工或领班关掉加油机电源，迅速用灭火器进行扑救。

（2）现场员工指挥加油车辆迅速撤离加油区并禁止非消防车辆进入加油区。

（3）如果是溅洒在加油机旁地面上的油品起火，现场加油员应立即停止加油，迅速用现场配置的灭火器对着火部位进行灭火，或用消防沙进行覆盖，使火窒息。

6.7.1.5 油罐车卸油作业灭火

（1）若油罐车在卸油时起火，现场监护人员应马上停止卸油作业，大声呼救并立即关闭油罐进油阀和油罐车阀门。

（2）利用现场灭火毯、灭火器进行灭火。

（3）设法使油罐车离开危险区。

（4）如油罐车罐口着火，首先用灭火毯覆盖，当火势较大时，应立即用灭火器灭火。

（5）加油站出现火情，站长或领班应现场指挥，停止加油作业、切断总电源、疏散加油车辆及无关人员并向上报区域公司。

（6）若在2min内靠自身灭火力量无法扑灭的情况下，应迅速向“119”报警。并立即组织员工将现金、票证等贵重物品转移到安全地点。

6.7.1.6 邻近单位火灾

（1）第一发现人应迅速报告站长并向“119”报警，说明出事地点、火灾情况。

（2）站长或当班领班迅速动员全体人员，指挥站内车辆撤离加油站。

（3）切断电源，用灭火毯覆盖人孔操作井。

（4）对存放润滑油或其他油品的房间、仓库、场地应做好防范工作。

（5）集中站内灭火器材，将它们摆放到重要方向的位置上，站内人员要做好临战准备。

（6）清理迎火方向的隔离带，清除一切可燃物，包括杂草、树木等，必要时应扩大范围，支援邻近单位灭火。

（7）若火势较猛，有可能威胁到加油站安全时，应立即上报区域公司。

6.7.2 混油处理

6.7.2.1 混油发生的原因分析

加油站混油发生的原因主要有：

（1）汽车油罐车、油船（驳）混装油品。

（2）接卸过程发生混油。

（3）油罐换装油品时未按规定清洗油罐及管线。

6.7.2.2 防范措施

加油站为防止混油事故的发生，操作人员除应严格按照操作规程、规定的要求进行作业外，还应注意以下几个方面的问题：

（1）运输油品的罐车要专车专用，不能混装，必须混装时，要按规定进行清洗。

（2）油船（驳）前后装载不同品种的油品时，要按规定进行清洗。

（3）加油站油罐换装油品时，要先将油罐及管线内的油品排除干净，然后按规定清洗干净。

（4）接卸油时，一定要进行“三核对”。首先核对到站油品品名、牌号、数量与要货油品品名、牌号、数量是否相一致；连接卸油胶管前核对卸油油品品名、牌号与接卸油罐油品品名、牌号是否一致；卸油胶管连接后，开阀卸油前再次核对确认。

6.7.2.3 接卸混油处理

（1）当向储油罐（船舱）卸油时发生混油，要立即停泵关闭罐车（油船）卸油阀，停止卸油；同时关闭相应的加油机（流量表），停止加油，并向站长汇报。

（2）分析原因和责任，按事故处理规定及时上报主管公司。

（3）若汽油和柴油相混，则需清罐，并将混合油运出站外处理。

（4）清除管线内和加油机内混合油，确认无误后，开启加油机加油。

6.7.3 加错油处理

（1）加油工发现加错油品时，立即关闭加油机，停止加油。赔礼道歉，并说明原因，同时向站长汇报。

（2）站长征求顾客同意后，抽出混合油，重新加入合格油品，并根据实际情况协商赔偿顾客经济损失，礼貌送走顾客。

（3）确认损失，上报主管公司处理。

6.7.4 恶意逃单应急处置

（1）遇到客户逃单，应大声呼叫，在确保安全的条件下，从逃单车辆的一侧小跑几步，并挥手示意停车，千万不要拉拽车门、在车后跟跑或者试图去拦截逃车。

（2）记下该车的车型、车牌号码等特征，以便与交警部门联系处理。

（3）立即向站长报告，等候公司处理。

6.7.5 防抢、防盗措施及应急处理

加油站应做好防盗防抢等治安工作。

（1）加油站营业款白天应在下班前及时解缴银行，剩余现金及各类油票应放入保险箱，保险箱应放置于有防盗门窗的房间内，并乱码；（夜间不营业的加油站）晚上下班窗户关严，门上锁，切掉动力电源。24h 营业加油站应及时按规定数额将营业款投入保险柜。

（2）油罐卸油口和操作井应加锁；夜间停业加油站的油罐区也应保持一定的灯光照度，以防盗油。

（3）遇到盗窃和危害加油站财产安全时，要沉着、冷静，在确保自身安全的前提下，采取相应的措施。

① 如发现并怀疑有人将闯入营业室抢劫，应立即锁紧营业室防盗门，尽可能关闭所有加油机。打电话给警方或按下报警器。其他人员视情躲进歹徒看不见的地方，等候警察到来。绝对不要自行采取或让其他人员采取可能招致人身危险的抵抗行动。

② 歹徒抢劫期间，站内人员要保持冷静，随时提醒歹徒注意避免抢劫过程中可能发生

的跑油、着火、爆炸等意外事件。不要盯着歹徒看，一直让你的手在对方的视线以内。尽可能记住歹徒的长相、年龄、性别、身高、体形、口音、服装等特征。

③ 歹徒逃走后，记住歹徒逃离的方向和使用的交通工具类型、牌号。适时打110报警，并向主管领导或有关部门汇报。锁好所有门、窗，防止歹徒再次闯入。不要破坏歹徒留下的现场或任何物品。留住所有现场目击者，等待警方到来。如可能应用笔画下歹徒的外表特征。

对现场遭受歹徒胁迫的人员进行护理和安慰，对重伤者进行急救，拨打120或立即送就近医院抢救。

④ 警方到达后，站长或领班将案发情况向警方汇报，听从警方指挥，配合警方工作，并整理记录，以备公安和主管部门调查处理。

6.7.6 自然灾害应急处理

6.7.6.1 雷击应急处置

当加油站遇到高强度频繁电闪雷击时：

（1）在加油时，加油员立即停止加油，领班迅速关闭总电源，站长对现场车辆进行疏散并对顾客做出解释。

（2）在计量时，计量员立即停止计量，迅速关闭计量孔，以防油蒸汽大量散发，用棉毛巾擦拭量油尺及零星溅出的油品。

（3）在卸油时，安全员与司机立即停止卸油，迅速关闭卸油阀，卸下卸油管，关闭油罐卸油孔，保持油罐车静电接地良好。

（4）在遇到高强度频繁电闪雷击发生起火时，及时向119报警，启动灭火应急预案，全体员工应立即协同消防队投入灭火战斗，用灭火器械进行灭火，用水枪冷却临近罐及周围建筑物，以防发生更大规模的火灾及爆炸。

6.7.6.2 地震应急处置

（1）地震发生时：

① 保持冷静，切勿乱跑。

② 尽量不要靠近窗口、电气设备和未固定的设备、家具、器具。

③ 到室外空旷安全处避难。如果来不及或室外更危险，可躲在较为坚固的桌子或其他支撑物下面。

（2）地震过后：

① 清点加油站人员，对受伤人员进行护理，如有必要，报120急救或即刻送往就近医院。

② 关闭电源和输油管线阀门，保存（储存）尽可能多的生活用水。

③ 检查加油站储、输油设备和建筑物的受损情况，视灾情启动相应的应急预案，对发生的灾情及时向公司报告。

6.7.6.3 防汛、防台风措施及应急处理

（1）防汛措施。

① 汛情来临前。

（a）提前做好下水道等排水系统的清理工作。

（b）准备足量的防汛物资，如雨衣、铁锹、沙及沙袋等。

（c）将易受潮物质转移到高处。

② 汛情时，定期检查人孔井积水、排水系统、油罐水高变化情况，有问题及时解决。

③ 当发生水患时，加油站应立即关闭电源开关，停止营业，同时密封油罐量油孔，防止油品外溢，做好安全防范工作。

④ 水患过后及时组织排水，测试油罐底水高，检查设备，排除隐患，确认无误后，继续营业。

（2）防台风措施。

① 台风警告发出后，要密切注意气象部门的进一步预告，做好停业前的准备，对站内易被大风刮落的物体要进行加固，检查油罐、管线是否密闭。加强值班，并在台风来临前停用水电。

② 台风发生时，停止加油站营业，用防雨罩保护好加油机，避免员工外出活动，躲到加油站建筑最结实的地方，同时留意气象部门发布的台风进展情况。

③ 台风过后要留意有关部门的要求，统计加油站的设备、设施损失情况，及时向主管公司报告。

6.7.7 跑、冒油品处理

（1）当向储油罐卸油时发生跑、冒油品，应及时关闭油罐车卸油阀，切断总电源，停止营业，并向站长汇报。

（2）站长及时组织人员进行现场警戒，疏散站外人员，推出站内车辆，准备消防器材。

（3）对现场已跑、冒油品用不产生静电的棉纱、毛巾、拖把等进行必要的回收，禁止用铁制、塑料等易产生静电火花和与地面摩擦产生火花的器皿进行回收。回收后用沙土覆盖残留油面，待充分吸收残留油品后将沙土清除干净。

（4）检查所有油罐人孔操作井口是否有残留油品，若有残油应及时清理干净，并检查其他可能产生危险的区域是否有隐患存在。

（5）计量确定跑、冒油品数量，做好记录台账。

（6）检查确认无其他危险隐患后继续营业。

（7）分析跑、冒油原因，书面报告主管公司。

（8）当向车辆加油时，发生跑、冒油品，应及时关闭油枪，将加油车辆推离现场，并及时清理现场。

6.7.8 油品泄漏应急处置

（1）若遇加油车辆油箱漏油，应立即停止加油。漏油数量较多时还应用铁桶接住。将油箱漏油的车辆推离加油站后再修理，不得在站内修理。及时清除地面上的油污。

（2）若发现加油机渗漏，则应立即停止加油，切断加油机电源后在进行检查处理。

（3）发现油罐或输油管线泄漏时，站长指挥当班员工做好以下工作：

① 立即停止该油罐或输油管线一切相关作业，切断该罐或该输油管线相应油泵的电源。

② 当班加油员进行现场警戒，严禁启动中的汽车等明火接近，消防器材就位，做好扑救准备。

③ 寻找泄漏点，采取隔离、围堵、封住泄漏口等处置措施，控制泄漏油品扩散。封闭下水道，防止泄漏油品沿下水道扩散。

④ 对现场已泄漏的油品用不产生静电的棉纱、毛巾、拖把等进行必要的回收。回收后用沙土覆盖残留油渍，待充分吸收残油后再将沙土清除干净。也可采取挖深坑、垫水等方法回收油品，无法回收的油品，用消油剂消油。

⑤ 检查所有井口及其他可能留有残油的区域并及时清理干净。

⑥ 计量确定泄漏油品损失，做好台账记录和事故汇报材料，上报区域公司。

6.7.9 交通事故应急处置

（1）如果在加油站发生两车相撞交通事故时，加油员应立即停止加油并向站长报告。必要时可及时疏散加油车辆及无关人员，准备灭火器进行警戒。对事故车辆司机进行劝解，协商解决。如果调解无效，应及时拨打122报警电话，由交警部门进行处理，尽快恢复加油现场秩序。

（2）如果在加油站发生车辆碰撞加油机事故时，加油员应立即停止加油，领班迅速关闭总电源，站长及时疏散加油车辆及无关人员，拿起灭火器进行警戒。如果发生油品溢出、流淌并引起火灾，则启动消防预案进行扑救；如果未出现火情，则按油品跑、冒应急处理办法进行处理和防护。对发生的事故，站长应马上报告公司，对事故的责任进行划分，向责任方提出索赔。必要时向122报警，由交警部门进行处理。事故现场处理过后，加油站应请示公司及时修理加油机，尽快恢复加油作业。

（3）如果在加油站发生车辆撞伤站内员工（或其他人员）事故时，站长（领班）应立即送受伤人员到医院进行救治。必要时拨打122报警，保护好事故现场，记住肇事车辆车牌号，以防逃逸。并安排人员做好顶岗工作，确认安全后尽快恢复加油站正常营业。

（4）将发生的事件记录在案，并形成报告，上报公司。

第7章　作业管理

7.1　作业管理

作业管理是有系统地，进行资源的规划与控制，并将其转化为产品或服务，以创造出客户价值与利益的过程。

7.1.1　加油站作业管理

7.1.1.1　加油站的作业特点

加油站作业与标准化生产的流水线作业最主要的区别是其非连续性。加油站作业特点包括：

（1）非连续性。有不规律的作业间歇。

（2）周期性。具有高峰期和低谷期。

（3）服务性。为客户提供全方位服务。

（4）连贯性。与分段流水线生产不同，通常由单人自始至终完成某一项完整作业。

7.1.1.2　加油站的作业组织

作业管理是以“作业”为企业管理的起点和核心，与传统的以“产品”作为企业管理的起点和核心相比较，在层次上得以深化，是企业管理上一个重大的变革和突破。现代市场经济中的企业是属于“客户驱动型”的组织，应以“客户为中心”实行“客户化”的生产，在不断提高“客户满意程度”的基础上，尽量以最少的资源消耗来提高“客户价值”（客户为取得企业提供的产品愿意支付的代价），以不断提升企业生产经营的效率和效果，作业管理应围绕这一中心思想来进行。其中，作业分析是作业管理中最重要的部分。

（1）影响加油作业效率的主要因素包括：

① 设备（工效、故障率、掌控度）。

② 环境（场地规划、泵岛设置）。

③ 方法（标准化、因地制宜）。

④ 资源（主动配送、品种更换）。

⑤ 人员（人员配备、业务技能、工作积极性）。

（2）加油站作业组织的步骤。

① 分析加油站主要作业内容，包括加油作业、卸油作业、设备养护作业等。

② 根据工作需要对站内人员进行岗位设置并明确岗位职责。

③ 确定工作流程和标准。

④ 根据作业特点安排班次。

⑤ 指导和督促各岗位员工落实工作职责。

⑥ 对站内员工进行绩效考核并反馈结果。

⑦ 提升员工整体绩效水平，进而提高客户满意度。

（3）加油站操作规程编制。

① 加油站操作规程定义。加油站操作规程是加油站经营活动中规定操作过程和操作方法等的规范性文件。它是在具体的经营条件下，将最合理或较合理的操作过程和方法，按规定的形式制成规定文本，经审批后，用来指导经营并严格贯彻执行的指导性文件。一般包括以下内容：油品计量交接、加油操作、设备使用与维护操作、资金管理、客户管理、消防安全、信息管理系统操作等。

② 操作规程编制的原则。

（a）满足经营要求。操作规程首先必须符合加油站现有设备、工艺的使用要求。不同的设备、工艺有不同的操作规程，因此，制订操作规程必须结合加油站的实际，充分考虑和利用现有设备、工艺，结合具体的生产经营条件，如操作人员的整体素质、操作环境、设备的自动化程度等，消除经营中存在的不利因素。

（b）经济上的合理性。操作规程中所指定的工作参数，如流量、电机转速、工作电压等，应是在设备的最佳工作状态下，即设备运行效率最高时的数值，以降低能耗。

（c）技术上的先进性。是指按照制订的操作规程来操作，可以最大限度地发挥设备和人员的效能，提高工作率。因此，在制订操作规程时，要充分利用过去所积累的工作经验，并借助于现行技术中比较先进的方法。

③ 操作规程编制的依据。加油站操作规程的编制主要依据加油站工艺设备的操作要求、安全要求、实际经营要求等进行。如加油机的操作说明书、管理系统操作手册、灭火器材使用说明、油品运输规程中的损耗管理规定等。

④ 操作规程编制的步骤。

（a）调查清楚工艺、设备、经营等实际情况。

（b）查阅规范、标准、设备使用操作说明等资料。

（c）依据不同的设备、工艺情况、作业要求以及安全规范等，设定具体的设备、工艺工作的数据、操作步骤和要求等。

（d）查阅国家、行业、公司等有关文件。

（e）设计流程图、理清操作顺序。

（f）细化操作要点，描述操作要领。

（g）组织生产经营测试，搜集反馈意见，组织修订。

（h）上报有关主管单位或部门评估与审批。

⑤ 加油站操作规程举例。下面是某石油公司制定的加油机安全操作规程。

（a）加油员在使用加油机前，应检查加油机运转是否正常、有无渗漏油品，并要保持加油机的整洁。

（b）加油机无技术监督部门发放的合格证，计量器无技术监督部门铅封，或铅封不完整的加油机，不得给用户加油。

（c）加油员在启动加油机前，确认汽车引擎已熄火，油箱盖已打开。

（d）加油机计数器回零后方可加油。

（e）加油过程中，应注意加油机的工作状况，发现异常，应停机检查，清除故障后，方可继续使用。

（f）加油员加油时要精神集中，严防油品跑、冒、洒。

（g）操作加油机时，油枪要注意轻拿轻放，加油胶管不得拆、扭，或强行拉长，不得用油枪支撑身体，防止损坏设备。

（h）加油作业中，如遇有暴雨、雷电时应暂时停止作业。

（i）加油操作人员着防静电服装，穿无钉鞋。

7.1.2 加油站岗位设置

加油站岗位设置是加油站经营管理活动正常有序开展的保证，是加油站定员、定责等工作的基础。科学高效的岗位设置可以减少用工、节约成本、提高效率，对加油站高效运转意义深远。

7.1.2.1 岗位设置原则

加油站岗位设置应遵循科学合理高效、职能互补、管理层级有效性的原则。

（1）科学合理高效的原则。岗位设置应从加油站经营规模和管理的实际需求出发，力求做到职能不交叉、不重叠、不遗漏，沟通渠道最短，管理指令传递最快，扁平精干。如：某高速公路加油站，年销售量在8000～10000t，该站的定员人数是16人，其中站长1人、管理人员（领班、记账员、计量员）3人、加油员12人。若每增加一项其他功能（便利店、洗车），定员可考虑增加1人。

（2）职能互补原则。以加油站的工作目标和工作任务为中心，使各岗位能有效配合，确保加油站目标和任务的顺利完成。如：某加油站记账员的主责是负责加油站的财务核算工作，填报各种报表，做到账账、账实相符；同时，协助站长管理站务，完成站长交办的其他工作。

（3）管理层级有效性原则。对层级职能进行描述，明确管理与被管理的关系，确保工作逐级推动，层层落实。如某加油站岗位层级分为站长和操作岗位员工两级。员工又包括领班和加油员等，操作岗并列分设，以保证加油作业与站务管理在站长统筹领导下同步进行。同时，各岗位人员各司其职，相互配合，确保加油站的经营管理工作有条不紊地开展。

7.1.2.2 加油站岗位的设置要求

（1）加油站岗位设置的基本要求。保证加油站能够正常运转；满足管理的要求；保障安全的要求；科学、合理的要求。在符合工效学原理的基础上，能够最大限度地发挥人的潜能，提高工作效率，实现社会效益和经济效益最大化。

（2）影响加油站劳动定员的主要因素。劳动定额是指在一定的生产技术组织条件下，采用科学合理的方法，对生产单位制造合格产品或完成一定工作（任务）的“活劳动”消耗量预先规定的限额。根据劳动定额和以下因素来确定加油站定员数量：

① 营业时间。加油站对外营业的起止时间，是确定加油站定员的主要依据。

② 经营规模。加油站油品销量，包括汽油、柴油、天然气等不同品类。

③ 工作频度。加油作业次数，是作为优化排班的重要依据。

④ 其他工作。包括加油站IC卡业务办理、便利店非油品销售等，是确定用工总量的补充因素。

7.1.2.3 加油站岗位架构

为保证加油站各项经营管理活动能正常有序地开展，加油站可设置站长、领班、记账员、计量员、安全员（HSE监督员）、便利店营业员、售卡员、加油员等岗位。在实际工作中，可根据加油站的规模、所处地理位置、工作环境及管理要求等自身实际情况具体设置。结合实际情况，加油站可根据岗位整合、合理优化排班、调整营业时间、自助加油等情况，因站制宜，实行一人多岗，一岗多能。

7.1.2.4 岗位描述

岗位描述是对工作岗位的岗位名称、岗位职责、工作流程、工作标准、工作权限及任职资格等进行的描写与叙述。

（1）岗位名称。岗位名称是对工作岗位所进行的定义。如上所述，加油站根据工作需要，一般可设8个岗位，岗位名称分别是站长、领班员、记账员、计量员、安全员（HSE监督员）、便利店营业员、售卡员、加油员等。

（2）岗位职责。岗位职责是对岗位人员的工作性质、任务及应承担的责任做出的具体规定。加油站岗位人员的岗位职责应涵盖经营、现场管理、安全管理、设备管理、数质量管理、财务管理、客户服务等方面的内容。以下是某公司加油站各岗位的工作职责。

① 站长岗位职责。

（a）在上级领导下，负责组织和领导全站员工开展各项经营管理和服务工作。

（b）负责加油站经营业务活动，组织好经营商品的进、销、调、存工作。

（c）了解市场，建立健全客户档案，负责定期进行客户走访、检测和分析。

（d）开拓经营，保障供应；确保质量，提高销量；加强核算，分解落实各项任务指标，控制费用支出，降低商品损耗，提高经济效益。

（e）落实安全生产责任制，开展HSE教育，完善设备设施，落实各项措施，组织员工安全培训，开展各项安全活动。

（f）熟悉各项经营管理环节和操作规程，合理调配人力，坚持每日指导、检查、监督各岗位员工的工作。

（g）开展站内员工思想政治教育工作，带领全体员工遵章守纪，保持良好风貌。

（h）管理好站内设备、设施，组织人员定期维护保养；坚持秉公办事，站务公开，做好站内员工的二次考核分配。

（i）制订各项应急预案，并组织开展预案演练，妥善处理突发事件。

（j）熟悉站内消防器材性能，并做到“四懂四会”。

（k）认真填写《加油站运行日志》，处理好站内外日常事务，重大事项及时上报并协同处置。

（l）组织加油站月度盘点，负责加油站信息系统的数据审核上报工作。

（m）搞好分管责任区的卫生工作，保持环境整洁。

（n）参与加油服务，按规定驻站值班。

②领班员岗位职责。

（a）负责组织和领导本班员工开展各项经营管理和服务工作，处理日常事务。

（b）组织班前班后会议，布置或总结当班工作。

（c）配合站长组织好本班经营商品的进、销、调、存工作，保障供应，提高销量。

（d）带领本班员工对轻油、加油卡及便利店商品进行营销推介，积极引导客户消费，同时协助站长做好客户开发、维护工作。

（e）督促本班员工落实现场管理和规范服务要求，确保加油站正常运营。

（f）落实各项安全制度，协助站长对本班员工进行安全教育，检查、督促各项安全措施的落实。

（g）负责本班员工的思想教育工作，带领员工恪守《员工守则》。

（h）带领本班员工，做好交接班。

（i）熟悉站内消防器材性能，并做到“四懂四会”。

（j）搞好分管责任区的卫生工作，保持环境整洁。

（k）及时处理突发事件，重大问题及时向站长报告并协助处理。

（l）参与加油服务。

③记账员岗位职责。

（a）熟悉上级规定的有关财务制度和财经纪律及加油站账务管理制度，规范操作，按章办事。

（b）现金、票证的结算工作做到日清月结，及时填报各种报表，配合站长及时缴存营业款。

（c）正确反映商品流转情况，做到账账相符、账实相符。

（d）熟悉本岗位安全防范知识，妥善保管本站现金、发票、账册、凭证、单据及有关印章。

（e）协助站长做好内部核算工作。

（f）熟悉站内消防器材性能，并做到“四懂四会”。

（g）搞好分管责任区的卫生工作，保持环境整洁。

（h）参与加油服务。

④计量员岗位职责。

（a）按计量操作规程进行测量、计算，做好数据记录。

（b）严格执行油品计量、卸油操作规程，认真做好油品测量、计算和记录工作。

（c）按规定每日对站内油品进行计量，每月实物盘点，并做好损溢分析。

（d）协助主管部门校验加油机计量精度，做好记录。

（e）妥善使用、保管、保养计量器具，协助站长按期送检。

（f）熟悉站内消防器材性能，并做到“四懂四会”。

（g）搞好分管责任区的卫生工作，保持环境整洁。

（h）参与加油服务。

⑤安全员（HSE 监督员）岗位职责。

（a）学习和贯彻各项安全管理制度，协助站长对员工和客户进行安全教育。

（b）负责当班的安全管理工作，监督员工严格执行安全生产规章制度，对进站加油的车辆进行安全检查，发现问题及时纠正。

（c）做好当班安全检查，如实填制有关台账与报表。

（d）协助加油站站长做好员工的安全知识培训。

（e）熟悉站内消防器材性能，并做到“四懂四会”。

（f）搞好分管责任区的卫生工作，保持环境整洁。

（g）参与加油服务。

⑥便利店营业员岗位职责。

（a）熟悉经营商品的性能、用途、使用注意事项等相关知识，做好客户服务，并能恰当地向客户介绍商品，引导消费。

（b）按照公司规定进行商品要货、退换货、调货和到货验收、补货、理货、销售等工作。

（c）规范陈列商品，确保商品价格标签齐全，内容正确、清晰。

（d）熟悉促销活动，负责海报和宣传品的张贴、悬挂和摆放。

（e）做好便利店的清洁卫生，以及设备、设施的日常维护和保养。

（f）熟悉站内消防器材性能，并做到“四懂四会”。

（g）搞好分管责任区的卫生工作，保持环境整洁。

（h）参与加油服务。

⑦售卡员岗位职责。

（a）负责受理加油卡开户、发卡、挂失、换卡、密码解锁、重置、清户等业务。

（b）根据客户需求为其提供加油卡台账对账单。

（c）严格按照发票管理规定开具发票。

（d）按时进行日结，并核对当日现金、单据，按规定移交记账员。

（e）负责加油卡系统和设备日常维护保养。

（f）熟悉站内消防器材性能，并做到“四懂四会”。

（g）搞好分管责任区的卫生工作，保持环境整洁。

（h）参与加油服务。

⑧加油员岗位职责。

（a）负责现场加油作业和推介商品。

（b）主动、热情、规范地为客户提供加油服务，满足客户合理要求。

（c）熟悉加油站管理规范有关内容，了解经营油品的主要性能和应用知识。

（d）熟练掌握加油机的性能特点和操作技能，准确判断并排除一般故障。

（e）负责现场的安全监督管理，熟悉站内消防器材性能，并做到“四懂四会”，对危及加油站安全的行为及时制止，发现安全隐患及时上报。

（f）做好使用设备和分管责任区的卫生工作，保持环境整洁。

（g）做好交接班工作。

（3）工作流程。工作流程即开展某项工作的基本程序或步骤。编写工作流程有利于规范作业，确保工作有序地顺利开展，同时可起到监控工作进度，保证作业时间和质量的作用。

如某加油站接卸汽车油罐车油品的工作流程为：

引导油罐车到达指定位置→检查核对油品送货单→设置作业警戒区域→连接卸油静电接地装置，摆放消防器材→检查油罐车车体状况→按规定稳油后进行计量验收→核对油罐车中的油品品名、牌号与接收油品的储油罐中的油品品名、牌号一致后连接卸油胶管→再次核对后开阀卸油→接卸人员在现场监护→确认油卸干净后关闭卸油阀门→拆除卸油胶管和卸油静电接地装置→引导油罐车离开加油站→设备归位，清理现场。这样做可确保接卸汽车油罐车油品接卸作业安全、规范地顺利开展。

（4）工作标准。工作标准是对岗位工作人员开展某项工作应达到的要求作出的具体规定。制定工作标准的目的一是为提供标准化作业明确要求，二是为绩效考核提供依据。

如某加油站的服务态度标准为：

① 热情、微笑服务，态度谦和、尊敬客户。

② 客户有困难，热心帮助；客户有疑问，细心解答；客户有意见，专心听取；客户有误会，耐心解释。

③ 对待客户，一视同仁，不轻视、不怠慢、不讽刺、不轻薄。

（5）工作权限。

工作权限即对岗位工作人员的权力、活动范围作出的具体规定。

如某加油站站长的工作权限为：

① 组织领导权。即有权对加油站日常经营管理工作进行组织领导。

② 检查监督权。即有权对员工执行规章制度、服务规范、完成任务的情况及工作状态进行检查监督。

③ 应急处置权。遇到紧急情况在向上级管理部门报告的同时，有权按照有关应急预案进行现场应急处置。

④ 推荐和建议权。即对加油站后备站长人选的推荐权，对领班人选、员工岗位安排和招聘人选的建议权。

⑤ 考核权。即有权对加油站员工的工作绩效进行考评和工资二次分配，并提出奖惩意见。

⑥ 合理支配权。即在上级授权范围内，具有对站内费用的合理支配权。

（6）任职资格。任职资格是对加油站各岗位配备人员的年龄、性别、文化程度、工作经历、品德修养、专业知识和专业技能等方面的具体要求。

如某公司规定加油站站长的任职资格为：

① 站长应具备的基本条件。

（a）具有履行岗位职责所必须的专业知识和技能，熟悉加油站经营管理相关法律法规和规章制度，熟悉加油站经营管理业务。取得《计量证》、《安全资格证》和《站长资格证》等资质证书。

（b）具有丰富的加油站经营管理经验，较强的市场竞争和服务意识，有胜任岗位职责所需要的经营管理能力、沟通协调能力、妥善处理加油站纠纷和突发事件的能力。

（c）具有良好的职业道德和素养，忠诚石化，爱岗敬业，团结协作，履职尽责，遵纪守法，诚信友善，廉洁从业，作风形象和职业信誉良好。

（d）具有良好的心理素质，身体健康。

② 新任站长还应具备的条件。

（a）应取得加油站操作员中级工及以上职业资格。

（b）一般男 45 周岁以下，女 40 周岁以下。

（c）无站长任职经历的员工，首次竞聘站长时，不得竞聘星级站站长职务。

（d）一般应具有大专及以上学历。

（e）一般应在加油站或零售管理相关部门工作 2 年以上，并分别具有 3 个月以上计量、记账和领班工作经历。

（f）优先从纳入站长后备的记账员、计量员、便利店营业员和领班岗位选拔站长。

（g）对全日制本科及以上学历的大学生，取得相应资质证书，可适当放宽工作经历要求；对在各种职业技能竞赛和技术比武活动中取得优异成绩且工作业绩特别突出的加油站员工，取得相应资质证书，可适当放宽学历或经历要求。

7.1.3 人员优化配置的方法

加油站经营的周期性特点，决定了加油站易产生超时劳动，面临法律风险；在工资总额一定的情况下，随意增加人员势必摊薄员工工资。如何在不降低员工收入的情况下，解决超时劳动问题，这就需要加油站管理者积极探讨如何调整营业时间、优化排班等工作。

通常做法是，加油站管理者根据加油站经营量、周边市场情况，合理确定加油站营业时间；然后根据加油作业低谷期确定基础排班（基础排班包括四班三运转和三班两运转等），根据高峰期确定机动排班。优化排班时，要因地制宜，按照“一站一策”的原则，在考虑市场控制能力，满足市场正常需要的前提下，对同一路段或相邻区域加油站营业时间实行以大代小、错峰营业、统筹互补等。

在巩固优化配置的基础上，整合加油站工作量不饱和的岗位，将富裕人员充实到加油现场或整合设立机动班，应对大站高峰期现场服务。同时，要按照一人多岗、一岗多能的原则，整合加油站现场管理与操作岗位，所有人员都要参与排班、加油、售货工作，解决部分岗位劳动不饱和，劳动量不均衡等问题。

7.1.3.1　加油站人员优化配置的方法：

（1）优化营业时间，根据经营量、周边加油站和市场控制情况，合理确定加油站营业时间；

（2）优化业务流程，减少重复劳动、低效劳动和无效劳动；

（3）优化排班方式，根据作业低谷期确定基础排班，在作业高峰期增加机动班；

（4）优化岗位设置，推行一人多岗、一岗多能。

7.1.3.2　举例

某加油站积极探索加油站优化用工的有效方式，站长在分析经营情况、人员配置、周边市场环境、客户加油习惯及销量影响因素等基础上，选取能客观反映经营状况的正常工作日加油数据，结合分时段销量及进站率进行综合分析和反复比对，最终确定以每小时不超过10笔交易、合计不超过200L的时间段作为营业时间调整的依据，分析出库量和非油品销售情况、加油高峰和低谷期规律。加油站原营业时间为24h，三班两运转，月平均劳动工时240h，调整后营业时间为21h，月平均劳动工时200h（符合法律法规要求）。调整后员工反映，夜间的停业3h可以轮流休息和清扫站内卫生，休息时间增多了，员工在岗精神面貌好了，工作效率提高了，员工与客户满意度都有所提高。

7.2　员工管理

管理是在一定的条件下，通过计划、实施、控制、总结和改进等环节来协调人力、物力、财力、时间和信息等资源，以期更好地达到组织目标的过程。

员工管理是企业人力资源管理研究的主要课题，中心内容是分析员工的个性差异和需求差异，并使之与企业效率相结合，从而最大限度地激励员工的主动性和创造性，达到人与事的最佳配合。

7.2.1　员工招聘

7.2.1.1　招聘及其意义

招聘是指通过各种方式，把具有一定技巧、能力和其他特性的申请人吸引到企业空缺岗位上的过程。员工招聘实际上是一种企业与应聘者个人之间双向选择和匹配的动态过程。招聘的最终目的是要实现员工个人与岗位的匹配，也就是人与事的匹配。这种匹配包含两层意思：一是岗位的要求与员工个人素质相匹配；二是工作报酬与员工个人的需要相匹配。达到双重匹配，既能保证员工胜任某一岗位，同时也使岗位对员工保持较长久的吸引力。

员工招聘是企业人力资源管理与开发工作中一项重要的基础性工作，它对于企业人力资源的合理形成、管理及开发至关重要。企业能否招聘到优秀的、满足管理要求及岗位工作需要的员工关系到企业的生存和发展，对于人力资源的合理调配、利用及提高企业经济效益具有重要的意义。

7.2.1.2 人员招聘的来源及方法

员工招聘通常有内部招聘和外部招聘两种。

（1）内部招聘。企业现有的员工常常是加油站最大的招聘来源。内部招聘有以下特点。

① 优点。构筑员工职业生涯晋升通道，激发员工上进的积极性；应聘者对组织文化认同，不轻易辞职；内部候选需要的培训更少；可以为企业节约大量的招聘时间和费用；给员工调整岗位的机会，尽可能做到最大限度地利用企业现有的人力资源。

② 不足。首先，较难做到内部公平，在一定程度上可能造成内部矛盾。其次，未被提拔的员工对企业的忠诚度可能会下降。第三，容易产生“近亲繁殖”现象。第四，员工未必能够适应新工作，一般来说，公司都会提升在现有职位上绩效优异的员工，但胜任原来的岗位并不一定能适应新岗位，这对企业来说是一大风险。

内部招聘的方式有以下几种：档案法、内部公告、主管推荐、职业生涯开发系统。

（2）外部招聘。企业面向社会广纳英才。一方面扩大企业选择的范围；另一方面有机会聘到更加优秀的人才；第三可以给企业带来新的生机活力；第四能够激发内部员工不断进取。

外部招聘方法有广告招聘、通过职业介绍所与就业中心招聘、校园招聘、内部员工推荐、委托猎头公司、人才招聘会、互联网招聘等。

（3）人员招聘的基本程序。用工招聘应坚持公开、公平、公正的原则，按照发布信息、审核应聘材料、招聘考试面试、审批聘用意见、公布聘用结果五个程序进行。

① 制定并落实招聘计划。此步骤要求招聘者充分了解用工需求，用工条件等信息，根据收集的信息，制定相应的招聘计划，对招聘渠道、招聘人数、招聘条件和招聘的时间等进行详细表述。

② 公布招聘信息，组织招聘工作。根据招聘计划，组织开展招聘工作，同时就招聘待遇、工作地点和时间等应聘者关心的问题予以解答。

③ 应聘者资料的初选。根据所收到的应聘者资料，根据岗位用工的条件，对资料进行筛选，选出符合条件的人员进行面试。

④ 招聘考核。根据初选名单，对应聘者进行面试，对应聘者的知识和能力进行现场考核，可以分为笔试和面试等形式举行。

⑤ 选定录用员工。通过考核，选拔出最适合的人员，并将录用名单和相关资料报人力资源部门审核，审核通过后将录用名单公布，并通知被录用者前来报到的时间、地点和相关准备工作。

⑥ 评价和反馈招聘效果。针对选聘工作进行全面的检查和评价，并对已录用的员工进行追踪分析，评价招聘工作的成效，总结招聘过程中的经验与不足，及时反馈到招聘部门，以便改进和修正。

7.2.2 员工管理的方法与技巧

7.2.2.1 人员配置原理

（1）要素有用原理。在人员配置过程中，首先要遵循任何要素（人员）都是有用的宗旨，换言之没有无用之人，只有没用好之人，而配置的根本目的是为所有人员找到和创造其发挥作用的条件。对于那些没有用好之人，很可能问题在于没有深入全面地认识员工，发现他们的可用之处。这是因为人的素质往往表现为矛盾的特征，或者呈现非常复杂的双向性，优点和缺点共生，失误往往掩盖着成功的因素，因此正确的识别员工是合理配置人员的前提。

唐太宗在《帝范》写道："贵则观其所举，富则观其所养；居则观其所好，习则观其所言；穷则观其所不受，贱则观其所不为"，说明了知人的方法。

（2）能位对应原理。"骏马能历险，犁田不如牛；坚车能载重，渡河不如舟；舍长以就短，智者难为谋；生材贵适用，慎无多苛求"，这首诗包含了：把合适的人用在合适的位置、用其所长克其所短、不求全责备等用人之道。

人与人之间不仅存在能力特点的不同，而且存在不同的能力水平。具有不同能力特点和水平的人，应安排在要求相应特点和水平的职位上，并赋予该职位应有的权力和责任，使个人能力水平与岗位要求相适应。在人员使用上坚持划分层次、岗位适配原则，大才大用，小才小用，各尽所能，人尽其才。只有这样，才能形成合理的人岗对应关系，提高工作效率，顺利完成任务。

（3）互补增值原理。"1 + 1 > 2"的原理强调人各有所长也各有所短，以已之长补他人之短，从而使每个人的长处得到充分发挥，通过个体之间取长补短而形成整体优势，实现组织单位的最优化。因此，在一个群体内部，各个成员之间应该是密切配合的互补关系，互补的一组人必须有共同的理想、事业和追求，而互补增值原理最重要的是"增值"。例如一个加油站的班组，成员有三人，其中一个年龄大些的，两个年龄小些的，年龄大的员工阅历多，工作经验丰富，遇到突发事件能够妥善处置，而且可以起到师傅带徒弟的作用，但是体力和接受新事物的能力弱；而两个年龄小的员工，工作干劲和接受新事物的能力强，但是遇事毛糙不冷静，易发生这样那样的事情，他们这样的组合，通过交叉互补，班组气氛和谐，工作效率也得到了提高。

（4）动态调整原理。人与事的不适应是绝对的，适应是相对的，从不适应到适应是运动中实现的，随着事物的发展，适应又会变为不适应，只有不断调整人与事的关系才能达到重新适应，这正是动态调整原理的体现。从加油站内部来看，员工与岗位的适应不是绝对和一定的，无论是由于岗位对员工的能力要求提高了，还是员工的能力提高要求岗位变动，都要求加油站管理者及时了解员工与岗位之间的适应程度，从而进行调整，以达到人岗匹配。

（5）弹性冗余原理。弹性冗余原理要求在人与事的配置过程中，既要达到工作的满负荷，又要符合员工的生理心理要求，不能超越身心的极限，保证对人、对事的安排留有一定的余地，即带给员工一定的压力和紧迫感，又要保障所有员工的身心健康。在加油站员工管理中，要求加油站管理者既要避免工作量不饱和的状况，又要避免过劳的现象发生。因此体力劳动、脑力劳动、劳动时间和定额指标的管理都要适度，根据具体情况的不同，弹性冗余度也应有不同。

7.2.2.2 用人原则

（1）用人所长。人各有所长也各有所短，要以已之长补他人之短，从而使每个人的长处得到充分发挥，避免短处对工作的影响。

（2）放手锻炼。要任人唯贤，大胆使用。

（3）人才可塑。即相信人才就在身边，立足于在本组织内部选拔、培养人才。

(4) 能力重于学历。学历只是证明能力的一种工具，它并不是能力的必要条件，只是一种相关条件。领导者必须对人才的能力、品质、性情、学识等做出综合评价，最后将真正有能力的人使用在重要岗位上。

(5) 把最出色的人才安排在最关键的岗位上。

(6) 正确看待失败。对于员工的失败，领导者要具体分析失败的原因并加以区别对待。给与员工机会是培养员工创新精神、提升组织创新能力的必要前提。

7.2.2.3 *激励*

管理学家的研究表明，员工的工作绩效是员工能力和受激励程度的函数。因此作为加油站的管理者，应当对员工施行多方面的、有针对性的激励措施，使员工的各层次需求都获得不同程度的满足。

(1) 激励的原则。

① 目标结合原则。目标必须同时体现组织目标和员工需要的要求。

② 物质激励和精神激励相结合的原则。

③ 引导性原则。外在激励取决于被激励者对激励措施的认识和接受程度。

④ 合理性原则。激励的措施要适度，奖惩要公平。

⑤ 明确性原则。激励的目的明确，对奖励的标准和具体行为也有着明确的表达，以保证对员工正确的激励方向。

⑥ 时效性原则。“雪中送炭”和“雨后送伞”的效果是不一样的。激励越及时，越有利于将人们的激情推向高潮，使其创造力连续有效地发挥出来。

⑦ 正激励与负激励相结合的原则。正激励和负激励都是必要而有效的，不仅作用于当事人，而且会间接地影响周围其他人。

⑧ 按需激励原则。激励的起点是满足员工的需要，但员工的需要因人而异、因时而异。开展激励是要有针对性地采取措施，才能收到实效。

(2) 有效激励。“水不激不扬，人不激不奋”。加油站管理者应当善于激励员工，想办法给员工满足感，让员工充分发挥自己的主观能动性。一个善于激励员工的站长，深知让员工尝到“甜头”的好处。

① 知人识人。人各有长短，管理主要是长短搭配，优势互补。管理者要坚信自己的每一名员工都是人才，都有能力为公司做出贡献。

② 了解员工的需要。员工工作是为了更好的生存和发展，金钱和职位是重要的，但除此之外，个人荣誉、成就感、责任感、满足感和幸福感也对调动员工积极性起到关键作用。

③ 激发员工的主观能动性。心理学研究证实，每个人都希望得到他人肯定的评价，这种肯定会让人产生更多的信心，更加积极地投入到自己的工作中去。

经常表扬员工、正面激励员工是“罗森塔尔效应”在员工管理实际工作中的具体应用。精神激励包括目标激励、情感激励和榜样激励。

④ 学会赞美员工，使绩效倍增。世界上有两样东西比金钱更为人们所需要：认可和赞美。当管理人员赞扬员工时，不仅能使员工感到他的价值得到认可和重视，也使他的自尊心和荣辱感得到了满足，从而产生一种积极进取的精神。

⑤ 给予改正错误的机会。再优秀的人才都会犯错误，包括管理者自己恐怕也难以避免。只要不是原则性的问题，应采取更宽容的态度，不能因为一次过错就否定整个人。事实上，对于有过错的人才而言，他们最需要的就是获得重新证明其价值和展示其才华的机会，一旦

获得“戴罪立功的机会”，他们就会迸发超乎寻常的热情和干劲，更好更积极的完成任务。

⑥ 拿捏好批评的分寸。对于犯错的员工不能姑息宽容，也不能完全否定的打击惩罚，关键是拿捏好批评的分寸。惩罚并不是完全不可取，关键是要让惩罚达到最佳效果。

把握住批评的尺度和分寸要注意：

（a）教育－批评－教育。

（b）批评必须实事求是。

（c）批评要对事不对人。

（d）一般不要当面批评。

（e）批评要适可而止。

（f）批评要正派公道。

（g）批评后，还要进行必要的沟通。

（h）自我反省。

批评的方法很多，但都应该以教育为主，用事实教育人，用道理开导人，用后果提醒人，从而使对方诚心诚意地接受批评，改正错误。

⑦ 让员工发牢骚。无论怎么好的氛围和环境，也不可能完全消除员工在工作中的负面情绪。因此，员工在工作中偶尔发发牢骚，不应该受到指责。对于员工那些未能满足的情绪，切莫压制下去，而要千方百计地让它宣泄出来，这对人的身心和工作都有利，也是“人性化管理”的重要内容。

俗话说“抱怨的客户是真正的客户”，同样，有牢骚的员工也不一定不是好员工。经常发牢骚的员工往往是把企业当作自己的事业舞台和价值载体，因此对企业发展更为关注，有更多的企业责任感和事业心。

加油员工受其岗位特性，在日常工作中常常受到来自于管理与客户方面的压力，牢骚与抱怨是他们宣泄心理上负面情绪的一种方式，对于加油站管理者来说，多角度、多渠道倾听员工的“话外音”，可以有效消除员工的负面情绪，实现健康的“人性化管理”。

7.2.3 绩效管理

绩效管理是一个完整的关于目标与如何达到目标而达成共识的系统过程，它包括绩效标准与绩效目标设定、绩效实施与监督、绩效考核与绩效诊断、反馈沟通四个阶段。科学的绩效管理能为薪酬管理、晋升、开发与培训、职业发展等人力资源决策提供依据，也是激励员工的有效手段。在绩效考核中，不仅应选择合适的方法，而且要注意克服评估中常犯的一些错误，才能达到绩效管理的目的。

7.2.3.1 绩效管理的定义及特点

（1）绩效管理的概念。绩效管理是指一套系统的管理活动过程，用来建立组织及成员对其工作目标的共识，以及如何达成目标，进而实行有效的员工管理方法。绩效管理不仅包括员工自身的绩效考核，而且包括员工的绩效与组织的绩效结合，最终目的是提升整体组织的效能。

（2）绩效管理的特点。绩效管理与绩效考核是两个完全不同的概念。绩效考核只是绩效管理的关键环节之一。与绩效考核相比，绩效管理具有以下特点：

① 系统性。绩效管理是一个完整的系统，从绩效标准的设定，到绩效考核的反馈沟通、进入下一个循环阶段，各个环节之间环环相扣，最终为实现组织的战略目标服务。

② 目标性。绩效管理的目标非常明确，在于改进组织绩效，实现组织战略目标。绩效

考核更侧重于考核评价。

③ 强调沟通。沟通在绩效管理中起着决定性的作用。制定绩效目标要沟通，帮助员工实现目标要沟通，年终评估要沟通，分析原因寻求进步要沟通，总之，绩效管理的过程就是员工和主管之间持续不断沟通的过程。沟通在组织绩效管理中扮演着极为重要的角色。

（3）绩效管理的意义。

① 通过绩效评估，可以提高组织的生产效率和竞争能力。

② 为组织的战略人力资源决策提供依据。

③ 通过创造组织公平评价与对待员工的理念，把员工对工作的不满意和跳槽行为降低到最低水平。

④ 通过评估，可以强化组织内部上下级之间、员工之间的沟通，融洽组织的内部关系。

7.2.3.2 绩效管理的基本流程

一个完善的绩效管理系统，有四个大的工作程序，分别是：绩效计划；绩效实施；绩效考核；绩效反馈。

（1）绩效计划。绩效标准与绩效目标的设定。绩效标准与岗位职责、岗位任务、岗位工作环境等直接相关，即岗位考核标准是依据岗位分析的结果提炼出来的各项指标。绩效目标是以绩效标准为基础，结合绩效考核期间组织目标的层层分解，下达到每一个部门、每一名员工，最终确定为当期应完成的目标。

绩效指标设计要符合稳定性原则、目标一致性原则、少而精原则和可测性原则。

（2）绩效实施。信息的收集与文档记录。绩效目标最终要通过绩效评估进行衡量，因此有关员工绩效的信息资料的收集就显得特别重要。绩效记录最大的好处是使绩效评估时不出意外，使评估的结果有据可查，确保绩效考核与反馈公平、公正、有据可查。

（3）绩效考核。根据绩效计划在考核期内对员工进行绩效评价。

① 绩效考核就是将员工的实际绩效与目标绩效进行比较，以确定员工工作业绩状况的过程。

② 绩效考核应注意：在确定参评人员评价影响的权重时，要充分考虑这些人与考核结果之间的利益关系，能量化的尽可能量化，以便排除人为因素的干扰；对绩效评估参与人实施评估前的培训，包括评估指标、操作程序、方法、评估结果应用的理解等；选择适合的绩效考核方法，与考核的具体目标、考核规模、考核对象、考核范围等相吻合；注意考核过程的透明性与公开性，以便获得员工的认同。

（4）绩效反馈。促进员工绩效提升的重要环节。

① 绩效诊断。包括组织层面、部门层面、个人层面的绩效诊断。全面反思绩效管理的政策、方法与手段、考核过程等，并提出具体的改进方案。

② 反馈与沟通。这一工作要特别重视对个人的反馈方法与沟通过程。一般主张采取“三明治”的方法：无论员工业绩情况如何，首先要肯定员工值得表扬的行为，以保持员工的自尊与信心；然后指出存在的不足和值得改进的地方；最后必须参与员工改进措施的规划并提供具体的帮助。在整个沟通过程中必须明确的是绩效管理的目标是改进劳动生产效率，改进组织绩效而不是惩罚和批评员工。

③ 绩效改进。绩效管理是一个过程，在管理过程中注重持续的沟通，绩效管理的最终目的在于绩效改进。

员工绩效改进分为六个步骤：绩效诊断与分析、明确绩效改进要点，选择绩效改进方法、制订绩效改进计划、实施绩效改进计划、评价绩效改进结果，如图 7-1 所示。

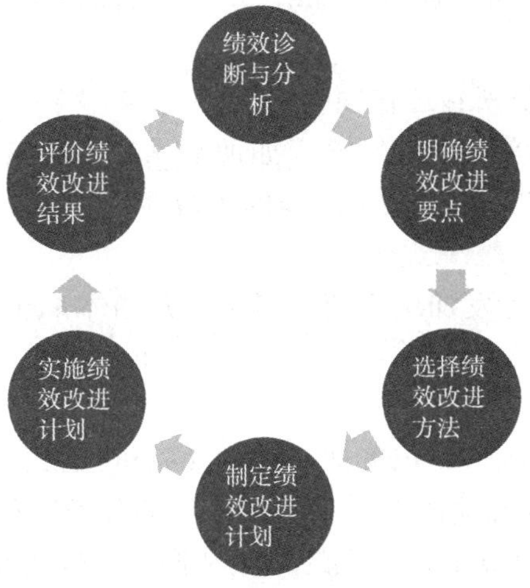

图 7-1　员工绩效改进流程图

7.2.3.3　绩效考核方法

绩效考核的方法主要有关键绩效指标法、目标管理法、平衡计分卡法、比较法、360°反馈法。

（1）关键绩效指标法。关键绩效指标法是通过对工作绩效特征的分析，提炼出的最能代表绩效的若干关键指标体系，并以此为基础进行绩效考核的模式。

（2）目标管理法。是根据被考核人完成工作目标的情况来进行考核的一种绩效考核方式。在开始工作之前，考核人和被考核人应该对需要完成的工作内容、时间期限、考核的标准达成一致。在时间期限结束时，考核人根据被考核人的工作状况及原先制定的考核标准来进行考核。

（3）平衡计分卡法。平衡计分卡是从财务、客户、内部业务过程、学习与成长四个方面来衡量绩效。平衡记分法一方面考核企业的产出（上期的结果），另一方面考核企业未来成长的潜力（下期的预测）；再从客户角度和内部业务角度考核企业的运营状况参数，充分把公司的长期战略与短期战略相结合。

（4）比较法。即员工的绩效是通过与其他员工的绩效比较评价得出的。这种方法包括简单排序法、配对比较法和强制分布法。

（5）360°反馈。360°反馈也称全视角反馈，是由被考核人的上级、同级、下级和服务的客户等对其进行评价，通过汇总各方面意见，客观评价人员的优势和不足，以达到改进和提高的目的。

7.2.3.4　考核结果应用与激励

绩效考核结果是对员工的工作行为和成果做出的评价，可以应用于人力资源管理各模块的决策依据。招聘质量的评价、员工的调动与晋升、培训的需求分析和效果评价等决策均需要建立在绩效考核结果上。而在加油站管理工作中，最重要的是要根据考核结果对员工进行奖励和激励。一是在以多联计酬为主的分配方式下，员工的薪酬主要由考核结果来确定，要根据考核结果，按照挂钩方式和比例计算员工薪酬，体现多劳多得，激发员工工作热情和动力。二是除物质手段外，还可以选择其他非物质的激励方式，鼓励员工扩销增效。在确定非物质奖励的标准和对象时，也要与考核结果相挂钩，提高激励的针对性、有效性和公平性。

加油站的绩效管理要以提高人均销量，提高服务水平，提高安全、设备、数质量、客户关系等管理水平等为目标，通过制定一整套科学、合理的绩效考核办法，严格考核，充分发挥和调动员工工作的积极性、主动性与创造性，挖掘潜能，提高加油站的绩效水平。

7.2.4　薪酬管理

7.2.4.1　薪酬及薪酬结构

薪酬是指员工从企业得到金钱及各种形式的服务和福利，它作为企业给员工劳动回报的一部分，是劳动者应得的劳动报酬。薪酬体系是指薪酬的构成，一般而言，员工的薪酬包括基本工资、奖金、津贴和福利四个部分。

（1）员工工资结构。员工工资包括固定工资和变动工资两大部分，一般由岗位工资、绩效工资和加值班工资组成。

① 岗位工资。岗位工资属固定工资，根据从业人员所在工作岗位进行计发。

② 绩效工资。绩效工资属变动工资，根据员工的实际绩效发放。如加油站吨油含量工资即属绩效工资，它与员工的销售业绩直接挂钩，有利于激发员工工作的积极性、主动性和创造性。

③ 加值班工资。对员工超出标准工作时长的工作计发加班工资，对员工从事本职工作以外的值班工作发放值班费。

（2）工资结构组成部分之间的关系。

① 固定工资与变动工资的关系。为了更好地调动员工的积极性，在加油站可以操作和控制的范围内，应扩大员工工资中的变动部分，从而准确地体现“多劳多得”的分配原则。

通常，当业绩工资占到工资总额的40%以上时，对员工积极性的刺激和调动比较明显，但也不是说比例越高越好，当比例达到60%以上时，员工会产生不稳定的感觉，且会为了完成自己的业绩指标而忽视与同事间的合作。

② 根据不同职位调整上述比例。根据职位的高低，设定不同的绩效工资比例系数，体现收入差别。通常，随着职位的提高，员工固定工资占其工资总额的比例会提高，变动工资占比则会下降。

7.2.4.2 加油站考核与分配

在市场正常情况下，加油站销量是决定经营利润和业绩分配比例的关键。由于加油站位置、规模、体制、人员结构不同、商圈差别较大，经营的销量也大不一样，所以，不同的加油站应结合自身特点确定员工薪酬分配办法。

加油站通常使用的多联计酬考核办法，具体表现为员工获取的薪酬随着工作量的增加、创效水平的提升而实现增长。

（1）加油站内部绩效考核的指标。主要包括经营指标和管理指标。员工绩效考核的结果可应于薪酬调整、晋升调配、培训教育和个人发展计划。

加油站常用的工资分配方式是吨（升）油含量工资制。

吨（升）油含量工资制是将员工工资与加油站销量直接挂钩的一种薪酬分配方式。其主要有以下两种形式：

① 量化计酬。员工绩效工资与销售任务挂钩，薪随量变。

② 综合考核。设计员工销量和服务等工作目标，根据实际完成情况对员工的各项工作（如服务，安全、数质量、卫生、账表册、出勤和劳动纪律等）进行量化评价，将得分与绩效兑现挂钩。并且将月度得分累计为年度得分，作为评优晋升依据，建立长效考核机制。

（2）加油站内部考核的基本原则。

① 公平性原则。公平是实施有效考核的首要条件，鼓励多劳多得。

② 适度性原则。考核兼顾所有员工利益，激励与扣罚适度。

③ 稳定性原则。考核指标总体保持相对稳定。

④ 公开性原则。考核结果向每名员工公示。

员工确认是实施加油站绩效考核中不可缺少的环节。

（3）SMART原则。加油站在制定内部考核指标时，制定的绩效考核指标应符合SMART原则：

① S ——具体的，目标是否具体；

② M——可衡量的，目标可否衡量；

③ A ——可达到的，目标能否达到；

④ R ——相关的，目标与个人工作是否相紧密相关；

⑤ T ——基于时间的，目标有无明确的时间要求。

7.3 法律法规知识

7.3.1 劳动法

《劳动法》是为了保护劳动者的合法权益，调整劳动关系，建立和维护适应社会主义市场经济的劳动制度，促进经济发展和社会进步，根据宪法而制定颁布的法律。从狭义上讲，我国《劳动法》是指1994年7月5日八届人大通过，1995年1月1日起施行的《中华人民共和国劳动法》；从广义上讲，《劳动法》是调整劳动关系的法律法规，以及调整与劳动关系密切相随的其他社会关系的法律规范的总称。

《劳动法》作为维护人权、体现人本关怀的一项基本法律，其内容主要包括：劳动者的主要权利和义务；劳动就业方针政策及录用职工的规定；劳动合同的订立、变更与解除程序的规定；集体合同的签订与执行办法；工作时间与休息时间制度；劳动报酬制度；劳动卫生和安全技术规程等。

7.3.1.1 劳动法的适用范围

根据《劳动法》第二条规定，在中华人民共和国境内的企业、个体经济组织（以下统称用人单位）和与之形成劳动关系的劳动者，适用于《中华人民共和国劳动法》。

国家机关、事业单位、社会团体和与其建立劳动关系的劳动者，订立、履行、变更、解除或者终止劳动合同，依照本法执行。

7.3.1.2 劳动者的权利

《劳动法》中规定：

（1）劳动者享有平等就业和选择职业的权利、取得劳动报酬的权利、休息休假的权利、获得劳动安全卫生保护的权利、接受职业技能培训的权利、享受社会保险和福利的权利、提请劳动争议处理的权利以及法律规定的其他劳动权利。

（2）劳动者有权依法参加和组织工会。工会代表和维护劳动者的合法权益，依法独立自主地开展活动。

（3）用人单位应当依法建立和完善规章制度，保障劳动者享有劳动权利和履行劳动义务。用人单位不得违反《中华人民共和国劳动法》规定延长劳动者的工作时间。劳动者连续工作一年以上的，享受带薪年休假。

7.3.1.3 劳动者的义务

《劳动法》中规定：

（1）用人单位应当依法建立和完善规章制度，保障劳动者享有劳动权利和履行劳动义务。

（2）国家提倡劳动者参加社会义务劳动，开展劳动竞赛和合理化建议活动，鼓励和保护劳动者进行科学研究、技术革新和发明创造，表彰和奖励劳动模范和先进工作者。

（3）劳动者依照法律规定，通过职工大会、职工代表大会或者其他形式，参与民主管理或者就保护劳动者合法权益与用人单位进行平等协商。

（4）劳动者应当完成劳动任务，提高职业技能，执行劳动安全卫生规程，遵守劳动纪律和职业道德。

7.3.2 劳动合同

劳动合同制度是当代市场经济体制下确认和形成劳动关系的基本制度，是建立和维护劳动关系协调机制的一项基础性法规，也是企业人力资源管理的重要手段和工具。根据劳动合同，劳动者加入一定的用人组织，从事某种工作，承担一定的义务，并遵守组织内部的劳动规章制度。根据劳动合同，用人单位规定劳动者的工作内容、岗位和职责，劳动报酬、提供劳动条件、保障劳动者依法享有劳动保护、社会保险等合法权利。由于有关劳动法律、法规只是对关系双方的权利和义务作了原则性、纲领性的规范，所以要用劳动合同对法律法规规定未尽事宜做出详细、具体的约定，明确具体权利和义务，缔结双方“合意”的劳动关系，维护双方合法权益，促进全面履行合同。当遇到劳动纠纷时，劳动合同也是解决纠纷的重要依据和证据，可以降低劳动争议解决的成本。

7.3.2.1 劳动合同的内容

劳动合同是劳动者与用人单位确立劳动关系、明确双方权利和义务的协议。建立劳动关系应当订立劳动合同。

（1）劳动合同内容。《中华人民共和国劳动合同法》中规定，劳动合同应具备以下条款：

① 用人单位的名称、住所和法定代表人或者主要负责人。

② 劳动者的姓名、住所和居民身份证或者其他有效身份证件号码。

③ 劳动合同期限。

④ 工作内容和工作地点。

⑤ 工作时间和休息休假。

⑥ 劳动报酬。

⑦ 社会保险。

⑧ 劳动保护、劳动条件和职业危害防护。

⑨ 法律、法规规定应纳入劳动合同的其他事项。

全日制用工劳动合同的期限分为有固定期限、无固定期限和以完成一定的工作为期限。

全日制用工劳动合同应当以书面形式订立。

（2）劳动合同的解除。《中华人民共和国劳动合同法》中规定，劳动者有下列情形之一的，用人单位可以直接解除劳动合同：

① 在试用期间被证明不符合录用条件的。

② 严重违反用人单位的规章制度的。

③ 严重失职，营私舞弊，给用人单位造成重大损害的。

④ 劳动者同时与其他用人单位建立劳动关系，对完成本单位的工作任务造成严重影响，或者经用人单位提出，拒不改正的。

⑤ 因劳动合同法第二十六条第一款第一项规定的情形致使劳动合同无效的（以欺诈、胁迫的手段或者乘人之危，使对方在违背真实意思的情况下订立或者变更劳动合同的）。

⑥ 被依法追究刑事责任的。

劳动者有下列情形之一的，用人单位可以提前三十日以书面形式通知劳动者本人或者额外支付劳动者一个月工资后，可以解除劳动合同：

① 劳动者患病或者非因工负伤，在规定的医疗期满后不能从事原工作，也不能从事由用人单位另行安排的工作的。

② 劳动者不能胜任工作，经过培训或者调整工作岗位，仍不能胜任工作的。

③ 劳动合同订立时所依据的客观情况发生重大变化，致使劳动合同无法履行，经用人单位与劳动者协商，未能就变更劳动合同内容达成协议的。

7.3.2.2 劳动争议的处理

《劳动法》中规定：

用人单位与劳动者发生劳动争议，当事人可以依法申请调解、仲裁、提起诉讼，也可以协商解决。

调解原则适用于仲裁和诉讼程序。

解决劳动争议，应当根据合法、公正、及时处理的原则，依法维护劳动争议当事人的合法权益。

劳动争议仲裁委员会由劳动行政部门代表、同级工会代表和用人单位方面的代表组成。劳动争议仲裁委员会主任由劳动行政部门代表担任。

提出仲裁要求的一方应当自劳动争议发生之日起六十日内向劳动争议仲裁委员会提出书面申请。仲裁裁决一般应在收到仲裁申请的六十日内作出。对仲裁裁决无异议的，当事人必须履行。

7.4 经营管理

7.4.1 交接班管理

（1）做好接班前准备。接班人员整理好个人仪容仪表，备足零钱，备齐工作用品；领班清点人数，组织员工互查仪容仪表；站长（领班）组织召开班前会，传达上级要求，布置本班工作。

（2）交班班组在加油机上进行下班操作。

（3）交接双方记录、核对和交接当班加油机累计字码数、油罐实存量，清点相关商品及发票等，发现差异及时查明原因，妥善处理，核对无误后双方确认。

（4）接班班组在加油机上进行上班操作。

（5）交接双方检查设备设施、消防器材及卫生等，提醒和交接当班经营、管理、服务工作中应注意的事项。

（6）班组依据交接内容据实录入零售管理系统，并将对应账表单证、票款等转交记账员，核对无误后，双方确认。

（7）交班人员换下工装，清理好个人内务，下班离站。

7.4.2 进货管理

（1）加油站油品由上级公司或物流中心统一配送，严禁私自进油、擅自调拨。

（2）加油站应及时准确地向上级公司报送数据，并加强沟通，防止脱销和加油高峰期卸油。

（3）加油站接卸人员要严格按照卸油操作规程进行油品接卸。

（4）加油站发生站内或站间油品移库时，应凭主管部门开具的油品移库“调出”、“调入”单据执行，并由主管部门负责监督落实。

7.4.3 销售管理

（1）加油枪泵码管理。

① 加油枪泵码交接应真实、连续；遇乱码、归零等异常情况，应立即结账，确认差异，及时处理。

② 加油枪泵码跳变时，应严格执行本单位相关审批流程，跳变前后的泵码须在当班报表、设备检修保养记录和加油站运行日志中记录。

（2）现金和加油卡售油管理。现金售油按照当日挂牌价格和销售数量收取客户现金，并规范找零；加油卡售油按照有关管理规定执行。

（3）油品回罐管理。加油站日常经营过程中，因加油机校验、维修等原因付出的油品，须全部安全地回到对应油罐中，严禁截留和出售。

（4）抽样用油管理。加油站抽样用油应按照当期价格做销售，再按规定报销。

7.4.4 存货管理

加油站库存油品实行班交接、日计量、月盘点制度。加油站按月对油品损耗进行分析、上报，上级公司根据损耗管理办法进行考核，并逐月核销。

7.4.5 价格管理

（1）加油站在显著位置公布当日油品的零售价格。公布的价格要与加油机上显示的价格一致。

（2）加油站严格按上级公司规定的价格销售。价格变动时，及时按规定次序调整加油机、价格牌和开票系统上的油品价格。

（3）调价时，加油卡联网加油站应根据有关规定进行调价操作；未实行加油卡联网的加油站接到调价通知后，主管部门组织人员按规定的时点准确抄录加油机（流量表）的泵码数，进行调价操作，并做好记录，调价操作人员和相关监管人员签字确认。

（4）调价日的《加油站交接班表》分页填制，在表的右上角分别标注“调价前”、“调价后”字样，并由站长签字。

7.4.6 发票管理

（1）加油站应按照税务机关及上级公司规定做好发票管理工作，建立发票领用存台账，规范发票的领用、发放、开具、保管和缴存管理。

（2）非在用发票要存放在保险柜中。

（3）开错或客户不要的发票须及时作废，作废的发票应做好登记和缴存工作。

（4）增值税发票的领用、开具、作废等，按各销售企业具体规定执行。

（5）严禁虚开、混开、代开、套开、私存、倒卖发票。

7.4.7 保险柜管理

（1）加油站应统一配置投币式和普通保险柜。保险柜质量应符合国家标准并满足加油站实际需要。

（2）投币式保险柜须固定、隐蔽安装。普通保险柜应安装在独立财务室，无独立财务室可安装在站长室内。保险柜应在视频监控可视范围内。

（3）保险柜密码保管人发生变化时或达到一定时间时，需变更保险柜密码。

7.4.8 营业款管理

（1）账户管理。加油站营业款缴存账户由省（市）公司统一开设、变更和注销，加油站营业款须存入公司指定账户，严禁公款私存。

（2）现场营业款管理。上级公司根据加油站实际情况制定员工现场持币额度。当员工所收现金达到持币限额时，在工况允许的情况下，应及时投放到投币式保险柜内。

（3）营业款缴存管理。

① 当日应缴款数额。当日应缴款数额是指从昨日最后一次缴款至当日缴款前，产生的营业款数，按资金发生日期，可分为昨日营业款和当日营业款。昨日营业款是指从昨天最后一次缴款至昨日营业终了，期间产生的营业款；当日营业款是指从当日营业开始至当日缴款前，期间产生的营业款。

② 银行上门收款。加油站应预先将缴存资金清点无误后打包封存，按公司和银行双方协议要求核对上门收款人员证件，办理书面交接手续，统一在视频监控下进行交接。

③ 自行缴存银行。在加油站站长（或当班收银员）监督下，由记账员清点需缴存的营业款，整理打包后由站长或其他人员陪同存入指定银行账户。站长及时核对银行回单，并监交签字。

④ 加油站缴款时间、缴款频率要按照上级公司规定执行。在规定的时间内，加油站应尽量延后下午缴款的时间，避免大额现金在站过夜。

（4）支票管理。

① 加油站建立支票登记册，记录客户单位名称、电话、支票号、经办人姓名、有效证件号等信息，并妥善保管。

② 收取客户支票，认真核实，不符合规定的支票一律退还。

③ 发生银行退票时，加油站及时通知有关单位尽快解决；发生支票丢失，加油站立即上报公司财务部门或核算机构，按规定处理。

④ 使用支票必须经公司财务部门确认货款到账后，加油站方可办理业务。

7.4.9 账表管理

（1）加油站须统一使用零售管理系统和规定的账册表单，并按规定规范填制、流转、装订和保存。

（2）因业务拓展需新增辅助账表的，应报省（市）公司审核同意后执行。

7.4.10 客户管理

（1）加油站在零管系统中建立健全客户管理档案，由专人负责登统，并结合实际及时更新和维护。

（2）加油站应保持与客户的紧密联系，发生油品升级、变类、调价等情况时，及时与客户沟通；做好客户日常维护工作，每月对主要客户和潜在客户应至少走访一次，可通过电话或现场交流等方式，并做好相关记录。

（3）加油站要充分利用客户档案，密切关注客户消费动态，及时向上级提出营销建议。

7.4.11 经营分析

加油站经营数据，从狭义上来说，主要包括营销数据和财务数据。从广义上说，主要包括营销数据、财务数据、客户资源数据、周边市场成品油需求变化数据。加油站经营数据分析的职能是信息职能、监督职能和咨询职能。

7.4.11.1 经营数据分析的方法

对加油站销售数据进行分析，最基本最常用的方法是对比分析法，除此之外还有结构分析法、因素分析法和动态分析法等。

（1）对比分析法将加油站实际数据与相关指标数据进行对比，全面评价和判断加油站实际状况。比较分析的方式，一般有四种：计划完成对比分析、同类对比分析、历史对比分析、市场占有率分析。

（2）结构分析法在统计分组的基础上，计算结构相对数，进而分析总体现象的内部结构特征、总体内部结构依时间推移而表现出变化规律性。结构分析是对某一经济现象总体的构成比重的分析。

（3）因素分析法用来测定受多种因素影响的加油站某种经济现象变动中，各个因素的影响方向和影响程度的分析方法。因素分析就是将构成某一事物的几个重要因素，顺序地将其中一个作为可变，而暂时把其他因素作为不变，逐个加以替换，以测算各个要素对事物的影响程度。

（4）动态分析法同类经济现象在时间上的对比，其常用指标有发展速度、增长速度、平均发展速度及平均增长速度等。通过此类分析，既可找出经营管理上存在的问题，又可预测经济活动的发展趋势。

在同一篇分析报告中，很少只使用一种分析方法，多为几种方法同时使用。进行经营数据分析，除运用上述方法外，很重要的一个方面就是找出主要因素，分析其影响程度，并且把分析主观因素的影响放在重要位置，从主观上总结经验，查找不足，以利发展。

7.4.11.2 经营分析报告的编制方法

经营分析报告是对经营活动进行科学分析的书面报告。通过对某一时期、某项业务经营活动进行研究分析，肯定成绩、查找不足、揭露矛盾、提出建议，为领导决策提供依据。

通常情况下，经营分析报告分为综合分析报告和专项分析报告两大类。

撰写经营分析报告，必须经过选择课题、收集材料、计算分析和布局结构四个阶段。

（1）选择课题。选择课题，就是确立好经营分析的基本范围和内容，应按照实用、超常和新颖三点要求来进行。

（2）收集材料。收集材料是撰写经营分析报告的基础，它直接关系到分析报告的质量。分析材料的收集应当围绕选题来进行，并遵循真实、有效和完整三个原则。

分析材料的收集一般有两个渠道，一是来自报表、账目和事实材料；二是有计划地调查。

（3）计算分析。计算分析的方法有很多，一般常用的有比较分析、结构分析、动态分析和因素分析等。

（4）布局结构。经营分析报告必须布好分析报告的结构。经营分析报告的结构由标题、前言、主体和结尾四部分组成。

① 标题。标题应当高度概括经营分析报告的主要内容、对象及作者的基本观点，以影响读者正确理解分析报告。经营分析报告的标题有单标题和双标题两种。

② 前言。前言即经营分析报告的开头，其写法多种多样，应视具体情况灵活掌握。

③ 主体。主体是经营分析报告的主要部分。在此部分，需要围绕选题，提出问题，分析问题，解决问题，并且要有情况、有数据、有观点、有分析。

主体部分的结构安排有纵式结构和横式结构两种。

④ 结尾。结尾是经营分析报告的结束部分，其主要作用是总结全文、点明主题、揭示问题、得出结论提出建议、展望未来、鼓舞斗志、加深认识。

第8章　培训指导

8.1　企业培训教师应具备的基本素质

8.1.1　培训概述

8.1.1.1　培训的含义

培训是指组织有计划地实施有助于员工学习与工作相关能力的活动，旨在改进员工的知识、技能、工作态度和行为，从而使其发挥更大的潜力以提高工作绩效，最终实现组织发展和个人发展的活动。

培训是一种有组织的、定期的学习教育与学习活动。从长远和整体来看，培训使个人发展和组织发展有机地融合，成为改进和提高组织整体效能的一个基本途径和手段，最终目的在于促进组织的成功。

8.1.1.2　培训三要素

培训的三要素分别为知识、技能、态度的改变，实现这三者的改变也正是培训的目的和意义。

（1）知识培训。企业知识培训的主要任务是帮助员工进行知识更新，从而使员工获得持续提高和发展的基础。知识培训的主要内容包括：

① 具备完成本职工作所必需的基本知识。

② 了解企业的经营状况及发展战略、经营方针、规章制度、市场、竞争等。

③ 明确岗位职责，熟悉与其工作相关的技术领域的发展及现状。

④ 学会如何节约和控制成本以提高企业的效益。

⑤ 培养和掌握一定的管理知识，如计划、组织、领导、协调、控制等。

⑥ 学习必备的社会学理论知识，如激励理论、人际关系协调、社会政治文化、伦理道德等方面的相关知识。

（2）技能培训。知识只有转化成技能，才能真正产生价值。员工的工作技能，是企业产生效益、获得发展的根本源泉，因而技能培训也是企业培训中的重要环节。技能培训的主要内容有：

① 熟练掌握本工作岗位所需要的基本技能技巧，包括熟练工艺、操作技能等。

② 熟练地运用各种生产或管理技术去处理与本工作岗位相关的技能问题。

③ 学会在较复杂多变的生产或经营管理情境中分辨实情，提出解决问题的方案。

④ 学会合作、沟通和创造性地解决问题的能力，并做到理论联系实际。

⑤ 形成有意识、有条理地应用策略和程序对工作问题进行思考、计划、检查和评价的技能。

⑥ 学会运用经营管理技术、生产技术、工程技术、生产过程工艺技术等为企业经营效益服务。

（3）态度培训。员工具备了扎实的理论和过硬的技能，还必须有正确的价值观、积极的工作态度和良好的思维习惯。因此，态度培训是企业必须持之以恒进行的核心重点。态度培训的主要内容有：

① 认识自我，处理好个人与企业、个人与他人的关系，并建立自信心。

② 如何正确地选择、分析和把握自己和企业的未来。

③ 如何确定并实现自我职业生涯的奋斗目标。

④ 如何看待自己的工作岗位、上级、下属及团队。

⑤ 如何看待和应对挑战与变化。

⑥ 确立正确的人生观、价值观和工作责任心。

⑦ 培养良好的团队精神，构建良好的分工协作意识，并学会合作。

8.1.2 企业培训教师的角色与职责

8.1.2.1 “学习专家”的角色

企业培训师除组织课堂教学外还要为学员提供学习内容、条件、信息、进行反馈和提供其他帮助。要成为企业的“学习专家”，对学习规律作客观研究，运用各种激励手段和监督措施，选择和使用具体的学习方法，保证学员完成个人学习计划。

8.1.2.2 “开发者”的角色

企业培训师要作为“开发者”参与项目设计、培训教材开发、培训课程开发、科研课题研究等多个领域。作为“开发者”必须了解成人教育和学习的特点，掌握一定的心理学知识，能够及时调研和评估培训需求，并具备依据需求设计和开发培训项目、培训课程，撰写培训教材，深入研究科研课题等实用技能。

8.1.2.3 “企业顾问”的角色

企业培训师作为企业顾问，要分析企业存在的问题，提出培训需求；寻找和评价解决问题的途径，对可能并且适合的培训方法提出建议；要成为培训方面的权威，能够解决组织发展中涉及的培训问题，当好参谋。

8.1.2.4 “创新者”的角色

企业培训师作为创新者，要帮助企业针对外部环境和内部冲突，提出应对策略；要帮助员工发展新思想、新方法；要始终保持对市场和外在环境的敏感度，了解企业发展趋势，并保持常新的思维状态。

8.1.2.5 “管理者”的角色

企业培训师作为管理者，要对培训和开发活动进行计划、组织、控制和改进，保证培训目标的实现及费用的最优；要和其他部门及高层管理者建立广泛而密切的联系，以保证最为合适的培训活动设计、提高、实施和评估。

8.1.2.6 “战略执行者”的角色

企业培训师作为战略执行者，要熟悉并严格执行企业在经营管理方面的发展战略，并基于组织发展战略策划、开发、实施和评估培训工作。

8.1.2.7 “教练”的角色

企业培训师除了教授知识以外更为重要的功能是教练功能，需要培训师对学员进行辅助、引导，让学员身体力行的参与到培训项目中来，从而影响其绩效的改变。

8.1.3 企业培训教师的能力素质要求

企业培训教师具有多种角色和职责，因此也有相应的能力要求。事实上培训工作的成败，很大程度上受到培训师能力的影响。

通常，一个优秀的培训师应具备以下能力：

8.1.3.1 学习能力

学习能力是培训工作者最重要的能力。作为帮助别人学习的培训教师，只有不断学习，才能保证课程的领先，才能有自己的思想，从而帮助其他员工获得知识，使企业保持竞争优势并获得成功，这也是培训的出发点。

8.1.3.2 研究开发能力

对于企业培训教师来说，研究开发不仅仅是指开发课程，更主要的是研究管理理论、专业知识以及培训理论在企业中的具体运用。同时，还需要在研究基础上开发出、寻找到一系列的培训工具、课程、制度以及工作流程来保证培训的针对性和实效性。

8.1.3.3 沟通能力

沟通能力一直是取得成功的关键因素，培训的成功与良好的沟通能力之间有着直接的关系，因此企业培训教师必须努力使自己具备这一能力。

8.1.3.4 组织协调能力

企业培训教师在培训过程中一方面要与各级、各部门打交道，另一方面则面对各种不同类型的学员，有许多需要作出临时决策，并进行组织协调的场合。缺乏此项能力，很容易使培训教师陷入到两难的境地。

8.1.3.5 表达能力

培训过程中，培训教师通过清晰的表达和演练等活动，将培训内容传递给学员并使其掌握相应的知识和技能，表达是企业培训教师必备的基本技能，表达能力也是企业培训教师应具备的核心能力之一。

8.1.3.6 引导能力

在培训的过程中，应当始终坚持以学员为中心，培训师成为一名引导者、支持者，让学员成为真正的学习拥有者，二者紧紧连结。

8.1.3.7 成本核算能力

对于企业培训教师来说，成本核算能力也是不容忽视的。无论是培训项目运作，还是所开发和讲授的课程内容所涉及的专业管理与技术，都要求培训教师具备成本意识和一定的核算能力。

8.1.4 成人学习的特点

8.1.4.1 成人学习的特点

在高速发展的信息社会，科技和生产以前所未有的速度迅猛发展，越来越多的人已经认识到单纯的学校教育无法满足现代社会的工作和竞争需要，培训和学习已成为个人终身性的任务。

为有效促进成人学习，企业培训教师了解成人学习的特征非常重要。马尔科目·诺尔斯在美国被认为是成人学习之父。诺尔斯认为：

（1）成年人在投入时间参加学习活动之前，需要知道自己为什么要学习；

（2）成年人一般有一种自我概念，认为自己是自我知道、对自己负责的成熟的人；

（3）成年人参加任何学习活动，都带来了自身独特的经验和大量可分享的心得；

（4）成年人有强烈的意愿学习那些能够帮助他们有效应对日常生活的内容；

（5）成年人愿意投入精力学习那些他们认为可以帮助他们完成任务或解决问题的内容；

（6）内部激励因素（如自尊的提高），比外部激励因素（如更高的薪水），对成年人的激励作用更大。

8.1.4.2 成人培训的方法特征

（1）成人学习的内容必须具有针对性和实用性。成人学习不以传授一般知识为主，而是将培训内容与学员的实际工作联系起来，讲究教学内容的实用性、针对性，希望以问题为中心。这就要求培训教师必须具有丰富的实践经验，如果一味地从书本到书本，则如隔靴搔痒，收效甚微。在教学方法上也要加强实践环节，以提高学员解决各种实际问题的能力。

（2）培训中应调动学员积极参与，侧重双向沟通。成人教学的对象是已具备一定理论实践基础的学员。学员的学识基础客观上为教学活动中双方的交流创造了条件。培训活动中采取互动参与式的教学方法可以激发学员的参与热情，在组织这些活动时，也可以增加一些小奖品，运用得法，可以极大地活跃课堂气氛。

（3）培训重在引导和启发，而不在于控制教学结果。不同学员之间的专业背景、知识水平、实践经验各有千秋。在教学活动中，学员之间碰撞的结果经常超出培训教师主观设计的模式之外。而培训教师所担负的角色在于激发学员们的思想火花，同时，在引导学员们相互学习时，也非常重视培训心得的资料收集整理工作，这是成人培训的重要参考资料。

（4）成人培训应在知识、技能、人格素质、文化等方面并重。技能操作的过程是由操作者、操作工具和操作过程共同组成的。知识和技能主要偏重于操作过程和操作工具，对操作者本身以及操作者之间的协作等涉及很少，人格素质培训、企业文化培训则弥补了这一空白。

8.1.5 现代教学方法

传统培训教学，基本上以教师、课堂、教材为中心，采用单一传递、讲授、灌输的方式，学员被动地接受知识。由于这种教学方法违背培训的目的和成人学习的特点，很难取得良好的学习效果。

随着企业培训的深入开展，培训者对成人学习特点和方法的不断研究，现代教学方法越来越多的应用于企业培训实践中。其中最大的转变是培训师和学员角色和地位的转变，正规学习、非正规学习、正式学习、非正式学习不断交融。现代化教学手段与员工自主学习相结合的电子化学习，面授与远程相结合的混合式培训，“以学员为中心”的体验式培训，以问题为导向的探究式培训，都得到了较大范围的应用和认同。

8.1.5.1 在线学习

（1）在线学习的含义。在线学习又称 E-Learning，是指通过计算机、网络、移动设备等数字化方法进行学习与教学的活动，它充分利用 IT 技术所提供的、具有全新沟通机制与丰富资源的学习环境，实现一种新的学习方式。

从企业角度讲，在线学习是一种学习与绩效提升的解决方案，它通过网络等技术实现学习的全过程管理（设计、实施、评估等），使学员获得知识、提高技能、改变观念、提升绩效，最终使企业提升竞争力。

从技术角度讲，在线学习是由网络电子技术支撑或主导实施的教学内容和学习，它是网络与信息技术、教学内容和学习技术的完美结合。

随着移动互联网的快速发展，在线学习越来越成为企业培训所青睐的方式，具有费用节省，传播速度快，课程更新快，内容可重复使用，不受地理和时间的限制，可以随时随地学习等优点，并且对学员的学习成绩能进行即时跟踪及长期的保存。

（2）在线学习与传统课堂教学的区别。

① 在网络环境内，随时随地上网就可以学习，学员根据个人的学习内容和学习时间、学习强度需要实现自助式个性化学习，提高个人学习效率。

② 便利学员间的学习社群建立和学习互动交流。

③ 通过课程成本、学习环境成本、组织学习的成本的降低，使培训的成本降低约为50%以上。

④ 培训成本的降低，使得全员培训成为现实，培训可以覆盖更多人和更多的需求，使更多员工得到更多培训机会。

⑤ 通过在线方式组织和实施培训计划，便利了组织实施并提高效率。

⑥ 通过信息技术的应用和学习管理系统的实施，加强了学习过程和培训过程的控制，提高了培训效果。

⑦ 通过学习网站和学习平台的建立，可以有效整合课程、组织、流程、管理、文化这5个组织学习要素，迅速搭建培训体系，建立企业大学，打造学习型组织。

8.1.5.2 混合式教学

混合式教学是一种新型的学习方式，它强调将传统的面授和在线学习结合起来，围绕学习目标，通过综合运用不同的学习方式、不同的学习技术来达到最佳学习效果。

混合式教学结合了不同的教学方式，如教师课堂培训、同步网络学习（如视讯会议）、非同步的网络学习（如电子化学习）等不同传达知识的方式来达到最好的教学效果。混合式的学习是目前被大多数的学者专家推崇企业最有效的培训方式。

根据教学设计大师甘案（Gagne）的理论，学习的范畴包含认知的学习、技能的学习、态度的学习等。针对不同的学习必须采用不同的教学策略。电子化学习（E-Learning）并不能适用于所有领域的学习，例如教授游泳的技能最好的方式仍是把学员直接丢到水里，从实际练习中学习。

在企业知识的学习中，有许多基础知识是认知上的学习，如基础的管理技巧、公司的产品知识、行业知识等，电子化学习是最快捷、节省费用的学习方式。甚至在许多的技能培训上可以利用情境模拟（Simulation）来达到技能的培训以减低有危险性的工具或昂贵工具技能操作的风险。

混合式教学最常运用的方式，如销售技巧的培训，可利用电子化学习在前期进行公司产品知识、基础销售理论、销售技巧、案例等培训，通过测试确定销售代表已掌握了一定的基础知识后，再到课堂培训（或通过即时地网络视讯会议）与企业的销售大师即时互动、沙盘演练。如此一来可大大提高面对面培训的效果与深度。课堂之后可利用email或远程培训平台继续与老师、同学交流，让专业的学习持续不断地保持下去。

8.1.5.3 体验式教学

从体验中学习，对每个人来说都是一种最基本与自然的学习方式。体验学习为学员从生活中学习提供了一个极具实用价值的模式，成人在课堂内的学习是短暂的，而学习则是伴随一生的。

（1）体验学习与体验教学的含义。体验学习是指学员个体在实践活动过程中，通过观察、实践、练习，对情感、行为、事物的体察，最终产生某些认识，掌握某些技能，养成某些行为习惯，乃至形成某些情感、态度、观念的过程。简单地说，体验学习，就是通过亲身体验进行学习。

体验教学是指在教师指导下，以实际或模拟的情境为依托，以学员的经验与活动为基础，以学员的身临其境、积极参与、身心投入、互为合作为基本特征，以建构、领悟知识为直接目标，以能力提高和人格（情感、态度、价值观等）成长为最终目的，同时享受学习乐趣的教学方法。

（2）体验教学的基本模式和策略。

① 教学设计。体验教学设计非常重要，如果设计不好，课堂易出现障碍和混乱。教学设计中要着重做好体验教学活动的设计，体验活动要求贴近教学目标，同时贴近生活，具有典型性，且较为新颖。

② 情境设计。体验是在情景中进行的，适宜的情景，为体验创造平台。教师要通过实物或模型，语言或表演等方式，为学员提供一个相对完整、真实的情景，还原知识产生的背景，使学员身临其境，体验其过程，并产生学习需要和兴趣，进行自主学习，从而达到引发联想，激发情感，催动灵感，主动建构知识、产生感悟、生成意义的目的。

③ 体验活动。体验活动是体验学习的载体和重要途径，学员会对活动产生丰富的体验，甚至刻骨铭心，终身难忘。

体验活动阶段教师的任务是精心组织，体验活动通常包括的形式为：直接参与，模拟，角色扮演，演示，考察，参观展览，影视，录音、图画，故事、例子，地图、图表、示意图等多种方式。

④ 思考过程。单纯的经历，本身并不能说明什么，必须通过思考，经历的意义才能显示出来。教师要留给学员足够的思考时间和空间，同时，教师要善于提出富有启发性的问题，指导学员思考，并把学习引向深入。

⑤ 分享交流。体验活动和个人思考结束后，学员还要把自己的感受和领悟拿出来分享，这是体验学习中的一个重要环节，也是体验教学的一大魅力。

分享是在教师的引导下进行的，要尽量让学员把体验和思考后自己不懂的问题提出来，在小组和全班交流，让学员充分质疑，激活学员的思维。把较多的时间留给学员，使他们有机会进行相互切磋，在分享交流中共同提高。

⑥ 评价总结。评价总结属于体验教学的反馈阶段，它决定着学员体验的方向和价值，起着调节和强化的作用。

这个阶段，教师处于主导地位，在大家的观点趋于成熟时，教师根据学员的发言情况、教学目标，结合有关理论知识，进行归纳总结，并厘清一些模糊观念，形成共识，是学员获得一个准确、清晰的认识。

⑦ 实际应用。体验教学的目的在应用，应用可在课堂上进行，更为重要的是在日后工作和生活中的应用。

为确保未来的应用，教师可在课堂上引导学员制定下一步的行动计划，并监督实施。

8.1.5.4 探究式教学

（1）探究式教学的含义。探究教学是以探究为基本特征的一种教学形式。所谓探究，就其本意就是探讨和研究。它是以问题为媒介、以问题探索为导向的一种教学形式，是以学员探究为特征的发现问题、探索问题、获得结论的教学过程。

（2）探究式教学的基本模式。

① 教学设计。教师精心备课，根据学习者的认知水平和实验能力，设计探究的问题和探究活动引导过程中的情境。

先给出课题，让学习者提前预习，明确探究目的，收集有关资料。

② 提出问题。为使探究教学顺利进行，教师首先需要营造一种民主、宽松的学习氛围。

之后，由教师精心设计一个问题情境，激活学习者的思维，是学习者进入学习状态。情境设计应尽量贴近学员的工作和生活，让其能够更好的感知研究对象。

③ 提出假设（猜想）。学员根据已有的知识和经验，自发或者在教师的启发下提出假设（猜想）。

④ 分析证明假设，找出解决办法。在教师的指导和帮助下，学员围绕某个问题，各抒己见，大胆设想，相互启发，从而促进解决问题。它以发展探究技能为目的，强调学习者的全部参与。

⑤ 评价总结。评价总结环节是探究教学中的一个亮点。先由学习者对自己的学习结果和整个学习过程做自我评价，确认在知识、技能、协作和思维等方面有哪些收益。其次，教师做最终评价。包括探究成果评价、探究途径和策略评价、指出应注意事项、提出自己的观点供学习者参考等。

最后要总结学习工作，庆祝取得的成果，表扬学员取得的成绩，鼓励学员，使他们体会到成功的快乐，提高学习兴趣，激发学习动机。

8.2 培训课程的开发

8.2.1 培训课程开发流程

培训课程开发通常包括设定目标、搭建结构、收集内容和选择方法等。

8.2.1.1 设定目标

（1）教学目的与目标。所谓教学目标，就是预先确定的通过教学可以达到的并用现有技术手段能够测试和评价的教学结果，是培训师希望学员从课程中应该学到的东西。它是组织、设计、评价课程的基本出发点和依据。

教学目标与教学目的不同，教学目的反映人们期望达到的结果，具有一般性、笼统性、模糊性等特点；教学目标则反映期望学员可能或者定能达到的结果，具有客观性与主观性相统一、系统性与层次性相统一、动态性与稳定性相统一以及时限性强等特点。

（2）制定教学目标的方法和要求。制定目标的“黄金准则”——SMART 原则，SMART 是 5 个英文单词的第一个字母的汇总。S（Specific）：明确性的、特定而具体的；M（Measurable）：可衡量的；A（Achievable）：可以达成的；R（Realistic）：实际性的；T（Timed）：时限性的。同样适用于课程目标的设定上。课程目标应向他人明确表达教学意图，当人们观察学员的行为或学习成果后，应能判断出目标是否已达到以及达到的程度。

课程目标的组成包括绩效、条件和标准三个部分。绩效是指学员在接受培训后可以完成的任务。绩效陈述常见的开头语是“学员将能……”。绩效应该体现在行为方面，应用“说明”、“运用”、“设计”这样的行为动词来描述绩效。条件是指学员接受绩效发生的环境，如“在模拟工作条件下”。标准描述的是预计学员执行目标的优劣程度。例如，“以 80% 的精确度”或“每一项都要达到的最低满意度”。如果目标中缺少了上述某个成分或者各成分编排不当，目标的有效性和可验证性会因此削弱。

（3）课程目标常用动词。课程目标常用动词见表8-1。

表8-1　课程目标常用动词

学习目标层次	特　征	可参考选用的动词
知道（识记）	对信息的回忆	为……下定义、列举、说出（写出）……名称、复述、排列、背诵、辨认、回忆、选择、描述、表明、指明
领会（理解）	用自己的语言解释信息	分类、叙述、解释、鉴别、选择、转换、区别、估计、引申、归纳、举例说明、猜测、摘要、改写
应用	将知识运用到实际的情境中	运用、计算、示范、改变、阐述、解释、说明、修改、订出……计划、制定……方案、解答
分析	将知识分解，找出各部分之间的联系	分析、分类、比较、对照、图示、区别、检查、指出、评价
综合	将知识的各部分重新组合，形成一个新的整体	编写、写作、创造、设计、提出、组织、计划、综合、归纳、总结
评价	根据一定标准作出价值判断	鉴别、比较、评定、判断、总结、证明、说出……价值

8.2.1.2　搭建结构

制定课程目标后，下一步工作是搭建课程结构，并编写课程大纲。

课程大纲是在明确培训主题和了解培训对象之后，对培训内容和培训方式的初步设想，大纲给课程定了一个方向和框架，整个课程将围绕这个框架逐步充实和延伸。

课程大纲编写的注意点为：确定好培训的主题、目的。为培训的提纲设计一个框架。列出每项所要介绍的具体内容。要修改、重新整合或调整安排内容。必须使用统一的字母和数字体系。

8.2.1.3　收集内容

培训课程内容设计的两种方式分别是逻辑学方式和心理学方式。

逻辑学的方式是根据合乎目标的具体规则与概念来编排内容。即解决目标是什么，要做什么，这么做的理由，怎么做等问题。

心理学的方式即内容的组织应先接触到具体的内容，然后才是抽象的内容。

对于内容开发，要考虑的因素包括课程的适用性、可行性、一致性、互动性、关联性和课程进度安排，以及内容与学员专门知识水平的协调性。内容开发是培训流程中最具有创造性的阶段，也最耗费时间的步骤。

收集培训内容所涉及的课程开发资料主要分为五类，分别是：理论资料、相关案例、测试题、游戏和故事。

内容的编排要符合课程的目标和学员的需要，对所需培训的内容做一个优先的排列，并剔除掉不必要的内容。

8.2.1.4　选择方法

培训方法是培训过程中导入培训内容的方法和手段。在方法的选择和运用上，培训教师要注重以学员为中心的学习风格，在每个课程时间段，培训教师可以交替或运用几种培训方法，而并非只采取一种培训方法。

可供选择的授课方式有：讲授、讨论、专家座谈会、角色扮演、提问、小组讨论、头脑风暴、户外游戏、演示、辅导、案例、视频等。

8.2.2 培训课程开发工具

8.2.2.1 金字塔原理

金字塔原理由国际知名管理咨询公司麦肯锡的咨询顾问芭芭拉·明托女士（美国）提出。金字塔原理是一项层次性、结构化的思考、沟通技术，指在表述和写作之前，应当对提纲挈领的中心思想进行归类，再辅以支持性的观点。培训主题的讲解不外乎是使用讲事实、摆道理的方法，论证主题所涉及的观点和思想，展现与主题相关的重要信息。所以，金字塔原理完全适用于培训课程开发。

阐述主题时，自上向下和逐层细化是一项基本原则。通过对主题进行层层细致的划分，得到一个由培训主题、基本问题、基本观点、子问题、子观点、论据组成的金字塔结构，如图 8-1 所示。

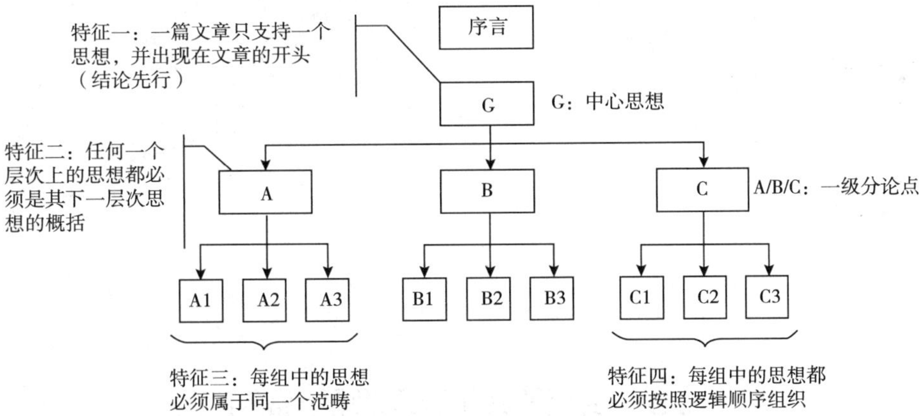

图 8-1　金字塔结构图

8.2.2.2 思维导图

思维导图是一项能帮助人们更高效工作的工具，它的发明者东尼·博赞被称为“智力魔法师”和“世界大脑先生”，他发明的这一思维工具，给企业带来了巨大的经济效益。

思维导图是用“画”的方法来记录思考和创作的过程，是一种组织结构性思维与发散性思维模式，其主要目的在于帮助人们更快速地记忆知识，在短时间内完成对知识的学习与掌握。思维导图由颜色、图像、关键词、曲线等要素构成，充分发挥大脑思维的“想象”与“联想”的特点，能够充分挖掘大脑的创造力与记忆力潜能。

在开发课程的过程中，思维导图主要应用于编写课程大纲，培训教师可以运用思维导图，把所有课程内容要点进行有条理地梳理和联结，并形成课程知识点的“全景图”式课程纲要，如图 8-2 所示。

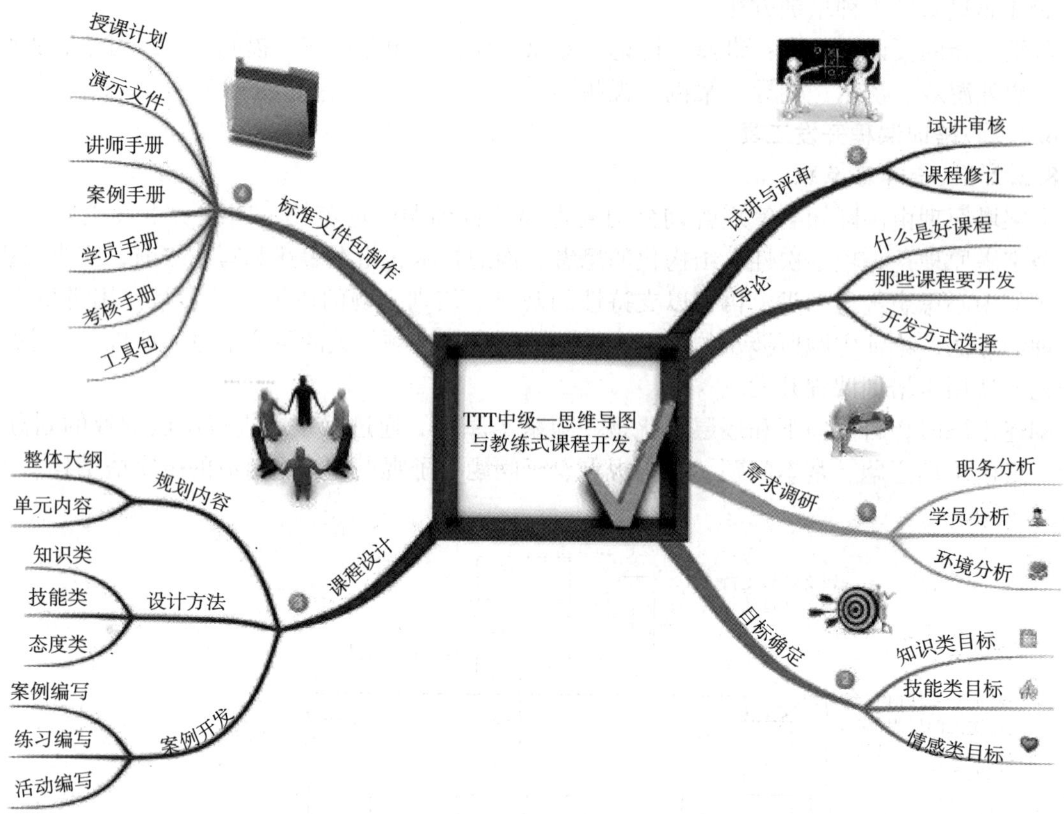

图 8-2　思维导图

8.3　培训教师手册的编写

培训教师手册是教师授课用的参考资料，通过教师手册的编写，可以实现同一课程授课标准的统一，并可在进行课程内容的传递。

8.3.1　教师手册的内容

教师手册通常包括 PPT 页面、主要讲授内容、时间安排、案例、故事设计、提问、讨论设计、游戏、互动设计和测试、评估设计等内容。

8.3.2　教师手册的常见模式

8.3.2.1　*简单注解版*

PPT 正文都要求简洁明了，在备注中对一些要点进行注释，说明详细的信息。

多适用于专家或管理者个人开发的以知识传授为主，并在小范围使用的课程。

优势在于开发的工作量小且速度快；缺点是只能起到简单的提示作用。

8.3.2.2　*互动逻辑版*

重点说明课程的互动逻辑，包括每个教学活动的互动组织要点、每页 PPT 的互动组织方式，以及前后知识点和前后页 PPT 的过渡和承接要点。

互动逻辑版讲师手册适用于讲师数量较少的课程。

8.3.2.3 详细话术版

将课程的互动逻辑、每个环节的详细实施要点、学员可能的反应及应对方法、参考资料等所有的内容都详细地写出来，具体到每句话如何讲解的程度。

8.3.3 教师手册的编写

8.3.3.1 开场

良好的开场意味着培训成功的一半。不同的开场方式将给学员的学习态度和培训效果带来不同的影响。培训教师应灵活运用各种方式进行开场，以化解学员的陌生感，快速调动其对课程的信任感和参与度。

为方便学员了解授课教师及课程，建立良好的教学氛围，同时激发学习兴趣，教师手册的开场部分要包含教师自我介绍和课程框架介绍的内容。

8.3.3.2 主体

主体部分是培训的中心内容，它所占用的时间最长，信息覆盖量也最大。一般来说，教师手册中主体内容的编排形式是：先列出课程的第 1 个要点，再引出各个分论点，每个论点下面都有一些论据（案例、数据、故事、活动、名人名言等）来支撑，讲完分论点，对第 1 个要点进行总结讲授，然后过度到第 2 个要点，进行讲授。

8.3.3.3 结尾

一个好的结尾与好的开头同样重要，好的结尾可以强化知识的理论结构，加强学员的记忆，激发学员学习和实践的热情。

常用的结尾方式有：重申主题、祝福语结束、使用故事结束、名言佐证、制定行动计划等。

8.4 PPT 课件的设计开发

8.4.1 课件的基本要求

8.4.1.1 内容与形式的统一

PPT 设计要做到逻辑化和视觉化的统一，逻辑化主要是指内容方面，要做到让人看了一目了然；逻辑清晰，内容充足，具备能辅助演讲者传递思想的功能。

视觉化主要是指形式方面，在美术设计方面要做到既有创意又紧扣主题。视觉化有两个要点：相关和美观。即选取的图片是与内容紧密相关的，并且构成的整个画面协调统一。

8.4.1.2 PPT 课件的制作原则

（1）简洁、突出重点、观众能够清楚阅览。制作课件 PPT，一定要了解哪些内容才是学员最关心的，哪些是非讲不可的，哪些内容是能带来震撼的，据此，该合并的合并，该删除的删除，不要在一张片子上塞进尽可能多的内容。幻灯片是为了在听众记忆里留下印象，提供思路，引发人思考的。

（2）合适的图片、图表比文字表达效果更好。一张满页文字的幻灯片所含的信息量很难与一张仅有一幅图片的幻灯片相比。尽量在幻灯片上放一张图片而不是一页的文字，然后讲解这张图片，人们会发现这样会有趣得多，而且信息也更丰富。

8.4.1.3 PPT 课件结构

常见的 PPT 课件结构主要设计包含以下几个关键页面：封面页、目录页、过渡页、正文页、封底页。

封面和目录就好比演讲的开场白，一个好的封面和目录能够唤起观众的热情，使观众心甘情愿留在现场并渴望听到和看到以后的内容。过渡页也就是转场页，一般来说一场持续数小时甚至一天的授课，需要和观众分享大量的信息，这时候就需要适当设计过渡页。正文页是使用最多的页面，一定要在画面中分清标题栏和内容栏。封底页一般可以保持封面的风格，做到首尾呼应。

8.4.1.4 PPT 母版设置

学会使用母版功能，会节约大量制作 PPT 的时间。在母版中可以对幻灯片版式进行修改设定。包括总版和分版式。

总版上添加一直出现的内容，一般用来设置每页出现频率最高的元素，如 LOGO，页码，标题栏等。

分版上添加按需出现的内容，设计好后，可根据版式的需求自由选用。分版可自由灵活的设计与使用，其功能随着个人 PPT 技能的娴熟而逐渐被开发。

8.4.2 文字运用技巧

8.4.2.1 字体字号

幻灯片内容的字体通常包括中文和西文字体两大类。在 PPT 中可使用斜体、加粗、加下划线等变化突出或装饰标题，但千万不要把整屏或整段的文字内容全部加上斜体、下划线等修饰手段，那样会造成学员的视觉疲劳。

PPT 中常用的字号从 14 到 48 不等。选择字号的根本标准是在保证美观的前提下，使用该字号的文字可以尽量清晰地展示信息的内容。一般来说，字号 20、24、28、32 是幻灯片正文中最常用的字号，字号 32、36、40、44、48 多用于幻灯片标题或醒目文字，而字号 14、16、18、20 多用于图形、表格中的文字信息。

8.4.2.2 排版要求

PPT 排版要做到一目了然，处理文字多的 PPT 的思路或方法是坚持做到以下 5 点：少就是多，突出关键、化繁为多、保持一致、少用特效。

8.4.3 图片（表、形）运用技巧

8.4.3.1 图表应用

图表展现内容直观，便于学员对知识的学习和掌握，因此在 PPT 中会经常应用到。PPT 中常用的图表分为三种：一是作为图形、图案来点缀界面的；二是用来对文字内容做辅助说明的，如流程图、柱状图等；三是在 PPT 中直接插入或粘贴 Excel 表格以加强信息内容含量与表现力。

8.4.3.2 图片处理

在 PPT 中好图胜千言，越是抽象的概念越适合用图说话。演示课件中尽量少用文字，多用图片，图片的视觉冲击力明显强过文字。

什么是好图片？

（1）生物类图片的视觉度高于静物类图片；

（2）真实高清图片视觉度高于虚假图片；

（3）创意型图片的视觉度高于平淡型图片；

（4）能联想主题内涵的图片视觉度高于漂亮的图片。

如何搜索好图片？在 PPT 中剪贴画库中用关键词搜索；在浏览器中用中文关键词搜索，如果中文关键词搜索质量不高，可以用同义词或翻译成英文关键词搜索；联想特别能表达你

的概念的场景或比喻，然后用这些词去搜索；当发现好图随时保存，建立私人图库。

8.4.3.3 颜色选用

PPT 中有颜色的对象包括背景、标题、正文、表格、图片、装饰图形等。可分为背景和前景对象两大类。颜色整体要求简洁、素雅，不要过于花哨、妖艳；尽量使用自己熟悉的、能够熟练驾驭的色彩组合；前景对象的颜色一定要和它所在背景区域的颜色形成某种对比，以便突出前景信息。

8.4.4 常见动画、音视频运用技巧

8.4.4.1 动画运用

作为授课课件的 PPT，遇到如下情况时，可以考虑添加动画：顺序、强调、简化、展现。

8.4.4.2 动态切换效果

动态效果包括：飞入、飞出、闪过、伸展、消失等，动画的作用是吸引观众，并使观点更突出、更醒目，而不是为了哗众取宠。

8.4.4.3 声音、视频的使用

在 PPT 中加上背景声音，如在切换 PPT、提示学员注意时，可以起到渲染气氛、提请注意的作用，要选择轻柔悦耳的声音，不要选择刺耳的噪声。PPT 课件中播放视频，尽量使用超链接的方式，不直接插入。

8.5 微课设计与开发

8.5.1 微课概述

8.5.1.1 微课的定义和特点

微课通常被定义为以学员自主学习为目标，围绕一个知识点或技能，运用多媒体和网络技术，采用有效的教学方法，实现培训过程的视频文件，其最佳长度为 6 分钟。好的微课并无严格统一的标准，但可以从以下几个方面来概括：内容准确、符合科学和逻辑；问题聚焦并具体；与特定的人群相关；高度浓缩知识；具有一定的趣味性，引起学习者的关注等。

8.5.1.2 确定微课领域

设计开发微课需要耗费大量的时间和精力，因此一是要关注学习者群体，二是与实际业务问题紧密结合。为确定微课领域，首先写出所有自己掌握的技能或成体系的知识，找出所有能转化为课程的项目，将这些课程主题记录下来，总结成表格，从而确定微课开发能力模型。

8.5.2 确定微课主题

8.5.2.1 影响主题的因素

（1）潜在学员数量。不同的课程主题潜在学员数必然不同，即使是同一大主题，不同的模块下的各个小主题的受众群体也不同。

（2）时间成本。优质的微课需要精雕细琢，因此微课设计中需要考虑时间成本，企业培训教师应当在自己允许的时间能力范围内多快好省的设计和开发微课。

（3）硬件成本。录制微课需要一定的音视频采集设备，因此需要考虑到硬件成本，微课的拍摄其实有很多种方式，一个简单的 USB 摄像头也能将老师需要的画面采集下来，一部智能手机也可以实现某些场景的拍摄。

（4）人力成本。如微课设计和开发由团队完成，则需要明确团队成员的具体分工。

8.5.2.2 精细化课程主题

精细化课程主题要遵循下面两条原则：一是确保主题在3～5年内是有价值，二是确保主题在企业的实际应用中具有实际有意义。

8.5.2.3 学习者描述

好的微课应当与对应人群的特性相关，因此在微课设计时需要关注学习对象是谁，他们对什么感兴趣，他们学习这门课程的动机是什么，他们具有怎样的知识结构基础等。

8.5.2.4 主题模板格式

主题的标准模板可以采用以下的形式：本课程将给【适用对象】教授【课程级别】的【教学内容】，以便于他们可以【教学目标】来实现【课程价值】。

例如：本课程将给不了解加油操作的新员工讲授加油操作中的八步法，以便于他们可以运用这些操作规范顺利的完成加油操作。

8.5.3 撰写课程标题

微课开发中，好的主题能够引起学习者的兴趣，是课程成功的一半。但是，作为企业培训教师，并不提倡去做非常热门的但与工作关系不大主题课程，而是应当将自己感兴趣、熟练掌握并且对工作有实际意义的主题做好。

8.5.3.1 课程标题特征

微课标题不同于文章标题，文章标题可以较抽象，但在移动互联网时代下，信息大量聚集，学习者习惯的是快餐式学习，希望能在短时间快速接收干货信息。所以好的课程标题要有趣，要一目了然，要尽可能地在题目中表达课程内容。信息量要大，但更要鲜明，让学习者一眼看出要学习什么。

8.5.3.2 课程标题模式

课程标题建议采用的是主标题+副标题的模式。主标题展示抽象化、吸引眼球的文案，副标题用来进行课程主题的概括。在书写标题时，可以对标题进行数字化处理，直击信息点，快速实现“知行合一”，适当采用反问句式，利用热点词语加载热点效应。

8.5.4 微课主体结构

8.5.4.1 章节设置

围绕课程目标，系列微课需要设置若干章，每章内容又包含若干小节，按照章、节格式做出课程大纲。建议利用思维导图进行章节的绘制，便于理清思路，同时也会使微课主题更加聚焦。

8.5.4.2 微课结构

按照章节内容设置，将每一个小节确定为一个微课。一门完整的微课应当包括引言、主体内容、课程总结和练习反馈几部分构成。

（1）引言。引言的设计可采用SCQA的讲故事方式，向学员说明某种“背景”，在这种“背景”中发生了某种“冲突”，从而引发了某种“疑问”，整个课件就是要解决这个“疑问”。通过引言概述学员已知的信息，并将这些信息与课件要解决的问题、疑问结合起来。

（2）主体内容。微课讲究短小精悍，主体内容应该是结构化的要点总结，可以采用由上至下的结论先行、分类解释的方式，也可以采用由下至上的展示事实，最后总结的方式等。

（3）课程总结。课程总结不仅仅是课程内容的简单复述，而需要指出微课中的关键点，难点和易错点等，便于学员在短时间内对知识要点进行快速回顾掌握。

（4）练习反馈。微课设计中练习反馈非常重要，能使学习者对所学内容进行练习和迁移，促进微课知识的内化。

（5）微课形式

微课形式有天气预报型、图文动画型、现场拍摄型等，可根据实际需要和制作周期、成本等因素进行选择。

8.6 授课技巧

8.6.1 培训教师的仪表

作为培训教师要为人师表。为人师表不仅有内在的品行，还要有得体的外表。培训教师的仪表包括衣着、打扮、谈吐、仪态等肢体活动。体态中面部表情更为重要，培训教师要时刻提醒自己，控制自己的情绪，一个眼神、一个手势都要恰当。

8.6.1.1 男教师的仪容仪表要求

男士的面部修饰要注意两点。一是，每天要进行剃须修面以保持面部清洁；二是，男士在接触到香烟、酒等刺激性气味的物品后，要保持口气的清新。

8.6.1.2 女教师的仪容仪表要求

女教师的仪表要庄重，着装上要大方得体，用简单的细条，雅致的色调，要避免烦琐的装饰。同样，化妆上也要避免浓妆，用清新自然的装扮，体现清新、端庄、健康的女性美。

8.6.1.3 培训教师的坐姿要求

培训教师在课堂内坐的机会并不多，但从个人形象角度出发，还是应该时刻养成良好的坐姿习惯。

首先，头部要端正。不出现仰头、低头、歪头、扭头等情况。其次，坐好后，身体要端正，不要倚靠椅背。第三，要注意手臂的摆放位置，不要玩弄物品。

8.6.1.4 培训教师的站姿要求

站是培训教师的基本功。没有特殊的原因，培训教师都不应当坐着授课。培训教师站立上课时应注意：

（1）应面对学员站立。这种站姿表明培训教师做好了授课的准备，并且有信心上好这堂课，有能力控制整个教学局面。

（2）应站在教室的前中央，即课桌与黑板之间或者讲桌与第一排学员之间。这样，学员看得清、看得准，除两边的学员外，大多数学员是直视，视觉效果较好。

（3）站立要自然平稳。站立时重心要平稳，不要摇摆晃动。在需要阐述、分析时可稍离讲桌，或轻松自然地走动。

（4）提问或回答学员问题时，培训教师身体应微微前倾，表示对学员问题的关注和对学员的尊重。

8.6.1.5 培训教师的走姿要求

走姿是培训教师在课堂中的动态呈现，走姿应从容、平稳、直线。

基本要领是抬头、挺胸、收腹。以站姿为基础，面带微笑，眼睛平视；双肩平稳，双臂前后自然有节奏的摆动；行走时，两只脚两侧行走的线迹为一条直线；步幅要适当，一般应前脚的脚跟与后脚的脚尖相距为一脚长左右；跨出的步子应脚跟先着地；走路时应有一定的节奏感。

8.6.2 培训教师的表达技巧

培训教师最基本的工作就是用语言进行沟通，这就决定了语言交流对于培训教师的重要性。

8.6.2.1 语言表达要求

培训教师的语言表达要求为：咬字清晰，音量恰当，音色甜美，语调柔和，语速适中，用语规范，感情亲切，心境平和。

8.6.2.2 培训教师的发音训练

（1）吐字训练。吐字清晰是对培训教师的最基本要求之一。基本要领是吐字准确有力，归音干净利索，不拖长音。

（2）读句训练。读句训练目的是训练表达时语句干净利索，不拖泥带水，减少并逐步消除口头语。读句训练是选择有一定难度的语句、段落，进行快读训练。要求做到把音读准，不重不断，停顿自然，有节奏，连贯流畅。

8.6.2.3 培训教师的语音、语调、语速和语气训练

（1）语音训练。音量指声音的强弱、大小，音量训练中要注意：音量要适中，不可太大或太小；要根据听众的多少和场所的多小确定自己的音量，使所有听众都毫不费力的听清内容；根据授课的氛围和内容适当调整音量的大小；使用高音时要留有余地，不要给人“声嘶力竭”的感觉；平时注意保护嗓子，讲话时正确地运气、发音，从而消除影响音质的杂音，使声音纯正。

（2）语调训练。培训教师授课处内容要吸引人外，还要求音色的优美和语调的富于变化。音色以先天条件为主，但语调则可以通过学习和练习提高。

首先是声音的高低变化，语音高低不单单指句末的升降，它主要是指整个句子的高低变化，也就是句调。

其次是轻重变化。找准重音是问题的关键，按照重读的原因可将重音分为语法重音和强调重音。

第三是语调的升降，指语调的高低抑扬变化。同一语句，往往因为语调升降处理不一样，而能表达出多种多样的效果。

（3）语速训练。语速是指朗读时在一定的时间里，容纳的词语数量。它是由音长和停顿两个因素决定的。音节长且停顿长则语速慢；音节短且停顿短则语速快。停顿指词素与词素之间、词与词之间、句与句之间、段与段之间为表达需要而刻意保留的沉默，它是语音中的“休止符”。

（4）语气训练。语气是体现表达者立场、态度、个性、情感、心境等起伏变化的语音形式，是思想感情、词句篇章、语音形式的统一体。语气具有综合性，包括声调、句调还有语势等。

8.6.2.4 培训教师的手势技巧

教学过程中，师生间的语言交流经常是伴随非语言交流进行的。手势作为培训教师的重要非语言行为在课堂上还是一种极为微妙的沟通情感、加强联系的工具。

手势是指用手指、手掌和手臂的运作和造型来表情达意的一种体态语言。在授课过程中，手势是培训教师必不可少的教学辅助手段。培训教师在运用时应遵循三个原则：首先是雅观自然的原则。要根据教学内容需要运用手势，做到恰当得体，既不能矫揉造作，也要克

服理头发、托眼镜等习惯性的小动作。其次是保持协调的原则，手势要与身体姿势、眼神、表情等协调一致；与口头语言协调一致；与所表达的态度、情感协调一致。第三是因人制宜的原则，培训教师的手势要与自身条件相符。

8.6.3 培训教师的主持技巧

8.6.3.1 克服紧张情绪的技巧

紧张情绪是任何人在公众表达时都会出现的问题，适度的紧张有利于表达水平的发挥，但是过度紧张则会严重影响表达。

针对培训现场的情绪紧张，可以通过由外及内和由内及外两种方式进行调整。由外及内是指通过深呼吸、互动、板书等个性化动作放松内在的紧张，由内及外则指通过心理暗示，想象成功或者回想愉快的记忆放松情绪。

要想真正做到克服紧张情绪，关键在于事前做好各项准备。

(1) 培训内容的准备。授课前培训教师首先要完善培训内容的准备，内容结构要烂熟于心，各种辅助材料要准备到位。只有内容熟悉培训教师才有足够的自信克服紧张情绪，同时，也有足够的精力，从容的处理课堂上呈现的各种问题。

(2) 培训前的心理准备。为确保授课效果，培训前要从心理上高度重视，包括已经比较熟悉的课程。只有心理重视，才能准备充分，轻松上课。

(3) 培训前的生理准备。睡眠充分，避免感冒，减少烟酒，确保良好的精神面貌和发声系统的正常状态。

(4) 与培训相关的人际关系准备。提前获取培训学员名单，了解学员的状况，并针对特殊学员进行必要的沟通。同时，在授课前提前到场，向主人一样迎接学员，并与学员互动，主动构建良好的课堂氛围和人际关系。

8.6.3.2 破冰技巧

(1) 开门见山法。不绕圈子，直接切入主题，告诉学员将与他们分享什么样的课题，令学员感觉简洁明快、干净利落。

(2) 游戏法。把学员组织起来，就一个模拟的情境进行竞争和对抗式的游戏，增强培训情境的真实性和趣味性，提高培训效果。

(3) 故事法。以故事开场，吸引学员的兴趣，提高学员参与课程的积极性。

(4) 互动提问法。授课开场通过互动提问的方式揭示事实来切入，能够引起学员对本次培训的重视，同时也能激发学员对培训的兴趣。

8.6.3.3 互动技巧

互动式培训主张下列三种学习原则：

(1) 沟通原则。强调实际的沟通情境会大大增强学习效果。

(2) 任务原则。借助于语言、情景、游戏等多种沟通渠道来完成学习任务。

(3) 意义原则。通过强调培训内容对学员实际工作和生活的意义，激发学员的学习热情。

8.6.3.4 激励技巧

面对学员时，培训教师要保持热情的态度，用自己的激情去点燃学员的激情。培训课堂中常用的激励方式有奖品的激励、语言的激励和活动的激励。

8.6.3.5 教练技术

企业教练衍生于体育，是将体育教练的理念、方法、技术应用到企业管理实践而产生的一种全新的企业管理理论、方法、技术和培训方式。

教练技术的四个环节：

（1）理清目标。缺乏明确的目标，行为就会缺乏效率，甚至背道而驰。教练技术首要的作用就是帮助受训者明确目标。

（2）反映真相。让受训者知道当前的状态和位置。

（3）改变心态。改变受训者的心态，帮助其建立实现目标的信心。

（4）行动计划。要求受训者制定切实可行的计划，并帮助其看到自己的潜能以及新的可能性，挑战自我做得更好。

8.6.4 教学环境搭建

以学员为中心，也体现在培训教师应当利用一切可利用的资源来创建一种信任、尊重、安全、诚实而成功的学习环境。

8.6.4.1 创建安全的学习环境

有些学员参加培训时会有一些压力，因此可以考虑为学员创建安全的学习环境，如尽早做好准备，在教室门口迎接学员，分享培训目标，记住学员的名字等。

8.6.4.2 创建舒适的学习环境

培训教师应当提前到达培训教室，为学员创建舒适的学习环境，如将灯开的亮一些，调节好教室温度，将椅子排成直线，确保资料摆放整齐并计划出足够的休息时间等。

8.6.4.3 鼓励学员参与课堂活动

应当保持学员积极的态度和足够的参与度，如将学员分成小组，用肢体语言来鼓励参与，分享自己的一些事情等。

8.6.4.4 引导要多于讲授

在培训课堂上，比起讲授，引导能够提升每个学员的学习效果，如引导学员与老师，学员与学员间展开讨论，在教授内容之前，让学员发表自己的意见和想法，在课堂中为学员提供机会去评估自己在培训中所学到的内容等。

8.6.4.5 鼓励学员追踪自己的进步

追踪进步包括庆祝自己取得的成功，克服遇到的障碍，决定下一步怎么做等，如在培训项目中设置学员自我检查的节点，设置小组回顾环节，鼓励学员发现学习中的障碍，让学员结为搭档，互相督促等。

8.6.5 课堂提问与应答

课堂提问与应答是课堂授课的重要组成部分。应当鼓励学员提问，并对问题的应答做好充分准备。

8.6.5.1 鼓励学员提问

在授课过程中的自然节点停顿下来，留有足够长的时间，鼓励学员积极提问；在鼓励学员提问中，关注学员的面部表情。

8.6.5.2 提问注意事项

培训教师应提前准备好一些问题，提出的问题要简短，在开课时就引起学员的思考，提高参与度。

8.6.5.3 应答注意事项

培训教师回答要尽可能简洁，可以适当的把问题转给其他学员，鼓励小组内其他学员给出答案；如果无法及时给出答案，也可以回答“我目前尚不知道，但我会找出答案”。

8.7 培训效果评估

8.7.1 培训评估内涵和意义

8.7.1.1 培训评估的内涵

培训评估是一个运用科学的理论、方法和程序，从培训项目中收集数据，并将其与整个组织的需求和目标联系起来，以确定培训项目的价值和质量的过程。培训评估是培训管理流程中的一个重要的环节，是衡量企业培训效果的重要途径和手段。

8.7.1.2 培训评估的意义

培训效果评估既是对培训效果做出全面的整体评估，为企业开展培训活动提供依据，同时培训效果评估也为下一轮培训做好准备，使企业的培训活动形成一个闭环。通过培训效果评估可以找出培训存在的不足，归纳出经验与教训，以便改进，同时也可以挖掘新的培训需求，也是下一轮培训策划实施的重要依据，使企业培训活动不断进入良性循环状态。

8.7.2 培训评估的分类

作为培训开发的一个阶段，评估能够确保培训及其他提高绩效的方法能够满足学员和整个组织的需要，只有将评估结果用于下一阶段的提升和持续的改进时，评估过程才能真正起到积极作用。因此培训评估应当贯穿于培训的需求调查、设计开发、组织实施等各个阶段，形成全过程评估的理念。

8.7.2.1 培训前评估

培训前评估是指为更好地制定培训计划，在培训前便对受训者的相关情况（知识、技能和工作态度等）进行考察。通过培训前评估，能够更科学地确定培训需求，并使培训计划能更好地满足培训需求，促进培训项目的合理组织。培训前评估还可以提高受训者对培训项目的满意度和培训资源的配置效率。通过对受训者在受训前后的状况进行比较，还可以对培训项目是否达到预期效果做出更好地判断。

8.7.2.2 培训中评估

培训中评估是对培训过程（受训者的参与度、培训机构、培训课程、培训内容、培训进度等）进行评估和监督的过程。培训中评估，使得对培训过程的监督成为可能，对保证培训项目的有效实施起着至关重要的作用。

8.7.2.3 培训后评估

培训后评估主要是衡量受训者训后在知识、能力、行为态度等方面发生了哪些改变以及企业从培训项目中获取的货币效益（投资回报）的评估。培训后评估是培训评估三阶段中最重要的部分，它有助于企业管理者对培训项目的好坏做出判断，确定培训项目是否实现了既定目标，并且促进后续培训项目的设计与实施。

8.7.3 柯氏四级评估模型

柯克帕特里克培训效果评估模型是由唐·柯克帕特里克（Donald L. Kirkpatrick）于1976年提出的评估模型，故称为柯氏评估模型，也叫四级评估模型。目前，柯氏评估模型是最为人们熟知，应用最为广泛的培训评估模型之一。

柯克帕特里克将培训效果分为4个递进的层次：反应层、学习层、行为层、效果层，并且提出在这四个层次上对培训效果进行评估。

8.7.3.1 反应层（reaction）评估

反应层评估主要通过受训者的感知认识评估培训项目，包括了受训者的态度、兴趣和参与的主动性与成都等方面内容，以及受训者对培训教师的基本评估。可以通过培训中观察受训者的反应和培训后由受训者填写调查问卷对培训项目和培训教师两方面进行评估。

8.7.3.2 学习层（learning）评估

学习层评估是目前最常见、也是最常用到的一种评价方式。它是测量受训人员对原理、技能、态度等培训内容的理解和掌握程度。学习层评估可以采用笔试、实地操作和工作模拟等方法来考查。培训组织者可以通过书面考试、操作测试等方法来了解受训人员在培训前后，知识以及技能的掌握方面有多大程度的提高，通常是在培训前、后进行。

8.7.3.3 行为层（behavior）评估

行为层的评估指在培训结束后的一段时间里，由受训人员的上级、同事、下属或者客户观察他们的行为在培训前后是否发生变化，是否在工作中运用了培训中学到的知识。这个层次的评估可以包括受训人员的主观感觉、下属和同事对其培训前后行为变化的对比，以及受训人员本人的自评。这通常需要借助于一系列的评估表来考察受训人员培训后在实际工作中行为的变化，以判断所学知识、技能对实际工作的影响。行为层是考查培训效果的最重要的指标。

8.7.3.4 结果层（result）评估

结果层评估即判断培训是否能给企业的经营成果带来具体而直接的贡献，这一层次的评估上升到了组织的高度。结果层评估可以通过一系列指标来衡量，如事故率、生产率、员工离职率、次品率、员工士气以及客户满意度等。通过对这些指标的分析，管理层能够了解培训所带来的收益。

对培训评估的四个层次进行总结，如表8-2所示。

表8-2 培训评估的四个层次

评估层次	评估内容说明	评估时间			评估主体	评估方法
		培训前	培训中	培训后		
反应层	受训者对培训项目与培训教师的基本反映，表明对培训进度与内容的接受情况		√	√ 培训结束后即刻进行	受训者 培训主管	观察法、问卷调查法
学习层	针对于培训内容和培训项目整体情况以及受训者对培训内容的掌握程度进行评估	√		√ 培训结束后即刻进行	培训主管 培训教师	测试法、课堂回顾法、问卷调查法和模拟训练法
行为层	针对于受训者接受培训前后的工作绩效进行评估，以确定培训是否真正对受训者的工作起到了推动作用	√		√ 培训结束一段时间（如3个月、半年）	受训者直接上级主要负责、培训教师配合完成	观察报告、业绩评估报告、对照组
结果层	主要是衡量、评估培训对绩效的贡献，包括了量化和定性指标	√		√ 培训结束一段时间（如3个月、半年或一年）	财务部、受训者所在部门共同完成	绩效评估报告

8.8 员工辅导与技能训练

8.8.1 员工辅导的意义及重要性

8.8.1.1 员工辅导的意义

要想提高员工的技能水平和工作效率，企业培训教师应当掌握员工辅导的技能，成为企业教练，通过自上而下的言传身教，与员工进行沟通，引导、启发员工，唤醒员工内心深处的觉醒，从而有效地激发出员工的无限潜能。

8.8.1.2 员工辅导的重要性

在员工辅导过程中企业要帮助员工发现自身长处，让员工充分认识到自己的价值，运用自己的资源、优势和潜能，实现最佳工作效能。从员工的立场出发，充分激发他们的潜力，提升其自身价值，提高企业的工作效率，从而促进企业向着更高目标发展。

8.8.2 员工辅导的范畴

主要包含两个方面的内容：一是与员工日常工作直接相关内容的辅导，这种辅导主要存在于日常的管理和工作中；二是特定的辅导内容，需要培训者特意拿出时间对下属存在的一些特定问题进行辅导。

8.8.3 员工辅导的步骤

在对下属员工进行辅导的具体操作中，可以按照以下步骤依次进行，有助于提升辅导的实际效果。

8.8.3.1 设置辅导目标

在员工辅导之初设置辅导的目标，其必须满足 SMART 原则，即特定明确、可以测量、能力所及、符合现实，有明确的时间界线。同时，这个目标是被辅导者和组织共同期望达到的愿景。

8.8.3.2 诊断性评估

运用各种测量工具和手段对被辅导者在辅导之前的状态进行测量，由此明确实际状况与愿景的差距。

8.8.3.3 制定辅导计划

即结合诊断性评估的结果和相关人员的共同愿景，协商制定辅导计划，包括辅导时间、特定的行动方案和各种改进手段。

8.8.3.4 有计划的辅导

根据教练计划和相关设置的设定，有规律地进行辅导干预环节，这是教练辅导运行过程的主体。

8.8.3.5 评估和跟踪辅导

常规辅导结束后，进行阶段性的评估，并通过对员工行为进行不断的观察，给予他们更多的辅导和指导。

8.8.4 员工辅导技巧

在进行员工辅导过程中，沟通能力十分重要，注重沟通的管理将有助于提升辅导的效果。聆听、区分、发问、回应这四种能力交互发挥着作用，共同构成一个把辅导者和员工链接起来的信息流动系统，整合了双方的信息，对信息进行了更充分的挖掘、处理和传递，形成了一个充满动力的对话系统。

8.8.4.1 聆听能力

有效聆听的两大目标是：获取信息和延续对话。有效聆听是了解员工感受、观点与需要的最佳工具；在遇到意见和分歧时，有效聆听有助于找到令彼此满意的协商解决办法；有效聆听可以表达出对讲话者的尊重和接纳，有助于更好的了解对方感受。要进行有效聆听，可以利用3R模式，即接受 Receive，反映 Reflect，复述 Rephrase。首先，聆听者要接收（receive）讲话者的观点，然后聆听者对于接收到的信息要有所反映（reflect），表示自己在认真倾听，也是对讲话者的鼓励和尊重；最后，当听完了讲话者所讲的内容后，可以尝试对听到的内容进行简单的复述（rephrase）。在聆听的过程中，还要关注讲话者的肢体语言，同时也要注意自己的身体姿态。

8.8.4.2 区分能力

区分能力的高低也是衡量辅导技能是否优秀的一个重要标准。区分即是通过发问、回应和隐喻等表现形式，帮助企业或个人区分不同、从中找出差异。以下是区分中常用的问题：在这些原因中，哪个是主要原因？在这些因素中，哪个是无关紧要的？在这些因素中，哪个是存在疑问的？目标是什么？要取得什么样的成果？实现目标的难点是什么？你觉得两者有什么区别？

8.8.4.3 发问能力

良好的发问能力不仅有助于更好的聆听，也可以帮助进行有效的区分，获得更准确的信息，从而避免无用功。发问是贯穿整个辅导过程始终的一种核心能力。通过发问可以随时了解员工对一些指令和任务的理解，了解他们的做事方式和态度。进行良好的发问有以下几个重要作用：

（1）通过发问，可以迅速地了解事实的真相，避免因为猜疑和假设而带来的误解，还原事实真相，在此基础上才能对员工进行有针对性的辅导。

（2）了解员工对任务的理解程度、他们对于完成任务所采用的方式方法以及他们对任务完成的观点和态度等。

（3）利用发问的形式可以帮助被辅导者集中注意力，以更专注的精力投入工作中去。

（4）通过发问可以引发对方思考，从而发现更有效的解决问题的方案，帮助其更快成长。

（5）通过发问可以让员工发现更多可能性，摒弃原有的思维定式，提升创造性。

对于员工辅导，善于发问主要表现在两个方面：一是要明确发问目的，二是发问技巧要有弹性。明确发问的目的，问题的指向性有7个范畴，即 who、what、when、where、why、how、howmany。掌握发问的弹性，就是多采用开放式的问题进行发问，少问封闭式和只有两种备选答案的问题，这样的问题容易限制员工思维的扩展，不利于他们提出有效的解决方案。

8.8.4.4 回应能力

回应能力是员工辅导需要面对的一个挑战，不同于聆听、区分和发问都是一种主动沟通的技巧，而回应却需要应对员工的抗拒心态和言行。回应是让员工认识到自身的盲点，让其明白真实的现状，对自己所处的环境和位置有清晰的认识，意识到自己需要提高和学习的地方，明白自己应该采取什么样的行动。

使用回应技巧的关键前提是要与当事人建立起充分的亲和感，取得当事人的认可，然后就是要在辅导过程中随时关注辅导的焦点是否正确。正确的做法是把焦点放在学员上，贡献自己的体验，而不应当把焦点放在自己身上，证明自己是对的，而被辅导者是错的，会产生辅导沟通的障碍。

8.8.5 技能训练

技能训练是以培养员工操作技能、技巧为主，因此具有实践性强、手脑并用、结合业务、适应性强的特点。而技能的获得，必须直接参加实践训练，才能使所学知识转化为技能技巧，因此技能训练是企业培训的重要教学环节。

8.8.5.1 操作技能和训练技巧

操作技能，就是引导学员运用理论知识进行业务实践；技能训练的最高阶段是“熟能生巧”，它是运用多种技巧大大提高熟练程度和创造性的阶段。

8.8.5.2 技能训练流程

技能训练需要精心的设计和准备，主要分为以下流程：

（1）确定训练目标。针对辅导对象的认知水平和技能水平，确定技能训练的项目及预期达到的目标。

（2）实操训练准备。确定实操训练的场地、时间、教具、设备等。

（3）梳理已有问题。梳理学员已有的知识技能水平，能达到实操技能的标准程度和在操作中存在的问题。

（4）讲授技能操作流程。在教室或者实操场地按步骤完整讲授标准操作流程，并指出操作的难点和重点。

（5）演示技能操作过程。在实操场地完整展示技能操作过程，呈现正反案例，结合日常工作实践中遇到的问题进行详细阐述和操作示范。

（6）员工模拟操作。员工按照要求进行模拟操作演练，并复述操作流程和关键要点。

（7）评价并辅导员工。对员工的操作流程进行评价，对正确的操作进行表扬并复述，对错误的操作进行指导并要求其重新操作。

（8）行动计划。与员工共同制定行动计划，提出下一步要求。

参考文献

[1] 黄健. 助理培训师 [M]. 北京：中国劳动社会保障出版社，2008

[2] 段烨. 培训师21项技能修炼 [M]. 北京：北京联合出版社，2014

[3] 李文德. 情境微课开发 [M]. 北京：电子工业出版社，2016

[4] 芭芭拉·明托. 金字塔原理 [M]. 海口：南海出版公司，2013

[5] 2017年注册会计师全国统一考试辅导教材 [M]. 北京：中国财政经济出版社，2017

[6] 汽车加油加气站设计与施工规范 GB 50156－2012 [M]. 北京：中国计划出版社，2014

[7] 刘淑芝，张红梅. 汽车用油品知识300问 [M]. 北京：化学工业出版社，2004

[8] 程丽华，吴金林. 石油产品基础知识 [M]. 北京：中国石化出版社，2006